G. W. F. Hegel

Wissenschaft der Logik

Klassiker Auslegen

Herausgegeben von
Otfried Höffe
Band 27

Otfried Höffe ist o. Professor für Philosophie
an der Universität Tübingen.

G. W. F. Hegel

Wissenschaft der Logik

Herausgegeben
von Anton Friedrich Koch
und Friedrike Schick

Akademie Verlag

Titelbild: Hegel in seinem Arbeitszimmer. Aquarell von Ludwig Sebbers (Ausschnitt).
Veröffentlicht mit freundlicher Genehmigung des Stadtarchivs Stuttgart

Die Deutsche Bibliothek – CIP-Einheitsaufnahme

Ein Titeldatensatz für diese Publikation
ist bei Der Deutschen Bibliothek erhältlich

ISBN 3-05-003711-3

© Akademie Verlag GmbH, Berlin 2002

Das eingesetzte Papier ist alterungsbeständig nach DIN/ISO 9706.

Alle Rechte, insbesondere die der Übersetzung in andere Sprachen, vorbehalten. Kein Teil dieses Buches darf ohne schriftliche Genehmigung des Verlages in irgendeiner Form – durch Photokopie, Mikroverfilmung oder irgendein anderes Verfahren – reproduziert oder in eine von Maschinen, insbesondere von Datenverarbeitungsmaschinen, verwendbare Sprache übertragen oder übersetzt werden.
All rights reserved (including those of translation into other languages). No part of this book may be reproduced in any form – by photoprinting, microfilm, or any other means – nor transmitted or translated into a machine language without written permission from the publishers.

Gesamtgestaltung: K. Groß, J. Metze, Chamäleon Design Agentur, Berlin
Satz: Sabine Gerhardt, Berlin
Druck und Bindung: Primus Solvero, Berlin

Printed in the Federal Republic of Germany

Inhalt

Hinweise für die Benutzung VII

Vorwort XI

1.
Einleitende Überlegungen zum Programm der Wissenschaft der Logik
Friedrike Schick 1

2.
Über den Anfang der Hegelschen Logik
Giancarlo Movia 11

3.
Dasein und Fürsichsein (Die Logik der Qualität)
Anton Friedrich Koch 27

4.
Die Kategorie der Quantität
Pirmin Stekeler-Weithofer 51

5.
Die Hegelsche Auffassung des Maßes in der *Wissenschaft der Logik* gemäß der *Lehre vom Sein* von 1832
Antonio Moretto 75

6.
Die Logik der Reflexion. Der Schein und die Wesenheiten
Thomas Schmidt 99

7.
Die Logik des Grundes und die bedingte Unbedingtheit der Existenz
Günter Kruck 119

8.
Die Erscheinung und das wesentliche Verhältnis
Félix Duque 141

9.
Die Wirklichkeit
Hans-Peter Falk 163

10.
Hegels Konzeption des Begriffs
Christian Iber 181

11.
Die Urteilslehre
Friedrike Schick 203

12.
Objektivität
John Burbidge 225

13.
Hegels Ideenlehre und die dialektische Methode
Rainer Schäfer 243

Auswahlbibliographie 265

Personenregister 275

Hinweise zu den Autoren 277

Hinweise für die Benutzung

Hegels *Wissenschaft der Logik* wird im folgenden nach den Gesammelten Werken und unter Verwendung der untenstehenden Siglen zitiert. Dem Siglum folgt die Seitenangabe. Zusätzlich werden durchgängig an zweiter Stelle Band und Seiten in der Theorie-Werkausgabe genannt. Zitate aus der *Enzyklopädie* werden durch Angabe des Paragraphen und, gegebenenfalls, „A" (für „Anmerkung") oder „Z" (für „mündlicher Zusatz") ausgewiesen. Haupttext und Anmerkungen werden nach den Gesammelten Werken zitiert, mündliche Zusätze nach der Theorie-Werkausgabe.

Für Ausgaben Hegelscher Werke, für einzelne Werke Hegels und für Werke anderer Autoren werden in diesem Band folgende Siglen verwendet:

1.1 Für Hegel-Ausgaben

Br Briefe von und an Hegel. 2 Bde. Hg. v. J. Hoffmeister. Hamburg 1952/53.

GW Gesammelte Werke. In Verbindung mit der Deutschen Forschungsgemeinschaft hg. v. d. Rheinisch-Westfälischen Akademie der Wissenschaften. Hamburg 1968 ff.

JA Sämtliche Werke. Jubiläumsausgabe in 20 Bänden. Hg. v. H. Glockner, 4. Aufl. Stuttgart-Bad Cannstatt 1957-68.

TW G. W. F. Hegel: Werke in zwanzig Bänden. Theorie-Werkausgabe. Redaktion E. Moldenhauer und K. M. Michel. Frankfurt a. M. 1969 ff.

Werke G. W. F. Hegel: Werke. Vollständige Ausgabe durch einen Verein von Freunden des Verewigten. Berlin 1832 ff.

1.2 Für die *Wissenschaft der Logik*

I A Wissenschaft der Logik. Erster Band. Die Objektive Logik (1812/13), Erstes Buch: Das Seyn. In: GW 11. Hg. v. F. Hogemann/W. Jaeschke, Hamburg 1978.

I B Wissenschaft der Logik. Erster Teil: Die Objektive Logik. Erster Band: Die Lehre vom Sein (1832). In: GW 21. Hg. v. F. Hogemann/W. Jaeschke, Hamburg 1985.

II	Wissenschaft der Logik. Erster Band. Die Objektive Logik (1812/13), Zweytes Buch: Die Lehre vom Wesen. In: GW 11. Hg. v. F. Hogemann/W. Jaeschke, Hamburg 1978.
III	Wissenschaft der Logik. Zweiter Band. Die Subjektive Logik (1816). In: GW 12. Hg. v. F. Hogemann/W. Jaeschke, Hamburg 1981.

1.3   Für andere Werke Hegels:

Enz I	Enzyklopädie der philosophischen Wissenschaften im Grundrisse (1830), Erster Teil: Die Wissenschaft der Logik. In: GW 20. Hg. v. W. Bonsiepen/H.-C. Lucas, unter Mitarbeit v. U. Rameil. Hamburg 1992.
Enz II	Enzyklopädie der philosophischen Wissenschaften im Grundrisse (1830), Zweiter Teil: Die Naturphilosophie. In: GW 20. Hg. v. W. Bonsiepen/H.-C. Lucas, unter Mitarbeit v. U. Rameil. Hamburg 1992.
Enz III	Enzyklopädie der philosophischen Wissenschaften im Grundrisse (1830), Dritter Teil: Die Philosophie des Geistes. In: GW 20. Hg. v. W. Bonsiepen/H.-C. Lucas, unter Mitarbeit v. U. Rameil. Hamburg 1992.
JS I	Jenaer Systementwürfe I (Das System der speculativen Philosophie. Fragmente aus Vorlesungsmanuskripten zur Philosophie der Natur und des Geistes [1803/04]). Hg. v. K. Düsing/H. Kimmerle. Hamburg 1986.
JS II	Jenaer Systementwürfe II (Logik, Metaphysik, Naturphilosophie; Fragment einer Reinschrift [1804/05]). Hg. v. R.-P. Horstmann/J. H. Trede. Hamburg 1971. (GW 7)
JS III	Jenaer Systementwürfe III (Naturphilosophie und Philosophie des Geistes. Vorlesungsmanuskript zur Realphilosophie [1805/06]). Hg. v. R.-P. Horstmann/J. H. Trede. Hamburg 1987.
LM	Vorlesungen über Logik und Metaphysik. Heidelberg 1817. Mitgeschrieben von F. A. Good. Hg. v. K. Gloy. Hamburg 1992.
Nohl	Hegels theologische Jugendschriften. Hg. v. H. Nohl. 1907. Nachdruck Frankfurt a. M. 1966.
NS	Nürnberger Schriften. Texte, Reden, Berichte und Gutachten zum Nürnberger Gymnasialunterricht 1808-1816. Hg. v. J. Hoffmeister. Leipzig 1938.
PG	Phänomenologie des Geistes (1807). Hg. v. W. Bonsiepen/R. Heede. Hamburg 1980. (GW 9)

2. Für Ausgaben und Werke anderer Autoren

AA Immanuel Kant: Gesammelte Schriften. Bände I-XXII hg. v. d. Preußischen Akademie der Wissenschaften. Berlin 1902 ff., Bd. XXIII hg. v. d. Deutschen Akademie der Wissenschaften. Berlin 1955, ab Bd. XXIV hg. v. d. Akademie der Wissenschaften zu Göttingen. Berlin 1966 ff.
KrV Immanel Kant: Kritik der reinen Vernunft. Die erste Auflage von 1781 (in AA IV) wird, wie üblich, durch „A", die zweite Auflage von 1787 (in AA III) durch „B" gekennzeichnet.
FW Johann Gottlieb Fichte: Fichtes Werke. Hg. v. I. H. Fichte; die Ausgabe umfaßt: Fichtes sämmtliche Werke. 8 Bände. Berlin 1845/1846. Fichtes nachgelassene Werke. 3 Bände. Bonn 1834/1835. (Nachdruck Berlin 1971)
SW Friedrich Wilhelm Joseph von Schelling: Schellings sämmtliche Werke. Hg. v. K. F. A. Schelling. Erste Abtheilung Bd. 1–10, zweite Abtheilung Bd. I–IV. Stuttgart 1856–1861.

Weitere Zitatnachweise erfolgen in den Beiträgen in der Regel durch Angabe von Autor, Erscheinungsjahr und Seitenzahl. Die zugehörigen vollständigen Angaben finden sich jeweils im Literaturverzeichnis am Schluß des Beitrags. Hinweise auf weiterführende Literatur finden sich in den Literaturverzeichnissen oder in der Auswahlbibliographie am Ende des Bandes.

Vorwort

Wenige Werke sind in ihrer Rezeptionsgeschichte so vielschichtig und kontrovers behandelt worden wie Hegels *Wissenschaft der Logik*. Die Divergenz der Meinungen betrifft nicht nur einzelne Thesen und Argumentationen, sondern auch elementare Fragen nach Thema, Ziel und Methode des Werks. Ob die *Wissenschaft der Logik* primär eine Fortschreibung des Projekts der Transzendentalphilosophie sei oder doch eine Neuauflage traditioneller Metaphysik oder etwa eine Theorie der Konstitution von Bedeutung – über solche Fragen sind die Bücher auch gegenwärtig noch nicht geschlossen. Angesichts dieser Lage macht der vorliegende Band nicht den Versuch, in der Beschränkung auf einen dieser Ansätze einen strikt homogenen Gesamtkommentar zu liefern. Er versammelt dreizehn Originalbeiträge, die zusammen – ohne Anspruch auf Vollständigkeit – die Pluralität gegenwärtiger Interpretationslinien repräsentieren; jeder Beitrag wird so nicht nur Teil eines gemeinsamen Unternehmens sein, sondern auch in der Erhellung der bestimmten Etappe des Werks, die sein Thema bildet, sein eigenes Licht auf das Ganze der *Wissenschaft der Logik* werfen.

Wir danken den Autoren für ihre Beiträge, dem Herausgeber der Reihe für die Aufnahme des Bandes und dem Verlag für die gute Zusammenarbeit bei seiner Fertigstellung.

Die Redaktion besorgten Hildegard Mühlemeier und Friedrike Schick. Wir danken Frau Mühlemeier für ihre ebenso kompetente wie unermüdliche Arbeit, die entscheidend zum Gelingen dieses Bandes beigetragen hat.

Tübingen, im August 2001 *Anton Koch, Friedrike Schick*

1

Friedrike Schick

Einleitende Überlegungen zum Programm der Wissenschaft der Logik

Die folgenden Bemerkungen geben weder eine Inhaltsanzeige der *Wissenschaft der Logik* (i. f. WdL) noch eine Übersicht zum vorliegenden Band; vielmehr beschränke ich mich, nicht zuletzt aus Platzgründen, auf einführende Überlegungen zu einem einzigen, wenn auch entscheidenden programmatischen Gedanken Hegels: zu der Frage nämlich, was es heißen kann – und in Ansätzen: warum es sinnvoll oder sogar notwendig ist –, daß „Denkformen […] an und für sich betrachtet werden" (Enz I § 41 Z1).[1]

Aufschluß verspricht in dieser Frage besonders die von Hegel selbst einleitend resümierte Motivation des Programms der WdL durch die Auseinandersetzung mit ihren Vorgängertheorien.

In Vorreden und Einleitung zu seiner WdL stellt Hegel sein Werk als Einlösung eines grundlegenden Reformbedarfs vor, der für die Logik auch und gerade angesichts der mit Kant einsetzenden Theorien der Selbstbegründung theoretischer Subjektivität bestehe. Der zum Gemeingut gewordene Gedanke der Beschränkung des Erkennens auf das Feld der Erfahrung habe zwar der vormaligen Metaphysik historisch den Garaus gemacht, allein die Logik – wiewohl auch sie, nicht anders als die Metaphysik, die „Beschäftigung des in sich gekehrten Geistes mit sich selbst" (I A 6/ TW5, 14) ist – in ihrer alten Form unberührt fortbestehen lassen: „[…] die logische Wissenschaft, welche die eigentliche Metaphysik oder reine speculative Philosophie ausmacht, hat sich bisher noch sehr vernachlässigt gesehen" (I A 7/TW5, 16). Es gelte, die Logik allererst in den Stand einer

---

1 Für die Diskussion einer Vorfassung dieser Einleitung danke ich Anton Friedrich Koch.

Wissenschaft zu erheben, indem die Formen des Denkens rein für sich untersucht und in ihrem notwendigen Zusammenhang entwickelt würden.

Mit diesem Programm setzt sich Hegel in ein ebenso positiv anknüpfendes wie kritisch distanziertes Verhältnis zu drei philosophischen Theorietypen, nämlich erstens zur traditionellen Logik, zweitens zur vorkantischen Metaphysik und drittens zu Subjektivitätstheorien im Sinn von Kants *Kritik der reinen Vernunft* und ihren idealistischen Fortsetzungen durch Fichte und Schelling. (Wo genau die Grenzlinien zwischen positiver Fortführung und kritischer Absetzung verlaufen, ist in der Sekundärliteratur besonders für Hegels Verhältnis zur Metaphysik umstritten. Vgl. dazu Pätzold/Vanderjagt 1991 und die an Theunissen 1980 anschließende Diskussion in Fulda/Horstmann/Theunissen 1980. – Zum allgemeineren Thema des Verhältnisses der Hegelschen Logik zu ihren philosophischen Vorgängern liegen zwei breit angelegte, ebenso historisch informative wie sachlich erhellende englischsprachige Studien vor: Rinaldi 1992 und Butler 1996.) Dem Stoff nach ist die ehemals zur allgemeinen Metaphysik gehörige Lehre von den Kategorien – den höchsten Gattungen des Seienden – in der WdL ebenso präsent wie traditionell der Logik zugeeignete Themen, wie das der Grundgesetze des Denkens – des Satzes der Identität, des Satzes vom Widerspruch und des Satzes vom ausgeschlossenen Dritten – und die Lehren von Begriff, Urteil und Schluß. Mit der Transzendentalphilosophie schließlich teilt die WdL durchgängig die Frage nach der Objektivität der Denkbestimmungen.

Diese Beobachtung legt die Frage nahe, worin Hegel jeweils den Mangel von Metaphysik, Logik und Transzendentalphilosophie sieht und was ihn bewegt, es mit diesen Mängeln in einem Streich aufzunehmen, weshalb also die durchaus unterschiedenen Projekte dieser drei Disziplinen in einer einzigen Wissenschaft, eben einer Wissenschaft der Logik, zusammengeführt werden sollten. Mit den – im folgenden freilich kursorisch gehaltenen – Antworten zu dieser Frage eröffnet sich ein erster Zugang zum Verständnis dessen, was es heißt und warum es sinnvoll ist, Denkbestimmungen an und für sich zu untersuchen.

Beginnen wir mit dem Reformbedarf der traditionellen Logik. Daß das mit der *Kritik der reinen Vernunft* erreichte Niveau der Selbstverständigung des Denkens ausgerechnet einen Reformbedarf der allgemeinen Logik begründen soll, scheint zunächst eher verwunderlich, bedenkt man Kants Urteil, daß die allgemeine Logik im wesentlichen abgeschlossen sei. (Vgl. den Beginn der Vorrede zur zweiten Auflage der *Kritik der reinen Vernunft*, AA III, B VIII–IX) Für Hegel hingegen macht genau die Beschränkung, die Kant zufolge der Logik Autarkie und Abgeschlossenheit sichert, deren

Mangel aus. Hegels Diagnose läßt sich etwa so paraphrasieren: Ungeachtet ihres Verdienstes, die ansonsten bewußtlos gebrauchten Denkbestimmungen herausgehoben und für sich aufgestellt, katalogisiert und eingeteilt zu haben, bleibt die Logik in der Weise, wie sie das so Gefundene behandelt, in einer falschen Abstraktion befangen. Diese Abstraktheit macht sich in zweierlei Weise geltend: Zum einen stellen die gängigen Schulsysteme der Logik ihre Arten von Begriffen, Urteils- und Schlußformen nebeneinander auf, ohne ihren Zusammenhang zu untersuchen und ohne sie zu beweisen. Zum anderen fehlt den so botanisierten Formen selbst die Rückkopplung zum Inhalt. Diesen Gedanken will ich kurz an einem Beispiel aus der Schlußlehre ausführen: Die Grundfigur eines Syllogismus stellt der Schluß der Allheit dar: Alle B sind C; alle A sind B; also sind alle A C. (Vgl. III 111–113/TW6, 381–384; Enz I § 190) Es handelt sich um eine Form, die für jede mögliche inhaltliche Einsetzung an die Stelle von A, B, C gilt, in diesem Sinn also um eine inhaltsneutrale Form. Entscheidend ist nicht der Inhalt der Begriffe, sondern das quantitative Verhältnis ihrer Umfänge zueinander. Genau darin lokalisiert Hegel das Problem dieses Schlusses: Wenn die Allgemeinheit des Obersatzes (Alle B sind C) nur in der Summe, der abgekürzten Zusammenfassung entsprechender Einzelfälle besteht, so bleibt der Obersatz selbst abhängig von der Konklusion. Der Schlußsatz ist erst dadurch durch die beiden Prämissen vermittelt, daß er selbst in ihnen unmittelbar vorausgesetzt ist. Wir erhalten so eine Leerform von Notwendigkeit, die sich an den zu vermittelnden Inhalten vorbeibewegt: Alle A sind nun C, weil eben alle A C sind. Die Notwendigkeit des Schlusses kollabiert in einfache Identität der Konklusion mit sich, und die Frage, warum und ob alle A C sind, bleibt unbedient. An diesem Beispiel läßt sich auch noch erhellen, welche Art von Inhalt gemeint ist, von der die traditionelle Logik zu Unrecht abgesehen haben soll: Gemeint ist nicht, allen Inhalt bestimmter Schlüsse aufzunehmen – mit dieser Forderung hätte sich die Logik selbst aufgehoben –, sondern deren allgemeinen Inhalt. Das heißt im Beispiel: Die Konstellation von Allgemeinheit (C), Besonderheit (B) und Einzelheit (A) ist nicht nur als äußeres, quantitatives Verhältnis dreier Begriffsumfänge zu denken (wodurch der verdeckte Zirkelschluß erst entstand), sondern ebensosehr als inhaltlicher Zusammenhang der Begriffe. Was damit in die Logik aufgenommen wird, ist nicht der inhaltliche Zusammenhang dessen, was wir für A, B und C beliebigerweise einsetzen könnten, sondern der Inhalt und Zusammenhang der Begriffe Allgemeinheit, Besonderheit und Einzelheit selbst.

Kurzgefaßt stellt sich das Problem der allgemeinen Logik für Hegel so dar: Für ihren Versuch der Beschränkung auf inhaltsneutrale Formen des

Denkens zahlt sie den Preis, ihren genuinen Gegenstand, das Allgemeine des Denkens, nur in einer Abstraktion von ihm zu fassen und seine Notwendigkeit außer es zu expedieren.

Wenden wir uns damit zur zweiten genannten Disziplin, der vorkantischen Metaphysik. (Vgl. Enz I §§ 26–36) Auch sie hat es nach Hegel mit Denkbestimmungen zu tun, nur diesmal nicht mit Begriff, Urteil und Schluß, dem, was als Form subjektiven Denkens gilt, sondern mit Begriffen, die sich in der WdL selbst als Vorfassungen des Begriffs herausstellen sollen – mit Begriffen aus dem Bereich der Seins- und Wesenslogik. Die Metaphysik nimmt diese Begriffe nun nicht als methodische Begriffe, nicht als unsere, der Denkenden, Art und Weise, Allgemeinheit zu erzeugen, sondern als Prädikate in Urteilen über Gegenstände. („Die Welt ist endlich", „Die Seele ist einfach", „Gott ist das Unbedingte") Angesichts dessen stellt sich die Frage, in welchem Sinn solche Prädikate als Denkbestimmungen angesprochen werden können. In einer Weise gibt darauf das Selbstverständnis der alten Metaphysik schon eine erste Antwort: Es handelt sich schon für sie selbst um Bestimmungen, die durch Denken allein zu erfassen sind, in deren Erfassung die Seele ihre genuinen Dispositionen aktualisiert und in reflexiven Verkehr mit sich tritt. Daß diese Bestimmungen in der Rückwendung des Geistes auf sich zu finden sind, entwertet für das metaphysische Selbstverständnis nicht deren Objektivität, sondern bekräftigt eher die Gewißheit, daran die wahren und letzten Prädikate mit gegenständlicher Gültigkeit zu haben. Im unbefangenen Zutrauen auf deren gegenstandserfassende Kraft werden die Kategorien zur Bestimmung der Gegenstände der speziellen Metaphysik eingesetzt.

Daran moniert Hegel drei fragwürdige Voraussetzungen: a) die Aufnahme der Gegenstände (Welt, Seele, Gott) selbst aus der Vorstellung; b) die ebenso unkritische Aufnahme der Prädikate und c) die festgehaltene Voraussetzung, in Urteilen das Absolute erfassen zu können. (Vgl. Enz I § 28 und § 30) Für unseren Kontext ist besonders b) interessant, sind doch die Prädikate nichts anderes als die Denkbestimmungen selbst. Was es für Hegel prekär macht, sie – nicht als zukommend, aber doch – als gediegene mögliche Prädikate vorauszusetzen, ist ihr endlicher, d. h. intern widersprüchlicher Charakter. Worin dieser Widerspruch jeweils besteht, erwartet seine Durchführung in der WdL selbst. An dieser Stelle bleibt nur, den allgemeinen Charakter anzuzeigen: „Endlich heißt, formell ausgedrückt, dasjenige, was ein Ende hat, was ist, aber da aufhört, wo es mit seinem Anderen zusammenhängt und somit durch dieses beschränkt wird. Das Endliche besteht also in Beziehung auf sein Anderes, welches seine Negation ist und sich als dessen Grenze darstellt." (Enz I § 28 Z) Leicht nachvollziehbar ist die Beobachtung, daß die fraglichen Prädikate in Gegensatzpaaren auftreten (endlich-unendlich, einfach-zusammengesetzt), in Begriffen, die einander ausschließen und symmetrisch aufeinander verweisen. Hegels These lautet nun: Dieser „endliche" Charakter der Prädikate bringt die Metaphysik in antinomische Lagen, dahin, ihren Gegenständen sowohl das eine als auch das andere Glied solcher Gegensatzpaare zuzusprechen. Wenn diese Diagnose zutrifft, wenn metaphysische Antinomien nicht erst durch die *Anwendung*, sondern schon durch den *internen Charakter* der Prädikate entstehen, so ist natürlich die Lösung der Antinomien darin zu suchen, die Denkbestimmungen rein für sich, subjekt- oder substratfrei vorzunehmen. Die Frage, die nach Hegel die Metaphysik einzig stellt – passen die Prädikate zum jeweils zugrundegelegten Gegenstand? – kommt demgegenüber immer einen Schritt zu spät. Das Programm der WdL erhält so aus der Kritik der Metaphysik eine einsichtige Begründung.

Freilich stellt sich hier die Rückfrage, weshalb die allgemein skizzierte Verfassung möglicher Prädikate antinomieträchtig sein soll. Für gewöhnlich scheint doch wenigstens die Konstellation wechselseitigen Ausschlusses der Glieder eines Begriffspaares nicht *eo ipso* zu Widersprüchen in Urteilen zu führen. Widersprüche entstehen doch erst durch bestimmte Anwendungen, nämlich dann, wenn beide Glieder des Gegensatzes auf denselben Gegenstand in derselben Hinsicht affirmativ bezogen werden. Weshalb sollte es sich im Feld der Metaphysik anders verhalten? Der Grund liegt m. E. in folgendem: Der Metaphysik steht nicht das leichte Auskunftsmittel der Differenzierung nach Hinsichten zu Gebote, und zwar deshalb nicht, weil sie ihre Gegenstände in der Regel als eminente Fälle des jeweiligen Prädikats denkt. „Die Seele ist einfach" soll nicht ergänzt werden durch Angabe einer Hinsicht, neben der andere koexistieren, in der die Seele auch zusammengesetzt wäre. Die Seele soll schlechthin einfach sein, das Einfache selbst. Dann aber macht sich der interne Zusammenhang von Einfachheit und Zusammensetzung gegen das Urteil geltend. Das Einfache ist das Einfache eines Zusammengesetzten – dann ist die Seele, dieses Einfache schlechthin, nicht mehr einfach als absoluter, immanenter Charakter, sondern relativ zu dem größeren Ganzen, das ihrer Charakterisierung als einfach ebenso vorausgeht wie umgekehrt die Charakterisierung des Zusammengesetzten als zusammengesetzt den Rekurs auf dessen Teile verlangt.

In diesem Licht gewinnt Hegels Kritik am Einsatz der Kategorien als gegenständlicher Prädikate eine neue Tiefe: Es ist nicht mehr so, daß die Prädikate auf Unbedenklichkeit geprüft würden, um dann gegebenenfalls wieder als solche eingesetzt zu werden. Die Kritik weist eher in die Richtung, daß Denkbestimmungen überhaupt nicht so, als Prädikate eines Gegenstands, fungieren. Die Logik hat dann nicht die Stellung einer klärenden Vorwissenschaft, nach der die Metaphysik – eine Metaphysik nach dem beschriebenen Muster – endlich beginnen könnte, sondern die ihrer Substitution.

Daß Hegel schließlich auch noch Kritik an der Behandlung der Formen des Denkens durch die Transzendentale Logik geübt hat, ist allgemein bekannt. (Vgl. Henrich 1983, Priest 1987) Eine kurze Erinnerung scheint auch hier am Platz, zumal die Transzendentalphilosophie der an Logik und Metaphysik gerichteten Kritik jedenfalls enthoben scheint. Schließlich stellt die *Kritik der reinen Vernunft* ausdrücklich die von der Logik abgeblendete Frage gegenständlicher Gültigkeit der Stammbegriffe des reinen Verstandes und hinterfragt zugleich das metaphysische Unterfangen, reine Begriffe zu gegenstandsbezogener Erkenntnis einzusetzen, in grundsätzlicher Weise.

Was also motiviert das Unternehmen, die Formen des Denkens – noch einmal und auf neue Weise – ausdrücklich für sich zum Thema zu machen? Die Antwort hat mit der zweischneidigen Stellung zu tun, die die Kritische Philosophie zur Objektivität der vormals ontologisch aufgefaßten Kategorien einnimmt, die mit der Kritik nun endgültig als Stammbegriffe des reinen Verstandes dechiffriert sind: Kategorien sind ebenso *unabdingbar* zur Konstitution von Objekterkenntnis wie *beschränkt* in ihrer Kapazität, Objekte so zu erfassen, wie sie sind. Sie lassen uns Erscheinung erkennen – aber nicht das, was im Erscheinen erscheint. Zu dieser Doppelansicht von Notwendigkeit und Beschränktheit der Formen des Denkens fällt Hegel ein eindeutiges und für das Programm seiner Logik entscheidendes Urteil: Wenn die Formen des Denkens nur Erscheinungen erkennen lassen, dann müssen sie an sich selber unwahr, an sich selber beschränkt sein: „Die *Kritik der Formen des Verstandes* hat das angeführte Resultat gehabt, daß diese Formen keine *Anwendung auf die Dinge an sich* haben. – Diß kann keinen andern Sinn haben, als daß diese Formen an ihnen selbst etwas Unwahres sind." (I B 30/TW5, 40) Und er zieht daraus zwei Schlüsse:

1. Dann gilt es aber auch, diese Beschränkung oder Unwahrheit an ihnen selber zu zeigen. Das ist für Hegel eine offene Aufgabe auch nach der *Kritik der reinen Vernunft*, weil diese die Denkformen gar nicht anders als relativ, in ihrer Beziehung auf anderes, erfassen kann und sie auch nur so zu erfassen beansprucht (vgl. Enz I § 41 2; 2. gilt es dann auch zu zeigen, wie sich das Denken über die diagnostizierte Schranke erhebt.

Ich beschränke mich hier auf eine kurze Erläuterung zur Diagnose selbst. Was heißt es und warum soll gelten, daß die Restriktion objektiver Geltung auf Erscheinung mit dem Befund der Unwahrheit der Formen des Verstandes zusammenfällt? Hegel selbst spielt in diesem Zusammenhang auf die theoretische Alternative an, die Unterscheidung zwischen Ding an sich und Erscheinung als Unterscheidung zweier Gegenstandstypen zu denken, von denen Kategorien den einen wohl, den anderen aber nicht erfassen; ihr Verhältnis werde nämlich so vorgestellt „als ob dabey gleichsam nur *die Art der Gegenstände* verschieden wäre" (I B 30/ TW5, 39). Ob diese Fassung zu Kants Theorie oder nur zu einem populären Verschnitt derselben gehört, sei dahingestellt. Wichtig ist Hegels Beobachtung, daß mit dieser Fassung die Ambivalenz von Notwendigkeit und Beschränktheit von Denkformen nur zum Schein ruhiggestellt ist. Gegen eine solche Lösung ist nämlich mit Hegel geltend zu machen, daß „Erscheinung" und „Ding an sich" nicht zwei Sphären oder Typen von Gegenständen markieren, sondern ein epistemisches Gefälle im Erfassen eines Gegenstands. Die unerkannte Identität ist die Identität eben des Gegenstands, der uns so und so erscheint. Seine Erscheinung „richtig erkannt" zu haben, schließt dann aber ein, ihn als Wesen dieser Erscheinung erkannt zu haben. *Wirkliche* Erkenntnis *bloßer* Erscheinung kann es demnach nicht geben. Eine Erkenntnis, die den Schritt von der Erscheinung zum Ansich des Erscheinenden nicht zuwege bringt, ist auch nicht Erkenntnis der Erscheinung.

Damit fällt die Beschränkung, wenn sie denn besteht, nicht mehr außer die allgemeinen Weisen der Gegenstandserfassung in einen beschränkten Zuständigkeitsbereich, in dem sie weiter das letzte Wort behielten, sondern in sie selbst.

Die drei Linien, die wir eben ausgehend von der allgemeinen Logik, der Metaphysik und der Transzendentalen Logik nachgezogen haben, konvergieren so tatsächlich in einem Punkt: Es ergibt sich von unterschiedenen Seiten her das Desiderat, die Frage nach den Formen des Denkens qua Formen des Denkens mit der Frage ihrer Objektivität oder ihrer Objektivitätstauglichkeit zu identifizieren.

Gegen Hegels Konsequenz, den kritischen Befund der Beschränkung auf Erscheinung in das Projekt einer internen Kritik der Denkformen zu überführen, erheben sich freilich vom Standpunkt der Transzendentalphilosophie und auch aus allgemeinerer Warte erhebliche Bedenken. So kann man fragen, wie bloße Denkformen überhaupt wahr oder unwahr sein könnten. Wahrheit – von Hegel direkt als das Thema der Logik veranschlagt (vgl. Enz I § 19 Z1) – scheint doch erst im Bezug auf Sätze oder Urteile, nicht schon im Bezug auf bloße Begriffe oder bloße Formen zu Urteilen in Frage zu kommen. Freilich sagt Hegel, im „philosophischen Sinn" sei unter Wahrheit die „Übereinstimmung eines Inhalts mit sich selbst" (Enz I § 24 Z2) zu verstehen; aber das verschiebt die Frage nur dahin, weshalb wir einen reicheren Begriff gegenständlicher Wahrheit gegen den scheinbar ärmeren der Selbstübereinstimmung eintauschen sollten. Hinter jenem reicheren Begriff scheint die Übereinstimmung einer Denkform mit sich immer noch zurückzubleiben: So mag für Kategorien eine konsistente Definition erreichbar sein, oder eine Urteilsform in dem Sinn mit sich übereinstimmen, daß Urteile dieser Form nicht schon ihrer Form wegen falsch, also logisch unmöglich sind. Doch ist nach unserem gewöhnlichen Verständnis mit solchen logischen Möglichkeiten noch nicht entschieden, ob ein wirkliches Urteil der betreffenden Form ein wahres Urteil ist oder nicht bzw. ob die definierte kategoriale Struktur die adäquate Struktur eines außerlogischen Inhalts darstellt. Gegen die Idee einer immanenten Selbstkritik von Denkformen macht sich so das Bewußtsein der Scheidung von Form und Inhalt des Denkens geltend.

Ganz ununterschieden wird auch die WdL Form und Inhalt nicht lassen: Wären die Formen des Denkens gar nicht von ihren Inhalten abhebbar, so käme es auch nicht zu einer Wissenschaft der Logik. In einer Weise bleibt ja auch sie formal und lokalisiert ihre Fragen auf einem Allgemeinheitsniveau, für das näher bestimmte Inhalte austauschbare Exempel bilden. Wenn Hegel z. B. das Urteil „Die Rose ist rot" vornimmt, so interessiert er sich nicht für Schnittblumen, sondern für das Verhältnis von Einzelheit und Allgemeinheit. Weshalb Hegel angesichts der auch von ihm selbst aufrecht erhaltenenen Unterscheidbarkeit der Themen der Logik von solchen der Realphilosophie und der Einzelwissenschaften dennoch Wahrheit zum Thema der WdL und diese zum immanenten Maßstab von Denkformen erklären kann, soll abschließend in zwei indirekten Argumenten gezeigt werden.

Nehmen wir probehalber an, eine Denkform habe – abgesehen von der Konsistenzforderung – einen zweiten Maßstab außer sich. Für einen solchen externen Maßstab bieten sich logisch zwei Kandidaten an: zum einen der außer der Form stehende Inhalt, auf den sie anzuwenden wäre; zum anderen andere Denkformen, mit denen sie kohärieren sollte. Nun kann aber der außer Form gesetzte Inhalt nicht als Maßstab fungieren, und zwar gerade indem er außer jede Denkform gesetzt, also der nicht oder noch nicht gedachte Inhalt wäre. Zum anderen kann der Vergleich mit anderen Denkformen nur dann ein triftiges Urteil über diese eine erbringen, wenn jene anderen Formen sich als die alternativen und überlegenen Durchführungen dessen zeigen lassen, was schon mit jener erreicht werden sollte. Das heißt: Die wechselseitige Rektifizierung von Denkformen setzt voraus, daß sich an jeder von ihnen Anspruch und Realität, Sein und Sollen unterscheiden lassen. Die vermeintlich äußeren Vergleichsmaßstäbe der Anwendbarkeit auf Typenverschiedenes und der Kohärenz mit Typengleichen führen so zurück zum Desiderat immanenter Kritik einer Denkform. Ob und wie die WdL dieses hier nur präliminarisch angedeutete Programm in die Tat umsetzt, wird sich freilich erst in den nun folgenden Durchgängen zeigen können.

Literatur

Butler, Clark 1996: Hegel's Logic. Between Dialectic and History. Evanston, Illinois.

Fulda, Hans Friedrich/Horstmann, Rolf-Peter/Theunissen, Michael 1980: Kritische Darstellung der Metaphysik. Eine Diskussion über Hegels „Logik". Frankfurt a. M.

Henrich, Dieter (Hg.) 1983: Kant oder Hegel? Formen der Begründung in der Philosophie (Stuttgarter Hegel-Kongreß 1981. Veröffentlichungen der Internationalen Hegel-Vereinigung Bd. 12). Stuttgart.

Pätzold, Detlev/Vanderjagt, Arjo (Hg.) 1991: Hegels Transformation der Metaphysik (= dialectica minora 2). Köln.

Priest, Stephen (Hg.) 1987: Hegel's Critique of Kant. Oxford.

Rinaldi, Giacomo 1992: A History and Interpretation of the Logic of Hegel. Studies in the History of Philosophy Vol. 26. Lewiston/Queenston/Lampeter.

Theunissen, Michael 1980: Sein und Schein. Die kritische Funktion der Hegelschen Logik. Frankfurt a. M.

2

Giancarlo Movia

Über den Anfang der Hegelschen Logik

Verschiedene Forscher (vgl. Adorno 1971, 352; Wieland 1973, 396; Schmitz 1992, 79 f.) haben bemerkt, daß das erste Kapitel der *Wissenschaft der Logik* mit einem Anakoluth beginnt: „*Seyn, reines Seyn,* – ohne alle weitere Bestimmung." (I B 68/ TW5, 82) Es ist Hegels Absicht, zu zeigen, daß das Sein des Anfangs nicht anders sein kann als „satzlos ohne Behauptung oder Prädikat" (I A 52). Die Hinzufügung der Kopula und eines Prädikats hätte das Sein des Anfangs in ein bestimmtes Sein verwandelt, das, insofern es aus ‚Elementen' (dem Sein und der Bestimmtheit [vgl. I B 97/ TW5, 116]) zusammengesetzt wäre, auf anderes verwiese und darin den Anspruch der Wissenschaft zunichte machen würde, ohne Voraussetzungen zu sein: Für Hegel kann daher der Anfang der spekulativen Logik nicht mit dem Seienden, sondern nur mit dem Sein gemacht werden (vgl. Lugarini 1998, 159 f.).

Das reine Sein schließt jede andere Bestimmung aus. Die ‚*Reinheit*' zeigt die Abwesenheit von Vermischung an, die Trennung, die Abstraktion. Das reine Sein ist darum das Sein, das nichts anderes ist als Sein, die vollzogene Abstraktion von jeder weiteren Bestimmung.

Das reine Sein ist *qualitätslos*, aber zugleich ist es das Resultat der Abstraktion vom qualitativen Sein und diesem entgegengesetzt; es stellt darin sozusagen den Grenzfall von Qualität dar. Als dieser Grenzfall gehört es zu Recht noch in den Abschnitt *Bestimmtheit (Qualität)* (vgl. I B 67/ TW5, 81; I B 68/ TW5, 82).

Hegel fährt folgendermaßen fort: „In seiner unbestimmten Unmittelbarkeit ist es nur sich selbst gleich, und auch nicht ungleich gegen anderes, hat keine Verschiedenheit innerhalb seiner, noch nach Aussen. Durch irgend eine Bestimmung oder Inhalt, der in ihm unterschieden, oder wodurch es als unterschieden von einem andern gesetzt würde, würde es nicht in seiner Reinheit festgehalten. Es ist die reine Unbestimmtheit und Leere." (I B 68 f./ TW5, 82) Das reine Sein ist mithin die unbestimmte Unmittelbarkeit. Als solche ist es einerseits nur sich selbst gleich und weist daher keine immanente Unterschiedenheit oder Begrenzung oder Artikulation auf, nichts also, was der für das Dasein charakteristischen *Bestimmung* entspräche; und andererseits ist es nicht einem Anderen ungleich oder besitzt keinerlei äußerliche Bestimmtheit, nichts, was der *Beschaffenheit* des Daseins entspräche (vgl. I B 110/ TW5, 131 f.). Zugleich unterscheidet sich das reine Sein des Anfangs in systematischer Hinsicht zum einen von der gesamten Sphäre, die den Gegenstand der *Lehre vom Sein* bildet, intern strukturiert und in *Bestimmtheit (Qualität), Größe (Quantität)* und *Maß* unterteilt ist; zum anderen unterscheidet es sich vom *Sein*, insofern sich dieses auf das *Wesen* bezieht (vgl. I B 66/TW5, 79 f.; I B 68/ TW5, 82).

Das reine Sein ist unbestimmte Unmittelbarkeit, weil „der erste Anfang [...] nichts Vermitteltes und weiter Bestimmtes sein kann" (Enz I § 86). Wie Hegel in der Einleitung zur *Lehre vom Sein* („Womit muß der Anfang der Wissenschaft gemacht werden?") vertritt, muß, wenn jedes Bestimmte eine Vermittlung mit sich führt, das Unmittelbare absolut unbestimmt sein (vgl. I B 56/ TW5, 68; vgl. auch I B 82/ TW5, 99).

Die erste Gedankenbestimmung der spekulativen Logik ist nicht nur *ein* Unmittelbares, wie jede andere Sache, die immer auch ein Moment von Unmittelbarkeit enthält (vgl. I B 54/TW5, 66), sondern sie ist das Unmittelbare selbst, die reine und einfache Unmittelbarkeit (vgl. I B 55/ TW5, 68). Das bedeutet, daß das Sein in logischer Hinsicht ohne Voraussetzungen ist, in dem Sinne, daß es sich von keinem vorausgehenden Begriff ableitet. Es ist der schlechthin erste Begriff, und das heißt eben genau, daß es unmittelbar ist. Hegel versteht das Sein „als ein Nichtanalysirbares" (I B 62/ TW5, 75), als das, was keine anderen Gedankenbestimmungen voraussetzt, sondern von allen anderen Gedankenbestimmungen vorausgesetzt wird.

In seiner Unmittelbarkeit und Unbestimmtheit ist das Sein an sich „ein Unsagbares" (Enz I § 87 A2, sub 2) und also „kann man von ihm nicht sagen, was es ist" (III 33/ TW 6, 275). Es kann nur indirekt ausgedrückt werden, das heißt durch die *via negationis* der Reflexionsbestimmungen – worauf Dieter Henrich zu Recht nachdrücklich hingewiesen hat: „Diß Reflexionslose Seyn [...]" (I B 68/ TW5, 82; Henrich 1964). Andererseits anerkennt Hegel, daß ‚Un-mittelbarkeit' und ‚Un-bestimmtheit' selbst eine ‚Reflexion' bezeichnen, das heißt eben die Entgegensetzung gegen Vermittlung und Bestimmung. Der wahre Ausdruck der einfachen Unmittelbarkeit kann darum nichts anderes sein als das reine Sein; im reinen Sein also wird diese Entgegensetzung überwunden (vgl. I B 55/ TW5, 68).

Doch die Unmittelbarkeit des reinen Seins ist für Hegel nicht absolut. Die Tatsache, daß der Begriff des Seins als Begriff unmittelbar ist, insofern er keine Voraussetzungen logischer Natur zuläßt, schließt seine Vermittlung in anderen Hinsichten nicht aus. Und wirklich erweist sich seine Vermittlung als nicht negierbar sowohl in einer retrospektiven als auch in einer prospektiven Analyse. In der ersten, retrospektiven Hinsicht zeigt sich vor allem, daß Hegel die Vermittlung des Seinsbegriffs in psychologischem oder gnoseologischem Sinn ausdrücklich einräumt, nämlich eine Vermittlung durch die sinnliche Erfahrung. Der Begriff des Seins (wie der des Nichts) ist in der Tat durch Abstraktion oder Analyse im Ausgang von der sinnlichen Vorstellung des Anfangs (zum Sein) und des Werdens gewonnen (vgl. I B 59–61/ TW5, 73 f.; Enz I § 88 A, sub 3). An diese Überlegungen läßt sich auch die wiederholte Versicherung Hegels anschließen, unser Denken müsse, um das reine Sein denken zu können, von allen bestimmten Inhalten abstrahieren. Der Anfang der Logik ist deshalb ‚abstrakt' nicht nur in Bezug auf die konkrete Totalität, die sich am Ende zeigt und die er sozusagen im Keim darstellt (vgl. Lugarini 1998, 153 f.), sondern auch hinsichtlich dessen, was wir zu denken gewohnt sind. Er ist „das Resultat der Abstraction von allem Seyenden" (I B 87/ TW5, 105; vgl. auch Enz I § 78 A). Im Lichte dessen erweist sich jenes Bild von der Hegelschen Idee des ‚reinen Denkens', wie es Feuerbach, Trendelenburg, Schelling und Kierkegaard gezeichnet haben, als unzutreffend (vgl. Landucci 1978, 18). In Wirklichkeit bedingt nach Hegel die psychologische und bewußtseinsgenetische Voraussetzung der Begriffe keinesfalls deren Wert als Begriffe (vgl. Berti 1969/72, 7 f.; Hösle 1987, 27): Das Sein ist logisch, nicht psychologisch das erste, mehr noch: Die Herkunft des Seins aus der Abstraktion von jedem Bestimmten und damit die ontologische Priorität des Bestimmten selbst, auf der jene Kritiker Hegels, die ihm zeitlich unmittelbar folgten, so sehr bestanden haben, „wird […] hinter der Wissenschaft zurükgelassen" (I B 86/ TW5, 104).

Darüber hinaus ist der Anfang der Hegelschen Logik auch phänomenologisch vermittelt. Nach Hegel hat die Logik das Resultat der *Phänomenologie des Geistes* zur Voraussetzung, nämlich das absolute Wissen als Identität von subjektiver Gewißheit und objektiver Wahrheit (vgl. I B 54 f./ TW5, 67). Mit der letzten Gestalt der *Phänomenologie* wird in der Tat die Antithese von Sein und Denken überwunden und jene Konzeption des objektiven Denkens erreicht (vgl. I B 34/ TW5, 43), innerhalb deren sich dann die Deduktion oder besser die Entfaltung der Kategorien verwirklicht (vgl. Lugarini 1998, 150). Das reine Sein ist daher die unmittelbare Einheit, in die das Wissen am Kulminationspunkt seiner Vereinigung mit dem Gegenstand „zusammengefallen" ist (I B 59/ TW5, 72). Gleichwohl ist der Anfang der Logik nicht einfach mit dem Ende der *Phänomenologie* identisch; er entspricht vielmehr deren erster Gestalt, der Unmittelbarkeit der sinnlichen Gewißheit. Das reine Sein der sinnlichen Gewißheit hat sich durch die Überwindung der Bewußtseinsgegensätze zum reinen Wissen erhoben, das, als einfache Unmittelbarkeit, in seinem wahren Ausdruck immer noch reines Sein ist (vgl. I B 55/ TW5, 68; vgl. Cavarero 1984, 41). Deswegen konstituiert die *Phänomenologie* einerseits die Deduktion oder Rechtfertigung des Begriffs von Wissenschaft, das heißt der spekulativen Wissenschaft, der Logik (vgl. I B 32/ TW5, 42). Die Unbestreitbarkeit der Wissenschaft wird dort vermittels der Widerlegung (*elenchos*) ihrer Negationen erwiesen, also vermittels eines dialektischen Beweises. Anderseits bringt die *Phänomenologie* selbst den Inhalt der Wissenschaft hervor, so daß eine Entsprechung zwischen den Gestalten des Bewußtseins und den *„reinen Wesenheiten"* (I B 8/ TW5, 17) der Logik konstatiert werden kann – in unserem Fall die Entsprechung zwischen dem reinen Sein, das jene erste Gestalt des Bewußtseins (die sinnliche Gewißheit) für die Wahrheit der Sache nimmt, der Einheit selbst, mit der die *Jenaer Logik* von 1804/05 anhebt, und dem Sein, mit dem die nachfolgenden Logiken beginnen (vgl. Chiereghin 1980a, 235 ff). Anderseits entbindet der Umstand, daß der Begriff der Wissenschaft seine Rechtfertigung in der *Phänomenologie* erhält, Hegel nicht von der Pflicht, zu zeigen, „daß er innerhalb der Logik selbst hervorgeht" (I B 32/ TW5, 42) oder innerhalb der Bewegung der reinen Wesenheiten. Auf dieses Problem werden wir weiter unten noch zurückkommen, aber es führt uns hier schon auf die zweite, prospektive Seite der Vermittlung des reinen Seins, das heißt zu derjenigen Vermittlung, die das anfängliche Sein innerhalb der Logik selbst erfährt.

Man kann hier mit der Erinnerung an eine berühmte Stelle des Hegelschen Textes beginnen: „So soll das *Princip* auch Anfang und das, was das *Prius* für das Denken ist, auch das *Erste* im *Gange* des Denkens seyn." (I B 54/ TW5, 66; vgl. Molinu 1996, 180 f.) Diese Stelle scheint darauf zu zielen, im Anfang die Einheit des ontologisch-objektiven und des logisch-subjektiven Moments zu sichern. Insofern es der Sphäre des Begriffs des objektiven Denkens und daher der Ebene des Logisch-Ontologischen zugehört, ist das Sein, in Einheit mit dem Nichts (vgl. I B 60 f./ TW5, 73 f.), in der Tat „das Anfangende" (I B 58/TW5, 71) als objektives Prinzip, als „*Inhalt*" oder „objective Wahrheit" (das ist die Seite des Anfangs, die von der antiken Philosophie konturiert wurde), wovon es allerdings erst die ärmste und leerste Instanz darstellt. Zugleich muß „das Anfangende" auch subjektives Prinzip sein, „*Form*" und „*subjective[s]* Thun" (das ist die Seite des Anfangs, die vor allem von der modernen Philosophie entdeckt wurde), „das *Erste* im *Gange* des Denkens", und aus eben diesem Grund muß das Denken mit dem Sein anfangen, dem ersten, einfachsten und unmittelbarsten Begriff (I B 53 f./ TW5, 66 f.).

Von daher wird verständlich, weshalb Hegel den Anfang geradezu als den „Grund" und die „Grundlage" aller Kategorien, aller nachfolgenden *objektiven Gedanken* betrachtet (I B 56/TW5, 69; I B 58/TW5, 71). Nichtsdestoweniger (und es ist eben diese Stelle, an der die logische Vermittlung des Anfangs schließlich hervortreten kann) gilt in der Logik: „Man muß zugeben, […] daß das Vorwärtsgehen ein *Rückgang* in den *Grund*, zu dem *Ursprünglichen* und *Wahrhaften* ist" (I B 57/ TW5, 70). Die Logik ist daher ein zirkularer Rückgang in das „wahre Ursprüngliche": Das Erste wird vermittelt durch das Letzte, das Sein durch die absolute Idee (vgl. I B 57/ TW5, 70). Überdies findet das Sein seine eigene Vermittlung, wenn nicht schon mit dem Werden oder dem bestimmten Sein, „ausdrücklich vom *Wesen* aus" (I B 86/ TW5, 104). Angesichts dessen erscheint es als mit dem Vorhergehenden völlig kohärent, daß Hegel die Unmittelbarkeit des Anfangs als *einseitig* und *unwesentlich* charakterisiert, sowohl in Bezug auf die phänomenologische (vgl. I B 59/ TW5, 72) als auch in Bezug auf die logische Vermittlung (vgl. I B 57/ TW5, 70; I B 58/ TW5, 71; I B 86/ TW5, 104). Die sogenannte Aporie des Anfangs (der Beginn ist vermittelt oder unmittelbar, weder vermittelt noch unmittelbar, vermittelt und unmittelbar) (vgl. I B 51 ff./ TW5, 63 ff.; I B 59/ TW5, 72) findet, wie Thomas Kesselring bemerkt hat, ihre Lösung letztlich in der Einsicht, daß Vermittlung und Unmittelbarkeit „Hilfsbegriffe" sind, die von Mal zu Mal in ihrem wechselseitigen Bezug bestimmt werden müssen (Kesselring 1981, 577). Schließlich kann Hegel dank des Begriffs eines unmittelbaren Anfangs vom Absoluten in rein logisch-dialektischem Sinn sprechen, als von dem, das keine Voraussetzungen hat. In diesem Sinn spricht Hegel oft von der Logik als von einem „absoluten Wissen" (Berti 1969/72, 12 und 17).

Betrachten wir nun genauer die Unbestimmtheit des Seins. Wie wir gesehen haben, implizieren die Unmittelbarkeit und die Unbestimmtheit des Anfangs einander wechselseitig. Jedwede Bestimmung, sei sie intrinsisch oder extrinsisch, wirklich oder auch nur möglich, ließe das reine Sein zu *X* in Abgrenzung zu *non-X* werden, setzte es darin in Beziehung zu anderem und verwandelte es in etwas Vermitteltes (vgl. Enz I § 86 Z 1). Das reine Sein kann nur negativ bestimmt werden, nicht jedoch auf dieselbe Weise wie alle anderen *Denkbestimmungen*, von denen jede eine Negation enthält, sondern vermittels einer totalen Negation (vgl. Schmidt 1977, 66). Das Hegelsche anfängliche Sein ist unbestimmt, weil in ihm von allen Bestimmungen abgesehen ist, und mithin der ärmste und leerste Begriff. Es ist das Einfache, das in sich keinerlei Differenz aufweist, und daher, wie wir schon wissen, „ein Nichtanalysirbares" (I B 52/ TW5, 75). Darüber hinaus ist der Hegelsche Begriff des Seins nur ein *ens rationis*, es existiert nur als Gedachtes, und zwar deshalb, weil in Wirklichkeit nur bestimmte Seiende existieren (vgl. I B 72/ TW5, 87). Kurz gesagt, das anfängliche Hegelsche Sein ist gerade darum ein *Gedankending*, weil es absolut leer ist (vgl. I B 72/ TW5, 86 f.). Von diesem Gesichtspunkt aus kann man gut verstehen, daß Hegel (in einer Linie von Descartes über Kant bis zum nachkantischen Denken) jeden anderen Anfang und besonders den Anfang der Philosophie vom Subjekt aus nur in dem Maße aufnimmt, in dem ein solcher Anfang mit der ersten und reinen Unmittelbarkeit des Seins in Koinzidenz gebracht werden kann.

Das zweite Charakteristikum des anfänglichen Seins, nächst dem der unbestimmten Unmittelbarkeit, ist die Gleichheit allein mit sich selbst. Auch diese Bestimmung schreibt Hegel dem Sein auf jene Weise der *via negationis* zu, die dem Anfang eigentümlich ist: In der *Gleichheit nur* mit sich wird diejenige Gleichheit negiert, die eine Reflexionsbestimmung – genauer eine der Weisen der *Verschiedenheit* in der *Lehre vom Wesen* – ist und nur in Beziehung auf anderes ausgedrückt werden kann (II 267 ff./ TW6, 47; vgl. Henrich 1964, 28). Zweifellos ist auch die Gleichheit mit sich eine Beziehung, doch Hegel negiert die Konsequenz, die sich aus dieser Beziehung ergibt, nämlich die Ungleichheit in Bezug auf anderes, die Beziehung zu anderem, und zeigt so, daß der Begriff der Beziehung dem logischen Anfang unangemessen ist (vgl. Schmidt 1977, 65 f.). Erst am Ende der Logik wird die Gleichheit nur mit sich als einfache, abstrakte und unmittelbare *Beziehung auf sich selbst* expliziert (und kritisiert) werden (vgl. III 239/ TW6, 553 f.; III 252/ TW6, 572; Theunissen 1980, 110 f. und 400 ff.). Jedenfalls hat, wie wir gleich sehen werden, die Identität des Hegelschen Seins mit sich selbst eine dialektische Natur, weil sie zugleich die Auflösung in ihr Gegenteil ist (vgl. Berti 1969/72, 11).

Hegel fährt nun so fort: „Es ist *nichts* in ihm [= im Sein; G. M.] anzuschauen, wenn von Anschauen hier gesprochen werden kann; oder es ist nur diß reine leere Anschauen selbst. Es ist eben so wenig etwas in ihm zu denken, oder es ist ebenso nur diß leere Denken." (I B 69/ TW5, 82 f.). Das reine Sein ist reines Denken nicht nur wie alle anderen Kategorien der Logik, die reine Gedanken sind gegenüber den konkreten Gestalten des phänomenologischen Bewußtseins und gegenüber der Realität der Natur und des Geistes, sondern es ist das reine Denken oder die reine Anschauung des Unmittelbaren; es ist das Denken ohne einen Inhalt, ohne Bestimmung, es ist die leere Bedeutung (vgl. Léonard 1974, 45 f. u. Anm. 7; Fleischmann 1968, 68; Biard 1981, 48). Wegen seiner Unbestimmtheit und Leere darf das Sein unanschaulich genannt werden.

Man kann auch sagen, das reine Sein sei, insofern es absolut unbestimmt ist, die reine Abstraktion (vgl. Enz I § 87). Es abstrahiert oder vielmehr in ihm abstrahiert das Denken von jeder Bestimmung und Vermittlung; das Denken abstrahiert in der Fixierung auf das reine Sein sogar noch von sich selbst (vgl. Mangiagalli 1983, 98).

Wenn nun der Anfang tatsächlich unmittelbar und voraussetzungslos sein soll, so geht es darum, den *Entschluß* zu fassen, das Denken als solches betrachten, auf reine Weise denken zu wollen; aber das Denken als solches, das leere Denken ist nichts als die reine Unmittelbarkeit, das reine Sein (vgl. I B 56/ TW5, 68; Enz I § 78 A).

Es ist diese Entscheidung, wodurch der Begriff der Wissenschaft „innerhalb der Logik selbst hervorgeht" (I B 32/ TW5, 42). Gewiß ist der logische Anfang zugleich das Resultat der *Phänomenologie*; gleichwohl kann der lange phänomenologische Gang ersetzt werden durch die Entscheidung, rein zu denken. Die *Phänomenologie* verliert dadurch allerdings nicht ihre Funktion, den Begriff der Wissenschaft zu rechtfertigen, weil jeder von jenem *Entschluß* unterschiedene Standpunkt des subjektiven Bewußtseins seine Rechtfertigung innerhalb des phänomenologischen Gangs findet (vgl. Chiereghin 1980a, 179 Anm. 52). Ein derartiger *Entschluß* ist dann alles andere als „eine Willkühr" (I B 56/ TW5, 68). Seine „Freiheit" nämlich fällt mit der Notwendigkeit des Denkens zusammen, das einerseits die Möglichkeit anderer Anfänge jenseits des Denkens als solchem, jenseits des Denkens des reinen Seins auschließt und andererseits jene Entscheidung in die zirkulare Bewegung der Wissenschaft aufnimmt, so daß der Anfang sein Fundament und seine Wahrheit im *Ursprünglichen* findet (vgl. I B 57/ TW5, 70; vgl. Cavarero 1984, 46 u. 48).

Mit der Entscheidung, rein zu denken, wird also „von allem abstrahiert" (Enz I § 78 A); nicht nur von den Bestimmungen eines jeden Seienden, sondern auch von der Konkretheit und Fülle des Denkens. Nicht genug damit: Das reine Denken abstrahiert zudem von seinem eigenen Abstraktionsakt, damit sich einzig der objektive Gedanke des reinen Seins zeige (vgl. Kesselring 1981, 568 ff.).

Aufgrund des Vorangegangenen kann Hegel dann schließen: „Das Seyn, das unbestimmte Unmittelbare ist in der That *Nichts*, und nicht mehr noch weniger als Nichts." (I B 69/ TW6, 83) Ohne Zweifel räumt Hegel dem Sein eine gewisse Priorität vor dem Nichts ein. Das Sein und das Nichts bilden jeweils das positive (affirmative) beziehungsweise negative Moment oder den positiven beziehungsweise negativen Modus, mittels deren die unbestimmte Unmittelbarkeit definierbar oder denkbar wird (vgl. Henrich 1964, 23 und 30). Das Sein ist in eigentlicher Weise „der wahre Ausdruck" der einfachen anfänglichen Unmittelbarkeit; es ist das einfache Positive, die reine Positivität im allgemeinen; es ist reine Position, unmittelbare Position, während das Nichts unmittelbare Negation ist (vgl. Hartmann 1929, 197; Henrich 1964, 30).

Ungeachtet seiner Positivität bleibt das anfängliche Sein als reine Abstraktion vollkommene Unbestimmtheit und Mangel an Inhalt. Doch es ist genau dieser *Status* des Seins, der die Deduktion, den *Fortgang* (vgl. I B 58/ TW6, 71) vom Sein zu den anderen Kategorien ermöglicht, beginnend mit dem Nichts, einen Fortgang, der gleichwohl nicht im Übergehen zu einem *Anderen* besteht (vgl. I B 93/ TW6, 112). In der Tat ist die Unbestimmtheit der einzige Grund, aus dem sich das Sein mit dem Nichts identifiziert, ins Nichts übergeht. Der logische (nicht nur psychologische oder bewußtseinsgenetische) Ursprung der Dialektik besteht für Hegel also in der einfachen Unbestimmtheit des Seins (vgl. Rinaldi 1977/78, 310 und 318). Tatsächlich ist das reine Sein als reine Abstraktion „das Absolut-Negative", das als radikale Unmittelbarkeit eben genau das reine Nichts ist (Enz I § 87). Wenn nun wirklich allgemein gilt, daß *„das Dialektische"* eines jeden logischen Begriffs in dem Negativen besteht, das er in sich selbst trägt (vgl. I B 39/ TW5, 51), so verwandelt sich die Unmittelbarkeit des Seins auf Grund seiner Unbestimmtheit oder seines Mangels an Qualität in die Negativität des Seins selbst oder in seine Gleichheit mit dem Nichts. Das Nichts setzt sich daher nicht von außen dem Sein entgegen, sondern das Sein ist Nichts an sich selbst. Die absolute Unbestimmtheit des Seins sorgt dafür, daß es, gerade durch seine einfache Identität mit sich selbst, sich selbst negiert, sich widerspricht und in sein Gegenteil übergeht (vgl. Berti 1969/72, 10 f.). „So ist das *reine Seyn* unmittelbar das *Nichts*." (II 367/ TW6, 183)

Für Hegel ist also das Sein nicht das absolut Andere des Nichts, vorausgesetzt, es handelt sich um das gänzlich unbestimmte Sein und das gänzlich unbestimmte Nichts. Er kritisiert den Mythos absoluter Geltung des Seins. Das Sein ist für ihn – wie das Licht – nicht das allein Positive (und das Nichts – wie das Dunkel – das allein Negative) (vgl. I B 88–90/ TW5, 106–109; vgl. Landucci 1978, 7); das reine Sein selbst ist negativ und *„wesentlich* Nichts" (I B 90/ TW5, 109).

Über die Idee oder Kategorie des Nichts, über das logische Nichts, äußert sich Hegel in genau denselben Termini wie über das Sein: „*Nichts, das reine Nichts*; es ist einfache Gleichheit mit sich selbst, vollkommene Leerheit, Bestimmungs- und Inhaltslosigkeit; Ununterschiedenheit in ihm selbst." (I B 69/ TW5, 83) Das reine Nichts ist nicht das konkrete Nichts, das sich in jenen reicheren und komplexeren Formen von Negativität findet, die von den weiteren Kategorien der Logik konstituiert werden. Das reine Nichts ist eine Negation, die sich an keinerlei bestimmte Negation bindet (vgl. Chiereghin 1963, 93): Es ist das unmittelbare Nichts (vgl. Enz I § 88). Deswegen steht es nicht in Beziehung zu dem reinen Sein, das in es übergegangen ist (vgl. Léonard 1974, 48). Darüber hinaus bezeichnet der Ausdruck „das Nichts ist Identität mit sich selbst" positiver die Unmittelbarkeit, die Abstraktion des reinen Nichts, indem er die Kontinuität der unmittelbaren Koinzidenz des Nichts mit sich hervorhebt; zugleich markiert er den Übergang des Nichts zur Positivität und zur Selbst-Koinzidenz des Seins (vgl. Léonard 1974, 48).

Hegel lenkt die Rede vom Nichts genau in Richtung auf dessen Identität mit dem Sein, wenn er bemerkt: „Insofern Anschauen oder Denken hier erwähnt werden kann, so gilt es als ein Unterschied, ob etwas oder *nichts* angeschaut oder gedacht wird. Nichts Anschauen oder Denken hat also eine Bedeutung; beyde werden unterschieden, so *ist* (existirt) Nichts in unserem Anschauen oder Denken; oder vielmehr ist es das leere Anschauen und Denken selbst; und dasselbe leere Anschauen oder Denken, als das reine Seyn." (I B 69/TW5, 83)

In offenkundiger Polemik gegen Parmenides vertritt Hegel, daß sich das Nichts, sobald wir es denken oder aussprechen, in Etwas verwandelt, das heißt in etwas, was ist, und daher in gewisser Weise in das Sein zurückfällt, von dem der Eleate es ausgeschlossen zu haben glaubte. Es ist Sein in der Form von etwas Gedachtem, Gesagtem, Dargestelltem. Das Nichts wird also in derselben Rede negiert, die es ausspricht (vgl. Cavarero 1984, 100), und ist darum untrennbar vom Sein.

Hegel zeigt somit, daß das Nichts, sofern wir es zum Gegenstand bedeutungstragender Aussagen machen (das Nichts ist Abwesenheit von Gehalt, leerer Gedanke, usw.), nicht weniger als das Sein *ist* – zumindest in dieser Hinsicht, als Gegenstand von Aussagen. Für Hegel gilt: Das Wort „Nichts" „hat […] eine Bedeutung", unterscheidet sich von jedem sinnlosen Ausdruck oder sinnlosen Wort, es hat wenigstens einen intentionalen Gehalt (vgl. Schmidt 1977, 70), der jedoch in völliger Leere besteht.

So wie das reine Sein das Nichts ist, gilt nach Hegels Worten auch umgekehrt: „Nichts ist […] dieselbe Bestimmung oder vielmehr Bestimmungslosigkeit, und damit überhaupt dasselbe, was das reine *Seyn* ist." (I B 69/ TW5, 83) Sofern die Unterscheidung zwischen Form und Inhalt sinnvoll auf den Anfang angewendet werden kann, ist das Nichts vor allem, formal betrachtet, dieselbe Unmittelbarkeit und Identität mit sich selbst wie das Sein; außerdem hat es denselben Inhalt oder vielmehr dieselbe Abwesenheit von Inhalt wie das Sein (vgl. Léonard 1974, 48 f.; Biard 1981, 49 f.). Das Nichts ist deswegen das negative Unmittelbare, welches gleichfalls unmittelbar ins reine Sein umschlägt (vgl. Rinaldi 1977/78, 309 f. und 312 f.). Daraus kann Hegel schließen: „*Das reine Seyn und das reine Nichts ist also dasselbe.*" (I B 69/ TW5, 83) Die Deduktion der Einheit oder Identität von Sein und Nichts und damit – wie wir gleich sehen – die Deduktion des Werdens „ist ganz analytisch" (Enz I § 88 A); um sie zu erhalten, genügt es, unbestimmte Unmittelbarkeit explizit als beiden gemeinsame Bestimmung zu setzen. Und wirklich fährt Hegel so fort: „Was die Wahrheit ist, ist weder das Seyn, noch das Nichts, sondern daß das Seyn in Nichts, und das Nichts in Seyn, – nicht übergeht, – sondern übergegangen ist." (I B 69/ TW5, 83) Das Sein und das Nichts existieren demnach nicht wahrhaft und konkret in ihrer Trennung, im Stande ihrer Isolierung. Gerade insofern das reine Sein unbestimmte Unmittelbarkeit ist, negiert es sich selbst, geht ins Nichts über, ist dasselbe wie das Nichts; und das reine Nichts geht umgekehrt in das Sein über, ist dasselbe wie das Sein. Die Wahrheit des Seins ist dieses *Übergehen*, die erste Instanz des Übergehens in Anderes, das die gesamte *Lehre vom Sein* charakterisiert (vgl. I B 109/ TW5, 131). Die Wahrheit ist das Werden, das jedoch nicht (wie Trendelenburg dachte) von außen zum Sein und zum Nichts hinzutritt wie zu zwei in sich ruhenden Realitäten, sondern jenen eben darin intrinsisch ist, daß jedes der beiden in das andere umschlägt (vgl. Berti 1969/72, 11).

Der Gebrauch des Perfekts anstelle des Präsens ist wichtig. Er zeigt an, daß hier der nichtzeitliche logische Prozeß in Gang gesetzt wird, der die *Realität* des Gegenwärtigen konstituiert. Das Ineinander-Oszillieren von Sein und Nichts trägt sich nicht in der Zeit zu: Die Vergangenheitsform wird zur Chiffre des Außerzeitlichen. Mit dem Werden ist bereits („an sich", wenn auch noch nicht als explizit „gesetzt") die Ebene des Wesens erreicht, des Seins, das sich in sich kehrt und das vergangen, aber zeitlos vergangen ist (vgl. II 241/ TW6, 13; vgl. Labarrière/Jarczyk in Hegel 1972; Mure 1967, 35; Schmitz 1992, 81 f.).

Hegel schließt die These an: „Aber eben so sehr ist die Wahrheit nicht ihre Ununterschiedenheit, sondern daß *sie nicht dasselbe*, daß sie *absolut unterschieden*, aber ebenso ungetrennt und untrennbar sind, und unmittelbar *jedes in seinem Gegentheil verschwindet.*" (I B 69/TW5, 83).

Das Sein und das Nichts sind auf Grund ihrer Identität immer schon ineinander übergegangen. Im Werden jedoch sind das Sein und das Nichts zugleich unterschieden, denn die Einheit wird in jenen Ausdrücken gerade als Einheit des Seins *und* des Nichts und darum als Einheit zweier unterschiedener Kategorien gesetzt (vgl. Léonard 1974, 54). Das Sein und das Nichts sind im Werden dasselbe und nicht dasselbe, aber diese Identität und Unterschiedenheit ist nicht etwas, was ihr Fließen zum Stillstand brächte, sondern, im Gegenteil, ganz eins mit ihrem Verschwinden ineinander (vgl. Cavarero 1984, 63). Wie Nicolai Hartmann hervorhebt, nimmt Hegel in diesem Zusammenhang seine Frankfurter Formel wieder auf, wenn er sagt, das Werden sei die Identität ihrer Identität und Nicht-Identität (vgl. Hartmann 1929, 198; vgl. I B 60/ TW5, 74). Wenn also in der Sphäre des Seins und des Nichts dasjenige, was sie unterschied, nicht gesagt, sondern nur gemeint wurde, ist im Werden hingegen die Selbstunterscheidung ihrer Identität genau bestimmt (vgl. B. Bourgeois in Hegel 1979, 203 Anm. 2 und 3). Schließlich sei noch auf eine wichtige Analogie hingewiesen, die Hegel selbst betont: die Analogie zwischen der Dialektik von Sein und Nichts im Werden und dem Verhältnis von Größen, die im Infinitesimalkalkül – „verschwinden"; im einen wie im anderen Fall „sind" die fraglichen „Momente" nur in ihrem Vergehen, nicht vorher (weil sie dann für sich subsistieren) und nicht nachher (weil sie dann nichts sind) (vgl. I B 91 f./ TW5, 110 f.; vgl. Moretto 1984, 265 ff.; Chiereghin 1980a, 345).

Hegel kommt zu dem Schluß: „Ihre Wahrheit ist also diese *Bewegung* des unmittelbaren Verschwindens des einen in dem andern; *das Werden*; eine Bewegung, worin beyde unterschieden sind, aber durch einen Unterschied, der sich ebenso unmittelbar aufgelöst hat." (I B 69 f./ TW5, 83)

Die Prolepse des Seins und des Nichts in Bezug auf das Werden kann nicht negiert werden, vollzieht sich doch durch ihre kategoriale „Analyse" nach einem in weitem Sinn phänomenologischen Verfahren die „Deduktion" des Werdens (vgl. Landucci 1978, 40 f.). Auf der anderen Seite sind das Sein und das Nichts, für sich selbst genommen, nach Hegel leere Abstraktionen, leere *entia rationis*. Von diesem Gesichtspunkt aus kommt es dem Werden zu, das Vorgängige und Ursprüngliche zu sein. Hegel betrachtet das Werden sogar als die erste wahre *Synthesis a priori* oder immanente Einheit der Unterschiedenen (vgl. I B 83/ TW5, 100). Das Werden ist „der erste konkrete Gedanke und damit der erste Begriff" (Enz I § 88 Z) der Logik, den in der Geschichte der Philosophie Heraklit gegen jene nach Hegels Meinung einseitige Abstraktion des Parmenideischen Seins profiliert hat. Da nun das Sein und das Nichts nur im Werden subsistieren, *hebt* dieses ihr Subsistieren „in einem", nämlich im Werden, ihre Differenz *auf*; die Differenz löst sich in derselben Bewegung auf, die sie schafft (vgl. Biard 1981, 57).

In seiner anschließenden Behandlung der *Momente* und der *Richtungen* des Werdens zeigt Hegel, daß das Sein und das Nichts, die anfangs als für sich subsistierend vorgestellt wurden, im Werden nicht aufgelöst, sondern als „ideelle" Momente eines Ganzen bewahrt werden. Das Sein und das Nichts sind also voneinander unterschieden, ungeachtet der Einheit, nach der sie dasselbe sind. Die beiden Momente des Werdens sind ihre jeweilige *Beziehung* zueinander, und so erweist sich das Werden als eine Beziehung von Beziehungen, eine Einheit zweier Einheiten. Genauer gesagt enthält das Werden eine doppelte Einheit des Seins und des Nichts: diejenige, die im Ausgang vom Nichts durch die *Beziehung* oder aber den unmittelbaren Übergang des Nichts in das Sein konstituiert ist, das *Entstehen* – die erste Richtung des Werdens; und diejenige Einheit, die im Ausgang vom Sein durch den unmittelbaren Übergang des Seins in das Nichts konstituiert ist, das *Vergehen* – die zweite Richtung des Werdens. Entstehen und Vergehen sind nicht zwei unterschiedene Typen oder Arten des Werdens, sondern zwei Momente oder Richtungen einer einzigen Bewegung. Sie sind ein und dasselbe, nämlich das Werden, in dem Sinne, daß sie zwei Momente eines einzigen Begriffes sind, dessen dialektische Artikulation sie gewährleisten. Wenn Hegel festhält, daß sie einander wechselseitig durchdringen und wechselseitig paralysieren, so drückt sich darin ihre gegenseitige Implikation aus. Ihre wechselseitige Durchdringung sorgt dann dafür, daß die beiden Richtungen einander nicht extrinsisch überwinden (so daß eine die andere überwände und in ihrer eigenen Absolutheit bliebe), sondern in vollkommen intrinsischer Weise. In diesem Sinn kann man sagen, daß *Entstehen* und *Vergehen* „an sich" die Reflexionsbestimmungen des Wesens, von denen jede „die Beziehung auf ihr Anderssein an ihr selbst" ist, sind oder, besser, diese antizipieren (vgl. I B 92 f./ TW5, 111 f.; ferner II 257/ TW6, 35; Léonard 1974, 51; Cavarero 1984, 65; Schmitz 1992, 82).

An diesem Punkt der Argumentation stellt sich Hegel dem Problem des *Aufhebens* des Werdens und damit der „Deduktion" der nächsten Kategorie, des *Daseins*. Genau dann, wenn das Werden, im wechselseitigen Vergehen des Seins und des Nichts, in der Überwindung ihrer Differenz, seine wahre Natur findet, muß es sich zerstören; jener bewegliche Punkt der Indifferenz fixiert sich in einer statischen Einheit und bringt so eine neue *Denkbestimmung* hervor. In anderen Worten: Die beiden entgegengesetzten Richtungen des Werdens, *Entstehen* und *Vergehen*, koinzidieren in einer einzigen Einheit; die Koinzidenz zweier entgegengesetzter Richtungen in einer einzigen „Bewegung" aber kommt ihrem Stillstand gleich. Bei Hegel liest sich diese Argumentation so: Das Werden evoziert eine unaufhörliche Bewegung, eine reine Bewegtheit seiner Momente; es ist in sich selbst die reine *Unruhe*, die sich vollziehende Einheit und nicht die schon vollzogene Einheit ihrer Momente. Das Werden ist also die Einheit, die, durch die Differenz des Seins und des Nichts, in sich gegen sich selbst gekehrt ist, eine Einheit, die sich selbst widerspricht und die sich darum *zerstört*. Das Ergebnis der *Zerstörung* des Werdens ist jedoch weder das Sein noch das Nichts – zwei bereits überwundene Abstraktionen –, sondern deren Einheit. Diese Einheit ist jedoch nicht jene, die das Werden ist, nicht jenes Übergehen, das sich *von* dem einen *zum* anderen der beiden Termini vollzieht, sondern statische Einheit, die, *zwischen* dem einen und dem anderen bestehend, durch deren vollständiges Zusammengehen begründet ist, die fixierte Einheit des einen *im* anderen. Es handelt sich dabei um eine punktuelle Einheit, in der das Sein vom Nichts, von der Negation affiziert und darum bestimmt ist. Das bestimmte Sein ist darum *einseitig*, weil es die Einheit des Seins und Nichts darstellt, wie sie im Element der *ruhigen Einfachheit* gefaßt ist. Man kann auch in diesem Fall hinzufügen, daß die Dialektik des Seins die Reflexion des Wesens vorbildet: Wie sich der Widerspruch des Positiven und des Negativen im Grund auflöst, so löst sich der Widerspruch des *Entstehens* und des *Vergehens* oder des Seins und des Nichts als der Momente des Werdens im *Dasein* auf (vgl. I B 93 f./ TW5, 513; ferner Léonard 1974, 51 und 54 ff.; Schmitz 1992, 82 f.).

Zur Lehre von den ersten Kategorien der Hegelschen Logik sind zumindest drei Beobachtungen festzuhalten:

In erster Linie ist zu sagen (vgl. Berti 1969/72, 12 u. 18 f.): Wenn wir nicht von einer vorgefaßten theoretischen Position ausgehen, sondern den Hegelschen Text auf der Grundlage der Verfahren denken wollen, die von Hegel selbst theoretisch reflektiert und angewendet werden, dann müssen wir anerkennen, daß die ersten Kategorien zweifelsohne die Dialektik initiieren. Sie tun dies, indem sie die Notwendigkeit eines unmittelbaren Anfangs ausdrücken und zeigen, wie sich das Unmittelbare notwendigerweise in seine Negation auflöst und so eine Bewegung in Gang setzt, die nicht nur die Logik, sondern die gesamte natürliche und geistige Wirklichkeit durchdringt. Auf diese Weise ergibt sich als der authentische *Grund* der Logik die Vermittlung, das heißt die Negation – wenn auch das Unmittelbare notwendig bleibt, gerade um negiert, in der Vermittlung aufgehoben zu werden. Wenn aber der Vermittlung die Negation wesentlich ist, dann bedeutet Verabsolutierung der Vermittlung Verabsolutierung der Negation. Und daß Hegel in seiner spekulativen Logik tatsächlich von Anfang an die Vermittlung verabsolutiert, ergibt sich aus seiner Behauptung, *die Einheit des Seins und des Nichtseins oder die Identität der Identität und der Nichtidentität* „könnte als die erste, reinste d. i. abstracteste, Definition des Absoluten angesehen werden" (I B 60/ TW5, 74). Die Verabsolutierung der Negation wird dann durch Hegels These von der Gegenwart des Negativen im Absoluten bestätigt (vgl. PG 18, 29–19, 11/ TW3, 24; vgl. Movia 1999, 246). Nun ist es offenkundig selbstwidersprüchlich, die Negation zu verabsolutieren, da ja die Negation Negation nur ist, insofern sie etwas negiert, das heißt, insofern sie nicht die einzige Realität ausmacht. Wollte man dagegen einwenden, die Negation habe ihren Ort im Absoluten nur, um ihrerseits negiert zu werden, und daher sei die einzige und wahre Realität jene des Absoluten (des *Ganzen, Vernünftigen, Konkreten*) als des positiven Resultats des dialektischen Prozesses, so bliebe immer noch die Frage, ob ein Absolutes, das aus „Teilen" oder „Momenten" bestünde, das heißt, das in dialektischer Weise als Selbstnegation, die zugleich Selbstrealisierung ist, interpretiert würde, noch ein solches, ein Absolutes wäre.[1]

Zweitens ist es im Rahmen des Systems der Hegelschen Logik wohl nachvollziehbar, daß das anfängliche Sein als ein Begriff konzipiert wird, der, auf Grund seiner Unmittelbarkeit, Unbestimmtheit und seiner wesentlichen Negativität, durch Avozität oder Unsagbarkeit – wenn nicht Univozität – charakterisiert wird. Dies enthebt uns jedoch nicht der Frage, ob eine solche Semantisierung des Seins zulässig ist. In der Tat kann das Sein auch anders verstanden werden: nicht als jenes Positive, das in sich selbst absolut negativ ist und daher unmittelbar ins Nichts übergeht, sondern als das (Positive), das *jedenfalls ist*, als das, was Nicht-Nichts ist. Gewiß kann ohne das Negative (und ohne die Negation) auch das Positive (die Affirmation) nicht gesetzt (gedacht) werden und umgekehrt (vgl. Ruggiu in: Parmenide 1991, 214) (wenn auch gilt: *malum bono eiusque lege inclarescit!* (Trendelenburg 1877, 418)); aber daraus folgt nicht, daß das Sein sich verkehrt in das Nichts und mit dem Nichts identisch wird. Man kann das Sein als einen Begriff verstehen, von dem die Bestimmungen des Denkens unmittelbar ausstrahlen: Das Sein, als Nicht-Nichts, als das, was das Nichts außerhalb seiner läßt (*Identität* des Seins oder, besser, *Gemeinschaft* (*koinônia*) eines jeden Seienden mit dem Sein), bestimmt sich unmittelbar und drückt sich aus in seinen vielfachen Bedeutungen (*Differenz* des Seins), vor allem in den kategorialen. So gesehen kann vom Sein keine einzige Kate-

---

1 Diese Beobachtung verdanke ich Prof. Adriaan Peperzak.

gorie deduziert werden, sondern diversifiziert sich der Begriff des Seins selbst unmittelbar und ursprünglich in mehrere Sinne, zuallererst in den der Kategorien.

Drittens und letztens scheint es auch für den Begriff des Werdens eine strengere Semantisierung zu geben, nämlich diejenige, die als seine Momente nicht schon das reine Sein und das reine Nichts setzt, sondern ein bestimmtes Sein und ein bestimmtes Nicht-Sein. Gerade weil Hegel das Sein und das Nicht-Sein nur in einem Sinn versteht (das Sein als unbestimmtes Sein und das Nicht-Sein als Nichts), kann er ihre Einheit im Werden als einen Widerspruch ansehen (vgl. Berti 1981, 411), obwohl man einräumen muß, daß die Formen des akzidentellen und des substantiellen Werdens (wie Entstehen und Vergehen), wenn man sie auf das anwendet, was Hegel im Umfeld der *creatio ex nihilo* sagt, einen Punkt enthalten (die *Grenze* oder die *Mitte*), in dem Sein und Nicht-Sein koinzidieren und ihre Differenz verschwindet (vgl. I B 71/TW5, 85; I B 114/TW5, 137; vgl. Chiereghin 1980b, 267). Schließlich hängt die Logik des reinen Werdens von ihrem genauen Gegenteil ab, von der Logik des reinen Seins. Mit ihr steht und fällt sie.

Aus dem Italienischen übersetzt von Dagmar Mirbach und Friedrike Schick.

Literatur

Adorno, Theodor W. 1971: Drei Studien zu Hegel. In: Theodor W. Adorno: Gesammelte Schriften. Bd. 5. Hg. v. G. Adorno und R. Tiedemann. Frankfurt a. M.
Berti, Enrico 1969/72: La fondazione dialettica del divenire in Hegel e nella filosofia odierna. In: Theorein 6.
Berti, Enrico 1981: Conclusione a: Il problema della contraddizione. Atti del Convegno di Padova (26–27 maggio 1980). In: Verifiche 10, 399–412.
Biard, Joel u. a. 1981: Introduction à la lecture de la „Science de la logique" de Hegel, Bd. 1: L'être. Paris.
Cavarero, Adriana 1984: L'interpretazione hegeliana di Parmenide. Trento.
Chiereghin, Franco 1963: L'unità del sapere in Hegel. Padova.
Chiereghin, Franco 1980a: Dialettica dell'assoluto e ontologia della soggettività in Hegel. Dall'ideale giovanile alla Fenomenologia dello spirito. Trento.
Chiereghin, Franco 1980b: Incontraddittorietà e contraddizione in Hegel. In: Il problema della contraddizione. Atti del Convegno di Padova (26–27 maggio 1980). Verifiche 10, 257–270.
Fleischmann, Eugène 1968: La science universelle ou la logique de Hegel. Paris.
Hartmann, Nicolai 1929: Die Philosophie des deutschen Idealismus, 2. Teil: Hegel. Berlin/Leipzig.
Hegel, Georg Wilhelm Friedrich 1972: Science de la logique. I, 1, L'être (1812). Paris.
Hegel, Georg Wilhelm Friedrich ^{2}1979: Encyclopédie des sciences philosophiques. I, La Science de la logique. Paris.

Henrich, Dieter 1964: Anfang und Methode der Logik. In: Hegel-Studien Beiheft 1 (Heidelberger Hegel-Tage 1962), 19–35.
Hösle, Vittorio 1987: Hegels System. Der Idealismus der Subjektivität und das Problem der Intersubjektivität, Bd. 1. Hamburg.
Kesselring, Thomas 1981: Voraussetzungen und dialektische Struktur des Anfangs der Hegelschen Logik. In: Zeitschrift für philosophische Forschung 35, 563–584.
Landucci, Sergio 1978: La contraddizione in Hegel. Firenze.
Léonard, André 1974: Commentaire littéral de la Logique de Hegel. Paris.
Lugarini, Leo. 1998: Orizzonti hegeliani di comprensione dell'essere. Rileggendo la Scienza della logica, Milano/Napoli.
Mangiagalli, Maurizio 1983: Logica e metafisica nel pensiero di F. A. Trendelenburg. Milano.
Molinu, N. C. 1996: Ricerche spinoziane. Cagliari.
Moretto, Antonio 1984: Hegel e la „matematica dell'infinito". Trento.
Movia, Giancarlo 1999: Le determinazioni della riflessione in Hegel e nel neoplatonismo. In: G. Movia (Hg.): Hegel e il neoplatonismo. Atti del Convegno internazionale di Cagliari (16–17 aprile 1996). Cagliari, 215–247.
Mure, Geoffrey R. G. 1967: A Study of Hegel's Logic. Oxford.
Parmenide 1991: Poema sulla natura. Hg. v. G. Reale und L. Ruggiu. Milano.
Rinaldi, Giovanni 1977/78: Le prime categorie della logica hegeliana e il problema dell'origine della dialettica. In: Ann. Fac. Lett. Filos. Univ. Napoli 20, 305–336.
Schmidt, Josef 1977: Hegels Wissenschaft der Logik und ihre Kritik durch Adolf Trendelenburg. München.
Schmitz, Hermann 1992: Hegels Logik, Bonn/Berlin.
Theunissen, Michael 1980: Sein und Schein. Die kritische Funktion der Hegelschen Logik. Frankfurt a. M.
Trendelenburg, Friedrich Adolf ²1877: Aristotelis de anima. Berlin (reprogr. Nachdr. Graz 1957).
Wieland, Wolfgang 1973: Bemerkungen zum Anfang von Hegels Logik. In: Fahrenbach, Helmut (Hg.): Wirklichkeit und Reflexion. Walter Schulz zum 60. Geburtstag. Pfullingen, 395–414.

3

Anton Friedrich Koch

Dasein und Fürsichsein (Die Logik der Qualität)

Der logische Raum ist alles, was der Fall sein und gedacht werden kann. Gewöhnlich stellen wir uns ihn als eine statische Mannigfaltigkeit von Welten vor, die alle *möglich* sind und von denen eine *wirklich* ist. Einen modalen Realismus, d. h. Realismus bezüglich der Welten, lehrt bekanntlich David Lewis; in seiner Metaphysik bilden sie die gesamte Realität oder das *Absolute*.

Eine ganz andere Theorie des Absoluten ist die Hegelsche *Wissenschaft der Logik* (fortan: WdL). Ihr Absolutes ist ein logischer Raum extravagantester Art. Erstens ist er nicht statisch, sondern dynamisch: er entwickelt sich von einfachsten Anfängen zu reicher Struktur. Allerdings muß diese Entwicklung als eine prätemporale gedacht werden können, da die Zeit erst in der Realphilosophie auftritt, von der wir hier absehen müssen. Genüge es festzuhalten, daß die WdL eine Evolutionstheorie des logischen Raumes ist, die ihn in einem instabilen Ausgangszustand reinen *Seins* bzw. reinen *Nichts* durch einen logischen Urknall, das *Werden*, entstehen und alsbald in einen vergleichsweise stabilen Anfangszustand, das *Dasein*, eintreten läßt.

Zweitens kommt es nach einem Wort Hegels darauf an, das Absolute „nicht als *Substanz*, sondern ebensosehr als *Subjekt* aufzufassen" (PG 23).[1] Nicht daß der logische Raum ein Supersubjekt gegenüber uns gewöhnlichen Subjekten wäre; aber wir sind im logischen Raum und sind Subjekte,

---

1 Hervorhebungen – hier und fortan – im Original; erläuternde Zusätze in eckigen Klammern von mir, A. F. K.

und durch uns ist auch der logische Raum Subjekt, zumal er von Anfang an auf unsereins hin angelegt und in seinen frühen Zuständen der Keim zu beidem, Objektivem wie Subjektivem, ist.

Drittens gilt es, eine Differenz in der Kategorie der *Sachverhalte* zu beachten. Gewöhnliche Sachverhalte sind Projektionen unserer Aussagepraxis, daher diskursiv oder propositional. So entspricht der Aussage: „Tübingen liegt am Neckar", der Sachverhalt, *daß Tübingen am Neckar liegt*. Aussagen sind zweiwertig: wahr oder falsch; die angeführte ist wahr, der ihr entsprechende Sachverhalt *besteht* demnach oder ist eine *Tatsache*. Solche propositionalen Sachverhalte werde ich kurz *Propositionen* nennen. In ihrem Bestehen-oder-Nichtbestehen spiegelt sich die Zweiwertigkeit unserer Aussagen. Ein modaler Realist mag Propositionen reifizieren als Klassen möglicher Welten; doch von dieser Theoriemöglichkeit abgesehen sind sie unselbständige Entitäten, die ihr Bestehen oder Nichtbestehen nicht an ihnen selber, sondern an Einzeldingen haben. – Anders stünde es mit vorpropositionalen Sachverhalten, kurz *Ursachverhalten*, sollte es sie geben. Sie wären keine Projektionen des Diskurses, sondern Gegenstände der Anschauung, sei es der sinnlichen (etwa als Humesche Sinneseindrücke), sei es der intellektuellen (etwa als Platonische Ideen). Die sinnliche Anschauung ist kein Thema der WdL; aber mit der intellektuellen haben wir in ihr zu rechnen, auch wenn Hegel sie nicht neben dem Diskurs, sondern nur vermittelt durch den besonderen Diskurs der Dialektik, als sogenannte Spekulation, gelten läßt. Viele der notorischen Seltsamkeiten der WdL rühren daher, daß sie keine Logik der Aussagen und Prädikate, sondern eine Logik der Ursachverhalte, und zwar derjenigen grundlegenden Ursachverhalte ist, als die das Absolute in einer prätemporalen Folge der Reihe nach auftritt.

Viertens ist auf zwei Besonderheiten der einzigen logischen Operation hinzuweisen, die in der WdL (in vielen Formen) vorkommt, der Negation. Die erste Besonderheit hängt mit dem Vorigen zusammen. Wir verstehen die Negation in Beziehung auf Aussagen, nicht aber ohne weiteres in Beziehung auf Ursachverhalte. In Aussagesätzen wird etwas *als* etwas dargestellt; deswegen können sie falsch sein und sind sie zweiwertig. Mit der Zweiwertigkeit aber ist schon die Möglichkeit wahrheitsfunktionaler Operationen und insbesondere die der Negation gegeben. Ursachverhalte hingegen sind nicht propositional gegliedert. Indem das Denken einen Ursachverhalt erfaßt, denkt es nicht etwas *als* etwas, sondern einfachhin etwas, es „berührt" gleichsam seinen Gegenstand, wie Aristoteles, *Metaphysik* Θ 10 (1051b 24 f.), sagt, wird insofern eins mit ihm und kann nicht falsch sein. Die Existenz eines Ursachverhaltes fällt zusammen mit seinem Bestehen als Tatsache; die Wahrheit des Denkens, das ihn erfaßt, ist daher nicht einer – der positive – von zwei Werten, kein Sollen, keine epistemische Norm, nicht Richtigkeit, sondern etwas Ursprünglicheres: aufgehobene, weil immer schon erfüllte Norm und identisch mit der schlichten Unverborgenheit des erfaßten Ursachverhaltes. Unter diesen Umständen ist die Negation eines Ursachverhaltes zunächst gar nicht anders zu denken denn als seine Vernichtung, als seine Ausmerzung aus dem logischen Raum: Ein Ursachverhalt besteht nicht mehr und ist nicht mehr zugänglich für das anschauende Denken, wenn er nicht mehr anwesend ist im logischen Raum. Die Logik der Ursachverhalte erfordert schon deshalb eine Entwicklung des logischen Raumes.

Die zweite Besonderheit der Hegelschen Negation hat damit zu tun, daß sie in Selbstanwendung auftreten kann. In Wahrheit ist das nur eine vermeintliche Besonderheit; denn in der natürlichen Sprache finden wir an den Lügnersätzen („Dieser Satz ist nicht wahr") Beispiele für Negationen-ihrer-selbst, die wir nur deswegen nicht als solche erkennen, weil wir durch die Anwesenheit des Wahrheitsprädikates oder verwandter semantischer Prädikate abgelenkt werden und infolgedessen die Antinomie beheben zu können meinen, wenn wir nur geeignete Einschränkungen für den Gebrauch semantischer Begriffe zu formulieren wüßten. Statt über derlei Restriktionen zu brüten, sollten wir indes anerkennen, daß der Diskurs als solcher widerspruchsvoll und die Norm der Widerspruchsfreiheit ein Sollen im Hegelschen Sinne ist: so bindend wie (letztlich) unerfüllbar.

Die WdL ist also, zusammenfassend gesprochen, eine Evolutionstheorie des logischen Raumes und zugleich des reinen Denkens, dabei eine Logik der Ursachverhalte, näher eine Logik der Negation von Ursachverhalten und, weil die Negation in Selbstanwendung übergeht, eine Logik der Inkonsistenz.

1. Dasein als solches

Die WdL betrachtet nicht unmittelbar den logischen Raum, sondern ein reines Denken, das ihn seinerseits betrachtet. In seiner Voraussetzungslosigkeit darf dieses Denken nicht botanisieren, nicht diese und jene Bestimmung im logischen Raum auflesen, sondern muß beginnen mit dem logischen Raum als solchem, von dessen Reichtum abstrahiert wird und der als reines, unmittelbares und unbestimmtes Sein zu nehmen ist. Der unmittelbare und unbestimmte logische Raum erweist sich aber als ununterscheidbar vom leeren logischen Raum, dem Nichts, somit als ein paradoxer Gedanke: als reines Sein, das zugleich Nichts und auch vom Nichts unterschieden ist. Dieser Widerspruch führt zur Verneinung des Seins, dem Nicht-Sein, einer Verbindung von Nichts und Sein, die Hegel als das Werden faßt. Das Werden ist ebenfalls instabil: der logische Urknall, dem seine eigene Negation, ruhiges Sein, auf dem Fuße folgt. Dieses ruhige Sein nennt Hegel *Dasein*. In seiner ersten Gestalt ist es *Dasein überhaupt*: die Negation des Werdens und somit, da das Werden die Negation des Seins war, die Wiederherstellung des Seins. – Dies ist, in nuce, der Inhalt des ersten Kapitels der WdL einschließlich des Übergangs zum zweiten, das unser Thema ist.

Wenn wir als Theoretiker des reinen Denkens die skizzierte Entwicklung von außen betrachten – in „äußerer Reflexion", wie Hegel sagt –, stellen wir folgendes fest. Zunächst sollte der logische Raum ganz homogen mit reinem, unbestimmtem Sein gefüllt sein, was sich aber als unmöglich, als eine Fiktion erwies. Nach diesem Fehlversuch erschien er zunächst als Werden, aber nur für einen infinitesimalen Augenblick, weil das Werden sogleich durch sein Negatives, durch ruhiges, homogenes (Da-)Sein abgelöst, vernichtet, aus dem logischen Raum verdrängt wurde. Das reine Denken ist zu solch äußerer Reflexion (noch) nicht fähig, sondern geht jeweils auf in dem, was es denkt: für einen Augenblick im Werden, dann im Dasein. Für das Dasein gilt daher, relativ zum Standpunkt des reinen Denkens:

„Es hat [...] die Form von einem *Unmittelbaren*. Seine Vermittlung, das Werden, liegt hinter ihm; sie hat sich aufgehoben, und das Daseyn erscheint daher als ein erstes, von dem ausgegangen werde." (I B 97/TW5, 116)

Die Aufhebung, von der Hegel hier spricht, scheint einen rein negativen Sinn zu haben: Das Werden hat sich aufgehoben im Sinne von vernichtet, hat aber, sofern das Dasein ein Unmittelbares und Erstes ist, keine Spur in ihm hinterlassen, ist nicht in ihm aufbewahrt. Freilich sagt Hegel zurückhaltend, das Dasein *erscheine* als ein erstes, dem reinen Denken nämlich, das in ihm aufgeht. Wir hingegen wissen, daß es ein Zweites, Vermitteltes, die Negation des Werdens ist. In Hegelscher Terminologie können wir dies wie folgt ausdrücken: Das Dasein ist *an sich* (d. h. für uns, sofern wir es betrachten, wie es an sich ist) die Negation des Werdens; aber dies ist an ihm noch nicht *gesetzt*, noch nicht offenbar für das reine Denken selber. Sobald es aber gesetzt sein wird, wird das Werden auch im affirmativen Sinn im Dasein aufgehoben sein. Daran haben wir nun zu arbeiten; freilich nicht gewaltsam, etwa indem wir beschlössen, das Werden müsse im Dasein aufgehoben sein, und dann eigenmächtig einen reicheren Begriff des

3 Dasein und Fürsichsein (Die Logik der Qualität)

Daseins bildeten, sondern indem wir erkunden, ob und wie das reine Denken durch seine eigene logische Dynamik zu einer solchen Anreicherung fortgetrieben wird, und uns von ihm den reicheren Begriff des Daseins vorgeben lassen.

Die logischen Bestimmungen sind Ursachverhalte; die Verneinung, die an ihnen operiert, ist daher, in ihrer Grundform, die Vernichtung eines Ursachverhaltes durch seinen Nachfolger. Dieses Negationsverhältnis ist einseitig, asymmetrisch: Das Verneinende besteht, das Verneinte vergeht. Für unsere äußere, propositionale Reflexion allerdings ist die Asymmetrie weniger gravierend; denn für uns ist der vernichtete Ursachverhalt noch da, noch anwesend in dem großen, reichhaltigen logischen Raum, in dem *wir* denkend zu Hause sind. Wir sagen ja, das Dasein habe das Werden vernichtet, und reden dabei in einem einzigen Satz von beiden. Für uns verhalten sich Werden und Dasein in symmetrischer Weise negativ zueinander: eines schließt das andere aus, Werden ist Nicht-Sein, Dasein ist Nicht-Werden, also wieder Sein. Entweder hat der (noch) kleine, karge logische Raum des reinen Denkens die Gestalt des Werdens (einen Augenblick lang) oder, im Anschluß daran, die Gestalt des Daseins. Wir überblicken diese bisherige logische Entwicklung und stellen fest, daß die logische Gegenwart, das Dasein, die logische Vergangenheit, das Werden, negiert hat und umgekehrt durch diese Vergangenheit *bestimmt* ist. Das Werden hat sich an seinem Nachfolger dadurch schadlos gehalten, daß es ihm *Bestimmtheit* verliehen hat, auch wenn diese Bestimmtheit – das Inverse des Negiertseins – vorerst nur für uns, nicht für das reine Denken sichtbar ist.

Das *Dasein* ist also zwar *auf seiner eigenen Stufe der logischen Entwicklung* der ganze logische Raum und nicht bestimmt gegen anderes; aber es ist nicht *schlechthin* der ganze logische Raum, sondern hat einen Vorgänger, durch den es *bestimmt* ist, das Werden. (Darin unterscheidet sich das Dasein vom unbestimmten, reinen Sein des Anfangs.) Weil das Dasein jedoch nur an sich (bzw. für uns) bestimmt ist, weil „noch keine Unterscheidung" zwischen ihm als Sein und seiner Bestimmtheit „gesetzt ist" (I B 98/ TW5, 118), ist diese Bestimmtheit *Qualität* (im Unterschied zur Quantität, in deren Fall eine Differenz zwischen ihr und dem Sein des quantitativ Bestimmten für das reine Denken offenbar, also gesetzt sein wird). So bestimmt, ist das Dasein, was das reine Sein sein *sollte*: der unmittelbar gegebene, homogene logische Raum, der von seiner homogenen Füllung (Bestimmtheit) noch nicht ablösbar, sondern mit ihr als seiner Qualität identisch ist. Wenn man nun fragt, warum der ganze erste Abschnitt der Seinslogik unter dem Titel „Bestimmtheit (Qualität)" steht, obwohl die

Qualität erst im zweiten Kapitel eingeführt wird, so muß die Antwort lauten, daß das erste Kapitel mit dem reinen Sein und dem Nichts nur die logische Prähistorie und mit dem Werden nur den infinitesimalen Anfang der logischen Entwicklung behandelt und daß nicht nur am realen Beginn der logischen Historie mit dem Dasein auch die Qualität vorhanden ist, sondern daß sie sich über das Dasein hinaus, bis in das Fürsichsein, erhalten wird.

Für den Fortgang der Daseinslogik ist es entscheidend, daß schon das Werden eine Negation und durch ein Negiertes bestimmt war. Es war Nicht-Sein; aber das reine Sein des Anfangs hat sich als ein fiktiver Ursachverhalt erwiesen. Wann immer das reine Denken das Sein zu denken versucht, denkt es Dasein. Wenn das Werden also, um seiner Bestimmtheit willen, einen Vorgänger braucht, dann war schon dieser Vorgänger Dasein. Das aber hat zur Folge, daß die vermeintliche Sequenz: *Sein – Werden – Dasein*, durch die Sequenz: *Dasein – Werden – Dasein*, rekonstruiert werden muß. Daraus folgt zweierlei.

(1) Am vermeintlich gediegenen Dasein selber bricht offenbar das Werden – die Einheit von Sein und Nichts, das Nicht-(Da-)Sein – auf, wenn auch nur verschwindend (infinitesimal). Dies führt zu einer Differenzierung in Beziehung auf die Qualität:

„Aber das Daseyn, in welchem ebensowohl das Nichts als das Seyn enthalten, ist selbst der Maßstab für die Einseitigkeit der Qualität als nur *unmittelbarer* oder *seyender* Bestimmtheit. Sie ist ebensosehr in der Bestimmung des Nichts zu setzen, womit dann die unmittelbare oder die *seyende* Bestimmtheit als eine unterschiedene, reflectirte gesetzt wird […]." (I B 98/ TW5, 118)

Die Qualität nimmt sich zurück und macht Platz für ihren negativen Zwilling, von dem sie unterschieden und auf den sie bezogen ist, den sie reflektiert und in dem sie sich reflektiert. Hegel nennt diese als reflektierte gesetzte Qualität *Realität* und ihren Zwilling *Negation*. Unter „Negation" ist hier also nicht die logische Operation der Verneinung zu verstehen, sondern das Dasein und seine Qualität „in der Bestimmung des Nichts" bzw. das Nichts als daseiendes: Privation, Mangel, Entzug. In der Tat geht dem Dasein etwas ab, wie wir schon festgestellt haben: Es ist nicht das, was das Werden ist. Wenn nun das Werden am Dasein selber aufbricht, dann wird dies auch für das reine Denken offenbar, und dann unterscheidet sich die Qualität des Daseins als Realität von sich in ihrer Negativversion als Negation.

(2) Nach der negativen die positive Schlußfolgerung. Das Werden, das am Dasein aufbricht, ist verschwindend; und die Abfolge: *Dasein – Werden*

– *Dasein*, stellt einen seltsamen Prozeß dar: ein Umschlagen nicht von A nach Non-A oder umgekehrt, sondern ein pathologisches Umschlagen von A nach A, das in Wahrheit ein Mit-sich-Zusammengehen des einen A ist. Hegel ist von dem Grenzfall eines ruhenden Prozesses oder stillen Fließens beeindruckt.[2] Man denke etwa an einen Fluß aus destilliertem Wasser in einem gleichmäßigen Bett bei Windstille usw. Wenn man die Idealisierung weit genug treibt, ist ein Abschnitt dieses Flusses von einem stehenden Gewässer nicht zu unterscheiden; denn da in dem Fluß Wassermengen ständig durch ununterscheidbare Wassermengen ersetzt werden, bleibt ebenso ständig alles beim alten. Wenn nun der gedachte Fluß keine Quelle, Nebenflüsse und Mündung hätte, sondern einen Kreislauf bildete, so wäre er ein perfektes Bild des Daseins; denn auch dieses fließt aus sich her in sich hinein, bleibt also ganz *in sich* in einem stillen Fließen.

Die Unterschiede (a) von Dasein und Bestimmtheit und (b) von Realität und Negation sind also nur dazu da, um immer schon im und durch das Dasein aufgehoben zu sein:

„So sehr nun diese Unterschiede an dem Daseyn vorhanden sind, sosehr sind sie auch nichtig und aufgehoben. [...] So ist die Qualität überhaupt nicht vom Daseyn getrennt, welches nur bestimmtes, qualitatives Seyn ist." (I B 102 f./ TW5, 122 f.)

Freilich ist dies keine Rückkehr zum Dasein überhaupt, sondern ein Fortschritt zu einem reicheren Dasein, für welches das *Insichsein* (das Spinozanische Definiens der Substanz) definitorisch ist und das Hegel näher als *Daseiendes* und *Etwas* faßt:

„Das Factische, was also [nunmehr] vorhanden ist, ist [1.] das Daseyn überhaupt, [2.] Unterschied an ihm und [3.] das Aufheben dieses Unterschiedes; das Daseyn nicht als unterschiedlos, wie Anfangs, sondern als *wieder* sich selbst gleich, *durch Aufheben des Unterschieds*, die Einfachheit des Daseyns *vermittelt* durch dieses Aufheben. Diß Aufgehobenseyn des Unterschieds ist [nicht von einem andcrcn Ursachverhalt veranlaßt, sondern] die eigne Bestimmtheit des Daseyns; so ist es *Insichseyn*; das Daseyn ist *Daseyendes, Etwas*." (I B 103/ TW5, 123)

Die Benennungen ‚Daseiendes' und ‚Etwas' deuten an, wohin die logische Entwicklung geht: Das Dasein beginnt, sich vom logischen Raum zu dissoziieren, und wird neben sich ein anderes Daseiendes im logischen

---

2 Vgl. seine Bemerkungen, in anderem Zusammenhang, über die „einfache Unendlichkeit", die als „das allgemeine Blut [...] in sich pulsirt, ohne sich zu bewegen, in sich erzittert, ohne unruhig zu seyn. Sie ist *sichselbstgleich*, denn die Unterschiede sind tavtologisch; es sind Unterschiede, die keine sind" (PG 99).

Raum zulassen. Der logische Raum wird sich teilen in *Etwas* und ein *Anderes*. Hegels Begründung für die Einführung des Anderen lautet, daß das Etwas nicht nur stillgestelltes, verschwindendes Fließen aus sich in sich und „die *erste Negation der Negation*" (I B 103/ TW5, 123), sondern eben auch Fließen ist: „es ist *an sich* ferner auch *Werden*" (I B 104/ TW5, 124), aber eines, welches nunmehr Fälle von Dasein zu seinen Momenten hat; und weil das Dasein in sich ist und aus sich kommt, d. h. Daseiendes ist, ist die Abfolge: *Dasein – Werden – Dasein*, nun durch die Abfolge: *Daseiendes – Werden – Daseiendes*, zu ersetzen. Um jedoch das Werden als wirkliches (nicht bloß stilles) Werden festhalten zu können, muß die äußere Reflexion einen Unterschied zwischen seinen beiden Seiten ansetzen: Eine von ihnen ist *Etwas*, die andere ein *Anderes*, und das Werden zwischen ihnen heißt demgemäß nun *Veränderung*.

2. Die Endlichkeit

Die WdL ist eine Logik der Inkonsistenz. Bereits am reinen Sein hat sich gezeigt, daß reines Denken *an sich* widerspruchsvoll ist; im Unterabschnitt über die *Endlichkeit* tritt die Inkonsistenz nun erneut hervor in dem selbstnegierenden Gedanken des *Anderen selbst* oder *Anderen seiner selbst*. Freilich ist die Inkonsistenz kein Spezifikum des reinen Denkens, sondern die Antinomie vom Lügner beweist, daß auch unser gewöhnlicher Diskurs an sich widerspruchsvoll ist. Wir sind natürlich stets bemüht, den Widerspruch zu vermeiden und widerspruchsfreie Zonen – etwa den mathematischen und den mathematisch formulierten wissenschaftlichen Diskurs – in unserem Gesamtdiskurs einzurichten; und das Allheilmittel der Vermeidung ist die Inkonsequenz: das Absehen von bestimmten Folgerungsmöglichkeiten, der Rückzug des Denkens aus bestimmten Gegenden des logischen Raumes. Aber von Zeit zu Zeit holt der Widerspruch unser gewöhnliches Denken ein; und dem reinen Denken ergeht es, auf systematischere Weise, ebenso.

Zu Beginn der Logik der Endlichkeit geht das reine Denken auf im Insichsein des Daseienden und sieht ab von aller Negativität und Inkonsistenz. Das, wovon abgesehen wird, ist aber an sich vorhanden; folglich ist das Daseiende nicht der ganze logische Raum, sondern nur ein Ursachverhalt *im* logischen Raum. Neben dem Daseienden finden wir, in äußerer Reflexion, sein Negatives, ein anderes Daseiendes, das abgesehen von dem negativen Verhältnis, in dem es zum ersten Daseienden steht, von diesem ununterscheidbar ist. Dies ist eine neue Form der Verneinung: nicht mehr

Vernichtung eines Ursachverhaltes durch einen Nachfolger, sondern Nichtzurkenntnisnahme eines Ursachverhaltes vom Standpunkt eines logisch gleichzeitigen Ursachverhaltes durch Abschattung eines Teils des logischen Raumes. Wenn wir uns auf den Standpunkt des ersten Daseienden stellen, nennen wir es das *Etwas* und sein Negatives – das nur wir sehen, nicht das reine Denken jenes Daseienden – *ein Anderes*. Ebensogut aber können wir uns auch auf dessen Standpunkt stellen. Dann ist es das Etwas und jenes erste Daseiende ein Anderes.

Das reine Denken hat den logischen Raum, ohne dies wahrzuhaben, geteilt und sich selbst dabei verzweigt. Der stets drohende Widerspruch ist vermieden, weil noch kein Zweig vom anderen weiß (im Gedanken der Grenze, in dem die Zweige zusammenkommen, wird er wieder aufbrechen). Indem das reine Denken seine Verzweigung bewerkstelligte, hat es aber faktisch seine negative Kraft bewiesen. Es ist also nicht das letzte Wort, daß nur wir die Andersheit sehen, und zwar jeweils an den beiden Daseienden, wenn wir sie miteinander vergleichen; sondern auch das reine Denken muß die Andersheit einmal denkend vollzogen und so den logischen Raum allererst geteilt haben. Deswegen sei, sagt Hegel, das Andere auch „zu nehmen, als isolirt, in Beziehung auf sich selbst; *abstract* als das Andere […]. So ist das *Andere* allein als solches gefaßt, nicht das Andere von Etwas, sondern das Andere an ihm selbst, d. i. das Andere seiner selbst." (I B 106/ TW5, 126 f.)

Indem wir dem reinen Denken so das *Andere an ihm selbst* und damit eine selbstbezügliche Negation zu denken geben, treiben wir gleichsam experimentelle logische Archäologie – in der Erwartung, unser Gedankenexperiment möge uns die Fundamente des zweigeteilten logischen Raumes freilegen. Die Erwartung wird nicht enttäuscht; denn das Andere an ihm selbst wird sich sogleich als das Prinzip des Etwas wie auch im Fortgang als das Prinzip der Unterteilung des logischen Raumes – als Prinzip der *Grenze* – erweisen.

Um dies nachzuvollziehen, müssen wir kurz bei dem Gedanken einer selbstbezüglichen Negation innehalten. Die Operation der Negation bedarf im allgemeinen einer Eingabe, eines Operandums, und liefert dann eine wohlbestimmte Ausgabe, ein Resultat. Als selbstbezügliche Negation würde sie hingegen sozusagen im Leerlauf, ohne Eingabe, operieren und dennoch eine Ausgabe liefern, die dann im nachhinein mit der Eingabe identifiziert werden kann. Das mag seltsam klingen, ist aber aus wohl beleumundeten Zusammenhängen vertraut. In einer bestimmten Nichtstandardmengenlehre gibt es die Einermenge-ihrer-selbst, W, für die gilt: $\Omega = \{\Omega\} = \{\{\Omega\}\} = \{\{\{\ldots\}\}\}$. Auch hier fehlt die unabhängige Eingabe, und doch liefert die Operation der Einermengenbildung eine Ausgabe, die im nachhinein als Eingabe dient. Im Fall der aussagenlogischen Negation-ihrerselbst, ν, würde gelten: ν ↔ ¬(ν) ↔ ¬(¬(ν)) ↔ ¬(¬(¬(…))). Hier käme hinzu, daß ν nicht nur seltsam, wie Ω, sondern manifest widerspruchsvoll ist. Aber der Lügner, der nichts anderes ist als die Negation-ihrer-selbst in indirekter Formulierung (mittels semantischen Aufstiegs), beweist eben die grundsätzliche Inkonsistenz unseres Denkens, mit der wir leben und ins Reine kommen müssen.

Die vollständige Analyse von ν würde, wie die Hilfsformel ‚¬(¬(¬ (…)))' andeutet, einen unendlichen Regreß von Negationen ohne positiven Kern ergeben; und daraus gewinnen wir einen argumentativen Kunstgriff für den Fortgang. Bei unendlich vielen Negationszeichen ist die Frage unangemessen, ob ihre Anzahl gerade oder ungerade ist, aber andererseits kann man sie, im gegebenen Fall von außen nach innen, jeweils zu Paaren zusammenfassen, in denen sie sich als doppelte Negationen zu Affirmationen aufheben. Damit wäre der Widerspruch behoben; denn für die resultierende Affirmation-ihrer-selbst, α, würde gelten: α ↔ ¬¬(¬¬(¬¬(…))), und das wäre zwar seltsam, wie Ω, aber nicht inkonsistent. Freilich liegt in dem Kunstgriff eine Einseitigkeit: eine Abstraktion von anderen, ebenfalls gültigen Bikonditionalen, die widerspruchsvoll sind, wie ‚α ↔ ¬α' oder ‚¬¬(¬¬(¬¬(…))) ↔ ¬(¬¬(¬¬(¬¬(…))))'. Wir kommen also zu einem gespaltenen Ergebnis, einem negativen und einem affirmativen. Einerseits ist das Andere seiner selbst widerspruchsvoll, demnach ein Werden, näher eine Veränderung, aber keine, die sich wie das anfängliche Werden in ihr affirmatives Gegenteil aufheben könnte, weil ja die Negation-ihrer-selbst mit ihrer Negation äquivalent, das Gegenteil der Veränderung insofern wieder die Veränderung ist. So gesehen, haben wir es mit einem fortlaufenden Außersichkommen, mit Teilung und Zerfall des logischen Raumes zu tun. Hegel formuliert dieses negative Ergebnis wie folgt:

„Das Andere für sich ist das Andere an ihm selbst, hiemit das Andere seiner selbst, so das Andre des Anderen, – also das in sich schlechthin Ungleiche, sich negirende, das sich *Verändernde*." (I B 106/ TW5, 127)

„Aber ebenso", fährt Hegel fort, und wir wollen, bevor wir seine Fortsetzung zitieren, noch kurz unser eigenes, durch den formalen Kunstgriff inspiriertes „ebenso" anbringen: Ebenso ist das Andere seiner selbst Affirmation-ihrer-selbst, die aus der Selbstaufhebung der Negation resultiert. Und nun Hegel:

„Aber ebenso bleibt es identisch mit sich, denn dasjenige, in welches es sich veränderte, ist das *Andre*, das sonst weiter keine Bestimmung hat; aber das sich Verändernde ist auf keine verschiedene Weise, sondern auf dieselbe, ein Anderes zu seyn, bestimmt [das Negative der Negation-ihrerselbst ist sie wiederum selber]; es *geht* daher in demselben *nur mit sich zusammen*. So ist es gesetzt als in sich reflectirtes mit Aufheben des Andersseyns [durch Selbstbezug der Negation], mit sich *identisches* Etwas, von dem hiemit das Andersseyn, das zugleich Moment desselben ist, ein unterschiedenes, ihm nicht als Etwas selbst zukommendes ist." (I B 106/ TW5, 127)

Die beiden letzten Zeilen deuten bereits auf den Fortgang. Das Anderssein ist einerseits Moment des mit sich identischen Etwas, weil der Vollzug dieses Gedankens beim Anderssein ansetzen muß (um es zu negieren). Vom Standpunkt des Etwas ist also nun ein Anderssein, und zwar eines im Etwas, ein negiertes, mit im Blick. Andererseits zeigt das negative Resultat der Selbstbeziehung des Anderen, daß das mit sich identische Etwas faktisch nicht den ganzen logischen Raum einnimmt, sondern außerhalb seiner Platz läßt für Anderes, sich Veränderndes, Außersichkommendes.

Am Anderen seiner selbst läßt sich zunächst ablesen, daß die Zweiteilung des logischen Raumes in einem Sinn instabil ist und in einem anderen Sinn, als Außersichkommen, ins Unbestimmte fortläuft. Zu einem einheitlichen Gedanken führt sie nur im ersten Sinn, sofern sie da ins identische Etwas umschlägt. In diesem Umschlagen wird das Andere durch sich selbst negiert, und zwar durch sich selbst schon als negierendes Etwas; und nur so, als durch das Etwas negiertes, kommt das Andere im und für das mit sich identische Etwas noch vor. Das Andere hat also kein eigenes, unabhängiges Sein mehr, sondern nur noch *Sein-für-Anderes*, Sein nämlich für das negierende Etwas, negiertes Sein. Korrelativ zu der Bestimmung des Seins-für-Anderes führt Hegel das *Ansichsein* ein, welches dem negierenden Etwas zukommt, sofern es in der Negation des Anderen nicht durch dieses als ein Fremdes bestimmt, sondern auf es nur als auf sein eigenes Moment bezogen ist.

Damit ist der erste Schritt auf dem Weg vom einfachen Etwas zum Endlichen vollzogen. Für das einfache Etwas war das Andere ganz abgeschattet, so gut wie nicht vorhanden im logischen Raum. Das neue, mit sich identische Etwas ist auf das Andere nun immerhin negativ bezogen, etwa so wie ein Cartesischer Solipsist – wenn wir darunter jemanden verstehen, der den ersten beiden *Meditationen* Glauben schenkt und die übrigen vier ignoriert – auf sein Gegenüber bezogen zu sein glaubt, das er abkanzelt: „Ich denke, also bin ich und habe Ansichsein als eine denkende Substanz; du aber bist nur mein Vorstellungsinhalt, und dein Sein ist nur Sein-für-Anderes, nämlich Sein für mich." Das einfache Etwas war sich selbst (nicht uns) in seinem Insichsein der ganze logische Raum; das identische Etwas ist sich selbst (nicht uns) in seinem Ansichsein der raumfüllende Solist im logischen Raum. Das ist auf dem Weg des Etwas zur Anerkennung des Anderen eine erste Etappe. Sie konzipieren wir durch das Begriffspaar *Ansichsein* und *Sein-für-Anderes*. Mit der nächsten Etappe wird der Möchtegern-Solist einen Teil des logischen Raumes als irrelevant für sich und sein Ansichsein räumen. Diesem Schritt wird das Begriffspaar *Bestimmung* und *Beschaffenheit* entsprechen: Auf den geräumten Bereich wähnt sich der im Rückzug begriffene Solist nur äußerlich, durch seine Beschaffenheit, nicht durch sein Ansichsein bzw. durch dessen Nachfolgerin, die Bestimmung, bezogen. Doch zuletzt, im dritten Schritt, erfährt sich das Etwas als seinem Anderen durch die gemeinsame *Grenze* so negativ wie unverbrüchlich verbunden.[3] In dem Augenblick aber, in dem die Zweiteilung des logischen Raumes vollständig rekonstruiert ist, wird sie sich als hinfällig erweisen, weil das begrenzte Etwas und sein begrenztes Anderes ununterscheidbar *Endliches* sind.

Sehen wir genauer zu. Für uns ist der logische Raum symmetrisch geteilt zwischen zwei Etwas, E_1 und E_2. Sie haben gerade die erste Etappe des Weges hinter sich, sind also näher *mit sich identische* Etwas. In der Perspektive von E_1 hat E_1 Ansichsein und E_2 nur Sein-für-Anderes (Sein für E_1); in der Perspektive von E_2 verhält es sich umgekehrt. Die Asymmetrie *in* der jeweiligen Perspektive geht also einher mit einer vollkommenen Symmetrie *zwischen* beiden Perspektiven. Unparteiisch – von außen – betrachtet ist das Sein-für-Anderes von dem Ansichsein ununterscheidbar; denn gerade so, wie E_1 an sich ist, ist es in E_2 negiert, und umgekehrt.

Diese für uns erkennbare Identität des Ansichseins und des Seins-für-Anderes ergibt die (Bestimmung der) *Bestimmung*. Hegel hat diese Bezeichnung, in der Normatives anklingt, sehr passend gewählt. Etwas erfüllt seine Bestimmung, wenn sein Sein-für-Anderes seinem Ansichsein gleich wird. So ist die Eichel *an sich* bereits Eiche, aber erst wenn sie es auch *für andere* ist, in ihren äußeren Verhältnissen, hat sie ihre Bestimmung erreicht. Während nun in außerlogischen Prozessen das Ansichsein der erfüllten Bestimmung vorausgeht und die Bestimmung anfangs nur als Norm, Telos, Sollen vorhanden ist, verhält es sich in der logischen Entwicklung umgekehrt. Hier hat die Bestimmung als erfülltes Ansichsein, als Qualität, den Primat vor der Bestimmung als bloßem Sollen. Das Ansichsein ist in

---

3 Als Warnung sei angemerkt, daß die Personalisierung des Etwas hier rein illustrativen Charakter hat. Das Etwas ist ein primitiver Ursachverhalt, noch ganz eins mit dem reinen Denken seiner und weit entfernt von der Ebene personalen Bewußtseins.

3 Dasein und Fürsichsein (Die Logik der Qualität)

der Bestimmung, begrifflich gesehen, gleich anfangs identisch mit dem Sein-für-Anderes, die Bestimmung daher gleich anfangs erreicht; erst im weiteren Verlauf wird sie zum Sollen herabgesetzt. Normativität ist somit ein Zweites, Derivatives und setzt einen Abfall von dem voraus, was nach dem Fall als ein Jenseitiges fordert, bindet, beschwert.

Wir haben bisher das affirmative Resultat der Selbstbeziehung des Anderen, das identische Etwas, betrachtet. Seine Bestimmung, mit der es eins ist, ist seine Qualität; aber die Qualität trat zweifach auf: positiv als Realität und negativ als Negation (Privation). Daran hat sich seither nichts geändert; denn wir müssen auch das negative Resultat der Selbstbeziehung des Anderen berücksichtigen, das ständige Außersichkommen, Sich-Verändern, die Ungleichheit mit sich. So trennt sich von der Bestimmung als der Qualität im affirmativen Sinn alsbald das, was Hegel die *Beschaffenheit* nennt. Sie ist nicht Privation, sondern dasselbe wie die Bestimmung, nur jetzt als Nachfolgerin des Seins-für-Anderes. Durch seine Bestimmung hat sich jedes der beiden Etwas gegen die Negation durch das Andere abgeschottet; da aber in jedem Etwas das Andere weiterhin negiert ist, muß jedes Etwas gleichsam seinen äußeren Rand – als Beschaffenheit – dem Anderen zur Negation darbieten. Die beiden Cartesischen Solipsisten haben weitergelesen und räumen ein, daß der je andere auch ein Ansichsein und man selbst ein Sein-für-Anderes hat, sofern man Vorstellungsinhalt des Anderen ist. Aber sie tun noch agnostisch bezüglich des Anderen-an-sich: Alles, was man vom Anderen wissen könne, betreffe ihn als Vorstellungsinhalt bzw. sein Sein-für-Anderes, das nun, da auch ein unbekanntes Ansichsein, eine Bestimmung, zugestanden ist, Beschaffenheit heißt. Gleichermaßen ist dann auch das eigene Ansichsein, die eigene Bestimmung, für den Anderen unerreichbar.

Es ist aber als Beschaffenheit nichts an dem Etwas, was über seine Bestimmung hinausginge (und umgekehrt). Der Unterschied von Innerem und Äußerem ist noch ferne wesenslogische Zukunftsmusik. Für E_1 ist die Bestimmung von E_2 bloße Beschaffenheit, und umgekehrt; und da zwischen E_1 und E_2 kein inhaltlicher Unterschied festgehalten werden kann, fallen Bestimmung und Beschaffenheit zusammen in der bzw. als die *Grenze*.

In der Grenze wird das Andere, E_2, für das negierende Etwas, E_1, wieder erreichbar, weil in der Beschaffenheit, die E_2 der Negation darbietet, nun zugleich seine Bestimmung negiert wird. Insofern hat die Grenze für E_1 affirmativen Charakter, ist *finis* im Sinn von *definitio*: das, was dem Etwas seinen Stand im logischen Raum sichert, also eher Bestimmung denn Beschaffenheit. Die Entwicklung des Begriffs der Grenze zeigt „sich aber vielmehr als Verwicklung und Widerspruch" (I B 113 / TW5, 136); denn mit der Grenze ist die Symmetrie des logischen Raumes für das reine Denken wiederhergestellt und daher schlägt, wenn E_1 seinen Stand im logischen Raum auf Kosten von E_2 gewinnt, dies unmittelbar auf E_1 zurück, weil auch E_2 seinen Stand auf Kosten von E_1 gewinnt. Wir haben hier den Widerspruch eines logischen Raumes, der aus zwei primitiven Welten, E_1 und E_2, besteht, die um die Aktualität konkurrieren und, da sie qualitativ identisch sind, gleichen Anspruch darauf haben, bzw. den Widerspruch, daß die Qualität des Etwas eben gerade die Grenze ist, die ja die Einheit von Beschaffenheit und Bestimmung darstellt. Etwas, dessen Qualität seine Grenze und dessen Grenze ihm somit immanent ist, hat aber gar keine Qualität im positiven Sinn, keine Realität; sondern wie der Punkt über sich hinausgetrieben wird zu Linie, Fläche, Körper, so wird auch es als sich selbst widersprechend über sich hinausgetrieben. Das ergibt den Begriff des Endlichen:

„Etwas mit seiner immanenten Grenze gesetzt als der Widerspruch seiner selbst, durch den es über sich hinausgewiesen und getrieben wird, ist das *Endliche*." (I B 116/ TW5, 139)

Im Endlichen sind der negative und der positive Aspekt der Selbstbeziehung des Anderen in Gleichberechtigung wiedervereinigt; das Endliche ist demnach wieder eine unverkürzte Negation-ihrer-selbst. Aber diesmal ist es keine Negation im Leerlauf, sondern sie hat, durch die Verbindung mit dem identischen Etwas, die Unmittelbarkeit des Daseins geerbt. Die leere Negation des Anderen seiner selbst hat sich mit Unmittelbarkeit konfundiert. Wir haben also einen dem Anspruch nach affirmativen Ausgangsgedanken: den Ursachverhalt *Etwas mit seiner immanenten Grenze* oder *Endliches*, der sich sodann als mit seiner Negation äquivalent erweist: $e \leftrightarrow \neg e$. Oder das Endliche in seinem Widerspruch geht über in sein Gegenteil, das wiederum das Endliche ist usf., in einem infiniten Progreß der Selbstzerstörung, einem paradoxen *unvergänglichen Vergehen*. Die beiden getrennten Momente des Umschlagens ins Affirmative und des ständigen Außersichkommens sind hier eben vereinigt, und gerade indem das Endliche in selbstbezüglicher Negativität wiederum in Endliches umschlägt, kommt es fortlaufend außer sich.

So ist das Endliche eine unendliche Folge gleicher Ursachverhalte, deren jeder von seinem Nachfolger negiert und ebenso in seinem Nachfolger wiederhergestellt wird, um durch den Nachnachfolger erneut negiert (und wiederhergestellt) zu werden. Die Negation-ihrer-selbst, die wir zuvor durch die infinite Formel ‚$\neg(\neg(\neg(\ldots)))$' andeuteten, die für einen wohlbestimmten Ursachverhalt stehen sollte und daher links abgeschlossen war und nur nach innen ins Unendliche ging, müßte in der jetzigen Form umgekehrt durch eine Formel angedeutet werden, die nach links offen und rechts abgeschlossen ist, weil sie nunmehr die Gestalt einer unendlichen Folge von Ursachverhalten hat:

Das Endliche im unendlichen Progreß: ... ¬¬¬e

Freilich verbirgt der Abschluß in ‚e', der die Unmittelbarkeit des Daseins symbolisieren soll, die Äquivalenz des Endlichen mit seiner Negation. Durch wiederholtes Einsetzen von ‚¬e' für ‚e' würde sich schließlich Offenendigkeit nach beiden Seiten ergeben und die Unmittelbarkeit unsichtbar werden. – Doch wir wollen das Spiel mit andeutenden Formeln nicht übertreiben.

Im Progreß des Endlichen ist seine Grenze depotenziert zu etwas, das ständig überschritten wird, also zu einer negierten Grenze: der *Schranke*. Das Affirmative der Grenze, die Bestimmung, andererseits rückt im Progreß in unerreichbare Ferne – denn nie erreicht das Endliche seinen festen Stand – und wird depotenziert zum *Sollen*: einer Norm, die stets fordert und nie erfüllt wird. So ist der unendliche Progreß des Endlichen eine Dialektik von Schranke und Sollen, von einer Überwindung des Endlichen in Richtung auf das Sollen, die im Vollzug nur das erreicht, was überwunden wurde: Endliches, und dem Ziel so fern bleibt wie ehedem.

Damit ist ein Grundaspekt der Zeit logisch rekonstruiert; denn die Dialektik von Schranke und Sollen ist die Natur der Gegenwart. Diese ist einerseits die Grenze der Vergangenheit, die ständig überschritten wird und insofern Schranke ist, wobei aber das im Überschreiten Erreichte sofort – ohne je Stand und Dauer zu gewinnen – wieder der Vergangenheit anheimfällt, so daß andererseits die Gegenwart in der Zeit gar nicht zustande kommt, sondern ein immerwährendes Sollen und unerreichbares Jenseits bleibt. Insofern leiden wir unter der Zeit.

Um so triumphaler ist dann der Übersprung über den unendlichen Fortgang des Endlichen ins Unendliche. Daß er möglich ist, lehrt uns Achilles, indem er die Schildkröte, statt sich ihr ins Unendliche anzunähern, überholt. Auf diesen Präzedenzfall können wir uns berufen, wenn uns an schlechten Tagen die logikimmanente Argumentation einmal fragwürdig wird, die mich in folgender Version überzeugt. In der unendlichen Folge der Ursachverhalte: e, ¬e, ¬¬e, ¬¬¬e, ..., gibt es (1) kein Glied, das nicht durch einen Nachfolger verneint wäre, und ist (2) jeder Schritt auch die Wiederherstellung des vorigen Endlichen; und insofern ist die ganze Folge auch ein Zusammengehen mit sich in einen einzigen Ursachverhalt. Wir tun also dem progredierenden Endlichen keine fremde, sondern nur seine eigene Gewalt an (I B 125/ TW5, 150), wenn wir den Progreß wegen (1) insgesamt verneinen und den resultierenden Gedanken wegen (2) als das Resultat des Zusammengehens-mit-sich des Progresses interpretieren. Als Negation des Endlichen insgesamt heißt dieser neue Ursachverhalt *das Unendliche*.

3. Die Unendlichkeit

Aber noch ist die Erhebung ins Unendliche nicht endgültig geglückt. Das Unendliche ist zwar intrinsisch affirmativ, seiend, aber nach außen negativ: die Negation des Endlichen, das sich im unendlichen Progreß verliert. Diese Negation ist ihrer Herkunft nach eine unendlichstellige Operation, die an jedem der unendlich vielen Ursachverhalte im Progreß operiert. Aber im Resultat sind die vielen endlichen Ursachverhalte wieder zu einem einzigen Gegensachverhalt des Unendlichen zusammengefaßt. So ist das Endliche das Andere des Unendlichen im logischen Raum und dieses dadurch selber das „*endliche Unendliche*" (I B 131/TW5, 157 f.). Hier stellt sich das Problem, daß eine neue negationslogische Situation eingetreten ist, daß aber das reine Denken noch nicht über eine neue, situationsgerechte Deutung der Negation verfügt. Das „Un-" des Unendlichen bedeutet daher anfangs wie gehabt das Anderssein, konkret: die Grenze zwischen Endlichem und Unendlichem. Und dies führt zu einem Rückfall des Unendlichen in die Kategorie des Etwas mit einer Grenze:

„Das Unendliche *ist*; in dieser Unmittelbarkeit ist es zugleich die *Negation* eines *Andern*, des Endlichen. So als *seyend* und zugleich als *Nichtseyn* eines *Andern* ist es […] in die Kategorie des Etwas mit einer Grenze, zurückgefallen. Das Endliche steht nach dieser Bestimmtheit dem Unendlichen als *reales Daseyn* gegenüber; […] das *unmittelbare Seyn* des Unendlichen erweckt das *Seyn* seiner Negation, des Endlichen wieder, das zunächst im Unendlichen verschwunden schien." (I B 126/ TW5, 151)

In der Folge stellt sich eine „*Wechselbestimmung des Endlichen und Unendlichen*" (ebd.) ein, weil einerseits das Endliche durch seine eigene Negativität in das Unendliche übergeht und weil andererseits das Unendliche in die Kategorie des endlichen Etwas zurückfällt. So ist es „das *Schlecht-Unendliche*, das Unendliche des *Verstandes* zu nennen" (I B 127/TW5, 152) – des Verstandes, der den Fluß des reinen Denkens unterbricht und die logische Entwicklung auf einem gegebenen Stand fixiert.

Das Endliche erhebt sich zum Unendlichen; das Unendliche fällt zu einem endlichen Unendlichen neben dem Endlichen zurück; das Endliche erhebt sich wiederum zum Unendlichen – „*und sofort ins Unendliche*" (I B 129/ TW5, 154): Dies ist der *Progreß ins Unendliche* nun *als solcher*, weil er nun mit einem Wechsel der Bestimmungen verbunden ist, während er als Wechsel von Sollen und Schranke immer nur vom Endlichen zum Endlichen, zum Endlichen usf. führte. In ihm als ständigem Wechsel des Endlichen und Unendlichen zeigt sich eine verborgene Zusammengehörigkeit und innere Einheit beider, die „sozusagen die Triebfeder des unendlichen Progresses" ist (I B 130/ TW5, 156) und die der Verstand nicht wahrhaben will, wenn er das Unendliche fest gegen das Endliche abgrenzt und es gerade dadurch verendlicht. In der *affirmativen Unendlichkeit* des *wahrhaft Unendlichen* wird diese – „verruffene" (I B 132/ TW5, 158), weil des Pantheismus verdächtige – Einheit schließlich manifest werden. (Unser Leiden an der Zeit kann also nicht in einer künftigen Ewigkeit jenseits der Zeit geheilt werden, sondern nur zu den Bedingungen der Einheit von Ewigkeit und Zeit.)

Zum wahrhaft Unendlichen gelangen wir, wenn wir bedenken, daß das Unendliche und das Endliche dieselbe Bestimmung haben. Es war ja die eigene Negativität des Endlichen, durch die es mit sich selbst zum Unendlichen zusammenging und im Übersprung über den Progreß seine Bestimmung im Unendlichen erreichte. Entgegen dem Anschein, unter den uns der Rückfall des Unendlichen stellt, negiert nicht eine der beiden Seiten die Bestimmung bzw. Qualität der anderen; sie teilen also den logischen Raum gar nicht realiter, sondern nur *ideell*, womit in einem Zug das „Un-" des Unendlichen neu erklärt sowie der Begriff der Idealität eingeführt wäre. Die Negation, bisher die Qualität mit negativem Akzente, „ist so als Idealität bestimmt; das Ideelle ist das Endliche, wie es im wahrhaften Unendlichen ist" (I B 137/ TW5, 165).

Doch das war ein Vorgriff. Versuchen wir zunächst, die Einheit der Bestimmung des Endlichen und Unendlichen an dem Progreß ihrer Wechselbestimmung selber abzulesen. Der Progreß ist sowohl die Rückkehr in sich des Endlichen durch die Vermittlung des Unendlichen: ... E → U → E ..., als auch die Rückkehr in sich des Unendlichen durch die Vermittlung des Endlichen: ... U → E → U ...; beide kommen im Progreß also „nur als Momente eines Ganzen" und jeweils als Resultat vor (I B 135/ TW5, 162). Aber es handelt sich gar nicht um zwei verschiedene Resultate; denn es ist völlig gleichgültig, ob das Unendliche als Ausgangs- und Rückkehrpunkt und das Endliche als Durchgangsstation genommen wird oder umgekehrt, und auch diese Gleichgültigkeit „ist in der nach beyden Seiten unbegrenzten Linie des unendlichen Progresses [...] gesetzt" (I B 135/ TW5, 163) und somit an der Wechselbestimmung abzulesen:

„Wie also das [wahrhaft] Unendliche in der That [in der Wechselbestimmung] vorhanden ist, ist [1] der Proceß [also ein Werden] zu seyn, in welchem es sich herabsetzt, nur *eine* seiner [wechselnden] Bestimmungen, dem Endlichen gegenüber und damit selbst nur eines der Endlichen zu seyn [der Rückfall], und [2] diesen Unterschied seiner von sich selbst [den es als endliches Unendliches hat] zur Affirmation seiner [in der Rückkehr zu sich] aufzuheben und durch diese Vermittlung als [nicht mehr nur „in der Tat"] *wahrhaft Unendliches* zu seyn." (I B 135 f./ TW5, 163)

Die hier konstatierte Prozessualität des wahrhaft Unendlichen kann Hegel nebenbei als ein Friedensangebot an diejenigen richten, die sich mit der Einheit des Unendlichen und Endlichen nicht abfinden mögen. Sie stoßen sich zu Recht an dem Ausdruck „Einheit"; denn „die *Einheit* ist abstracte bewegungslose Sichselbstgleichheit, und die Momente sind ebenso als unbewegte Seyende. Das Unendliche aber ist, wie seine beyden Momente, vielmehr wesentlich nur als *Werden*, aber das nun in seinen Momenten [dem Unendlichen und dem Endlichen, selbst als Werdenden] *weiter bestimmte* Werden." (I B 136/ TW5, 163 f.)

Zugleich ist das Unendliche, weil es im Werden stets in sich zurückkehrt und sich die Linie des Progresses so zu einem Kreis schließt, *Sein*. Weil es die Negation enthält, ist es näher Dasein – affirmativ: Realität –, und weil es „*affirmativ* gegen die abstracte [und selbstbezügliche] Negation gesetzt ist, ist die *Realität* in höherem Sinn, – als die früher *einfach* bestimmte" (I B 136/ TW5, 164). Damit haben wir den Vorgriff aufgearbeitet und die Stelle erreicht, an der die Idealität eingeführt wird als Kontrastbegriff zur *Realität* und als Nachfolgerin der – früher einfach bestimmten – Negation.

4. Das dritte Kapitel im Überblick: Fürsichsein

Das Unendliche ist nicht nur Werden, sondern auch Sein: *Fürsichsein*. „Das Fürsichseyn ist [...] die in das einfache Seyn zusammengesunkene Unendlichkeit" (I B 146/ TW5, 176). An ihm also haben wir die höhere Realität des Unendlichen, die von der Idealität des Endlichen nicht mehr unterschieden, sondern reine selbstbezügliche Idealität, selbstbezügliches Aufheben und gerade dadurch Realität in höherem Sinne ist.

Im Fürsichsein ist somit eingetreten, was im Ansichsein von unseren Cartesischen Solipsisten vorgegeben wurde: Nur einer von ihnen ist noch *da*, ist nun wahrhaft *für sich* im logischen Raum bzw. hat ihn *für sich* und ist selber der ganze logische Raum als Fürsichsein. „Das Andere ist in ihm nur [...] als *sein Moment*" (I B 145/ TW5, 175), nur noch ein ideelles, während es im Ansichsein zwar ebenfalls sein Moment, aber außerdem auch reales Anderes, ein Selbständiges im logischen Raume war. Hegel selbst erläutert die neue Situation anhand des (solipsistisch konzipierten) *Selbstbewußtseins*, welches „das *Fürsichseyn* als *vollbracht* und *gesetzt* [ist]; jene Seite der Beziehung auf ein *Anderes*, einen äussern Gegenstand [die für das nicht-solipsistische *Bewußtsein* konstitutiv ist] ist entfernt"; doch ist das bloße Fürsichsein noch kein Selbstbewußtsein, weil seine „Unendlichkeit noch ganz nur qualitative Bestimmtheit hat" (I B 145/ TW5, 175).

Qualitative Bestimmtheit hat das Fürsichsein, weil es sie einem Anderen verdankt, wenn auch einem, das sich als unmittelbares Endliches aufgehoben und so die Bestimmtheit des Fürsichseins unendlich gemacht hat. Aber das Fürsichsein kommt eben deswegen nicht frei aus sich her, wie später, in der sogenannten *subjektiven* Logik, der *Begriff*, sondern enthält das unmittelbare Dasein als wesentliches Moment. Daraus gewinnt Hegel die Bestimmung des *Seins-für-Eines*, die sich zum Fürsichsein verhält wie das Sein-für-Anderes zum Ansichsein:

„So ist die Bestimmtheit, welche am Daseyn als solchem ein *Anderes* und *Seyn-für-anderes* ist, in die unendliche Einheit des Fürsichseyns zurückgebogen, und das Moment des Daseyns ist im Fürsichseyn als *Seyn-für-eines* vorhanden." (I B 146/ TW5, 176)

Das endliche Etwas hat im Fürsichsein seine Bestimmung erreicht und kommt nicht mehr selbständig, sondern nur noch negiert – und neben ihm kein Anderes, auch kein negierendes wahres Etwas – vor. Der logische Raum als das unendliche Fürsichsein ist nur das Selbstnegieren des unselbständigen, ideellen Endlichen: Selbstbeziehung der Idealität bzw. des Aufhebens. Nichts Hartes, im alten Sinn Reales, hat in diesem Raum mehr Platz; seine Zweiteilung ist überwunden. Was ihn füllt (und mit ihm identisch ist), ist nur Unselbständiges und hat nur *Sein-für-(...)*. Aber ein Anderes, für welches es Sein haben könnte, ist nicht vorhanden. So hat es Sein für Eines, das es selber ist: Das Unselbständige ist aufgehoben nicht in einem anderen, sondern in sich; der logische Raum des Fürsichseins ist Moment seiner selbst.

Vom Sein-für-Eines sagt Hegel daher, es sei „nur die Eine Idealität dessen, für welches oder in welchem eine Bestimmung als Moment, und dessen, was Moment in ihm seyn sollte. So machen *Für-eines-seyn* und das *Fürsichseyn* keine wahrhaften Bestimmtheiten gegeneinander aus [sie teilen, strukturieren den logischen Raum nicht]. Insofern […] hier von einem *Fürsichseyenden* gesprochen wird [in vorweggenommener Analogie zum Daseienden], so ist es das Fürsichseyende […] selbst, welches sich auf sich als auf das aufgehobene Andere bezieht, also *für-eines* ist […]. Das Ideelle ist nothwendig *für eines*, aber es ist nicht für ein *anderes*; das eine, für welches es ist, ist nur es selbst." (I B 146 f./ TW5, 176 f.)

Das Fürsichsein als selbstbezügliche Idealität ist eben beides: unselbständig und aufgehoben kraft seiner Idealität, aber ebenso selbständig und der ganze logische Raum, weil kraft seiner Selbstbezüglichkeit aufgehoben nur in sich selber, nicht in einem Anderen. Es gibt hier nicht zwei Sachverhalte, sondern nur zwei Ansichten von ein und demselben Sachverhalt:

„Für-sich-seyn und Für-eines-seyn sind also nicht verschiedene Bedeutungen der Idealität [nichts, wodurch die Idealität eine reale Dualität in den logischen Raum brächte], sondern sind wesentliche, untrennbare Momente derselben [nämlich ein und derselben ungeteilten Idealität]." (I B 147/TW5, 177)

Doch das Spiel der beiden Ansichten der Idealität führt nun über das Fürsichsein *als solches* hinaus zu dem *Fürsichseienden* als dem Analogon des Daseienden bzw. zu dem *Eins* als dem Analogon des Etwas. Zwar bringt die Idealität keine reale Struktur in den logischen Raum; doch sofern der logische Raum selbst nur ein Ideelles ist und Sein-für-Eines hat, ist eine ideelle Struktur auch Struktur genug; denn ein ideeller Raum wird durch ideelle Unterscheidungen eingeteilt wie ein realer durch reale. Nun liegt aber den Wandlungen des logischen Raumes über die ganze Seinslogik hinweg das unmittelbare Sein als sein Substrat zugrunde; in allen seinen Wandlungen ist der seinslogische Raum also unmittelbares Sein. Das gilt auch für das Fürsichsein, das in der einen Ansicht zwar unselbständige, in der anderen Ansicht aber, welche die seinslogisch dominante ist, selbständige (weil selbstbezügliche) Idealität und als solche unweigerlich unmittelbares Sein ist. So gesehen, ist das Fürsichsein reales *Fürsichseiendes*. In Hegels Worten:

„Die *Momente* des Fürsichseyns [es selbst und das Sein-für-Eines] sind in *Unterschiedslosigkeit* zusammengesunken, welche Unmittelbarkeit oder Seyn ist, aber eine *Unmittelbarkeit*, die sich auf das Negiren [auf die Idealität bzw. das Aufheben] gründet, das als ihre Bestimmung gesetzt ist. Das Fürsichseyn ist so, *Fürsichseyendes*, und indem in dieser Unmittelbarkeit seine innere Bedeutung verschwindet [weil die ideelle Momentstruktur dem realen Druck der Unmittelbarkeit nicht standhält], die ganz abstracte Grenze seiner selbst, – *das Eins*." (I B 150 f./ TW5, 182)

Das ist ein paradoxes Resultat: Weil das unmittelbare Sein hier die Gestalt der selbstbezüglichen Idealität, also der reinen Negation, hat, nimmt der logische Raum die Minimalgestalt des logischen Punktes an; der Punkt aber ist Grenze und, wenn er – *per impossibile* – der ganze Raum und außer ihm nichts vorhanden ist, „die ganz abstrakte Grenze seiner selbst". Dieser – gleichsam giftige, bösartige – logische Punkt ist das unteilbare, unveränderliche *Eins*: „die festeste, abstracteste" Realität, in welche die Idealität des Fürsichseins „fürs erste" umgeschlagen ist (I B 151/ TW5, 183).

Die bisher dargestellte Entwicklung des Fürsichseins füllt den ersten der drei Kapitelabschnitte: „A. Fürsichsein als solches". Über die beiden folgenden Abschnitte: „B. Eins und Vieles" und „C. Repulsion und Attraktion" soll nur noch ganz summarisch und thetisch Bericht erstattet werden.[4]

Der logische Punkt ist der Rolle als logischer Raum nicht gewachsen und wird sich, gegeben das *Leere*, von sich abstoßen, sich „repellieren", zu vielen logischen Punkten, die dann als *Vieles* bzw. als *viele Eins* den leeren logischen Raum besetzen werden. Dies ist die logische Grundlage des metaphysischen Atomismus, der Lehre von den Atomen im Leeren. Das Leere resultiert aus der Zwangsanpassung des Punktes an seine Rolle als Raum: er ist dann leer. Der leere logische Raum zu Beginn der WdL war das Nichts; aber hier ist die Leere gleichsam eingefaßt von dem Eins als einem seienden Rand, und der logische Raum ist daher nicht nur die Leere, sondern die Leere ist in ihm, als dem Eins, auch gesetzt. Umgekehrt bietet die Leere dem Eins eine Sphäre des Auftretens, die es nutzt, um sich in seiner negativen Selbstbezüglichkeit von sich abzustoßen und außer sich zu kommen. Aber das Außersichkommen ist im logischen Raum des Fürsichseins keine Veränderung, sondern eine fortlaufende logische Klonierung: das Eins repelliert sich zu vielen Eins; und die Klone des Eins sowie die Klone der Klone usf. sind alle Eins wie das andere; keines hat das Privileg der Ursprünglichkeit; alle werden von dem sich repellierenden Eins als gleichursprünglich, sowohl mit ihm als untereinander, gesetzt. Sie werden gesetzt als nicht gesetzt, d. h. gesetzt (in pragmatischer Inkonsistenz) als unmittelbar seiend: *vorausgesetzt*. Die *Repulsion* des Eins ist insofern ein wechselseitiges Sich-Voraussetzen der vielen Eins und erscheint als die Nicht-Beziehung multilateralen gegenseitigen Ausschließens der vermeintlich unmittelbaren Eins. So ist die „Vielheit der Eins [...] die Unendlichkeit, als unbefangen sich hervorbringender Widerspruch" (I B 157/ TW5, 189).

Wenn aber die Eins ununterscheidbar eins wie das andere sind, wenn ihre Unterschiedenheit kein sachliches Fundament hat, sind sie gemäß der *identitas indiscernibilium* für uns numerisch identisch. An ihnen tritt diese

---

[4] Für eine ausführliche Darstellung vgl. Schick 2000.

faktische Identität als wechselseitige *Attraktion* auf, in welche die Repulsion übergeht. Solange nun Repulsion und Attraktion einander die Waage halten, hat der logische Raum des Fürsichseins Bestand. Ohne Repulsion bliebe er – *per impossibile* – die abstrakte Grenze seiner selbst: Punkt („Raum" vor dem Urknall); ohne Attraktion verlöre er sich sofort in haltloser, unbestimmter Vielheit (würde im Urknall auseinanderfliegen auf Nimmerwiedersehen). „Es ist ein alter Satz, daß *das Eine Vieles* und ins besondere: daß *das Viele Eines ist*", sagt Hegel in Anspielung auf die Platonische Dialektik des *Parmenides* (I B 161/ TW5, 193). Das Eine ist *Vieles* dank der Repulsion, und das Viele ist *Eines* dank der Attraktion. So resultiert das *eine Eins der Attraktion*, das aber nicht mehr die abstrakte Grenze seiner selbst ist, sondern „die realisirte, an dem Eins gesetzte Idealität; es ist attrahirend durch die Vermittlung der Repulsion [...]. Es verschlingt so die attrahirten Eins nicht in sich als in einen Punkt [...]. Indem es die Repulsion in seiner Bestimmung enthält, erhält diese die Eins als Viele zugleich in ihm; es [...] gewinnt [durch sein Attrahieren] einen Umfang oder Erfüllung [wird also zu einem stabilen logischen Raum vieler Eins]. Es ist so in ihm Einheit der Repulsion und Attraction überhaupt." (I B 162/ TW5, 195)

Mit dem derart erfüllten, Viele in seinem Umfang enthaltenden logischen Raum, welcher das *eine Eins der Attraktion* und an sich bereits die Einheit der Repulsion und Attraktion ist, steuern wir schon auf die *Quantität* zu. Für den Übergang fehlt nur noch, daß die Einheit der Repulsion und Attraktion in deren Widerspiel auch gesetzt wird. Nun setzt aber offenkundig die Attraktion die Repulsion voraus und auch umgekehrt diese jene, weil die Repulsion ohne Attraktion „die Zerstreuung der vielen Eins ins unbestimmte, ausserhalb der Sphäre der Repulsion selbst" wäre (I B 163/ TW5, 196). So verweisen beide aufeinander, und zwar jeweils die eine als Sollen auf die andere als Schranke. Jede ist auf dem je eigenen Standpunkt das gerade Letzte und Gültige, das die jeweils andere als ein Überschrittenes voraussetzt. Jede ist dann freilich auch durch die andere beschränkt, und jede *ist* (aufgrund des wechselseitigen Voraussetzens) erst durch ihre jeweilige Schranke. Also sind sie zusammen, in der Einheit ihres Begriffs, dasselbe, und näher dasselbe, was das Endliche im logischen Raum des Daseins war. Nur sind es jetzt nicht mehr Ursachverhalte *im* logischen Raum, die als endliche über sich hinausgetrieben werden, sondern es ist der logische Raum selber, der sich durch Repulsion und Attraktion über sich hinaustreibt zu einer ganz neuen, nicht mehr qualitativen, sondern quantitativen Gestalt. Der Prozeß, welcher das Fürsichsein bzw. das Eins ist, enthält – wie wir nun sehen – das Eins „allenthalben nur als ein aufgehobenes" (I B 165/ TW5, 199). Das bedeutet, daß die Unmittelbarkeit des fürsichseienden Eins nun ganz beseitigt, aufgehoben ist, womit der Grundwiderspruch des Fürsichseins: zwischen den einerseits vielen und andererseits ununterscheidbaren und somit numerisch identischen Eins, gelöst bzw. glücklich verlagert wäre. Der Widerspruch nämlich – letztlich derjenige der selbstbezüglichen Negation: ‚¬(¬(¬(…)))' – kommt nun vor in Beziehung auf einen Ursachverhalt (das Eins), der als aufgehobener das zugrunde liegende Sein nicht mehr berührt. Das Sein zwar ist in letzter Analyse selbst der Widerspruch und wird sich am Ende der Seinslogik auch als solcher erweisen (denn es ist der ganze logische Raum und außer ihm gibt es nichts); aber hier ist es der Widerspruch noch nicht *als* Sein, sondern nur als die davon unterschiedene *Bestimmtheit*, die nun – weil das Sein gegen sie indifferent ist: sich nicht mitverändert, wenn sie sich verändert – nicht mehr Qualität, sondern *Quantität* heißt. Der seinslogische Raum, das Substrat der seinslogischen Entwicklung, hat also die Gestalt einer Bestimmtheit angenommen, deren Widerspruch und fernere Schicksale ihm bis auf weiteres gleichgültig sind; und die Logik der Qualität ist damit beendet.

Literatur

Arndt, Andreas/Iber, Christian (Hg.) 2000: Hegels Seinslogik. Interpretationen und Perspektiven. Berlin.
Schick, Friedrike 2000: Absolutes und gleichgültiges Bestimmtsein – Das Fürsichsein in Hegels Logik. In: Arndt/Iber 2000, 235–251.

4

Pirmin Stekeler-Weithofer

Die Kategorie der Quantität

1. Der Weg von der Qualität zur Quantität

Hegels metalogische Reflexionen auf Kategorien im dreifachen Sinn von Seins-, Ausdrucks- und Erfahrungsformen wie ‚Qualität' und ‚Quantität' und damit auch auf Grundbegriffe normalsprachlicher und wissenschaftlicher Rede in der *Wissenschaft der Logik* und der „kleinen Logik" der *Enzyklopädie der philosophischen Wissenschaften im Grundrisse* (kurz „Enz I") schreiten wie in einem Dialog mit bekannten Positionen voran. Dabei geht es um die Entwicklung eines tieferen Verstehens durch Nennung von Formen des Urteilens und durch einige Kernthesen, in denen implizite Voraussetzungen dieser Formen explizit gemacht werden sollen. Eine *Theorie* im modernen Sinn einer sich an die Methode und Autorität des Mathematischen haltenden ‚analytischen' Philosophie, die *formale Modelle konstruiert*, ist das freilich nicht.

Hegel beginnt in der ‚Seinslogik' mit der allgemeinsten Position, der Unterstellung eines reinen Begriffs des Seins an sich, wie er sie bei Parmenides findet. Es ‚folgt' die fast selbstverständliche Einsicht, daß dieser Begriff sinnlos wäre ohne die (zunächst rein formale) Unterscheidung zwischen Sein und Nichts auf der Ebene der *möglichen Referenz* von Aussagen und Gedanken. Diese wiederum setzt eine (ebenfalls rein formale) Unterscheidung zwischen Richtig und Falsch voraus, und zwar auf der ‚subjektiven' Ebene der *Artikulation* dessen, was es angeblich gibt oder nicht gibt. Daß aus dem Sein das Nichts und daß aus dieser Unterscheidung das Werden im Dasein und die Differenz von Ansichsein und Fürsichsein ‚folge', artikuliert kernthesenhaft *präsuppositionale Beziehungen*. Zu diesen gehört auch, daß keine Behauptung p, insbesondere keine Existenzaussage der Form „es gibt ein X mit der Eigenschaft E" Sinn und Bedeutung hat, wenn nicht schon unter anderem *vorausgesetzt* wird, daß es uns als *Sprecher* gibt, die sich einen objektiven Gegenstandsbereich gegenüberstellen. Hierin besteht die relative Wahrheit eines Anfangs der Reflexion „mit *Ich*" (I B 62/ TW5, 76). Das ‚subjektive Ich' und ‚Fürsichsein' der jeweiligen Sprecher ist in jeder Aussage ebenso präsupponiert wie ein gemeinsam kontrollierbarer ‚objektiver' Geltungsanspruch. Letzterer basiert auf gemeinsam kontrollierbaren qualitativen Unterscheidungen im *Dasein* als dem Gegenüber der *Anschauung*. Dieses Gegenüber von Anschauung und Wahrnehmung hat zunächst die ‚herakliteische' (oder auch ‚humeanische') Grundeigenschaft der kontinuierlichen Veränderung, des *Werdens* und Vergehens (I B 70/ TW5, 84).

Abstrakte Gegenstände setzen ebenfalls das *Dasein* ihrer am Ende immer anschaulichen, das heißt, in der Anschauung wieder erkennbaren, *Repräsentanten* voraus. Dies gilt auch noch für die ‚unanschauliche', weil inzwischen nicht mehr geometriefixierte, sondern arithmetisierte und algebraisierte Mathematik der Gegenwart. Ohne die qualitativen Unterscheidungen verschiedener Repräsentationen abstrakter Gegenstände und ohne *unsere* Praxis der Äquivalentsetzung, Nicht-Unterscheidung oder Identifikation unterscheidbarer Repräsentationen, die damit zu einer Art Vertretung oder Benennung der gleichen Gegenstände werden, gäbe es gar keine abstrakten Gegenstände. Sie wären als Gegenstände sinnvoller Rede nicht definiert, auch nicht in der Mathematik.

Der *formale Widerspruch* einer Ausdrucksform, in der man zunächst Redegegenstände unterstellt, um sie dann als nicht existent zu erklären, ist spätestens seit *Parmenides* offenkundig (I B 70/ TW5, 84). Hegel sieht, daß wir sie nicht vermeiden können. Man denke nur an Beispiele wie: „Infinitesimale Größen gibt es nicht". Ähnlich paradox sind die Kommentare zur Identität. Sagt man nämlich zum Beispiel: „Die rationalen Zahlen 4/8 und 2/4 sind identisch" dann drückt man sich ‚widersprüchlich' aus. Sagt man dagegen, daß die entsprechenden Ausdrücke bzw. Brüche die gleiche Zahl repräsentieren, dann unterstellt man schon die abstrakten Gegenstände und deren Identität als gegeben, obwohl es diese erst vermöge der Äquivalentsetzung der Repräsentanten in ihrem ‚Für-sich-Sein' gibt. Hegel hat die ‚widersprüchlichen' Ausdrucksformen, die wir in der Reflexion auf die Konstitution von Gegenstandsbereichen und Wahrheitsbegriffen gebrauchen (müssen), als *dialektische* von *normalen* Ausdrucksformen unterschieden.

Die scheinbar unsinnige Aussage, daß das reine Sein und das reine Nichts (unmittelbar und ohne weitere Bestimmung) ‚dasselbe' seien (I B 59 f.; 69/

TW5, 72 f.; 83) *zeigt indirekt* etwas an unserer Form des Weltbezugs: Ohne die Vermittlung einer *gemeinsamen Praxis der Unterscheidung* gibt es kein ‚Richtig' und kein ‚Falsch' und damit auch kein Sein oder Bestehen im Unterschied zu einem Nicht-Bestehen. Rein und unmittelbar wären „wahr" und „falsch" bloße Wörter. Die willkürliche Behauptung des Bestehens eines Sachverhaltes, daß p, wäre nicht besser oder wahrer als die des Nichtseins, also daß nicht p.

Die Formen, die sich in dialektischen Widersprüchen zeigen, sind insbesondere dann schwer zu artikulieren, wenn es noch keine Praxis der expliziten Unterscheidung zwischen der Rede über Ausdrücke oder Äußerungsakte und der Rede über die damit repräsentierten Gegenstände und Sachverhalte gibt. Nach der sprachtheoretischen Wende, dem ‚linguistic turn', und der dabei entwickelten philosophischen Reflexions- und Explikationssprache wird dies einfacher. Hegels Ausdrucksweisen konnten dagegen noch nicht so wie wir heute differenzieren zwischen Begriffswort und Begriff, zwischen Äquivalenzrelation, Gleichheit und Identität, zwischen einem Gegenstand qua innerem Thema einer Rede und einem Gegenstand qua externer Referenz bzw. zwischen Existenzquantor und Variablenbereich, auf dem dieser definiert ist. Hegel benutzt insbesondere keine Anführungen zur Zitation von Ausdrücken oder Sätzen. Es ist immer nur der Kontext, der zeigt, ob ein Satz bloß erwähnt oder ob er wirklich gesagt ist, ob mit ihm direkt etwas behauptet oder indirekt gezeigt wird.

1.2 Abstraktive Konstitutionstheorie

Daß kein einziger (Rede-)Gegenstand *unmittelbar* gegeben ist, daß am Ende sogar alle Redegegenstände in einem gewissen Sinn *abstrakt* oder *formal* sind und damit eine gewisse *abstraktionstheoretische Konstitution* eines gesamten Gegenstands- oder Existenzbereiches voraussetzen, das ist die wichtigste Grundeinsicht Hegels. Die entsprechende *Abstraktionstheorie* steht denn auch im Hintergrund von Hegels Analyse der *Kategorie* oder *Redeform* der *Quantität* und des *Maßes* im zweiten und dritten Abschnitt der Lehre vom Sein in der *Wissenschaft der Logik*. Thematisiert werden dabei die begrifflichen Grundlagen quantitativer Darstellungen von Erfahrung in den ‚mathematisierten' Wissenschaften.[1] Wir reden in dieser Dar-

---

[1] Zu Hegels Kritik an der Hypostasierung des Mathematischen im Pythagoräismus vgl. I B 321/ TW5, 385 f.

stellungsform unter anderem über abstrakte und konkrete *Quanta*, über kontinuierliche *Größen* und *diskrete Mengen*, über *Grade* oder *Zähleinheiten* oder *Meßschritte* und über *Maße*, also Maßzahlangaben. Hegels logische Analyse weist dabei unter anderem nach, daß Elemente als diskrete Gegenstände allererst durch eine Definition ihrer Identität zusammen mit dem zugehörigen Gegenstandsbereich konstituiert sein müssen und nicht etwa unmittelbar ‚an sich' existieren. Erst dann lassen sich aus solchen diskreten Bereichen *Teilmengen* prädikativ aussondern.

In den zwei Kapiteln zur Quantität und Größe, dem 2. Abschnitt der Seinslogik, geht es nun um eine explizite, logische Konstitutionsanalyse quantitativer Wissenschaft. Themen sind der mathematische Mengen- und Strukturbegriff und die Unterschiede zwischen einer in diskrete Elemente gegliederten Menge und einer mehr oder weniger diffusen Ansammlung von Phänomenen, etwa auch einem Ding*haufen*, also der Unterschied zwischen einer *kontinuierlichen und diskreten Größe* (so lautet auch der Titel des Teiles B der allgemeinen Erläuterung der Quantität im 1. Kapitel). Unter dem Titel „Quantum" im 2. Kapitel geht es um die Konstitution *reiner* Mengen, reiner Größen und reiner Zahlen im Unterschied zu ‚benannten' (Maß-)Zahlen. Reine Mengen und Zahlen sind immer nur repräsentativ definierte *Formen* des Mengenbildens und Zählens. Benannte Zahlangaben und die Probleme der Deutung von Maßangaben als Aussagen über die Erfahrungswelt sind dann erst Thema des 3. Abschnitts des 1. Buchs der *Wissenschaft der Logik*, das unter dem Titel „Das Maß" steht. Im 2. Abschnitt mit dem Titel „Die Größe (Quantität)" geht es also noch nicht um die Anwendung, sondern um die abstraktionstheoretische Konstitution von Zahlangaben und Mengenbildungen.

Hegel präsentiert dazu nicht etwa eine konstruktive Theorie der Abstraktion, in der von relativ unmittelbaren qualitativen Unterscheidungen, sagen wir zwischen *Symbolen* wie „1", „2", „3", oder „I", „II", „III", oder „Eins", „Zwei", „Drei", ausgegangen wird und durch Setzung einer Relation der Nichtunterscheidung oder Äquivalenz die Zahlgleichheiten 1 = I und I = Eins, 2 = II und II = Zwei usf. im Kontext der weiteren Definition von Zahlrelationen wie 1 < 2 und 2 < 3 und 1 + 1 = 2, 2 + 1 = 3 usf. definiert werden. Reine Zahlen als abstrakte Gegenstände sind zwar durchaus auf diesem formalen Weg rekonstruierbar, wobei wir, wie Hegel bemerkt (I B 198/TW5, 236), statt Strichlisten zunächst die Finger gebrauchen. Die *auswendig* gelernte geordnete Zahlwortfolge, also „eins", „zwei" ... „zehn", „elf", „zwölf", „dreizehn" usf. stellt dabei eine Basistechnik dar. Stattdessen geht Hegel *analytisch* vor. Er expliziert die notwendigen *Voraussetzungen* einer schon als bekannt unterstellten Praxis der Rede über abstrakte Gegenstände. Dieses Vorgehen hat den Nachteil einer gewissen Unübersichtlichkeit, die herrührt aus der unterstellten Kenntnis der Praxis, die jeweils kommentiert wird.

1.3 Vom Sein zum Dasein

Hegels Weg führt von der Reflexion auf qualitative Unterscheidungen im Dasein (im ersten Abschnitt der Seinslogik) zur Verfassung von ‚quantitativen' Mengenbildungen, Zahlangaben und Messungen. Basis einer Definition einer Menge und ihrer Elemente oder einer Maßzahl ist notwendigerweise das, was wir *präsentisch*, in der *elementaren Prädikation* gemeinsam und damit nicht etwa unmittelbar in der Einzelempfindung unterscheiden können. Diese Unterscheidungen basieren immer in irgend einer Weise auf qualitativen Unterscheidungen. Wir müssen unterscheiden können, wann eine präsentische Prädikation in Bezug auf ein Da- oder Dort-Sein in gemeinsamen *Anschauungen*[2] richtig gebraucht, als Aussage wahr ist. Ohne diese Unterscheidungspraxis des Richtigen und Falschen könnten wir keine Unterschiede artikulieren und keine wahren und falschen Sätze äußern.

Der Fehler des *Empirismus* von Locke und Hume bis Russell und Carnap besteht in der Unterschätzung der Differenz zwischen bloß individueller, unmittelbarer, Wahrnehmung bzw. sinnlicher Gewissheit qua ‚Gefühl', in welcher nichts bestimmt und bestimmbar ist, und einer immer schon gemeinsamen *Anschauung*, in der ein Zeigen oder ‚Monstrieren'[3] möglich ist. Ein solches deiktisches Monstrieren setzt einen *gemeinsamen Bezug im Dasein* und damit einen Perspektivenwechsel voraus. Was von mir aus da ist, ist von dir aus dort, und es ist dasselbe, weil es von *uns* als dasselbe gezählt oder gewertet wird. Diese Wertungen setzen normative *Setzungen*, implizite Urteilskriterien, voraus.

Nur wer die Praxis der Kontrolle der Gemeinsamkeit des deiktischen Bezuges beherrscht, kann Sprache erwerben. Schon wenn die Mutter dem Kind *etwas zeigt*, kontrollieren Kind und Mutter die gemeinsame Bezug-

---

[2] Zum Nichts als leerer Anschauung vgl. I B 69/ TW5, 83; zur Bestimmung von Unterschieden im Dasein und in der Deixis (die von mir hier „Anschauung" genannt wird) vgl. I B 105/ TW5, 126: „In dieses äusserliche Monstriren fällt die ganze Bestimmtheit".

[3] An der gleichen Stelle (I B 105/ TW5, 126) wird auch die unbestimmte Bestimmtheit des Wortes „dieses", ein Hauptthema des Kapitels zur sinnlichen Gewißheit in Hegels Phänomenologie des Geistes, wieder erwähnt. Auf die dabei erkannte Unmöglichkeit unmittelbarer Gegenstandsbenennungen kommen wir noch zurück.

nahme gemeinsam (vgl. dazu Tomasello 1999, bes. 104 f.). Das Kind kopiert nicht etwa nur das Verhalten der Mutter oder reagiert auf einen stilisierten Beginn eines Verhaltensablaufs. Das Kind kontrolliert die zustimmende Gebärde der Mutter, die Mutter kontrolliert den gemeinsamen Bezug. Das Kind heischt nach Lob, wenn es ‚richtig‘ Bezug nimmt (was immer das konkret heißt). Die Mutter ‚tadelt‘, wenn die Gemeinsamkeit des Bezugs offenbar mißglückt. Die Deixis als Basis gemeinsamer sprachlicher, prädikativer, Unterscheidungen lebt von dieser *Triangulation*, wie man die Fähigkeit zur *Perspektiventransformation* und am Ende zur selbständigen Kontrolle der Gemeinsamkeit eines Bezugs bildhaft nennen kann. Unsere normativen Bewertungen des Richtigen und Falschen sind dabei immer schon im Bezug auf das *gemeinsame* Tun und Können zu verstehen. Sie erzeugen und stabilisieren die Gemeinsamkeit der Perspektive (und das kann im Einzelnen sehr Unterschiedliches bedeuten). Anschauung, so kann man jetzt terminologisch sagen, ist wahrnehmende Bezugnahme auf etwas im Dasein, das die rechte Beherrschung des Perspektivenwechsels von einem Betrachter oder Sprecher zu einem anderen schon mit einschließt und daher alles andere als ein unmittelbares Vermögen des Einzelwesens ist.

1.4 Die semantische Kategorie der Quantität

Unter dem allgemeinen Titel „*Quantität*" behandelt Hegel dann die Konstitution des *extensionalen* Gegenübers von ‚Begriffen‘. Dabei werden wir zwischen *kontinuierlichen* Quantitäten und *diskreten* Mengen zu unterscheiden haben. Insgesamt sind Extensionen Bedeutungen von *namenartigen Ausdrücken*. In traditioneller Weise wird dabei unterstellt, daß sich Sätze und prädikative Satzteile durch Nominalisierungen in formale Namen verwandeln lassen, so wie der Satz „es regnet" sich in die namenartige Ausdrücke „der Sachverhalt, daß es regnet" oder, traditioneller, in „der Begriff des Regnens" verwandeln läßt oder die Prädikate „x ist ein Pferd" oder „x ist größer als y" in die namenartigen Ausdrücke „der Begriff des Pferdes" oder „der Begriff der Größe", oder sogar schon in „der Umfang des Begriffes ‚Pferd‘". Vermöge derartiger Verwandlungen lassen sich die allgemeineren Fragen nach Sinn und Bedeutung von Sätzen und Satzteilen in die speziellere Frage nach Sinn und Bedeutung von komplexen *Benennungen* bzw. *Begriffen* überführen, die Frage nach Wahrheit und Wirklichkeitsbezug in die Frage nach dem Sein, nach dem also, was es gibt und was nicht. Das bedeutet zunächst nur eine sprachtechnische Vereinfachung, die man angemessen zu berücksichtigen bzw. umzuformulieren hat, wenn man die Kommentare zu den nominalisierten Ausdrücken auf die zugehörigen Sätze, Aussagen, Prädikate und Relationen bezieht.

Die Extensionen von nominalisierten Ausdrücken (die selbst schon Namen sein können oder von Begriffen oder Sätzen stammen mögen) dachte man sich seit Aristoteles als *Erfüllungsbereiche*. Für Sachverhalte, daß p, geht es um die Erfüllung des prädikatartigen Ausdrucks „dies ist eine p-Situation", für Namen N um die Erfüllung des prädikatartigen Ausdrucks „dies ist N" und für Prädikate um die Erfüllung der Aussageform „dies ist (ein) P". Andere Formulierungen für derartige Erfüllungen im deiktisch zugänglichen, präsentischen Dasein sind: „in dieser Situation besteht der Sachverhalt, daß p", oder „diesem Gegenstand kommt das Prädikat P bzw. der Name N zu". Ur- und Vorbild für diese logische Vorstellung ist der aristotelische *horos*, die Ausgrenzung eines Bereiches aus einem größeren Bereich, z. B. eines Zeitintervalls aus einer längeren Zeit, eines Teilraumes aus einem größeren Raum. Dabei wird das Wort „horos", lateinisch „Terminus", schon bei Aristoteles zweideutig verwendet. Es verweist sowohl auf den die Extension darstellenden Ausdruck, das Begriffswort, als auch auf die Extension selbst. Die deutsche Rede von einem Begriff ist in ganz gleicher Weise zweideutig. Manchmal verweist sie auf die Wörter oder Ausdrücke, z. B. wenn man nach dem ersten Auftreten eines Begriffs fragt und Begriffsgeschichte entsprechend nur auf der Ausdrucksebene betreibt. Manchmal spricht man von einem Begriff und meint die Extension, manchmal die Art der Bestimmung der Extension im Sinn einer Eingrenzung dessen, was unter ‚den Begriff', also das Begriffswort fällt. Freges Auffassung von einem Begriff als ungesättigter Funktion mit zwei Werten, dem Wahren oder Falschen, kommt der letzten Auffassung nahe, paßt aber nur, wenn der Definitionsbereich schon ein *diskreter Gegenstands- oder Elementbereich* ist, wie dies in der (höheren) Arithmetik (der Mengenlehre) durchgängig unterstellt wird.

Zwei Begriffsworte heißen extensionsgleich, wenn ihre definitorischen Kriterien zu den gleichen Eingrenzungen führen. Dabei brauchen diese Eingrenzungen noch keine Mengen zu sein. Eine Menge ist über eine Eingrenzung in einem *diskreten* Gegenstandsbereich definiert und ist als solche auch schon ein *Quantum mit Anzahl*. *Quantitäten* sind aber primär *kontinuierliche* Bereiche, in denen es mögliche Eingrenzungen gibt.[4] Hegel

---

4 Was es heißt, daß die Attraktion „das Moment der Continuität in der Quantität" sei (vgl. I B 176/ TW5, 212), wird noch zu erläutern sein.

behandelt Quantitäten im Rahmen der *traditionellen* Logik. In deren mereologischer Vorstellungswelt *ist* eine Bedeutung eines Wortes gerade eine Extension oder Quantität, ein Umfang. Mit Aristoteles sagt man, daß es gewisse ‚Substrate' (‚*hypokeimena*') gibt, die ‚unter' dem Begriff oder ‚im' Begriffsumfang liegen, wenn dieser nicht leer ist. Die zentrale Frage des Kapitels zur Quantität ist, unter welchen Bedingungen die Umfänge *diskrete Mengen* definieren, und wie Maßzahlangaben zu verstehen sind. Diese Frage enthält die Frage, was *Zahlen* sind.

2. Die reine Quantität

2.1 Quantität als Kontinuum möglicher Differenzierung

In quantitativen Reden *unterstellt* man bereits die Bekanntheit qualitativer Unterscheidungen, *sieht* aber *ab* von den konkreten Ausprägungen ihrer Kriterien und spricht über das durch sie Ausgegrenzte so, als sei es unmittelbar verfügbar. Man tut so, als sei die qualitative Unterscheidung sekundär, als gäbe es das je Unterschiedene vor und unabhängig von diesen Unterscheidungen. Zum Beispiel unterstellt der gesunde Menschenverstand, es sei schon klar, was Körperdinge seien, die wir unter vielerlei Hinsichten und subjektiven Interessen klassifizieren können. Ungefähr dieses sagt Hegels Erläuterung:

„Die *Quantität* ist das reine Sein, an dem die Bestimmtheit nicht mehr als eins mit dem Sein selbst, sondern als *aufgehoben* oder *gleichgültig* gesetzt ist" (Enz I § 99).

Viele durch qualitative Aussonderungen definierte Klassifikationen in schon als Quantitäten bestimmten Bereichen sind *sekundär*, und das heißt, methodisch in folgendem Sinn einer *primären Gegenstandskonstitution nachgeordnet*: Sie unterstellen, daß der Gegenstandsbereich schon bekannt oder definiert ist, in welchem prädikative Aussonderung definierbar sind. Man denke etwa daran, wie wir aus den Zahlen die Primzahlen aussondern oder aus den Körperdingen diejenigen, die eine gewisse Größe überschreiten oder eine gewisse Farbe haben. In beiden Fällen unterstellen wir die Zahlen bzw. die Körperdinge als wohldefiniert und in einer Art quantitativem Gesamtbereich als gegeben.

Die Unterscheidung Lockes zwischen primären und sekundären Qualitäten (von Körpern) bildet den historisch-systematischen Hintergrund dieser auch von Kant aufgegriffenen Differenzierung zwischen *gegenstandskonstitutiven* (primären) und sekundären Differenzierungen. Als primäre

Eigenschaft von *Körperdingen* zählt insbesondere ihre *haptisch* kontrollierbare Undurchdringlichkeit, ihre auch temporal einigermaßen stabile Widerständigkeit. Hegel spricht von einem „Sinne des Gefühls", in welchem „das Abhalten eines andern von sich unmittelbar gegeben sei" (I B 168/TW5, 202 f.).

Hegel versteht unter einer Quantität einen stetigen Bereich, aus dem Extensionen ausgegrenzt werden können, und nennt Beispiele solcher „Stätigkeiten, die den deducirten Begriff der Quantität in einfacher Anschauung als vorhanden geben" (I B 178 f./ TW5, 214, 216). „Bestimmtere Beyspiele der reinen Quantität, wenn man deren verlangt, hat man an Raum und Zeit, auch der Materie überhaupt, Licht u. s. f. selbst Ich" (I B 178/ TW5, 214).

Raum- und Zeitbestimmungen unterstellen den Bereich, in dem sie definiert sind. Ähnliches gilt für „die Materie" (die Stoffe) und ihre Teile (vgl. dazu auch I B 178 f./ TW5, 214 f.), aber auch für „das Licht" als ‚Titel' für alle möglichen Differenzierungen optischer Phänomene. In der Erläuterung, warum dem *Ich*, das hier zu verstehen ist als Einheit des *individuellen* Selbst-Seins des Sprechers oder Akteurs, „die Bestimmung der Quantität" zukommt, bestätigt Hegel, daß die Quantität als solche ein *Kontinuum*, ein *Zusammenhang* möglicher Differenzierungen ist, „die durch die unendlich mannichfaltigen Grenzen, den Inhalt der Empfindungen, Anschauungen u. s. f. nicht unterbrochen wird" (I B 179/TW5, 215), und zwar weil diese als *meine* gewertet werden. Das heißt nicht, daß ich nicht in der Rede über mich viele Unterschiede machen könnte. Das Gegenteil ist der Fall: Die Identität meines Selbst-Seins und Selbst-Bewußtseins besteht geradezu in der Möglichkeit dieser Unterscheidungen innerhalb meines ‚Fürsichseins', das wiederum in Abgrenzung von anderem ‚Fürsichsein' bestimmt ist.

Der Titel „Für-Sich-Sein" steht bei Hegel über allen inneren Unterscheidungen und Beziehungen eines Gegenstandes, also über alle Differenzierungen, die ‚feiner' sind, als die Gegenstandsidentität bzw. die sie definierende Nichtunterscheidung vorsieht. Anders gesagt, Gegenstandsunterschiede sind gröber als alle Beziehungen des ‚Fürsichseins', gerade so wie intensionale Differenzierungen extensionsgleicher Repräsentationen feiner sind als das, was als Extension oder Referenz durch sie in unterschiedlicher Weise repräsentiert oder präsentiert wird. Wenn man in der Carnap-Nachfolge Intensionen als ‚Funktionen' von Mengen in Mengen definieren möchte, übersieht man, daß die Funktionen als Wertverläufe *Extensionen* sind, die ihrerseits intensionale Unterschiede in der Art des Gegebenseins der Wertverläufe voraussetzen. Eben daher sind für Frege Funktionen keine Gegenstände (keine Extensionen). Damit sehen wir aber auch, daß die Titelwörter „Für-sich-sein" und „Für-anderes-sein" *relative logische Titel* sind. Eine Relation des „Für-anderes-sein" ist z. B. die Kleiner-Ordnung a < b für rationale Zahlen, Relationen des Für-sich-seins einer durch zwei Repräsentanten m/n und k/l ausgedrückten rationalen Zahl sind z. B. die (rationale Zahlidentitäten definierende) Äquivalenzrelation ml = kn oder die feinere Relation ‚k = 2 m und l = 2 n'. Das Ich mit dem allgemeinen Fürsichsein zu identifizieren, wäre demnach ähnlich irreführend, wie wenn man den Begriff der Person mit dem der Identität identifizierte oder die allgemeine logische Kategorie des Gegenstandes mit der besonderen des physischen Dinges.

2.2 Primäre Konstitution von Bereichen diskreter Gegenstände

Wie kommen wir nun von Differenzierungen in kontinuierlichen Bereichen zu diskreten Gegenstandsbereichen? Der folgende Text gibt Auskunft, wenn auch auf recht kryptische, in einigen Punkten etwas länger auszulegende Weise:

„Die Quantität zunächst in ihrer unmittelbaren Beziehung auf sich, oder in der Bestimmung der durch die Attraction gesetzten Gleichheit mit sich selbst, ist *continuirliche*, – in der andern in ihr enthaltenen Bestimmung des *Eins* ist sie *discrete* Größe. Jene Quantität ist aber eben sowohl discret, denn sie ist nur Continuität *des Vielen*; diese [sind] ebenso continuirlich, ihre Continuität ist das Eins als *Dasselbe* der vielen Eins, *die Einheit.*" (Enz I § 100)[5]

Ausgangspunkt der Überlegung sind gemeinsame Differenzierungen in einem Bereich wahrnehmbarer, genauer, gemeinsam in einer präsentischen ‚Anschauung' als gegeben beurteilbarer Phänomene. Diese bilden ein Kontinuum, einen stetigen Zusammenhang, der als Bereich verfeinerbarer Differenzierbarkeiten aufzufassen ist. Als Beispiel betrachten wir absichtlich nicht den Fall der Konstitution von Dingen im Ausgang von Dinganschauungen, sondern beginnen mit Farbprädikaten wie ‚dies ist blau, dies ist rot'. Durch eine Operation der abstraktiven Nominalisierung können wir dann übergehen zur Rede über abstrakte Gegenstände wie ‚das Rot(e)', ‚das Blau(e)' usf., die dann *für sich benennbare* ‚Elemente' einer Klasse, in unserem Beispiel: der Farben, sind. Wenn der Ausdruck „die Farben", wie

---

[5] Bei den in eckigen Klammern stehenden Einschüben in Zitaten handelt es sich hier und im folgenden um Ergänzungen des Autors. (Anm. d. Hg.)

durchaus häufig, eine *Klasse disjunkter Farben* meint und nicht das Kontinuum der Farbigkeit, so hängt seine Bedeutung offenbar vom zu Grunde gelegten *System* der Farbdifferenzierungen ab. Bei der Klassenbildung handelt es sich also, inhaltlich gesehen, um den durch *gesetzte* Nichtunterscheidungen vermittelten Übergang von verschiedenen phänomenalen Repräsentationen zu den durch diese repräsentierten abstrakten („allgemeinen') Gegenständen. Dies ist formal betrachtet gerade die Konstitution der Bedeutung nominalisierter Prädikatworte.

Es versteht sich von selbst, daß innerhalb der Elemente der Klassen, also etwa innerhalb des Roten, weitere Feindifferenzierungen möglich sind und daß zugleich das im Roten nicht Unterschiedene ein Kontinuum, ein stetiger Zusammenhang, ist. Diese Stetigkeit besteht aber selbst nur darin, daß man auf indefinite, nicht vorher absehbare Weise weitere Feindifferenzierungen treffen könnte. Das Kontinuum einer Linie besteht z. B. gerade darin, daß sie sich ‚im Prinzip' immer in weitere Intervalle zerlegen läßt. Auch die innere Identität von Körperdingen ist ein derartiger stetiger Zusammenhang, der sich unter allerlei Gesichtspunkten weiter einteilen läßt – wobei uns besonders der Zerfall der Körper in der Zeit zu derartigen weiteren Teilungen und Einteilungen führt. Der „Chemismus" betrifft z. B. die Einteilungen in Stoffe. Der Titel „Mechanismus" überschreibt dagegen die Sprachform, gemäß welcher die primären Eigenschaften wiedererkennbarer Körperdinge relative Bewegungseigenschaften der *res extensa* sind.

In den qualitativen Gliederungen der Sphäre des wahrnehmbaren Daseins oder der Realität sehen wir von allerlei *Unterscheidungen ab*, die ‚im Prinzip' zwar möglich sind, aber *für unser jeweiliges Interesse nicht relevant* sind. Dadurch sind zunächst Gleichheiten und Ungleichheiten z. B. zwischen Gestalten oder Farben oder auch Dingen konstituiert, dann aber, durch diese, auch Einsen oder Elemente oder Gegenstände, die ‚repulsiv gegeneinander stehen', was nur ein anderer Ausdruck dafür ist, daß es eine hinreichend gute gemeinsame Unterscheidungs- und Identifizierungspraxis gibt, in welcher wir den Gegenstandsbereich in diskrete Elemente zerfällen. So stehen z. B. Dreieck gegen Viereck, Rotes gegen Grünes, ein konkreter Stuhl gegen einen anderen oder gegen einen konkreten Tisch, weil wir sie einander gegenüber stellen. In bezug zum Ausgangsbereich des Prozesses, der dann die ‚primäre' Klasse oder oberste Gattung eines Rede- oder Gegenstandsbereiches bildet, wird die sonst völlig formale Relation der diskreten Verschiedenheit (Hegels ‚Repulsion') und die Pseudobeziehung der (inneren) ‚Attraktion' oder der Identität der Elemente erst konkret.

Die Gattung, das Genos, der primäre Gegenstandsbereich, bestimmt dabei jeweils den Gegenstandsbegriff kategorial. Und jeder Gegenstand repräsentiert seine Gattung, gehört semantisch wesentlich zu ihr. Dies spiegelt sich auch in den Gegenstandsnamen. Diese müssen, wenn sie verstanden werden sollen, zuvor schon *kategorisiert*, d. h. in den zugehörigen Redebereich eingeordnet sein. Wenn etwa einer das Wort „Eiffelturm" gebraucht, ist es wesentlich, zu wissen, ob er an den Turm in Paris oder seine Gestalt denkt (so daß auch Nachbilder so benannt werden). Hört man regelmäßig beim gemeinsamen Anblick eines Kaninchens in einer fremden Sprache einen Satz, den man in einer Art Halbübersetzung durch den halbdeutschen Ausdruck „dies ist gavagai" wiedergeben könnte, dann ist, wie W. V. Quine zu seinem eigenen Beispiel bemerkt (Quine 1960, 31 f., 90 f.), noch keineswegs geklärt, ob von Gestalten, Kaninchenteilen, einer Kaninchen regelmäßig begleitenden Aura oder wirklich von Kaninchen die Rede ist. Derartiges herauszufinden, ist keine Sache einer unmittelbar lehr- und lernbaren Prädikation in der Deixis. Dies verlangt schon eine Art ‚holistisches' Gesamtverständnis eines ganzen logikogrammatischen Systems, eine Beherrschung der Redeformen der jeweiligen Kategorie, des jeweiligen Gegenstandsbereiches. Ohne es zu wissen oder anzuerkennen, nimmt Quine diese Einsicht Hegels wieder auf, wenn er sich gegen den Glauben an unmittelbar gegebene Gegenstände wendet. Kritisiert wird damit auch eine allzu einfache Vorstellung der Bestimmung von intensionalem Sinn und referentieller (extensionaler) Bedeutung in einer elementaren Prädikation und deiktischen Anschauung.

„Repulsion" und „Attraktion" sind bei Hegel also Benennungen *formaler Momente* der semantischen Konstitution von Gegenstandsbereichen. Durch gewisse qualitative Unterscheidungen und gewisse Nichtunterscheidungen (Äquivalentsetzungen) in einem kontinuierlichen Ausgangsbereich erzeugen wir sozusagen Gegenstände und Gegenstandsmengen. Die Farben Rot, Grün usf. gibt es auf der Basis der Möglichkeit von Farbunterscheidungen einerseits, des Verzichts auf gewisse feinere Unterscheidungen andererseits. Räumliche Gestalten gibt es auf der Basis der Möglichkeiten der in der Anschauung kriterial kontrollierten Gestaltunterscheidungen und Gestaltgleichheiten. Körperdinge gibt es im Zusammenhang der Dingunterscheidung und Dingidentifizierung. Aussagen über Gestalten, angewendet auf den Bereich von Dingen, definieren Klassen gestaltgleicher Dinge. Es läßt sich aber die *Bedeutung* von Gestaltworten nicht einfach identifizieren mit der betreffenden *Klassifizierung der Dinge*. Dies gilt nur dann, wenn man die Dingsprache schon als bekannt *unterstellt*. Nicht jede quantitative Redeform hat Dinge als Einheiten. Wir sprechen ja direkt über geometrische Gestalten (Bilder) oder über akustische Formen (Rhythmen, Melodien), über Zahlen und vieles andere mehr.

Sogar für einen Punkt in einer idealen geometrischen Form, etwa den Schwerpunkt eines Dreieckes gilt: Er hat als solcher unendlich viele Repräsentanten. Er ist, im Unterschied zu einer Stelle im präsentischen Dasein, keineswegs ein ‚Dieses Da'. Geometrische Punkte der ebenen Geometrie sind Schnittpunkte von Linien *in geometrischen Formen* oder Konstruktionen, die als ebene Zeichnungen überall und in vielen Größenordnungen ausführbar sind und dann, idealiter oder ‚im Prinzip', in allen Größen als ausführbar gedacht werden. Auf die ihm eigene, dichte, Weise sagt dies Hegel so: *Die Geometrie misst nicht, sie vergleicht nur* (I B 196/ TW5, 234). Abstrakte geometrische Punkte sind raum- und zeitlos, gerade wie ihre reinen cartesischen Koordinatenbeschreibungen. Es ist also weder die Identität (das Fürsichsein) eines Punktes in einer geometrischen Form deiktisch definiert, noch lassen sich Zahlen an sich ‚zeigen'.

Unsere Interpretation wird durch Hegels eigene Anmerkungen bestätigt, wo er – inhaltlich gelesen – sagt: Es gibt nicht eigentlich diskrete und kontinuierliche Größen, sondern immer nur diskrete und kontinuierliche Aspekte einer Unterscheidungspraxis, die abhängen von den je gewählten Bestimmungen oder Differenzierungen. Gewissermaßen als Anwendung dieser Einsicht lösen sich gewisse Antinomien der unendlichen Teilbarkeit auf:

„Die Antinomie des Raums, der Zeit oder der Materie, in Ansehung ihrer Theilbarkeit ins Unendliche oder aber ihres Bestehens aus Untheilbaren, ist nichts anderes, als die Behauptung der Quantität das einemal als continuirlicher, das anderemal als discreter. Werden Raum, Zeit usw. nur mit der Bestimmung continuirlicher Quantität gesetzt, so sind sie *theilbar* ins *unendliche*; mit der Bestimmung discreter Größe aber sind sie an sich *getheilt* und bestehen aus untheilbaren Eins; das Eine ist so einseitig wie das andere." (Enz I § 100 A)

An sich geteilt ist der Raum, wenn er als diskret, etwa als Menge von Tripeln reeller Zahlen dargestellt wird; Entsprechendes gilt für die Zeit. Kontinuierlich heißen Raum und Zeit unter der Vorstellung der unendlichen Teilbarkeit einer jeden Strecke bzw. eines jeden Intervalls. Beide Vorstellungen sind einseitig: *Realiter* gibt es kein *unendliches* Kontinuum, wie wir noch genauer sehen werden. Jede Unendlichkeit ist *ideales* Konstrukt einer mathematischen Redeform, in der wir Formen der Fortsetzbarkeit einer Operation thematisieren.

3. Das Quantum

3.1 Größen als bestimmte Quantitäten

Größen sind, im Unterschied zu reinen Quantitäten, ganz grob gesagt, *bestimmte* bzw. *benannte* (ganze, rationale oder dann auch reelle) *Zahlen* der Art „2 Äpfel" oder „3/4 cm". In der Benennung einer Zahl wird die Zähleinheit benannt: Man zählt Äpfel, Einheitslängen wie cm oder m, Volumina wie Liter (einer bestimmten Flüssigkeit) usf. Die Einheit ist beim Zählen empirischer Gegenstände durch eine (qualitativ definierte) Gleichheit unterschiedlicher Elemente bestimmt: *Insofern* etwas ein Apfel ist, ist es gleich jedem anderen Apfel, insofern eine Strecke 1 cm lang ist, ist sie gleich jeder Strecke der Länge 1 cm. Für das Zählen ist es egal, ob man eine Menge von n Äpfeln oder n Pflaumen oder die Menge der n Vorgängerzeichen des Zahlausdrucks „n + 1" als Maßstab (als Zählmenge) benutzt: Gezählt werden die Elemente einer zu zählenden (abstrakten) Menge, indem man sie irgendwie umkehrbar eindeutig den Elementen der Zählmenge zuordnet. *Unbenannte Größen* sind *reine Proportionen*, zu denen insbesondere alle reinen, unbenannten, nichtnegativen rationalen und reellen Zahlen zu zählen sind. Die Konstitution des Begriffs der benannten und der reinen Größe wird unter dem Titel „Quantum" behandelt:

„Der Ausdruck *Größe* ist in sofern für Quantität nicht passend, als er vornehmlich *die bestimmte* Quantität bezeichnet." (Enz I § 99 A)

Dabei müssen wir zwischen verschiedenen Stufen der Abstraktheit der Benennungen bzw. Bestimmungen von Größenbereichen unterscheiden: Längen, Flächen und Volumina sind *kontinuierliche* Quantitäten. Längeneinheiten sind willkürliche Setzungen. Mengen sind zwar als solche *diskret*. Sie sind dies aber, wie wir schon angedeutet haben, nur, nachdem man in einer primären Klassenbildung abstrahiert von den *inneren Kontinuitäten* ihrer *Elemente*. Diese sind selbst immer als konkrete Klassen ihrer Repräsentanten zu begreifen und daher *immer* weiter teilbar. Im logischen Sinn gibt es keine ‚Atome'. Selbst wenn es kleinste dingartige physische Objekte d gäbe (es gibt sie, wie gesagt, nicht), könnte man immer noch feinere Äquivalenzrelationen einführen, die zwischen einem d hier und einem d dort, einem d jetzt und einem d dann oder damals zu unterscheiden erlauben. Damit wird auch klar, daß Hegels Anti-Atomismus eine *logische Einsicht in die Kontinuität unserer begrifflichen Bestimmbarkeiten* und kein physikalisch-kosmologisches Vorurteil ist.

Unsere Deutung von Größen als benannten Zahlen bestätigt sich im Fortgang der Erläuterung:

„Die Mathematik pflegt die Größe, als das zu definiren, was *vermehrt* oder *vermindert* werden kann; so fehlerhaft diese Definition ist, indem sie das Definitum selbst wieder enthält, so liegt doch diß darin, daß die Größebestimmung eine solche ist, die als *veränderlich* und *gleichgültig* gesetzt sey, so daß unbeschadet einer Veränderung derselben, einer vermehrten Extension oder Intension, die Sache z. B. ein Haus, Roth nicht aufhöre Haus, Roth zu seyn." (Enz I § 99 A)

Es werden in der Tat nicht die Größen, die benannten Zahlen, vermehrt oder vermindert, sondern es entstehen durch Veränderungen der Zahlangaben (etwa der 3 durch die 5 im Ausdruck „3 cm") bei gleicher ‚Benennung' (der Größeneinheit) andere Größen. Die zitierte formelartige Ausdrucksweise der Mathematiker *meinte* freilich etwas anderes, nämlich daß in *Klassen von* (reinen) *Größen* eine *archimedische Ordnung* definiert sein muß. Das heißt, für Paare reiner Größen g und g* muß immer gelten, daß es eine natürliche Zahl n gibt, so daß $g^* < n \cdot g$ ist, womit es also auch Vielfachheiten einer Größe geben muß. Ist diese Ordnung verträglich mit einer Addition und gewissen Subtraktionen, wie z. B. im Fall der endlichen Mengen, positiven Zahlen oder Längen, dann bleibt man auch nach Additionen (Vermehrungen) und den zulässigen Subtraktionen (Verminderungen) innerhalb der betreffenden Größenklasse.

3.2 Benannte Größen und reine Zahlen

„Die Quantität wesentlich *gesetzt* mit der ausschließenden Bestimmtheit die in ihr enthalten ist, ist *Quantum*; begrenzte Quantität." (Enz I § 101)

Hegel gebraucht das Leibnizsche Bild des Enthaltenseins, um eine Präsupposition auszudrücken: In jeder Rede von einem bestimmten Quantum, einer Größe, ist erstens eine „ausschließende Bestimmtheit", nämlich die *Definition* der Größe ‚enthalten', zweitens ist die zugehörige Quantität, z. B. der Bereich der Längen, Zeiten oder Volumina (Räume), schon vorausgesetzt, in welcher die Größe durch Ausgrenzung bestimmt ist. Man denke an die Bestimmung einer Länge wie 1 cm, einer Zeit wie 1 Stunde, eines Rauminhalts wie 1 m³, aber etwa auch eines Körperdings im Bereich der Dinge.

Ein Quantum ist also ein ausgegrenztes Element in einem quantitativen Bereich, eine bestimmte Größe. Qua Ausgrenzung (ausschließende Bestimmtheit) ist ein Quantum *endlich*. Zugleich ist eine Größenordnung definiert. Dabei ist zwischen der Inklusion konkreter Größen (man denke an eine Fläche, die in einer anderen liegt) und der *Ordnung abstrakter (reiner) Größen* zu unterscheiden: Abstrakte Größen entstehen durch *Gleichsetzung* größengleicher Repräsentanten. Deren Ordnung ist dann so definiert: Eine Länge a ist größer als eine Länge b (oder ihr gleich), wenn die erste einer Linie s, die zweite einer Linie s* ‚entspricht' und wenn s in s* echt enthalten (oder ihr gleich) ist. Entsprechendes gilt für Flächengrößen, abstrakte Volumina, und *a fortiori* für diskrete Mengen: Eine Menge A ist ‚größer' als eine Menge B, wenn es eine bijektive Einbettung f von B in A gibt, aber keine von A in B.

„Die Bestimmungen des Begriffs der Zahl sind die *Anzahl* und die *Einheit*, und die Zahl selbst ist die Einheit beider. Die Einheit aber auf empirische Zahlen [durch konkrete Mengen benannte Zahlen] angewendet ist nur die *Gleichheit* derselben" [und diese ist eine umkehrbar eindeutige, bijektive, Abbildung der Elemente, welche die Relation der Gleichzahligkeit definiert] (Enz I § 102 A).

Die Größengleichheit, d. h. die quantitative oder mathematische Gleichheit a = b, ist durch eine Art systematischer Doppeldeutigkeit[6] definiert. Nach dieser *sind* die a und b zunächst selbst *Repräsentanten* (etwa verschiedene Ausdrücke), die in Bezug auf ein Interesse an einer Unterscheidung (‚negatio') als *nicht* zu unterscheiden und damit als äquivalent bewertet werden. Eine Gleichsetzung ist damit eine Negation der Negation. Man gebraucht dann die Repräsentanten als einfache *Namen* für das abstrakt Gleichgesetzte, den jeweiligen abstrakten Gegenstand, und verwandelt damit eine *Äquivalenzrelation* in eine *Identitätsaussage*. Dabei deutet Hegel das *Leibnizprinzip* der Ununterscheidbarkeit des Gleichen *konstitutionslogisch statt ontisch:* Es sind die zulässigen Prädikate und Unterscheidungen an die Identitäten anzupassen, und umgekehrt sind die Identitäten an die interessierenden Prädikate anzupassen.

Abstrakte Größen und ihre Ordnungen sind also definiert durch (idealisierende) Äquivalenzen zwischen ihren konkreten Repräsentanten und deren Ordnungen. Dies gilt z. B. für die Längengleichheit in einer geometrischen Form und für die Gleichheit von Zeitdauern zweier Ereignisse an gleichen und dann auch an verschiedenen Orten zu gleichen oder zu verschiedenen Zeiten.

Paradigma für ein reines oder abstraktes Quantum ist eine endliche Zahl oder dann auch eine abstrakte Länge als Repräsentant einer unbenannten, weil gegen jede Benennung gleichgültigen Größenproportion. Eine Länge,

---

6 Diese Doppeldeutigkeit drückt Hegel durch die Rede von der Identität der Identität und Nichtidentität aus; vgl. z. B. I B 60/ TW5, 74; zur Negation der Negation vgl. I B 101 ff./ TW5, 121 ff.

verstanden als Verhältnis zur Einheitslänge, repräsentiert ja zugleich proportionale Verhältnisse zwischen Flächen, Volumina, Winkeln oder etwa auch Zeiten. Sie selbst wird üblicherweise repräsentiert auf einer Zahl*geraden*, etwa in einem Koordinatensystem, in dem dann auch die anderen Größen repräsentiert sind: die Winkel und Flächen und Volumina oder auch die Zeiten. Auf diese reinen Quanten beziehen sich die algebraischen Buchstaben der cartesischen analytischen Geometrie.

Ein konkretes benanntes Quantum ist ein in Zahlen ausgedrücktes Ergebnis einer empirischen *Messung* auf der Basis eines konkreten Einheits*maßes* oder Maßstabes. Dieser macht seinerseits den noch abstrakten Grad konkret: Ein Meter ist gewissermaßen durch die Klasse guter, auch nach Bewegungen ‚gleich langer', Meterstäbe definiert. Ein Grad ist zunächst ein abstrakter Meßschritt. Konkrete Beispiele, die durch eine Maßeinheit in Bezug auf einen Maßstab ‚benannt' sind, kennen wir als Zentimeter, Stunde, Kilopond o. ä. Ein *konkretes* Quantum, das einen Grad repräsentiert, also ein Maß*stab* im wörtlichen Sinn, heißt „Einheitsmaß". Ein Maß überhaupt ist ein gemessenes Verhältnis zu einem Einheitsmaß oder Standard. Hegels Überlegung führt also von der Quantität über die Bestimmung eines Quantums, die Definition der Zahlen oder Proportionen und der Grade oder Meßschritte zur Deutung benannter Maßzahlen in ihrem Bezug zur Realität.

„Das Quantum hat seine Entwicklung und vollkommene Bestimmtheit in der *Zahl*, die als ihr Element das Eins nach dem Momente der Discretion die *Anzahl*, nach dem der Continuität die *Einheit*, als seine [i. e. des Quantums] qualitativen Momente in sich enthält." (Enz I § 102) „In der Arithmetik pflegen die *Rechnungsarten* als zufällige Weisen, die Zahlen zu behandeln, aufgeführt zu werden. Wenn in ihnen [...] Verstand liegen soll, so muß derselbe in einem Princip, und diß kann nur in den Bestimmungen liegen, die in dem Begriffe der Zahl selbst enthalten sind; diß Princip soll hier kurz aufgezeigt werden. – [...] [es] muß das Princip der Rechnungsarten seyn, Zahlen in das Verhältniß von Einheit und Anzahl zu setzen und die Gleichheit dieser Bestimmungen hervorzubringen." (Enz I § 102 A)

Das Prinzip der Grundrechenarten liegt darin, daß „Rechnen [...] überhaupt *zählen* ist." (Enz I § 102 A)

Die kalkülmäßig gelernte Addition n + m (etwa auf dem Papier oder einem Rechengerät) ist schnelles Zusammenzählen. Die auf der Basis eines auswendig gelernten Einmaleins ebenfalls schematisch ausführbare Multiplikation n mal m ist schnelles Addieren: Man braucht jetzt nicht mehr n disjunkte Mengen der Anzahl m zu vereinigen, um dann den Ausdruck der Anzahl der entstehenden Menge in der Zahlenreihe durch Zählen zu bestimmen. Die Multiplikation ist eine Kalkültechnik zur schnellen n-fachen Addition. Es ist dabei n *Exponent* der Operation, m die Basiszahl. Bekanntlich lassen sich hier die Faktoren in ihrer Rolle auch vertauschen. Beim Potenzieren ist dagegen, wie Hegel sagt, „Anzahl und Einheit [der Multiplikation] gleich". Er betrachtet also als dritte Grundrechenart nicht das allgemeine Potenzieren m^n, sondern einfach das Quadrieren m^2: Hier ist die Einheit (eine m-zahlige Menge) gleich der Anzahl, die sagt, *wie oft* derartige Mengen disjunkt miteinander vereinigt werden sollen.

„Da in dieser dritten Bestimmung die vollkommene Gleichheit des einzigen vorhandenen Unterschieds, der Anzahl und der Einheit erreicht ist, so kann es nicht mehrere als diese drei Rechnungsarten geben." (Enz I § 102 A)

Zwar repräsentiert nicht nur das allgemeine Potenzieren (etwa als Hilfsmittel zum schnellen Multiplizieren und Dividieren), sondern jede beliebige (primitiv) rekursive Funktion eine arithmetische Rechnungsart. Es ist dennoch sowohl *üblich als auch plausibel*, die genannten drei Rechnungsarten: das Addieren, Multiplizieren und Potenzieren als *Grundrechenarten* zu betrachten, zusammen mit ihren Umkehrungen, der Subtraktion, Division und dem Ziehen von Quadratwurzeln.

In einer mathematischen Potenz n^2 kommt, wie sich Hegel ausdrückt, die Zahl n zunächst in folgendem Sinn ‚zu sich selbst': Sie ist zugleich Basis der Operation (des Addierens) *und Exponent*. Als Exponent sagt sie, wie oft n mit sich selbst addiert werden soll. Hegel weist damit erstens auf den *Doppelcharakter* einer Zahl n hin: Als Kardinalzahl repräsentiert sie irgendeine n-Anzahl von *Gegenständen* oder *Elementen*, als *(ordinale) Zählzahl* dient sie zum (wohlgeordneten) Zählen *von Operationen*. Freilich ließe sich diese Form auch schon an der Addition n + n zeigen. In gewissem Sinn sind diese ja auch schon Potenzbestimmungen in Hegels *allgemeinem* Gebrauch des Wortes, der damit alle n-fachen Ausführungen einer Operation überschreibt.

Denkt man nicht bloß an natürliche Zahlen, sondern an reelle Zahlen, die damals in aller Regel noch durch Längen repräsentiert wurden, so sieht man genauer, was es heißt, daß die Addition, Multiplikation und Potenz *die* drei Grundrechnungsarten sind: Die Addition ist Längenaddition, definiert durch die geometrische Operation der Anfügung einer Strecke an eine andere. Die Längen-Multiplikation ist definiert durch die Konstruktion einer Rechtecksfläche und ihre geometrische Verwandlung in ein flächengleiches Rechteck, dessen eine Seite eine vorgegebene Einheitslänge e hat. Betrachtet man dann die Gleichung $y = x \cdot x$ und die zugehörige Konstruktion eines Quadrats, bzw. des Einheitsrechtecks der Seitenlängen y und e, und dann insbesondere die äquivalente Proportion y : x = x, dann sieht man, was es heißt, daß die (reelle) Zahl x ‚zu sich selbst kommt': x muß offenbar selbst schon als *Längenproportion* verstanden sein. Damit gelangt man zur zentralen Identifikation von abstrakten Längen mit Proportionen, welche die cartesische ‚Algebraisierung' und dann auch die moderne ‚Arithmetisierung' geometrischer Verhältnisse allererst ermöglicht hat. Von zentraler Bedeutung ist dabei die Festlegung einer reinen Einheitsgröße e. Für die Multiplikation von e mit sich selbst, also für die Potenz e^2, ist nämlich als Wert e festzusetzen. Fügen wir dann noch negative Größen hinzu, gelangen wir zu einem (archimedisch geordneten) Größen- oder Zahlenkörper im Sinn der modernen Algebra, zu einem (Teil)Körper der reellen Zahlen mit seinen zwei Grundrechenarten der Addition und Multiplikation. Die Betrachtung der dritten ‚Grundrechenart', des Quadrierens, wird in dieser Sicht der Dinge nur für die Bestimmung der Einheit e und die Identifikation $e^2 = e$ wichtig. Unter dem Titel „*Das quantitative Verhältnis*" behandelt Hegel diese *Voraussetzung* der üblichen, stillschweigenden, Identifikation einer Länge als benannter Größe mit einer reinen Proportion oder Zahl und damit die Grundlage der analytischen Geometrie.

In einer Längenangabe der Art 1/2 Meter oder auch π Meter benennt der jeweils erste Ausdruck, also „1/2" oder „π", eine reine Proportion, ein *Verhältnis*, der zweite eine konkrete Klasse benannter Größen, z. B. der Längen, die entweder durch generische Linien in geometrischen Formen und damit als reine Längen repräsentiert sind, oder als empirische Linien oder Strecken, als gemessene Längen. Beide Seiten eines solchen Ausdrucks sind veränderlich und sind sich insofern gegeneinander ‚äußerlich' oder ‚gleichgültig'. Ändert man die Einheitslänge oder Einheitsstrecke (den *Grad*, also den Meßschritt, die Maßeinheit), dann muß man allerdings auch die Maßzahl ändern, wenn man das Gleiche messen will. Hält man den Grad fest und ändert die Zahl, mißt man andcres. Wer Zahlen einfach mit Proportionen und diese mit Längen und diese mit empirischen Strecken identifiziert, gerät unweigerlich in Widersprüche.

Wenn wir die gerichteten Linien der Zahlgeraden als Repräsentanten für reine Größen bzw. reine Proportionen und diese als *rationale Zahlen (repräsentiert durch Brüche) und reelle Zahlen*, repräsentiert durch monotone und doch begrenzte Folgen rationaler Zahlen, auffassen, sind sie als *reine Größen oder Quanta oder Zahlen* vollkommen bestimmt und entwickelt. Diese Art der Repräsentation ist die *gediegene* oder *bestentwickelte* Repräsentation einer reinen Größe, wie Hegel in der *Wissenschaft der Logik* (I B 243–245/ TW5, 287–289 und I B 308/ TW5, 370 f.) bemerkt. Den Vorteil gegenüber den proportionslogischen Teildefinitionen etwa der pythagoräischen oder euklidischen Längen in der klassischen Planimetrie sieht man schon daran, daß es keine geometrische Konstruktion einer Strecke der Länge des Kreisumfangs gibt (auch wenn das in aller Form erst später bewiesen wurde, im Satz von Lindemann, der sagt, daß die Kreiszahl nicht algebraisch ist). In der Theorie der rationalen und reellen Zahlen kommt das Quantitative, Arithmetische, des Begriffs der reellen Zahl viel klarer zum Ausdruck als im Fall der proportionslogischen Längen der Geometrie. Hegel erkennt damit die Bedeutsamkeit des Programms einer Arithmetisierung der noch weitgehend bloß algebraisch-analytischen Geometrie des Descartes. Die Durchführung dieses Programms nach Ansätzen bei Lagrange und Cauchy durch Weierstrass hat dann zur Entwicklung der mathematischen Mengenlehre (Dedekind, Cantor) und Logik (Frege, Russell, Hilbert) geführt.

Außerdem sieht Hegel in seiner Kritik an den so genannten ‚infinitesimalen Größen' dx und dy, die im wesentlichen Lagrange folgt (I B 258/ TW5, 303 f.), daß diese gar keine Quanta (I B 251/ TW5, 295) oder Größen im Sinn der Mathematik sind. Reine Größen sind, wie oben erläutert, archimedisch geordnet, was für die infinitesimalen Pseudogrößen nicht gilt. Hegel erkennt außerdem, daß für die Ausdrücke „dx" und „dy" selbst keine Gleichungen definiert sind, so daß sie keine Gegenstände benennen können. Die Ausdrücke „dx" und „dy" bedeuten damit ‚nicht nichts' (I B 251/ TW5, 295), sind aber *rein synkategorematisch* zu verstehen (I B 265/ TW5, 312), als bloße Teile komplexer Notationen der Differentialrechnung in der mathematischen Analysis (I B 266/ TW5, 313; I B 273 ff./ TW5, 322 ff.), die zum Teil sogar bloß eine mnemotechnische Vorstellungshilfe zum Grobverständnis der Bedeutung der Integration darstellt, da unendliche Summen infinitesimaler Größen als solche gar nicht definiert sind.[7] Daher können Infinitesimale auch in der Physik keine ‚Impulse' benennen, sondern sind nur ein ‚Moment' in der mathematischen Beschreibung einer (relativen) Bewegungsbahn. Daraus ergeben sich allerlei Kritikpunkte an Newtons ‚Beweisen' etwa der Additions- und der Produktregel der Differentiation (I B 260/ TW5, 307) oder an der physikalischen Deutung benannter infinitesimaler Pseudogrößen als reale (lokal wirkende) ‚Kräfte' oder ‚Impulse' (I B 271/TW5, 319). (Vgl. hierzu Stekeler-Weithofer 1992, 139–197)

---

[7] Es wäre ein reiner Anachronismus, Abraham Robinsons Nonstandard Analysis (Amsterdam 1966, ²1974) mit ihrer nachträglichen ‚Rechtfertigung' der infinitesimalen Größen als Gegenargument anzuführen.

3.3 Übergang zum Maß: Die Exponenten einer Messung

Je nachdem, ob wir ein reales Quantum (also seine Repräsentanten) als *Maß* oder *Zähleinheit* (Grad) oder als ein in Bezug auf eine solche Einheit *zu messendes* Quantum betrachten, ist es intensive oder extensive Größe, Einheit oder Vielheit.[8] Grade können im allgemeinen selbst feiner unterteilt werden. Daher sind sie in sich vielfach. Ein Grad ist ja die gesetzte Grenze eines Zählschritts, die bestimmte Einheitsgröße (wie Zentimeter, Meter, Celsiusgrade usf.). Derartige Setzungen sind immer in einem gewissen Rahmen willkürlich. *Rationale* Maßzahlen n/m entstehen dadurch, daß man einen Grad in m gleiche Teile teilt – wobei die Gleichheit der Teilung bei Strecken weniger Probleme macht als etwa bei Zeitmaßen. Denn was heißt es, daß Zeittakte, die nacheinander liegen, gleich lang sind?

Ein abstraktes Quantum oder eine reine Größe ist eine positive ganze, rationale oder, falls es um Größenverhältnisse in Formen geht, eine reelle Zahl. In der Angabe von Maßzahlen bildet sie den *Exponent* von Graden, also von Meßschritten. Im Fall einer rationalen Zahlangabe sind entsprechende Teilungen von Einheitsgraden mit zu berücksichtigen. Ein formaler quantitativer Progreß der Erhöhung der Maßzahlen bei gleichbleibendem realen Quantum ergibt sich durch fortschreitende *Verfeinerung* der Grade – gerade so, wie sich bei gleichbleibender rationaler Zahl die Zähler eines sie darstellenden Bruches erhöhen, wenn die Nenner erhöht werden. In diesem Sinne erscheint Endliches als aus beliebig vielen, sogar ‚unendlichen', Teilen zusammengesetzt.

Ein anderer unendlicher Progreß besteht darin, daß man vor eine Gradangabe irgendeine beliebige natürliche Zahl schreiben kann, womit man wenigstens eine *formale Benennung* eines möglichen Quantums erhält. Zunächst aber ist die einzig sinnvolle Deutung von benannten Zahlen, daß sie Exponenten einer faktisch möglichen Messung bzw. ihres Ergebnisses sind. Dann gehen wir dazu über, gewisse Maßzahlen als ‚im Prinzip' mögliche Ergebnisse einer Messung zu betrachten. Hegel macht darauf aufmerksam, daß dieser Übergang zunächst ein ganz formaler ist. Damit produziert man aber möglicherweise einen *Widerspruch, genauer, eine Zweideutigkeit,* für den Begriff der Möglichkeit. Es ist nämlich zu differenzieren zwischen faktischer und prinzipieller Möglichkeit. Die erste verbleibt im offenen,

---

[8] „Die Grenze ist mit dem Ganzen des Quantums selbst identisch; als in sich vielfach ist sie extensive, aber als in sich einfache Bestimmtheit, die intensive Größe oder der Grad." (Enz I § 103)

indefiniten, Bereich der Realität (der Erfahrung), die zweite geht über zu einer nicht auf unsere realen Meß- und Zählbarkeiten beschränkten idealen Unendlichkeit. Das Quantum sei, so sagt Hegel, „durch seinen Begriff dieses *Hinausschicken* über sich. Der unendliche quantitative Progreß [als unendliche Folge von benannten Zahlen, etwa 1 m, 2 m, 3 m usw., oder 1 Stunde, 2 Stunden usw.] ist ebenfalls die gedankenlose [weil ersichtlich äußerliche, bloß formale] Wiederholung eines und desselben Widerspruchs, der das Quantum überhaupt und in seiner Bestimmtheit gesetzt, der Grad [d. h. der einzelne Operations- oder Meßschritt], ist. Ueber den Ueberfluß, diesen Widerspruch in der Form des unendlichen Progresses auszusprechen, sagt mit Recht *Zeno* bei Aristoteles: es ist dasselbe, etwas *einmal* sagen und es *immer* sagen" (Enz I § 104 A).

Man muß die Addition ‚Plus 1', die Hinzufügung einer (generischen) Länge, die neuerliche Ausführung einer Regel oder eines bestimmten (generischen) Schrittes *nur einmal* verstanden haben, um sie generell verstanden zu haben. In nichts anderem besteht die Unendlichkeit der Zahlen: Es besteht immer die formale Möglichkeit, eine Nachfolgerzahl zu bilden.

Ein qualitatives Quantum ist das Ergebnis einer realen Messung, in welcher *reale Repräsentanten* einer spezifizierten Maßeinheit benutzt werden:

„Das Maaß ist das qualitative Quantum, zunächst als *unmittelbares*, ein Quantum, an welches ein Daseyn oder eine Qualität gebunden ist." (Enz I § 107) „Das eigentlich immanente Qualitative des Quantums ist [...] nur die *Potenz-Bestimmung.*" (I B 334/ TW5, 400)

Die Meßinstrumente und das je zu Messende gehören der Sphäre des Daseins, der qualitativ bestimmten (gegliederten) Erfahrung an:

„Diese *Vergleichung* ist ein *äusserliches* Thun, jene Einheit selbst eine willkührliche Grösse, die ebenso wieder als Anzahl (der Fuß als eine Anzahl von Zollen) gesetzt werden kann." (I B 333/ TW5, 399)

Das Maß als Meßergebnis hat dann „sein Daseyn als *Verhältniß* [zwischen Maßstab und dem Gemessenen], und das Specifische desselben ist überhaupt der *Exponent* dieses Verhältnisses." (I B 334/ TW5, 400)

Dieser Exponent kann eine ganze oder eine rationale Zahl n/m sein oder eine reelle Proportion r. Im zweiten Fall wird eine Teilung der Einheit in m gleiche Teile für das konkrete m unterstellt. Zahlen oder Quanten sind dabei im Grunde *immer* als Proportionen bzw. als Exponenten möglicher *Operationen* der Messung zu begreifen. Die Reproduzierbarkeit der quantitativen Meßergebnisse definiert die Objektivität und Wahrheit einer generischen ‚Vorhersage', daß eine (Meß-)Handlung dieser und jener Art zu diesem und jenem Ergebnis führt bzw. führen würde.

Das spezifische Quantum oder Meßergebnis ist ein Paar von zwei Gliedern. Das erste Glied, der Exponent, ist reines, abstraktes, Quantum, also Proportion oder Zahl, die ihrerseits bestimmt ist durch die Klasse aller möglichen reproduzierbaren Repräsentanten dieses Quantums. Das zweite Glied ist *spezifiziertes* Quantum, benannter Grad, Meßschritt oder Einheit bzw. Einheitsmaß. Die gesamte Maßzahl ist bestimmt ist durch das Einheitsmaß und die Messung, in welcher der Exponent der Messung als Operation, die Zahl, bestimmt wird.

Das Maß, nicht als *einzelnes*, möglicherweise ‚falsches‘, Meßergebnis, sondern als generisches, wiederholbares, richtiges, Ergebnis ist wesentlich durch das generische Verfahren bestimmt, ist insofern selbst eine *Regel*. Das Verfahren ist die richtige Gebrauchsweise von richtigen Meßinstrumenten im richtigen Fall des sinnvoll Meßbaren. Dies heißt, daß Messungen immer auch ein *normatives* Element enthalten, im Sinn der Regelung und Ermöglichung koordinierbaren und als richtig kontrollierbaren *gemeinsamen* Handelns. Die gemessenen Uhrenzeiten und Längen *sollten* z. B. im Rahmen praktisch zulässiger, ‚harmloser‘, Schwankungen und unter Berücksichtigung von gegebenenfalls notwendigen Koordinatentransformationen übereinstimmen.

Insgesamt sehen wir, daß Hegels schwierige Texte zur Quantität und zum Maß als Kommentar zur Form der Aussagen quantitativer Wissenschaft und zum Realbezug dieser Aussagen zu lesen sind.

Literatur

Quine, Willard Van Orman 1960: Word and Object. Cambridge (Mass).
Robinson, Abraham 1966, ²1974: Nonstandard Analysis. Amsterdam.
Stekeler-Weithofer, Pirmin 1992: Hegels Philosophie der Mathematik. In: C. Demmerling/ F. Kambartel (Hg.): Vernunftkritik nach Hegel. Frankfurt a. M., 139–197.
Stekeler-Weithofer, Pirmin 1992a: Hegels Analytische Philosophie. Die Wissenschaft der Logik als kritische Theorie der Bedeutung. Paderborn.
Tomasello, Michael 1999: The Cultural Origins of Human Cognition. Cambridge (Mass).

Antonio Moretto

Die Hegelsche Auffassung des Maßes in der *Wissenschaft der Logik* gemäß der *Lehre vom Sein* von 1832

0. Einleitung

In der *Wissenschaft der Logik* stellt Hegel bei der „Eintheilung des Seyns" die folgende Dreiteilung vor: „Das Seyn wird sich darin in den drei Bestimmungen setzen I. als *Bestimmtheit*; als solche, *Qualität*; II. als *aufgehobene* Bestimmtheit; *Größe, Quantität*; III. als *qualitativ* bestimmte *Quantität*; *Maaß*." (I B 66/ TW5, 80) Wir sehen also, daß das Maß, abgeleitet von der Quantität, die als Negation der Qualität definiert ist, in Übereinstimmung mit der Hegelschen Auffassung von der Synthese der Gegensätze sowohl quantitative wie qualitative Eigenschaften aufweist.

Nach Hegel entwickelt sich das Maß gemäß den drei folgenden Momenten: Es ist vor allem ein *spezifisches Quantum*, d. h. ein Quantum mit qualitativer Bedeutung, z. B. eine begrenzte Fläche von roter Farbe, die dazu dient, das Verhältnis zu einer dazu homogenen gleichfarbigen Größe zu bestimmen. An zweiter Stelle ist das Maß ein *Verhältnis spezifischer Quanta* als unabhängiger Maße. Drittens geht die Indifferenz der Bestimmungen des Maßes zum Wesen über. (Vgl. I B 326 f./ TW5, 390 f.) Wir sehen also, I) daß das Maß neben den quantitativen den qualitativen Aspekt setzt; II) daß in Vollendung seiner Dialektik das Maß nach Hegel den Übergang vom Sein zum Wesen vollbringt.

1. Die spezifische Quantität

1.1 Die mathematische Auffassung des Maßes

Als Maß ist das Quantum keine gleichgültige Grenze; vielmehr bringt in diesem Fall die Veränderung der Grenze eine Veränderung der Sache mit sich. Das Maß stellt die „bestimmte Natur von Etwas" dar. (Vgl. I B 330/ TW5, 395) In seiner ersten philosophischen Bedeutung ist das Maß also ein Quantum, dem eine bestimmte Qualität beigegeben ist, so daß gilt: „Das Quantum hat als Maaß aufgehört Grenze zu seyn, die keine ist; es ist nunmehr die Bestimmung der Sache, so daß diese, über diß Quantum vermehrt oder vermindert, zu Grunde ginge." (I B 330/TW5, 395) Auf diese Weise wird von der Betrachtung des *gleichgültigen Quantums* zu der des *spezifischen Quantums* übergegangen.

Hegel präzisiert weiter: „Das unmittelbare Maaß ist eine einfache Größenbestimmung; wie z. B. die Größe der organischen Wesen, ihrer Gliedmassen und so fort. Aber jedes Existirende hat eine Größe, um das zu seyn, was es ist, und überhaupt um Daseyn zu haben. – Als Quantum ist es gleichgültige Größe, äusserlicher Bestimmung offen und des Auf- und Abgehens um Mehr und Weniger fähig. Aber als *Maaß* ist es zugleich von sich selbst als Quantum, als solcher gleichgültiger Bestimmung, verschieden und eine Beschränkung jenes gleichgültigen Hin- und Hergehens an einer Grenze." (I B 331/TW5, 396) Also kann man sagen: „*Alles, was da ist, hat ein Maaß*" (I B 330/ TW5, 395)[1], in dem Sinne, daß jedem Dasein ein genau bestimmtes Maß entspricht.

Weil dieses „unmittelbare Maß", z. B. das der organischen Wesen oder das ihrer Glieder, diejenige Größe ist, durch die ein Existirendes als solches bestimmt wird, ist die Natur dieses Existierenden nicht gleichgültig gegenüber seinem Maß, und eine quantitative Veränderung seines Maßes bewirkt, daß das organische oder anorganische Existierende begriffen in seiner Totalität nicht mehr dasselbe ist. (Vgl. I B 330/ TW5, 395; I B 331/ TW5, 396) Wer mit diesem Standpunkt nicht übereinstimmt, vergißt, daß „sich die für sich unbedeutenden Quantitäten (wie die für sich unbedeutende Ausgaben von einem Vermögen) *summiren*, und die Summe das qualitativ

---

[1] An dieser Stelle bemerkt Hegel, daß Parmenides in diesem Sinne „nach dem abstrakten Seyn die *Nothwendigkeit*, als die alte *Grenze, die Allem Gesetz ist*, eingeführt" hat: I B 325, 28–31/ TW5, 390. Vgl. Diels-Kranz, *Die Fragmente der Vorsokratiker, Parmenides*, B 8, 30–32.

Ganze ausmacht, so daß am Ende dieses verschwunden" ist (I B 332/ TW5, 397).[2]

In den Betrachtungen über das spezifizierende Maß erklärt Hegel, daß bei der mathematischen Operation des Messens von Größen eine *Vergleichung* (I B 333/ TW5, 399) von Größen stattfindet: Wenn eine Größe U als Maßeinheit verwendet wird, als das *messende Maß*, um sie mit der Größe A, dem *gemessenen Maß*, zu vergleichen, erhält man die Gleichung $A = rU$, in der die Zahl r, das *Maß*, das Verhältnis zwischen A und U ausdrückt. Die (absolute reelle) Zahl r stellt genau das *Maß* der Größe A im Vergleich zu U dar: eine rationale oder irrationale Zahl, je nachdem, ob A kommensurabel oder inkommensurabel mit U ist.

Die mathematische Systematisierung der Größenmessung ist das Werk von Eudoxos, dessen Ergebnisse in Buch V der *Elemente* Euklids wiedergegeben werden, mit der Präzisierung der Bedeutung, daß nämlich in jedem Fall das Verhältnis zwischen zwei Größen gegeben wird, sowohl im Fall der Kommensurabilität als auch im Fall der Inkommensurabilität. Wolff weist in der *Ontologia* auf die philosophische Bedeutung des mathematischen Begriffs des Maßes hin, der gemäß der eudoxiano-euklidischen Lehre gegründet ist auf das Verhältnis von Größen und auf die rationale oder irrationale Zahl, die dadurch bestimmt wird. Er bemerkt bei der Behandlung des Begriffspaares Maß – Messen (*mensura – metiri*): „Wenn wir irgendeine Größe als Einheit annehmen und das Verhältnis einer anderen zu ihr bestimmen, so heißt das, daß *wir* sie *messen* [*metiri*]. Die Größe aber, die als Einheit angenommen wird, wird *Maß* [*mensura*] genannt, die andere Größe, deren Verhältnis zum Maß gesucht wird, *das Gemessene* [*mensuratum*]."[3] Er hebt außerdem hervor, daß „*während wir eine Größe messen, wir sie durch Zahlen deutlich ausdrücken*"[4], weil beim Messen das Verhältnis der Größe bezüglich der Maßeinheit gleich dem einer Zahl zur numerischen Einheit ist. Baumgarten wiederum nimmt diese Überlegungen Wolffs zusammenfassend auf und präzisiert in der *Metaphysica*, daß, wenn mittels einer als Einheit angenommenen Größe eine andere Größe als zu ihr homogen bzw. ähnlich erkannt wird, wir diese gemessene Größe messen, ausgehend von einer Maßeinheit, und daß dieser Vorgang Ausmessung genannt wird.[5]

---

[2] Hegel scheint in Analogie zu Leibniz' Betrachtungen über die „petites perceptions" zu argumentieren, die wir nicht empfinden, solange ihre Summe nicht etwas ergibt, das wir wahrnehmen: G. W. Leibniz, *Nouveaux essais sur l'entendement humain*, 53–58.
[3] Chr. Wolff, *Ontologia*, § 438.
[4] Wolff, *Ontologia*, § 440.
[5] A. G. Baumgarten, Metaphysica, § 291.

1.2 Willkürlichkeit der Maßeinheit

Nach Hegel ist „die Regel oder der Maaßstab" das erste Element des spezifizierenden Maßes. (I B 333/ TW5, 398 f.) Das Spezifizieren entspricht der Operation des Messens, in der die Vergleichung von zwei Größen stattfindet, wobei die eine dadurch spezifiziert wird, daß die andere als Maßeinheit angenommen wird. Bei der Ausführung der Operation des Messens im Fall linearer Größen wird ein Lineal oder Maßstab mit einer Skala verwendet, welche die Maßeinheit angibt, und dient so als *Metron*, *Kanon* oder *Regel*, um den Vergleich durchzuführen. (Vgl. I B 333/ TW5, 399)[6]

Hegel bemerkt, daß das spezifizierende Maß „*erstlich* eine Regel, ein Maaß äusserlich gegen das blosse Quantum" (I B 333/ TW5, 398) ist, und stellt fest, daß die Maßeinheit, die dazu dient, die zu messende Größe mit einer bestimmten Anzahl zu messen, willkürlich ist und selbst wiederum durch eine andere Einheit gemessen werden kann (z. B. „der Fuß als eine Anzahl von Zollen" [I B 333/ TW5, 398 f.]). Eine kanonische Maßeinheit kann nach Hegel nur dort erhalten werden, wo die Maße der verschiedenen Gegenstände dadurch erhalten werden, daß als Einheit eine Größe gewählt wird, die im Vergleich zu ihnen ein wohldefiniertes Ganzes darstellt (I B 330/ TW5, 395). Bei der Kreis- und der Winkelmessung bieten sich der mathematischen Betrachtung z. B. folgende „kanonischen" Maße an: Radiant, rechter (oder gestreckter oder voller) Winkel; jedenfalls Maße, die verbunden sind mit der Betrachtung des nicht mit dem Unendlichen behafteten Ganzen (des allgemeinen Körpers: Umfang, Vollwinkel) oder eines seiner Teile, dessen Verhältnis zum Ganzen durch eine endliche Zahl ausgedrückt werden kann.[7]

Doch diese Betrachtungen sind nur für einen begrenzten Bereich gültig, z. B. sind sie nicht anwendbar auf die Gerade, deren Unendlichkeit gegeben ist. (Vgl. I B 330/ TW5, 395) Deshalb ist hier Grundlage des Maßes nicht eine kanonische Maßeinheit, aus der die anderen Bestimmungen der Natur der Gegenstände mittels eines Maßstabs als Spezifikationen erhalten

---

6 Die physische Feststellung des Wertes des Maßes *a* einer Größe kann notwendig nur approximativ stattfinden, so daß *a* in Wirklichkeit ein Intervall von reellen Zahlen *a – d, a + d*, mit *d* > 0 entspricht. Im mathematischen Fall von Größen, die zur Einheit inkommensurabel sind, wird das genaue Maß durch eine irrationale Zahl ausgedrückt, die durch rationale Zahlen beliebig genau approximiert werden kann.

7 Zur Diskussion um eine kanonische Maßeinheit bei Lambert sei verwiesen auf Moretto 1999, 108 f.

werden können, und „ein absoluter Maaßstab" kann daher nur „die Bedeutung eines *gemeinschafftlichen* [haben], und ein solches ist nicht *an sich*, sondern durch Uebereinkommen ein Allgemeines". (I B 331/ TW5, 396)

1.3 Die Modalität des Maßes

Gerade die mathematische Grundlage der Theorie des Maßes ermöglicht es Hegel, einen modalen Charakter des Maßes festzustellen, der teilweise mit der cartesianisch-spinozanischen Interpretation des Modus als Veränderung der Substanz übereinstimmt und den er der kantischen Modalität[8] vorzieht, die letztlich „die Bedeutung" hat, „die Beziehung des *Gegenstands* auf das *Denken* zu seyn" (I B 323 f./ TW5, 387)[9].

Descartes vertritt in den *Principia Philosophiae* folgenden Standpunkt: „Die *Dauer*, die *Ordnung* und die *Zahl* werden von uns am genauesten verstanden, wenn wir ihnen keinen Begriff der Substanz beilegen, sondern die Dauer einer beliebigen Sache nur für einen Modus ansehen, unter dem wir die Sache selbst begreifen, solange sie fortdauert zu sein; und ähnlich weder die Reihenfolge noch die Zahl für etwas von den geordneten und gezählten Sachen Verschiedenes, sondern nur für Modi, unter denen wir diese betrachten."[10] Die Modi sind Affektionen der Substanz gleich den Qualitäten und Attributen, und die Unterscheidung zwischen ihnen kann auf die folgende Weise präzisiert werden: „Wenn wir in Betracht ziehen, daß die Substanz von ihnen affiziert oder verändert wird, bezeichnen wir sie als *Modi*; wenn wir denken, daß die Substanz eine so beschaffene aufgrund dieser Veränderung genannt werden kann, nennen wir sie *Qualitäten*; und schließlich, wenn wir allgemeiner nur sehen, daß sie der Substanz innewohnen, nennen wir sie *Attribute*."[11]

Er behauptet, daß „wir die verschiedenen Modi der Ausdehnung oder die zur Ausdehnung gehörenden Modi, wie alle Figuren, die Lagen ihrer Teile und ihre Bewegungen am besten verstehen, wenn wir sie nur als Modi der Sachen, denen sie innewohnen, ansehen"[12]. Nach Descartes ist der

---

8 Die *Modalität* ist die vierte Klasse der kantischen Kategorien nach denen der *Quantität*, der *Qualität* und der *Relation*. Hegel kehrt die Reihenfolge von *Quantität* und *Qualität* um und entwickelt in der Logik des Wesens einige Aspekte der kantischen Begriffe der *Relation* und der *Modalität*. Vgl. dazu Moretto 2000, 33 f.
9 Der Text von Hegel bezieht sich auf Kant, KrV B99–100, 266.
10 Descartes, *Principia philosophiae* I, § 55.
11 Descartes, *Principia philosophiae* I, § 56.
12 Descartes, *Principia philosophiae* I, § 65.

Begriff des Maßes auf den Modus bezogen, wie aus der folgenden Betrachtung über die Zeit deutlich wird, in welcher der Ausdruck „metiamur" auftritt: „Auf diese Weise, wenn wir die Zeit unterscheiden von der allgemeiner betrachteten Dauer, und sagen, sie sei die Zahl der Bewegung, handelt es sich nur um eine Betrachtungsweise; [...] um die Dauer aller Sachen zu messen, vergleichen wir diese mit der Dauer jener größten und gleichmäßigsten Bewegungen, durch die Jahre und Tage gemacht werden; und diese Dauer nennen wir Zeit."[13]

Die Betrachtungen von Descartes über Substanz, Attribut und Modus werden von Spinoza weiterentwickelt, der die Substanz definiert als das, „was in sich ist und aus sich begriffen wird"[14], das Attribut als das, „was der Verstand von der Substanz als ihr Wesen ausmachend erkennt"[15], und den Modus als „die Affectionen der Substanz, oder das, was in einem andern ist, wodurch man es auch begreift"[16]. Wie Descartes versteht Spinoza den Modus als Modifikation der Substanz, und Hegel kommentiert: „Bey *Spinoza* ist der *Modus* nach Substanz und Attribut gleichfalls das *Dritte*; er erklärt ihn für die *Affectionen* der Substanz, oder für dasjenige, was in einem andern ist, durch welches es auch begriffen wird" (I B 324/ TW5, 388).

Spinoza äußert in der *Epistola XII* „über die Natur des Unendlichen": „das Maß [*Mensura*], die Zeit und die Zahl sind nichts anderes als Modi des Denkens oder vielmehr der Einbildungskraft".[17] Und in derselben *Epistola XII* bemerkt er weiter, daß derjenige, welcher sich auf den Modus stützt, um die Substanz zu begreifen, ihr unvermeidlich Eigenschaften zuschreibt, die ihr äußerlich sind. So werden, indem man ihr die unbegrenzte Teilbarkeit zuschreibt, paradoxale Situationen herbeigeführt, zum Beispiel, daß ein Zeitintervall nicht durchlaufen werden kann; um dieses Paradox zu vermeiden, scheine vielen die Lösung darin zu bestehen, das *actu infinitum* zu negieren. Die Mathematiker würden jedoch bezeugen, daß das aktuell Unendliche in ihrem Fach eine zuverlässige Gegenwart besitze und daß die Paradoxe des aktuell Unendlichen davon herrührten, daß der Modus für die Betrachtung des aktuell Unendlichen unangemessen sei: In diesem Sinne sei die Zahl nicht in der Lage, die Anzahl der Schnittlinien der Fläche zwischen zwei nicht konzentrischen Kreisen, von denen einer den anderen enthält, mit den Radialstrahlen, die vom Mittel-

---

13 Descartes, *Principia philosophiae* I, § 67.
14 Spinoza, *Ethica* I, Def. III; in *Opera* II, 45.
15 Spinoza, *Ethica* I, Def. IV; in *Opera* II, 45.
16 Spinoza, *Ethica* I, Def. V; in *Opera* II, 45.
17 Spinoza, *Epistola XII*, in *Opera* IV, 57.

punkt des kleineren Kreises ausgehen, zu zählen. (Vgl. Spinoza, *Epistola XII*, in *Opera* IV, 58–60)

Hegel teilt den Standpunkt Spinozas, demzufolge der Modus dem Begriff des aktuell Unendlichen äußerlich und verschieden von der Substanz ist. Auf diese Weise ist der Modus, so bemerkt er, „nur die Aeusserlichkeit als solche" und ermangelt der Rückkehr in sich selbst der Substanz. (I B 324/ TW5, 388) Um diese Unangemessenheit zu beheben, erweitert Hegel den spinozanischen Begriffsumfang des Modus um den spinozanischen Begriff des *actu infinitum*, der in der „wahrhaften Unendlichkeit" des Quantums auch die stetigen und differenzierbaren Funktionen der Mathematik enthält. Durch die Ausstattung des Modus mit der aktuellen Unendlichkeit beseitigt Hegel also dessen Unvereinbarkeit mit der Substanz.

1.4 Der relationale Charakter des Maßes

Mit Berücksichtigung dieser Diskussion erweitert Hegel in den Abschnitten „Das specificirende Maaß" und „Verhältniß beyder Seiten als Qualitäten" (I B 333–341/ TW5, 399–407) den Begriff des Maßes, wobei er die Funktionen/Relationen zwischen zwei Klassen von Größen in Betracht zieht: „Das Maaß ist so das *immanente* quantitative Verhalten *zweyer* Qualitäten zu einander" (I B 337/ TW5, 403), und „[i]m Maaß tritt die wesentliche Bestimmung der *veränderlichen Grösse* ein" (I B 337/ TW5, 403). In diesem Sinne hatte er in der Anmerkung I über die Unendlichkeit des Quantums geäußert, daß das *actu infinitum*, welches Spinoza anhand des Beispiels der zwei Kreise illustriert, vom selben Typ ist wie der, auf den sich die Mathematiker mit dem Begriff der Funktion beziehen. (Vgl. I B 247– 249/ TW5, 292 f.) Es sei hinzugefügt, daß die Funktionen/Relationen, die er in Betracht zieht, stetig sind und durch reguläre Kurven dargestellt werden.[18] Auf diese Weise gesteht Hegel, der der kantischen Interpretation der Relation in der Theorie des Maßes nicht zustimmt, dem Maß jedoch in Verbindung mit den Begriffen der Funktion/Relation, wie sie in der Mathematik ausgearbeitet wurden, eine relationale Bedeutung zu.

Beim *spezifizierenden Maß* hat man es mit dem Vergleich homogener Größen zu tun. Als Beispiel nennt Hegel den Vergleich zwischen der Temperatur eines Körpers, der das Medium der Erwärmung ist, und der eines

---

18 Eine notwendige Bedingung für die Regularität ist die Stetigkeit der ersten Ableitung der Funktion, die durch die Kurve dargestellt wird. (Dies entspricht der stetigen Veränderung der Tangente der Kurve.)

anderen Körpers, der in den ersten eingetaucht wird.[19] Im *Verhältnis beider Seiten als Qualitäten* betrachtet Hegel dagegen den Vergleich zweier nicht homogener Größen, wie es Raum und Zeit sind. Es gibt Beispiele für diese Relationen in der Mechanik mit dem Gesetz der gleichförmigen Bewegung (s = vt), dem Galileischen Gesetz der gleichförmig beschleunigten Bewegung des Falls schwerer Körper (s = gt^2) und dem dritten Keplerschen Gesetz (s^3 = at^2). (Vgl. I B 339/ TW5, 405)

In beiden Fällen ist die Betrachtung variabler Größen, die Hegel ausführlich in den Betrachtungen über die Unendlichkeit des Quantums behandelt, essentiell, wobei er sich auf die regulären Funktionen variabler Größen beschränkt bzw. die Stetigkeit der Funktionen und ihrer Ableitungen voraussetzt. (Vgl. Moretto 2000, 44–46) Bereits auf der Ebene des Quantums hatte Hegel festgestellt, daß sich die Mathematik mit dem Begriff der Funktion um eine qualitative Bestimmung bereichert. Das Maß, das verschiedene variable Größen mittels des Begriffs der Funktion vergleicht, erhellt diesen qualitativen Gehalt, indem man es als das Spezifizierende des Gemessenen betrachtet.

Auch in diesem Fall reflektieren Hegels Überlegungen eine wohlbestimmte wissenschaftliche Debatte, die bereits Aufnahme in die Philosophie erhalten hatte. Tatsächlich hatte schon Wolff – unter Berücksichtigung der spätscholastischen Präzisierungen der *latitudo formarum* und der *intensio et remissio formarum*, der Unterscheidung zwischen *intensio* und *extensio* (die von Galilei übernommen wurde) und der Einführung des Begriffs der Funktion durch Leibniz und Bernoulli – die Möglichkeit eines Maßes der Qualität begrüßt. Das Schema ist das einer Funktion y = f(x), die bei der Darstellung eines Phänomens in folgender Weise verwendet wird: Der Abszisse x ist der extensive Aspekt (Extension) zugeordnet, während der Ordinate y, die mit der Abszisse x durch das „Gesetz", das durch die Funktion ausgedrückt wird, verbunden ist, der intensive Aspekt (Intensität oder Grad) zugeordnet ist. Der Graph stellt also das „qualitative Verhalten" eines Phänomens dar, Punkt für Punkt ausgedrückt mittels des Graphen einer Funktion. (Vgl. Maier 1952; Maier 1968; Clagett 1961, 2. Teil, 6. Kap.)

---

19 In einem geeigneten Intervall der Abszisse, z. B. bei der Betrachtung des Erwärmungsverhaltens des Wassers bei konstantem Druck von 0 bis 100° C, hat man für die spezifische Wärme des Wassers eine experimentelle Kurve c_t, regulär von einem intuitiven Standpunkt aus gesehen, die durch Entwicklung in ein Taylor- oder in ein MacLaurin-Polynom dargestellt werden kann (reguläre Funktion): vgl. Rostagni 1973, 471. Der Teil der physikalischen Wissenschaft, der von Hegel betrachtet wird, ist die Kalorimetrie.

Wolff bemerkt unter diesem Gesichtspunkt, daß die Grade jeweils durch Abschnitte von Geraden wiedergegeben und verstanden werden können, ihre gegenseitigen Relationen durch die Relationen der Ordinatenabschnitte, welche in den Kurven der Funktionsgraphen enden, wobei deren Verhältnis durch rationale oder irrationale Zahlen gegeben ist,[20] und behauptet: „Grade sind die Quantitäten der Qualitäten."[21]

Kant übernimmt den Begriff des Grades oder der intensiven Größe in die transzendentale Philosophie und macht ihn zum Hauptgegenstand der Antizipationen der Wahrnehmung in der Analytik der Grundsätze: „In allen Erscheinungen hat das reale, was ein Gegenstand der Empfindung ist, intensive Größe, d. i. einen Grad"; auf diese Weise wird auch der Begriff der quantitativen Funktion bzw. Relation (KrV B 207; vgl. Moretto 1999, 134–137; 268–274) implizit im Bereich des Stetigen übernommen, weil Kant der Ansicht ist, daß sowohl extensive wie intensive Größen stetig sind. (Vgl. KrV B 212)

Unter diesen Voraussetzungen wenden wir uns wieder der Hegelschen Theorie des Maßes zu. Bei der Einführung des funktionalen Aspekts in der Theorie des spezifizierenden Maßes bemerkt Hegel: „Das Maaß ist specifisches Bestimmen der *äusserlichen* Grösse", und daß diese Spezifizität „an dem Etwas des Maaßes" gesetzt wird, daß es dennoch ein Quantum, „aber im Unterschiede von solchem das Qualitative, bestimmend das bloß gleichgültige, äusserliche Quantum, ist" (I B 333/ TW5, 399). Er stellt außerdem fest: „An Etwas, insofern es ein Maaß in sich ist, kommt äusserlich eine Veränderung der Grösse seiner Qualität", und „[s]ein Maaß […] verhält sich als ein intensives gegen die Menge" (I B 334/ TW5, 399). Wie man sieht, übernimmt Hegel aus der vorangegangenen Diskussion die Zuschreibung sowohl eines qualitativen Aspekts an den Funktionswert – so daß dadurch die „Grösse der Qualität" dargestellt wird – als auch eines extensiven – als Menge, zum Argument der Funktion.

Hegel bemerkt weiter: „Das Maaß hat so sein Daseyn als ein *Verhältniß*, und das Specifische desselben ist überhaupt der *Exponent* dieses Verhältnisses" (I B 334/ TW5, 400); und kurz darauf: „In dem specificirenden Maaße […] ist das Quantum das einemal in seiner unmittelbaren Größe, das anderemal aber wird es durch den Verhältnißexponent in einer andern Anzahl genommen." (I B 334/ TW5, 400) Er bekräftigt auf diese Weise, daß in diesen Funktionen das Verhältnis kein fixes Quantum ist (z. B. $y/x = k$, oder

---

20 Wolff, *Ontologia*, § 754.
21 Wolff, *Ontologia*, § 747.

y = kx), sondern ein variables Quantum gemäß einer potentiellen Bestimmung (y/x = f(x), f(x) ≠ k) (I B 335/ TW5, 401; vgl. Moretto 1984, 175 f.) In Übereinstimmung mit den vorhergehenden Äußerungen über die Unendlichkeit des Quantums umfaßt die potentielle Bestimmung die Entwicklung der Funktionen in MacLaurin- bzw. Taylor-Reihen und ihre Approximation durch MacLaurin- bzw. Taylor-Polynome. Hegel hat vor allem die Arbeiten von Lagrange (*Théorie des fonctions analytiques*, *Leçons sur le calcul des fonctions*) vor Augen, deren Ausgangspunkt die Entwicklung einer Funktion in Potenzreihen ist. (Vgl. Moretto 1988, 36–61)

Diese Betrachtungen über die Möglichkeit der Entwicklung von Funktionen in Potenzreihen können auch für den physikalischen Kontext der Hegelschen Theorie des Maßes von gewissem Interesse sein, mit Bezug auf die Anwendung eines angemessen weiten Funktionsbegriffs beim spezifizierenden Maß. Hegel untersucht in der Tat die spezifische Wärme verschiedener Körper: Jede spezifische Wärme, bei einer bestimmten Temperatur t betrachtet, charakterisiert die Fähigkeit zur Aufnahme oder Abgabe von Wärme der verschiedenen Körper in einer angemessenen Umgebung dieser Temperatur t. Generell wird die spezifische Wärme durch eine Funktion $c(t)$ der Temperatur angegeben, deren experimentell erhaltener Graph nicht linear ist: $c(t) \neq kt$.[22] Sehr wahrscheinlich assoziiert Hegel mit den Funktionen, welche die spezifische Wärme bei Änderung der Temperatur darstellen, geeignete Entwicklungen in polynomialer Form. Auf diese Weise führt er einerseits auch die experimentellen Funktionen auf einen erweiterten Begriff der Funktion zurück, der nach seiner Ansicht essentiell an die Potenzen gebunden ist; andererseits erlaubt die Tatsache, daß für die spezifische Wärme verschiedener Substanzen verschiedene Kurven erhalten werden, die spezifizierende Qualität des Maßes, die einem bestimmten Phänomen entspricht, auf die entsprechende Funktion zurückzuführen.

Hegel behauptet, daß man an dieser Stelle von einem realisierten Maß sprechen kann: „das *realisirte Maaß*" (I B 337/ TW5, 403) besteht darin, daß „seine beyden Seiten Maaße […] sind" (I B 344/ TW5, 411), und in dieser Form ist es eine Einheit, die das Verhältnis dieser Größen enthält. Eine „negative Einheit", präzisiert Hegel, in folgendem Sinne: „seine Selbstbestimmung ist darin *negirt*, indem es in diesem seinem Andern die letzte, fürsichseyende Bestimmtheit hat" (I B 344/ TW5, 411). Diese Negativität stellt andererseits alles andere als eine Unbestimmtheit dar: „Diese negative Einheit ist *reales Fürsichseyn*, die Kategorie eines *Etwas*, als Einheit von

---

22 Oder in äquivalenter Weise, $c(t)/t \neq k$, in Übereinstimmung mit der von Hegel verwendeten Darstellung: s. o.

Qualitäten, die im Maaßverhältniße sind; – eine volle *Selbstständigkeit*." (I B 344/ TW5, 411) Wie man beispielsweise anhand der Gleichung $s^3 = at^2$ feststellen kann, ist das Maß, das einem bestimmten Körper entspricht, indem es seine Verschiedenheit im Verhalten bezüglich der anderen Körper angibt, wirklich ein reales Fürsichsein, ein völlig unabhängiges „solches selbstständige Ganze" (I B 344/ TW5, 412).

2. Das reale Maß

2.1 Das Verhältnis der unabhängigen Maße

Wenn man von den „abstracten Qualitäten" wie Raum und Zeit zu den „Bestimmungen *materieller* Existenzen" wie dem spezifischen Gewicht oder den chemischen Eigenschaften übergeht, gelangt man zum Begriff des „realen Maaßes" (I B 345/TW5, 412). Raum und Zeit können auch Elemente des realen Maßes sein, jedoch unter der Bedingung, daß sie noch anderen Bestimmungen unterworfen sind und sich aufeinander nicht mehr nur nach ihrem eigenen Begriff beziehen.[23] Der Begriff des realen Maßes ist nach Hegel folgender Entwicklung unterworfen: Sein erstes Element ist die Beziehung unabhängiger Maße aufeinander, das zweite die „Knotenlinie" der Maßverhältnisse; schließlich folgt noch „das Maaßlose".

Beim Vergleich verschiedener Eigenschaften der physikalischen und materiellen Dinge (vgl. I B 346/ TW5, 413) untersucht Hegel zuerst die „Verbindung zweyer Maaße", z. B. Gewicht und Volumen, deren Beziehung aufeinander das *spezifische Gewicht* einer bestimmten Materie ist; diese Beziehung ist ein Beispiel für eine Beziehung unabhängiger Maße. Die Untersuchung der Kombinationen verschiedener Materien zeigt, daß zwar das resultierende Gewicht die Summe der einzelnen Ausgangsgewichte ist, das resultierende Volumen dagegen im allgemeinen nicht die Summe der Ausgangsvolumina (I B 348/ TW5, 416).

Unter diesen Umständen erhält man eine *Reihe* von Beziehungen für die spezifischen Gewichte dieser zusammengesetzten Materien, und unter analogen Bedingungen erhält man in den – im weiteren Sinne – physikalischen Wissenschaften Reihen von Beziehungen, wie dies bei den Beziehungen der chemischen Affinitäten der Fall ist. Hegel erarbeitet dementsprechend

---

23 Hegel betrachtet das Beispiel der Erzeugung des Schalls, bei dem man die Zahl der Schwingungen in einer bestimmten Zeit und die Länge und Dicke des schwingenden Körpers berücksichtigen muß.

den philosophischen Begriff der *Affinität*, dessen Basis der Begriff der *chemischen Affinität* ist. Um die gegenseitige Reaktivität der einzelnen „chemischen Substanzen" bewerten und um die Reaktivität verschiedener Substanzen bei ähnlichen Reaktionen vorhersagen zu können, wurden von den Chemikern *Tafeln der Affinität* zusammengestellt, mit deren Hilfe die „Kraft" der Bindung zweier Substanzen festgehalten wurde. Die von E.-F. Geoffroy[24] vorgeschlagene Tafel bestand aus 16 Spalten, an deren Kopf sich jeweils ein alchimistisches Symbol für eine chemische Substanz befand. Unter diesem Symbol standen nacheinander in verschiedenen Reihen die Symbole der anderen Substanzen, die mit der ersten reagierten, angeordnet nach der abnehmenden Affinität mit der ersten Substanz. Dem Aufbau der Tafel lag folgendes Prinzip zugrunde: Wenn der Verbindung zweier Substanzen eine dritte beigegeben wurde, die für eine der beiden Substanzen eine größere Affinität hatte als für die andere, so verband sich die dritte mit der ersten und trennte sie damit von der zweiten (Verschiebung). (Vgl. Leicester 1956, Kap. 13; vgl. auch Solov'ev 1976, Kap. 6, 112–121; Abbri 1978, 135–161)

Verschiedene Forscher trugen zur quantitativen Weiterentwicklung und zur Verbreitung der Theorie der Affinität bei. An dieser Stelle seien nur folgende genannt: T. Bergman (*Dissertatio de attractionibus electivis*, 1775) stellte eine Tafel der Affinitäten von 59 Substanzen auf, wobei er zwischen einzelnen (Verschiebung) und doppelten (Austausch) Auswahlreaktionen unterschied. L. B. Guyton de Morveau verfaßte einen Artikel über die Affinität für die *Encyclopédie methodique* (1786). Eine Idee von W. Homberg (1700) weiterentwickelnd, nach der die Affinitäten mittels Messung der Quantität einer bestimmten Base bewertet werden sollte, die nötig ist, um jeweils eine bestimmte Menge einer Säure zu neutralisieren, stellte R. Kirwan 1781 die Hypothese auf, daß ein Maß der Affinität einer Säure für bestimmte Basen durch das Gewicht der Base gegeben werden kann, die nötig ist, um ein bestimmtes Gewicht der Säure zu sättigen; nach C. L. Berthollet war auch die Menge der Reagenzien zu berücksichtigen (Vgl. Berthollet 1801 und 1803).[25] Diese Darstellung kann die Forschun-

---

24 Die Tafel von Geoffroy trug die Bezeichnung „Table des differents rapports observés entre differentes substances" (*Memoires de l'académie royale des sciences*, 1718).
25 Zur breiten Diskussion über die chemische Affinität im achtzehnten und frühen neunzehnten Jahrhundert sei noch hingewiesen auf: Macquer 1749 und 1776; Baumé 1773; Wenzel 1777; Lavoisier 1783. Ein literarische Echo der Diskussion findet sich in Goethes Roman *Die Wahlverwandschaften* (1809) über die Trennung zweier Paare und den Tausch der Partner; das Geschehen wird – wie der Titel andeutet – in Analogie zur chemischen Affinität beim Vorgang des Austauschs interpretiert.

gen über die chemische Affinität im achtzehnten und frühen neunzehnten Jahrhundert naturgemäß nur sehr eingeschränkt wiedergeben; trotzdem scheint es mir möglich, daraus abzulesen, wie die Forschungen über die Affinität für die „Meßkunst" der Quantitäten der chemischen Elemente, die bei einer Reaktion auf den Plan treten, ausgewertet wurden und dazu beigetragen haben, die quantitative Forschungsrichtung in der Chemie zu verstärken und die Mathematisierung beträchtlich auszudehnen.

In der umfangreichen Anmerkung „Berthollet über die chemische Wahlverwandschaft und Berzelius' Theorie darüber" verbreitet sich Hegel über verschiedene chemische Beurteilungen der Affinität, wobei er Beiträge von Berthollet, E. G. Fischer, J. B. Richter, J. J. Berzelius, und in der Ausgabe der *Wissenschaft der Logik* von 1812 auch von Guyton de Morveau berücksichtigt.[26] Eine allgemeine Definition der Affinität wird von Hegel in folgender Weise vorgeschlagen: „die selbstständigen Materialitäten sind aber, was sie qualitativ sind, nur durch die quantitative Bestimmung, die sie als Maaße haben, somit durch selbst quantitative Beziehung auf andere, als *different* dagegen (so genannte *Affinität*) und zwar als *Glieder einer Reihe* solchen quantitativen Verhaltens bestimmt" (I B 346/ TW5, 414). Die „sogenannte *Wahlverwandschaft*", so bekräftigt Hegel, besteht darin: „dieses gleichgültige mannichfaltige Verhalten schließt sich zugleich zum *ausschließenden* Fürsichseyn ab" (I B 346/ TW5, 414). Und in einer hauptsächlich an die Tafeln der Bewertung der Affinität in der Chemie angelehnten Ausdrucksweise bemerkt er weiter: „Dadurch ist die *Verwandtschaft* eines Selbstständigen zu den Mehrern der andern Seite nicht mehr eine indifferente Beziehung, sondern eine *Wahlverwandtschaft*." (I B 352/ TW5, 420)[27]

Mit einem weiteren Beispiel erklärt Hegel, daß für „die Säuren und die Kalien oder Basen" gilt: Sie „charakterisiren sich zunächst dadurch gegen

---

26 Vgl. I B 354–364/ TW5, 423–435; I A 212–215 (Anmerkung: „Die chemischen Stoffe als Maaßmomente"). Hegel zitiert Berthollet 1801 und 1803. Bertholletts Übersetzer Fischer weist in der Anmerkung hin auf Richter 1792 und 1791–1800. Berthollet berücksichtigt die Beobachtungen von Fischer im *Essai de statique chimique*. Vgl. dazu I B 355, 25–29 und die Anmerkungen der Herausgeber F. Hogemann und W. Jaeschke, a. a. O., S. 445. Hegel berücksichtigt auch Berzelius 1827, ein Werk, das den Übergang von der Theorie der Affinität zur Elektrochemie darstellt; weiter zitiert Hegel Ritter 1805 (I B 361, 9–13/TW5, 432) über die Bestimmung von Reihen elektrisch positiver und negativer Körper. Für die Rolle der Chemie in der Hegelschen Theorie des Maßes sei generell auf Ruschig 1997 hingewiesen.
27 Hegel bemerkt, daß in der Reaktion der Verschiebung nicht nur eine quantitative „Veränderung" erfolgt, sondern auch die als Resultat erhaltene „neutrale Beziehung" gesetzt ist als „Negation der Negation", da es sich um eine „ausschliessende Beziehung" handelt, die eine „ausschliessende Einheit" konstituiert: I B 352, 5–7/ TW5, 420.

einander, je nachdem eine Säure z. B. von einem Kali mehr bedarf um sich mit ihm zu sättigen, als eine andere" (I B 355/ TW5, 424), und weiter: „Es macht so den Hauptunterschied einer Säure gegen eine andere aus, ob sie zu einer Basis eine nähere Verwandtschaft habe, als eine andere, d. i. eine sogenannte Wahlverwandschaft" (I B 355/ TW5, 424). In Hinsicht auf die doppelte Anziehung äußert Hegel weiter: „Ueber die chemischen Verwandtschaften der Säuren und Kalien ist das Gesetz gefunden worden, daß wenn zwey neutrale Solutionen gemischt werden, wodurch eine Scheidung und daraus zwey neue Verbindungen entstehen, diese Produkte gleichfalls neutral sind" (I B 355/ TW5, 424)[28], und nimmt damit Bezug auf das fundamentale Ergebnis von Richter 1792. Der philosophische Begriff der Affinität in der Hegelschen Logik ist also vor allem mit Bezug auf die chemische Affinität gestaltet.

2.2 Die Knotenlinie der Maßbeziehungen

Die konkrete Natur weist auch Beziehungen auf, die sich von denen der chemischen Affinität unterscheiden: „Diese Verhältnisse sind von der obigen Art der Affinitäten, in welchen ein Selbstständiges sich zu Selbstständigen anderer Qualität und zu einer Reihe solcher verhält, verschieden; sie finden an *einem und demselben* Substrate […] statt; das Maaß bestimmt sich von sich abstossend zu andern nur quantitativ verschiedenen Verhältnissen, welche gleichfalls *Affinitäten* und *Maaße* bilden *abwechselnd* mit solchen, welche nur *quantitative Verschiedenheiten* bleiben. Sie bilden auf solche Weise eine *Knotenlinie* von Maaßen auf einer Scale des Mehr und Weniger." (I B 364 f./ TW5, 437)

Hegel gibt dafür Beispiele aus verschiedenen Disziplinen. Mit Bezug auf die Mathematik betrachtet er Relationen untereinander in der Reihenfolge der natürlichen Zahlen: „Aber die hiedurch entstehenden Zahlen haben auch zu andern vorhergehenden oder folgenden ein *specifisches* Verhältniß, entweder ein solches vielfaches von einer derselben als eine ganze Zahl ausdrückt, oder Potenz und Wurzel zu seyn." (I B 366/ TW5, 438 f.)

---

28 In I A vermerkt Hegel in dieser Hinsicht die Beiträge von Richter und von Guyton de Morveau – die unabhängig voneinander zum gleichen Ergebnis gekommen waren –: I A 213. Der Beitrag von Richter wird erwähnt in den Anmerkungen von Fischer zu seiner Berthollet-Übersetzung. Bezüglich der Feststellung der Neutralität der Produkte der Mischung neutraler Lösungen berücksichtigen Fischer und Berthollet einen Aufsatz von Guyton de Morveau im Band 25 der *Annales de chimie*.

Mit Bezug auf die Physik (Akustik) untersucht er die Folge der Noten der Tonleiter als Funktion der Frequenz. „In den *musikalischen* Verhältnissen" gilt folgendes: „Indem folgende Töne vom Grundtone sich immer mehr zu entfernen […] scheinen, thut sich vielmehr auf einmal eine *Rückkehr*, eine überraschende Uebereinstimmung hervor, die nicht durch das unmittelbar vorhergehende qualitativ vorbereitet war, sondern als eine *actio in distans*, als eine Beziehung zu einem entfernten, erscheint" (I B 366 f./ TW5, 439).

Aus der Chemie zieht er die verschiedenen Stickstoffoxide und Salpetersäuren heran, die sich nur in Übereinstimmung mit bestimmten Werten – er nennt sie „Knotenverhältnisse" – der quantitativen Beziehungen der gemischten Ausgangssubstanzen bilden: „In *chemischen Verbindungen* kommen bey der progressiven Aenderung der Mischungsverhältnisse solche qualitative Knoten und Sprünge vor, daß zwey Stoffe auf besondern Punkten der Mischungsscale, Producte bilden"; ein analoges Phänomen wird bei den Metalloxiden, insbesondere bei den Bleioxiden beobachtet. (I B 367/ TW5, 439 f.)

Der Wärmelehre entnimmt er das Beispiel der Aggregatzustandsänderungen des Wassers: „[…] Wasser, indem es seine Temperatur ändert, wird damit nicht blos mehr oder weniger warm, sondern geht durch die Zustände der Härte, der tropfbaren Flüssigkeit und der elastischen Flüssigkeit hindurch; diese verschiedenen Zustände treten nicht allmählig ein, sondern eben das bloß allmählige Fortgehen der Temperatur-Aenderung wird durch diese Punkte mit einemmahle unterbrochen und gehemmt, und der Eintritt eines andern Zustandes ist ein Sprung" (I B 367/ TW5, 440), und weiter zum Überfrieren: „Das Wasser wird durch die Erkältung nicht nach und nach hart, so daß es breyartig würde und allmählig bis zur Consistenz des Eises sich verhärtete, sondern ist auf einmal hart; schon mit der ganzen Temperatur des Eispunktes, wenn es ruhig steht, kann es noch seine ganze Flüssigkeit haben, und eine geringe Erschütterung bringt es in den Zustand der Härte." (I B 368/ TW5, 440)

Schließlich dehnt er seine Überlegungen auf die praktische Philosophie aus, „im *Moralischen*" beobachtet er den Sprung, den eine gleichmäßige Änderung des Verhaltens in ihren Konsequenzen bewirken kann: „Es ist ein Mehr und Weniger, wodurch das Maaß des Leichtsinns überschritten wird, und etwas ganz anderes, Verbrechen, hervortritt, wodurch Recht in Unrecht, Tugend in Laster übergeht." (I B 369/ TW5, 441) Im Feld der Politik beobachtet er, daß das Wachsen des Territoriums und der Bevölkerung eines Staates über eine gewisse Grenze hinaus zum Zusammenbruch führen kann: „ Der Staat hat ein Maaß seiner Größe, über welche hinausgetrieben er haltungslos in sich zerfällt, unter derselben Verfassung, welche bey nur anderem Umfange sein Glück und seine Stärke ausmachte." (I B 369/ TW5, 441 f.)

Es sei angemerkt, daß die graphischen Darstellungen dieser Beispiele Kurven ergeben, die auf verschiedene Weise Abweichungen von der Regularität auf der Ebene der Funktionen oder ihrer ersten Ableitungen aufweisen, oder gar überall diskrete Graphen. Wenn wir mit regulären Kurven in einem bestimmten Bereich ein bestimmtes qualitatives Verhalten verbinden, so beobachten wir bei den Funktionen, welche die genannten Hegelschen Beispiele interpretieren, eine Veränderung des qualitativen Verhaltens an bestimmten Punkten oder Punkt für Punkt Änderungen des qualitativen Verhaltens in diskreter Form.

Die Feststellung, daß in weiten Bereichen der Wissenschaft und des menschlichen Handelns Erscheinungen der Diskontinuität zum Vorschein kommen, zeigt die eingeschränkte Gültigkeit eines allgemeinen Postulats der Kontinuität in der Natur, wie es von Leibniz beansprucht wurde.[29] (I B 368/ TW5, 440) Grundsätzlich kann man dazu feststellen, daß beim realen Maß das Postulat der Kontinuität nicht gilt, das hingegen in der Mechanik allgemeine Geltung zu haben scheint. Bereits bei den Tafeln der Affinität drängt sich die Betrachtung des Diskontinuierlichen auf. Hegel zeigt, daß durch das Verlassen der abstrakten Größen wie Raum und Zeit und das immer tiefere Eintauchen in die konkrete physische Natur oder auch in die Philosophie des Geistes die Eigenschaft der Kontinuität bei den Funktionen/Relationen sich verliert und es nötig wird, bei der Untersuchung der Phänomene der Diskontinuität einen Platz einzuräumen.

Die Aufmerksamkeit Hegels auf die Diskontinuität spiegelt das große Interesse für die durch die physikalisch-chemische Wissenschaft aufgeworfenen Fragen wider, die wiederum in bestimmter Weise auch die Mathematik einbeziehen und diese dazu nötigen, den bisher vorherrschenden Begriff der Funktion – den der stetigen ‹kontinuierlichen› Funktion – zu erweitern um die unstetige ‹diskontinuierliche› Funktion, ein Anliegen, dem sich Euler mit großer Hingabe widmete.

Bereits Kant hob die Schwierigkeit hervor, die eine generelle absolute Geltung des Prinzips der Kontinuität hervorbringt, und nahm die Ge-

---

29 Kontinuitätsprinzip von Leibniz: s. *Brief an Varignon*, in G. W. Leibniz, *Mathematische Schriften* III, 257–258; vgl. *Monadologie* (1714) § 10. Bereits Kant hebt die Schwierigkeiten hervor, die entstehen, wenn es mit absoluter Allgemeinheit gelten soll, und betrachtet es als nützliches heuristisches Prinzip: vgl. KrV B687–689.

legenheit wahr, dieses nur als nützliches heuristisches Prinzip der Vernunft anzusehen. Hegel verfolgt diese Betrachtungen weiter, indem er das Phänomen der Diskontinuität in den verschiedenen Wissenschaften aufmerksam analysiert und auf dem Gebiet der Philosophie die Notwendigkeit geltend macht, die Mathematik des Diskontinuierlichen in Betracht zu ziehen: ein Standpunkt von äußerstem Interesse für die Geschichte und die Philosophie der Wissenschaft.

2.3 Das Maßlose und das Substrat

Das Maßlose bezeichnet das, was kein Maß hat. Es tritt bereits bei der abstrakten Betrachtung des Quantums auf, das frei ist von jeder qualitativen Bestimmung und selbst „das abstracte Maaßlose" (I B 369/ TW5, 442) ist. Andererseits zeigt die Betrachtung der offensichtlichen Diskontinuität verschiedener Arten von Phänomenen, wie bei diesen die Möglichkeit verschwindet, einem Phänomen eine gleichbleibende Qualität zuzuordnen in dem Sinne, daß der qualitative Charakter und also auch das Maß, das es bis zu einem bestimmten Moment besitzt, schließlich verlorengeht. Dieser Zustand entspricht nach Ansicht von Hegel dem Maßlosen. In diesem Sinne stellt er fest: „Etwas oder eine Qualität als auf solchem Verhältniße beruhend, wird über sich hinaus in das *Maaßlose* getrieben, und geht durch die bloße Aenderung seiner Größe zu Grunde." (I B 369/ TW5, 442) Andererseits produziert in der „Knotenlinie" der Maßverhältnisse die Wiederholung der Diskontinuität – oder sogar die totale Diskontinuität –, im Vergleich zur fortschreitenden Vermehrung der unabhängigen Variablen, eine Folge von qualitativen Bestimmungen, die auf ein schlechtes Unendliches führen können. In diesem Sinne ist die gleichgültige Bestimmtheit des Quantums „zugleich als specificirend gesetzt; jenes abstracte Maaßlose hebt sich zur qualitativen Bestimmtheit auf; das neue Maaßverhältniß, in welches das zuerst vorhandene übergeht, ist ein Maaßloses in Rücksicht auf dieses, an ihm selbst aber ebenso eine für sichseyende Qualität; so ist die Abwechslung von specifischen Existenzen miteinander und derselben ebenso mit bloß quantitativbleibenden Verhältnißen gesetzt, – sofort ins *Unendliche*" (I B 369 f./TW5, 442). Nach Hegel wird diese schlechte Unendlichkeit des Maßlosen durch eine Iteration der qualitativen Modifikationen oder eine Unterbrechung des Maßes verursacht und hebt sich auf in eine höhere Einheit des Quantitativen und des Qualitativen, die trotzdem eine neue Maßbestimmung ist (I B 370, 11–15/ TW5, 443).

In dieser Betrachtung über das Maß untersucht Hegel die qualitative Veränderung, die verursacht wird durch eine quantitative Veränderung in einem bestimmten Phänomen. Die vorgeschlagene mathematische Interpretation ist die eines Übergangs von einem Zustand A (x_a, $f(x_a)$) zu einem Zustand B (x_b, $f(x_b)$) mit Bezug auf eine Funktion f(x), die das Phänomen beschreibt. Wenn A und B ein Paar von Entgegengesetzten darstellen, welche die Veränderung begrenzen, muß es noch etwas geben, was sich verändert. Hegel bezeichnet, außer mit „Sache", mit den Ausdrücken „Materie" und „Substrat" diese fortdauernde Einheit, die gleichgültig nicht nur gegenüber quantitativen, sondern auch gegenüber qualitativen Veränderungen bleibt: „Diese so sich in ihrem Wechsel der Maaße in sich selbst continuirende Einheit ist die wahrhaft bestehenbleibende, selbstständige *Materie, Sache*" (I B 370/ TW5, 443), und kurz darauf bemerkt er: „[i]m Maaße ist die Sache selbst bereits an sich Einheit des Qualitativen und Quantitativen", und: „das perennirende Substrat hat auf diese Weise zunächst an ihm selbst die Bestimmung seyender Unendlichkeit" (I B 370/ TW5, 443).

Wie man sieht, wird dieses Werdende von Hegel außer mit „Sache" auch mit „Substrat" und „Materie" bezeichnet, d. h. mit Ausdrücken, die den von Aristoteles für die Charakterisierung des Werdenden in der Lehre vom Werden gewählten entsprechen, speziell „hypokeimenon" und „hylē". (Aristoteles, *Physik*, I 5, 188 a 19–b 8; 189 b 30–190 a 31; 190 b 29–191 a 7; 191 b 27–34; vgl. z. B. Berti 1979, 97–100) Auf diese Weise erhalten wir eine mathematische Reinterpretation der aristotelischen Lehre vom Werden: Der Graph der Funktion oder der Relation ist das Hilfsmittel, um die Gegensatzpaare darzustellen, und in bestimmter Hinsicht ist das Substrat die Funktion selbst, die in globaler Weise das Phänomen repräsentiert.

Der Ausdruck „Substrat" ist alles andere als ein *hapax legomenon*. Hegel äußert, daß bereits bei den Wahlverwandtschaften das Maß als Verhältnismaß eine „*Beziehung* [...] *auf sich*" ist, „eine seyende, qualitative Grundlage – bleibendes, materielles Substrat", welches „die Continuität des Maaßes in seiner Aeusserlichkeit *mit sich selbst*" ausdrückt. (I B 364/ TW5, 436) Am Beispiel der Knotenlinie der Beziehungen der Maße sagt er über die Knoten: „[die Verhältnisse] finden an *einem und demselben* Substrate, innerhalb derselben Momente der Neutralität statt" (I B 364/ TW5, 437), und daß für sie gilt: „Nun sind solche Verhältnisse nur als Knoten eines und desselben Substrats bestimmt. Damit sind die Maaße und die damit gesetzten Selbstständigkeiten zu *Zuständen* herabgesetzt. Die Veränderung ist nur Aenderung eines *Zustandes* und das *Uebergehende* ist als darin *dasselbe* bleibend gesetzt." (I B 371/ TW5, 444) Weiter fährt er fort: „Die Reduction der zunächst als selbstständig geltenden Maaßverhältnisse begründet *Ein Substrat* derselben; dieses ist deren Continuirung in einander, somit das untrennbare Selbstständige, das in seinen Unterschieden *ganz* vorhanden ist." (I B 374/ TW5, 446)

3. Das Werden des Wesens

Wie in der aristotelischen Lehre vom Werden die Materie *dynamis* ist, Fähigkeit, immer neue Bestimmungen anzunehmen, so stellt sich das Hegelsche Maß, insofern es bereits als Substrat bestimmt ist, als Potentialität dar, als Fähigkeit, immer neue Formen anzunehmen, die dennoch als quantitative, äußere Unterschiede ausgedrückt werden können und frei sind von einem immanenten spezifikatorischen Prinzip (I B 372/ TW5, 445).

Das Sein war am Anfang der *Logik* charakterisiert worden als „abstracte Gleichgültigkeit", „Indifferenz". Beim Maß charakterisiert das Substrat, insofern es Potentialität ist, die Fähigkeit, die Unterschiede zu beinhalten, das Sein als *absolute Indifferenz*. Sie ist es, „die *durch die Negation* aller Bestimmtheiten des Seyns, der Qualität und Quantität und deren zunächst unmittelbaren Einheit, des Maaßes, *sich mit sich* zur einfachen Einheit *vermittelt*" (I B 373/ TW5, 445 f.). Das Substrat wird als Vermittlung gesehen, die – obwohl sie Vermittlung *an sich* ist – noch übergehen muß in Vermittlung, die als Vermittlung *an ihm* gesetzt wird: „Für diesen Unterschied sind die in ihm enthaltenen Bestimmungen, die Qualität und die Quantität vorhanden, und es kommt ganz nur darauf an, wie diese an ihm gesetzt sind. Diß aber ist dadurch bestimmt, daß das Substrat zunächst als Resultat, und *an sich* die Vermittlung, aber diese so *an ihm* noch nicht als solche gesetzt ist; wodurch dasselbe zunächst Substrat und in Ansehung der Bestimmtheit als die *Indifferenz* ist." (I B 374/ TW5, 446 f.)

Die Beschreibung des Erreichens dieser höheren Vermittlung erfolgt in einem besonders dichten Text. In einer Anmerkung wird der oben dargestellte Prozeß aber vielleicht hinreichend erklärt: Sie betrifft die Verwendung der Paare von „Kräften" und damit von Funktionspaaren, um bestimmte Phänomene zu verstehen, wie die zentripetalen und zentrifugalen Kräfte für die Ellipsenbewegung der Planeten, die anziehenden und abstoßenden Kräfte für die unterschiedliche Dichte der Körper, die Sensibilität und Irritabilität für die verschiedenen Bestimmungen der Lebewesen. (Vgl. I B 377–381/ TW5, 451–455) Hegel will die Stabilität des Substrats veranschaulichen und zeigt zu diesem Zweck nicht nur, daß sich in Widersprüche verwickelt, wer versucht, diese stabile Einheit aufzuspalten, sondern daß sogar die Spaltung dieser Einheit dazu führt, diese Einheit wieder zu bestätigen.

Der erste Schritt, der häufig bei der Spaltung dieser Einheit gemacht wird, ist der, das Substrat als Ergebnis der Differenz zweier Quanta zu interpretieren, die dadurch in einem umgekehrten Verhältnis stehen, das verschieden ist „[v]on dem frühern formellen umgekehrten Verhältnisse", weshalb „hier das Ganze ein reales Substrat" ist (I B 374/ TW 5, 447). Bei diesem umgekehrten Verhältnis wäre das Substrat „*die Summe* derselben" (I B 374/TW5, 447). Es sei bemerkt, daß die Quanta in Wirklichkeit Funktionswerte darstellen, so daß das Substrat auch in zweifacher Weise als Paar von Qualitäten interpretiert wird. (Vgl. I B 374 f./TW5, 447) Die Beispiele dafür sind genau die oben erwähnten Paare von Kräften.

Hegel bemerkt jedoch, daß diese Bestimmungen auf diese Weise „in unmittelbaren Gegensatz, welcher sich zum Widerspruch entwickelt" (I B 376/TW5, 449) kommen. Der Widerspruch besteht nach Hegel darin, daß unter einem quantitativen Gesichtspunkt die Vermehrung des einen zur Verminderung des anderen bis hin zu dessen Verschwinden führt. Aber dies läuft dem qualitativen Charakter ihrer Unterscheidung zuwider, demzufolge das jeweils eine Sinn und Realität nur hat, wenn dies auch für das jeweils andere gilt. (Vgl. I B 376/TW5, 449)[30] Es sei angemerkt, daß Hegel nicht sagt: Wir haben den Widerspruch gefunden, deshalb beseitigen wir die Voraussetzung, die zum Widerspruch geführt hat. Er bemerkt vielmehr, daß – wenn einer der beiden Faktoren sich in der Weise vergrößert, daß der andere sich entsprechend verkleinert, bis er verschwindet – damit die Einheit des Ganzen wiederhergestellt wäre. Das bringt mit sich, daß die Einheit des Substrats stabil ist, weil es „der allseitige Widerspruch", „dieser sich selbst aufhebende Widerspruch" (I B 377/TW5, 451)[31] ist, und dadurch wird „die in ihr selbst immanent negative absolute Einheit" konstituiert, d. h. „das Wesen".

---

30 Vgl. die Diskussion über das Verhalten der zentripetalen und zentrifugalen Kräfte, I B 378, 10–380, 13/TW5, 451–454. Auf den Wert einer Diskussion über die Güte der Hegelschen Interpretation gehe ich hier nicht ein; für eine erste Information zu dieser Frage vgl. Neuser 1986, 7–27.
31 Das Vorgehen orientiert sich an der Technik der *Widerlegung*, mit der Aristoteles in Buch Γ der *Metaphysik* die unbestrittene Wahrheit des Prinzips „des ausgeschlossenen Widerspruchs" aufstellt: um es zu verneinen, ist es unvermeidlich, es zu behaupten.

4. Schlußbemerkung

Das Maß verbindet Quantität und Qualität in einer Einheit.[32] In dieser Synthese bewahrt es jedenfalls auch einige Aspekte der Modalität und der Relation, nur daß es – was die Modalität betrifft – dem Begriff des Modus in der Konzeption von Descartes und Spinoza, der stark beeinflußt ist vom modernen Begriff der *mensura*, näher steht als dem Kantischen, der den Bezug zum Subjekt darstellt, ohne irgendeinen Bezug zum Inhalt zu behaupten. Was die Relation betrifft, so trägt sie wesentlich der Erweiterung Rechnung, die in der Mathematik durch die Entwicklung des Begriffs der Funktion-Relation getragen wurde, der anfangs auf den Fall der Stetigkeit-Regularität beschränkt gewesen war. Für diesen Begriff hatten Wolff und Kant philosophisches Interesse gezeigt.

Nach Hegel ist die „vollständige, abstracte Gültigkeit des entwickelten Maaßes d. i. der *Gesetze* desselben" (I B 328/ TW5, 392) bei einem konkreten Phänomen nur im Bereich des Mechanismus erreicht, in dem das Objekt die abstrakte Materie ist. Es sei darauf hingewiesen, daß die völlige, abstrakte Gültigkeit der Gesetze mit der Möglichkeit der Anwendung regulärer Funktionen korrespondiert, und daß in diesem Fall nach Hegels Ansicht die Unterscheidung zwischen der abstrakten Bewegung durch Trägheit, der relativ freien durch den Fall und der absolut freien der Himmelskörper mit einer Unterscheidung der begrifflichen Elemente korrespondiert. Diese günstige Situation verliert sich im nicht-mechanischen Teil der Physik und noch mehr im Bereich des Organischen. Hier „wird solche Grössebestimmtheit des abstract Materiellen schon durch die Mehrheit und damit einen Conflict von Qualitäten [...] gestört" (I B 328/ TW5, 392 f.)[33], bekräftigt Hegel, was vom mathematischen Gesichtspunkt aus der Notwendigkeit entspricht, Bezug auf in mancher Weise nicht-reguläre Funktionen-Relationen zu nehmen.

Hegel ist sich der Notwendigkeit bewußt, daß in die Mathematik auch die Klasse der nicht-stetigen Funktionen eingeführt werden muß. In dieser viel umfangreicheren Klasse, in der jenseits der Mechanik zum Diskontinuierlichen gegangen werden kann, jenseits des qualitativen und quantita-

---

32 Hegel bemerkt, daß beim Maß „das Unendliche, die Affirmation als Negation der Negation" als seine beiden Seiten die Qualität und die Quantität besitzt: Enz I § 111; vgl. Enz (1827) § 111.
33 Hegel ergänzt: „Noch weniger aber findet im Reich des Geistes eine eigenthümliche, freye Entwicklung des Maaßes Statt" (I B 328/ TW5, 393).

tiven Werdens findet sich das Dauernde, das Substrat: die Funktion, stetig oder nicht-stetig oder sogar mit einem überall diskreten Graphen, die in ihrer Stabilität ein Phänomen in dessen Variabilität beschreibt. Nach Hegel ist die in der Einheit erreichte Stabilität derart, daß man sich beim Versuch, die Funktion – wie im Fall der zentripetalen und zentrifugalen Kraft – zu verdoppeln, auf einen Widerspruch hinbewegt, der sich selbst aufhebt. Man erhält so wieder eine Einheit als „*einfache Beziehung auf sich*" (I B 382 f./ TW5, 457), eine „in ihr selbst immanent negative absolute Einheit". Nach Hegel ist dieses Ergebnis „das Wesen" (I B 377/ TW5, 451).

Literatur

Abbri, Ferdinando 1978: La chimica del Settecento. Torino.
Baumé, A. 1773: Chymie expérimentale et raisonnée. Paris.
Baumgarten, Alexander Gottlieb 1779: Metaphysica. Editio VII. Halle. (2. Nachdruckauflage Hildesheim/New York 1982)
Berti, Enrico 1979: Profilo di Aristotele. Roma.
Berthollet, Claude Louis 1801: Recherches sur les lois de l'affinité. Paris. Dt.: Über die Gesetze der Verwandschaft in der Chemie. Üb. v. E. G. Fischer. Berlin 1802.
Berthollet, Claude Louis 1803: Essai de statique chimique. Paris.
Berzelius, Jöns Jakob 1827: Lehrbuch der Chemie. Aus dem Schwedischen übers. v. F. Wöhler. Dresden.
Clagett, Marshall ²1961: The Science of Mechanics in the Middle Ages. Madison, Wisconsin.
Descartes, René 1996: Principia philosophiae. In: Oeuvres de Descartes. Hg. v. C. Adam u. P. Tannery. Bd. VIII/1. Paris.
Doz, André 1970: Commentaire. In: G. W. F. Hegel: La théorie de la mésure. Traduction et commentaire par A. Doz. Paris, 103–196.
Ferrini, Cinzia 1991/1992: Logica e filosofia della natura nella „dottrina dell'essere" hegeliana. In: Rivista di storia della filosofia 46, 701–733 und 47, 103–124.
Findlay, John Niemeyer 1958: Hegel: A Re-examination. London.
Fleischhacker, Louis 1993: Hegel on Mathematics and Experimental Science. In: M. J. Petry (Hg.): Hegel and Newtonianism. Dordrecht/Boston/London, 209–225.
Lavoisier, Antoine Laurent 1783: Mémoires sur l'affinité du principe oxygine avec les différentes substances auxquelles il est susceptible de s'unir. Paris.
Leibniz, Gottfried Wilhelm 1965: Brief an Varignon. In: Leibniz, Mathematische Schriften. Hg. v. C. I. Gerhardt. Hildesheim/ New York (reprogr. Nachdr. d. Ausg. Leipzig 1864). Bd. III, 257–258.
Leibniz, Gottfried Wilhelm ²1990: Nouveaux essais sur l'entendement humain. In: Leibniz, Sämtliche Schriften und Briefe. Hg. v. der Deutschen Akademie der Wissenschaften. Bd. VI/6. Berlin.
Leicester, Henry M. 1956: The Historical Background of Chemistry. London.
Macquer, P. J. 1749: Eléments de chymie théorique.
Macquer, P. J. 1776 (²1778): Dictionnaire de chymie.
Maier, Anneliese ²1952: An der Grenze von Scholastik und Naturwissenschaft. Die Struktur der materiellen Substanz. Das Problem der Gravitation. Die Mathematik der Formlatituden (= Studien zur Naturphilosophie der Spätscholastik Bd. 3). Roma.

Maier, Anneliese ³1968: Zwei Grundprobleme der scholastischen Naturphilosophie. Das Problem der intensiven Größe. Die Impetustheorie (= Studien zur Naturphilosophie der Spätscholastik Bd. 2). Roma.
Moretto, Antonio 1984: Hegel e la „matematica dell'infinito". Trento.
Moretto, Antonio 1988: Questioni di filosofia della matematica nella „Scienza della logica" di Hegel. „Die Lehre vom Sein" del 1831. Trento.
Moretto, Antonio 1999: Dottrina delle grandezze e filosofia trascendentale in Kant. Padova.
Moretto, Antonio 2000: Das Maß: Die Problematik des Übergangs vom Sein zum Wesen. In: A. Knahl / J. Müller / M. Städtler (Hg.): Mit und gegen Hegel. Von der Gegenstandslosigkeit der absoluten Reflexion zur Begriffslosigkeit der Gegenwart. Lüneburg, 32–58.
Neuser, Wolfgang 1986: Einleitung. In: G. W. F. Hegel: Dissertatio Philosophica de Orbitis Planetarum. Philosophische Erörterung über die Planetenbahnen. Einl. u. Komm. v. W. Neuser. Weinheim, 7–27.
Richter, Jeremias Benjamin 1792: Anfangsgründe der Stöchyometrie oder Meßkunst chymischer Elemente. Erster Theil welcher die reine Stöchyometrie enthält. Breßlau/Hirschberg.
Richter, Jeremias Benjamin 1791–1800: Ueber die neuern Gegenstände der Chymie. Breßlau/Hirschberg.
Ritter, Johann Wilhelm 1805: Das elektrische System der Körper. Ein Versuch. Leipzig.
Rostagni, Antonio 1973: Fisica sperimentale Bd. 1. Torino.
Ruschig, Ulrich 1997: Hegels Logik und die Chemie. Fortlaufender Kommentar zum „realen Maaß" (= Hegel-Studien Beiheft 37). Bonn.
Ruschig, Ulrich 2000: „Absolute Indifferenz" – materialloses Material auf dem Weg zur „absoluten Negation". In: A. Knahl/J. Müller/M. Städtler (Hg.): Mit und gegen Hegel. Lüneburg, 59–76.
Solov'ev, J. I. 1976: L'evoluzione del pensiero chimico dal 600 ai nostri giorni. Üb. v. A. Quilico. Milano. Original: Evoljucija osnovnych teoreticeskich problem chmii. Moskau 1971.
Spinoza, Baruch 1972: Ethica. In: Spinoza, Opera Bd. II. Hg. v. C. Gebhardt. Heidelberg (2. Auflage, unveränd. Nachdruck der Ausg. v. 1925).
Spinoza, Baruch 1925: Epistolae. In: Spinoza, Opera Bd. IV. Hg. v. C. Gebhardt. Heidelberg.
Wenzel, Carl Friedrich 1777: Lehre von der Verwandschaft der Körper.
Wolff, Christian 1977: Philosophia Prima sive Ontologia (1730). In: Wolff, Gesammelte Werke Bd. III/3. Hg. u. bearb. v. J. Ecole. Hildesheim/New York.

6

Thomas M. Schmidt

Die Logik der Reflexion.
Der Schein und die Wesenheiten

1. Reflexion und Methode

Stellt die *Wissenschaft der Logik* eine wissenschaftliche Logik dar? Entspricht die Abfolge der logischen Kategorien einer erkennbaren und überprüfbaren Methode? Fragen dieser Art können nicht einfach als unangemessenes äußeres Räsonieren zurückgewiesen werden, wenn für dieses epochale Werk noch systematisch-philosophische, nicht bloß ideengeschichtliche Bedeutung reklamiert werden soll. Ein Traktat, der als eine Wissenschaft der Logik auftritt, ist der Frage ausgesetzt, über welche Methode er verfügt, die seine Behandlung logischer Kategorien und Operationen zu einer wissenschaftlichen macht. Die beiden Anfangskapitel der Wesenslogik können mit guten Gründen als jener Ort bestimmt werden, an dem Hegel sein Verständnis von einer angemessenen Methode einer wissenschaftlichen Logik expliziert.[1]

Dabei folgt er seiner methodischen Maxime, daß die Reflexion der Methode nicht äußerliches Räsonncment oder willkürliche Setzung, nicht „unsere Zutat" sein kann, sondern Erscheinung der Sache selbst sein muß. Das erste Kapitel der Wesenslogik enthält eine solche grundlegende Reflexion der Methode in Gestalt einer Selbstexplikation des Begriffs der Reflexion. Dieser Abschnitt sucht die methodologische Grundthese der *Wissenschaft der Logik* zu rechtfertigen, daß die von ihr gebotene Folge der logischen Kategorien nicht das Resultat einer äußeren oder subjektiven Reflexion

---

[1] In den Kapiteln über die Logik der Reflexion werden in der Tat die „wichtigsten Explikationsmittel der *Wissenschaft der Logik* ihrerseits zum Thema der Analyse gemacht" (Henrich 1978, 227).

darstellt, sondern als vollständige und unabhängige Selbstbestimmung des begreifenden Denkens zu verstehen ist. Die Frage nach der Methode der Logik kann so anhand eines abgrenzbaren Textabschnittes diskutiert werden, ohne den Einwand zu provozieren, hier würde eine Argumentation aus einem Zusammenhang gerissen, der doch allein über die Stimmigkeit dieser Beweisführung entscheiden könne.[2]

„Reflexion" bezeichnet gewöhnlich die Zurückwendung auf bereits vollzogene, aber unbeachtete oder unthematische Akte. Als solche ist sie die natürliche Reflexion eines bewußten und kritisch denkenden Subjekts, das sich der Gültigkeit und Legitimität seines Denkens und Handelns zu vergewissern sucht. Diese Art der Reflexion wird bei Kant zu einer transzendentalen Reflexion der Kriterien der Geltung überhaupt gesteigert. Die Kriterien der Gültigkeit der Erkenntnis erscheinen erst dann reflexiv abgesichert, wenn sie als Bedingungen der Konstitution der Gegenstände überhaupt begriffen werden können. Hegels Begriff der Reflexion nimmt Kant beim Wort. Die Reflexion der Bedingungen der Gültigkeit von Erkenntnis deckt die Konstitutionsbedingungen der Gegenstände selbst auf, insofern sie als Erscheinungen gedacht werden. So ist gegenüber der traditionellen Ontologie die Kantische Einsicht zur Geltung zu bringen, daß erst ein Begriff des Wesens, der das moderne Prinzip der Reflexion in sich aufgenommen hat, in der Lage ist, die „Wahrheit des Seins" auf philosophisch angemessene Weise zu artikulieren. Gegenüber dem Reflexionsbegriff der Transzendentalphilosophie ist aber zu zeigen, daß Reflexion sich nicht in einer kritischen Vergewisserung der Geltungs- und Konstitutionsbedingungen von Gegenständlichkeit überhaupt erschöpft. Reflexion bleibt als Grund logisch-kategorialer Bestimmtheit dem Wesen der Wirklichkeit nicht äußerlich.[3] Beide Aufgaben bündelt Hegel zu Beginn der Wesens-

---

2 Der Streit um die angemessene Interpretation des ersten Abschnittes der Wesenslogik wird durch gegensätzliche Positionen bestimmt, wonach dieser Text den einen als „überflüssig" (Wölfle 1994), anderen hingegen geradezu als Zentrum (Hackenesch 1987) der Wesenslogik erscheint. Nicht nur die Bedeutung des ersten Kapitels der Wesenslogik ist in der Hegelliteratur umstritten, sondern ebenso die Frage nach der Konsistenz und der Folgerichtigkeit des Zusammenhanges dieses Abschnittes mit der vorangegangen Seinslogik. Während für die einen dieses Kapitel dem letzten Abschnitt der Seinslogik konsequent folgt (Schmidt 1997), stellt es etwa für Henrich 1978 in gewisser Hinsicht eine Regression dar.

3 Kant ist Hegel zufolge in seiner Lehre der Erscheinung „insofern noch auf halbem Wege stehengeblieben, als er die Erscheinung nur im subjektiven Sinn aufgefaßt und außer derselben das abstrakte Wesen als das unserem Erkennen unzugängliche *Ding an sich* fixiert hat. Nur Erscheinung zu sein, dies ist die eigene Natur der unmittelbar gegenständlichen Welt selbst, und indem wir dieselbe als solche wissen, so erkennen wir damit zugleich das Wesen, welches nicht hinter oder jenseits der Erscheinung bleibt" (Enz I § 131 Z).

logik in der Aufgabe, zu explizieren, was Schein ist. Denn der unzureichende Begriff des Wesens, über den die traditionelle Ontologie verfügt und der unzureichende Reflexionsbegriff der Subjektphilosophie lassen sich am prägnantesten an der mangelhaften Interpretation des Scheins darstellen, der diesen Konzeptionen zugrunde liegt. Die traditionelle Ontologie kann nämlich den im Prinzip richtigen Gedanken, daß das unmittelbar Gegebene nur Schein und nicht das Wahre sein kann, nicht angemessen explizieren, weil der Schein als das bloß Unwahre gegenüber dem substantiellen, reflexionsunabhängigen Sein gedacht wird. Die Subjektphilosophie verfehlt dagegen den Sinn ihrer an sich richtigen Prämisse, Wirklichkeit als Schein, als Erscheinung zu verstehen, die in der Reflexion den Grund ihrer Objektivität und Erkennbarkeit findet, da sie Reflexion als bloß subjektive Denktätigkeit interpretiert. Hegels Logik der Reflexion ist dagegen weder ontologisch noch psychologisch oder epistemologisch fundiert. Der Grund des Zusammenhanges der logischen Kategorien liegt weder in einem objektiven Sein, das den Kategorien des begreifenden Denkens äußerlich ist, noch in einem von ihnen unterschiedenen reflektierenden Bewußtsein. Reflexion ist Subjekt und Substanz zugleich, sie besitzt keinen Grund außerhalb dieses Prozesses.

2. Das Sein und das Wesen

Die Logik der Reflexion konstituiert sich unter der Voraussetzung, daß die logischen Kategorien die Form reflektierter Bestimmungen annehmen. Zu reflektierten Bestimmungen werden sie, wenn ihre Bestimmtheit nicht mehr den Charakter einer externen Relation zu anderen Bestimmungen besitzt, sondern den eines Selbstverhältnisses. Die Seinslogik wird im ganzen dadurch reflexiv, daß sie nicht eine endlos fortlaufende Kette von Bestimmungen generiert, sondern schließlich in ein anderes „universe of discourse" übergeht, in dem die Beziehungen zwischen den logischen Kategorien von einer gänzlich anderen Art sind. Dieser neue logische Diskursrahmen ist das Wesen. Das mit dem Ausdruck „Wesen" bezeichnete Feld logischer Bestimmungen ist damit insgesamt Resultat der Seinslogik. Als Resultat ist das Wesen aber vom Sein nicht nur schlechthin unterschieden, sondern als ein Überlegeneres gekennzeichnet. Diese doppelte Abgrenzung, wonach das Sein nicht das Wesen und ihm gegenüber das Unterlegene, Vorläufige sei, drückt Hegel dadurch aus, daß das Sein sich im Kontrast zum Wesen als das Unwesentliche erweise. Diese Art der Unterscheidung von Wesentlichem und Unwesentlichem läßt das Wesen aber insgesamt „in die Sphäre des Daseyns zurückfallen" (II 245/ TW6, 18). Denn das Wesen als das Wesentliche und das Sein als das Unwesentliche stehen sich auf seinslogisch beschreibbare Weise „gleichgültig" als Etwas und Anderes gegenüber. Das Wesen erhält so die seinslogische Bestimmtheit eines Daseins, wesentliches Dasein steht einem unwesentlichen gegenüber. Der Bedeutungsgehalt der Bestimmung von „Wesen" wird nicht vollständig expliziert, wenn seine Konstitution nur als einfache Negation, als „nicht Sein" gedacht wird.

Das Verhältnis des Sich-Gegenüberstehens opaker Daseine löst sich nur auf, wenn sich eines der vermeintlich selbständigen Relate dieses Verhältnisses als Schein erweist. Das Sein muß daher als Schein begriffen werden. Sein ist nicht bloß unwesentlich, sondern wesenlos, ohne jegliche eigene Substantialität und Essentialität. Sein kommt im Gegensatz zum Wesen noch nicht einmal ein unwesentliches Dasein zu. So hört auch das Wesen auf, als ein wesentliches Dasein gegenüber dem Sein bestimmt zu sein. Allerdings droht nun abermals eine Wiederkehr überwunden geglaubter seinslogischer Verhältnisse. Die Relation, in der Wesen und Sein zunächst als ein wesentliches und ein unwesentliches Dasein wie Etwas und Anderes gegenübergestellt wurden, würde sich nun iterieren, wenn der Schein, der sich als das Wesen des Seins zeigt, nun selbst wiederum eine dem Wesen gegenüberstehende Bestimmung, ein Äußerliches und Anderes, wäre. Der Schein muß vielmehr selbst dem Wesen zugehörig sein. Der Schein des Seins ist nicht nur eine Illusion, auf die das Wesen stößt, es muß dessen eigene Erscheinung sein. Der Schein eines eigenständigen Seins muß nicht nur registriert und kritisiert werden, er muß als vom Wesen selbst gesetzt erscheinen. Der Schein eines dem Wesen äußerlichen Seins muß inneres Scheinen des Wesens selbst sein.

3. Der Schein

„Das Sein ist Schein." Mit dieser den Unterabschnitt B eröffnenden Aussage faßt Hegel seine im Vorangegangenen dargelegte Auffassung zusammen, daß Sein als eine dem Wesen äußere und gegenüberstehende Bestimmung sich nicht nur als etwas Unwesentliches, sondern als etwas Nichtvorhandenes, genauer nicht mehr Vorhandenes erwiesen hat. Sein ist nicht bloß unwesentliches Dasein, sondern Unwesen, bloßer Schein. Die einzige Bestimmung von Sein, an der festgehalten wird, ist die, daß Sein eben Schein ist. „Der Schein ist der ganze Rest, der noch von der Sphäre des Seyns übrig geblieben ist" (II 246/ TW6, 19). Von dieser Restbestimmung des Seins bleibt aber nun der Schein, der das bislang erste bestimmtere Wesensmerkmal des Wesens ist, abhängig. Denn die Subsistenz und Gegebenheit des Scheins, „das Sein des Scheins", gründet zunächst in nichts anderem als im Aufgehobensein des Seins. Damit scheint der Schein jedoch noch von jener „wesenlosen", also den Bestimmungen des Wesens fremden Seite des Seins abhängig. Insofern der Schein sich über die Aufhebung und Eliminierung des Seins konstituiert, scheint er „selbst noch eine vom Wesen unabhängige unmittelbare Seite zu haben und ein Anderes desselben überhaupt zu seyn" (II 246/ TW6, 19). Somit scheint sich abermals das Dilemma einer Regression der elementaren Bestimmungen des Wesens auf seinslogische Verhältnisse zu wiederholen. So wie sich Sein und Wesen in der Gestalt eines unwesentlichen und eines wesentlichen Daseins wie Etwas und Anderes gegenüber standen, so scheinen nun Schein und Wesen gleichgültig und äußerlich gegeneinander gesetzt. Eine Auflösung dieses Dilemmas scheint nur möglich, wenn die Unmittelbarkeit des Wesens als eine andere Art von Unmittelbarkeit verstanden werden kann als die Unmittelbarkeit des Seins.

In der Seinslogik gilt Unmittelbarkeit als Restkategorie für eine Art von Selbstbeziehung, die von Beziehung zu anderem und damit von Bestimmtheit unabhängig ist. Unmittelbarkeit des Seins bedeutet, daß etwas, was als Relat einer Beziehung bestimmt wird, noch eine von dieser Beziehung unabhängige Seite besitzt. Die Unmittelbarkeit des Seins ist von seiner Bestimmtheit durch Negation unterschieden. Auch im Wesen erscheint es zunächst so, als würden dessen interne Relationen als seinslogische Verhältnisse beschrieben, nämlich als eine „Bewegung des Werdens und Übergehens" von Etwas in Anderes. Die Selbständigkeit der unterschiedenen Relate ist aber bloßer Schein. Damit ist eine bestimmte Art der Einheit von Selbstbeziehung und Bestimmtheit erreicht, die Selbstbeziehung nicht als Restkategorie gegenüber Bestimmtheit definiert. Es ist genau diese neue Art einer Einheit von Selbstbeziehung und Bestimmtheit, die Hegel als Schein bezeichnet. Um den Unterschied der seinslogischen und der wesenslogischen Form von Selbstbeziehung zu erläutern, greift Hegel auf den Unterschied zwischen verschiedenen Formen der Negation zurück. Die Unmittelbarkeit des Scheins ist Nichtsein, „Negativität" schlechthin. Im Unterschied zu dieser Negativität oder Nichtigkeit ist das „Negative" eine Bestimmtheit am Sein; es kennzeichnet so gerade nicht das Sein in seiner Unmittelbarkeit. Während das zur Bestimmtheit unvermeidliche Negative des Seins zeigt, daß die prätendierte unmittelbare Substantialität des Seins nur eine vermeinte ist, zeigt sich im Fall des Scheins, daß dessen Substantialität, sein Bestehen und seine Natur in der Negativität als solcher, im

Nichtsein besteht. Schein ist in seiner Unmittelbarkeit gerade Nichtdasein, er besitzt keine von „Beziehung auf" und „Bestimmtheit durch anderes" unabhängige Selbstbeziehung, wie es das Dasein prätendiert. Dem Schein kommt nur in der vollständigen Beziehung auf Anderes, durch das Sein, auf das er sich negierend bezieht, Unmittelbarkeit zu. An die Stelle der vom Sein prätendierten Unmittelbarkeit im Sinne einer von aller Bestimmtheit unabhängigen Gleichheit mit sich selbst tritt die reflektierte Unmittelbarkeit einer durch unendliche Negativität vermittelten Selbstbeziehung. Die Bestimmtheit des Seins, gegen jede Vermittlung Gleichheit mit sich selbst zu besitzen, bleibt somit als ein Moment, als reflektierte Unmittelbarkeit im Schein erhalten. Auf diese Weise erhält sich das Sein im Schein, aber nicht als Sein schlechthin, sondern als Sein in seiner „wesentlichen" Bestimmtheit, nämlich Gleichheit mit sich selbst zu sein. Diese Gleichheit mit sich selbst hat aber im Schein nur ein Bestehen im Modus der Nichtigkeit. Die für das Wesen konstitutive Selbstbeziehung ist die einer absoluten und unendlichen Negativität. Dem Schein kommt daher kein eigenes Sein zu, das vom Wesen, als der Negation des Seins, verschieden wäre. Dem Schein kommt aber auch keine unmittelbare Wesensbestimmung zu, die gewissermaßen am Sein haftet, denn die Unmittelbarkeit, mit welcher der Schein auftritt, ist von einer gänzlich anderen Art als die Unmittelbarkeit des Seins. Unmittelbarkeit kann als eine reflektierte Bestimmung eben nur als Nichtigkeit, als an sich seiende oder absolute Negativität gedacht werden, gerade nicht als etwas absolut Seiendes. Ebenso ist Negativität, als eine reflektierte Bestimmung, nur als etwas an sich Seiendes oder Unmittelbares zu denken, nicht als etwas von Seiendem Abhängiges wie in der klassischen *privatio*-Lehre. Das Wesen des Wesens ist absolute, also unbedingte, von keinen äußeren Bedingungen und Voraussetzungen abhängige Negativität.

Nun bedeutet, die Momente des Scheins, also „reflektierte Unmittelbarkeit" und „an sich seiende Negativität", als Momente des Wesens selbst zu bezeichnen, nicht, daß Schein und Wesen schlechthin dasselbe wären. Über das Wesen ließe sich dann insgesamt nichts anderes sagen als über den Schein. Der Gehalt der gesamten Wesenslogik würde sich dann in der kargen Auskunft erschöpfen, daß das Wesen insgesamt die Wahrheit des aufgehobenen Seins wäre und daß seine konstitutiven Merkmale in absoluter Negativität und reflektierter Unmittelbarkeit bestünden. Die vollständige Gleichsetzung des Scheins mit dem Wesen würde nicht nur zu einer dürftigen Kategorialität jenseits seinslogischer Verhältnisse führen, sondern würde auch, epistemologisch betrachtet, jenen Skeptizismus rehabilitieren, dem alles schlechthin bloßer Schein ist. So ist denn der Schein mit dem Wesen auch nicht einfach identisch. Das Wesen enthält vielmehr den Schein in sich oder, wie Hegel es auch ausdrückt, das Wesen ist Scheinen in ihm selbst. Dieses Verhältnis nennt Hegel Reflexion. Der Schein ist noch eine unmittelbare Einheit von reflektierter Unmittelbarkeit und an sich seiender Negativität, der Schein ist erst „Reflexion als unmittelbare" (II 249/ TW6, 24).[4] Erst die vermittelte Reflexion, welche die Momente Unmittelbarkeit und Negativität ausdrücklich aufeinander bezieht, ist eigentlich Reflexion. Die vermittelte Reflexion stellt gegenüber dem Schein, der die unmittelbare Einheit von Unmittelbarkeit und Negativität bildet, die entfremdete Form dieser Einheit dar. Erst durch die Selbstentfremdung des Scheins konstituiert sich Reflexion im expliziten Sinne. Für den „seiner Unmittelbarkeit entfremdeten Schein haben wir das Wort der fremden Sprache, die Reflexion" (II 249/ TW6, 24). Die Entfremdung des Scheins spiegelt sich darin, daß nun logische Verhältnisse erreicht wurden, die in sich soweit reflektiert sind, daß sie nur noch mit Fremdworten, mit den Termen der philosophischen Fachsprache, adäquat benannt werden können. Die logischen Kategorien der Wesenslogik streifen den Schein der natürlichen Sprache ab, welche die basalen Ausdrücke des ersten Kapitels der Seinslogik noch besaßen.

4. Die Reflexion

Das Wesen hat den Schein nicht außerhalb seiner selbst. Die Bestimmungen Sein, Schein und Wesen werden als interne Momente der Reflexion gefaßt. Reflexion ist nur absolut, von keinen externen Voraussetzungen abhängig, indem sie reine Negativität ist, die sich auf sich selbst bezieht, nicht auf etwas, das sie negiert. Erst unter der Voraussetzung eines solchen Begriffs der negativen Selbstbeziehung läßt sich ein angemessenes Verständnis von Unmittelbarkeit entwickeln. Unmittelbarkeit kann als reflektierter Begriff gar nicht anders verstanden und expliziert werden denn als selbstbezügliche Negativität. Das Konzept der einfachen, seinslogischen Unmittelbarkeit unterstellt Beziehungslosigkeit des Seienden. Nach der seinslogischen Auffassung stellt Selbstgleichheit nur eine besondere Form des Verhältnisses von Etwas zu Anderem dar. Sichselbstgleichheit ist danach der Übergang von Etwas in ein Anderes, das es selbst ist, wie es etwa

---

4 Insofern ist es auch nicht ganz korrekt, davon zu sprechen, daß die Ausdrücke „Scheinen" und „Reflexion" von Hegel „synonym verwendet" werden. Vgl. K. Schmidt 1997, 34.

im mathematischen Gleichheitszeichen ausgedrückt werden kann; A = A erscheint dann nur als Sonderfall von A = B. Ein reflektierter Begriff von Sichselbstgleichheit faßt dieses Verhältnis aber gerade als Reflexion, als Zurückbeugung in den Ausgang, als „Rückkehr in sich selbst".

Hegel hat diese These in der kryptisch anmutenden Weise artikuliert, wonach die reflektierte Bewegung des Wesens „die Bewegung von Nichts zu Nichts und dadurch zu sich selbst zurück" (II 250/ TW6, 24) sei. Mit dieser Formulierung wird ausgedrückt, daß die wesenslogischen Übergänge eben von vollkommen anderer Art sind als die seinslogischen. Negativität ist terminologisch genau zu unterscheiden, sowohl von Negation als auch von dem Negativen. Was durch die Negation von etwas konstituiert wird, ist im Unterschied zur Negativität etwas Negatives. Aus Nichts wird aber Nichts, so ließe sich einwenden, und aus einer Bewegung von Nichts zu Nichts erst recht nicht. Wie kann sich also die „reine absolute Reflexion", die selbstbezügliche Negativität sein soll, weiter bestimmen, ohne äußere Gehalte in sich aufzunehmen? Die reine Selbstbestimmung der selbstbezüglich negativen Reflexion erfolgt nach Hegel über die Stufen der setzenden, der äußeren und der bestimmenden Reflexion. Diesen Stufen ist also zu folgen, um Hegels Behauptung zu überprüfen, daß die reine Reflexion aus sich selbst die weiteren Bestimmungen der Reflexion zu generieren vermag.

4.1 Setzende Reflexion

Unmittelbarkeit ist die Voraussetzung der Reflexion *genetivus obiectivus* und *subiectivus*. Sie ist die Voraussetzung, von der Reflexion anfängt und die zugleich durch Reflexion gesetzt ist. Voraussetzungen werden als zu überwindende oder aufzuhebende Anfangsbestimmungen eines Denkweges oder Beweisganges gesetzt. Die Voraussetzungen eines Denkprozesses sind nur als Voraussetzungen erkennbar, wenn sie im Zusammenhang mit dessen Resultaten stehen. Diese Voraussetzungen dürfen nicht aus externen Gründen, sondern nur aufgrund der inneren Logik dieses Prozesses als diejenigen Voraussetzungen erscheinen, welche die fraglichen Resultate zeitigen. In diesem Sinn ist die Reflexion dieselbe – weil es sich um einen zusammenhängenden und einheitlichen Prozeß von den Voraussetzungen zu den Resultaten handelt – und nicht dieselbe – weil die Voraussetzungen eben nur Voraussetzungen sind und als solche im weiteren Gang überwunden werden. Die Sichselbstgleichheit des Wesens ist im Unterschied zur seinslogischen Gleichheit also ein prozedurales Verhältnis, genauer ein

Selbstverhältnis. Das Selbst dieses Verhältnisses ist kein diesem Prozeß zugrundeliegendes Substrat, sondern es ist die Selbstbezüglichkeit dieses Prozesses selbst. Die setzende und voraussetzende Reflexion macht deutlich, wie der Schein eines selbständig Seienden sich selbst aufhebt, nämlich als Aufhebung von Voraussetzungen in Gestalt von begründeten Resultaten. Voraussetzungen und Resultate sind nicht logisch unabhängig wie Etwas und Anderes; ihre Unterscheidung fällt ganz in die Reflexion selbst. Erst auf der Basis des Konzepts einer voraussetzenden und die Voraussetzungen aufhebenden, in Resultate überführenden Reflexion kann daher der Gedanke einer Sichselbstgleichheit als selbstbezüglicher Negativität expliziert werden. Doch indem nun das Setzen der Unmittelbarkeit durch die Reflexion genauer als ein Voraussetzen bestimmt wurde, erscheint die Reflexion insgesamt als Bewegung, die sich aufhebt. Der Reflexionsprozeß, der Voraussetzungen macht und diese als seine eigenen Produkte durchschaut, terminiert in seinen Resultaten. Doch die „negativ sich auf sich beziehende Reflexion" ist nicht nur ein einfaches Reflexivwerden der Reflexion, die ihre unmittelbaren Voraussetzungen als gesetzte durchschaut. Vielmehr werden erst durch den Selbstbezug der Reflexion jene Voraussetzungen gesetzt, die als bloß gesetzte Unmittelbarkeit erkannt und kritisiert werden. Reflexion wird nicht allein dadurch selbstreflexiv, daß sie bislang unthematisierte Konstitutionsleistungen kritisiert, sondern indem sie diese Kritik als die eigentliche Konstitution von Gegenständlichkeit auszeichnet. Die Reflexion der Reflexion klärt nicht nur über gegenstandskonstitutive Reflexionsleistungen erster Ordnung auf, sondern sie ist selbst die reflexive Konstitution von Gegenständlichkeit. Die geltungstheoretische Reflexion ist die eigentliche, die „wesentliche" Konstitutionsreflexion. Aber somit werden noch zwei Arten von Reflexion, nämlich Konstitutionsreflexion und Geltungsreflexion unterschieden. Somit hat sich unter der Hand der Reflexionsbegriff verdoppelt. Die angezielte reflektierte Einheit von Negativität und Unmittelbarkeit wurde aufgespalten und an unterschiedliche Arten von Reflexion verteilt.

4.2 Äußere Reflexion

Die Reflexion wird zu einer äußerlichen, weil die Bestimmung der Bewegungs- oder Verlaufsform der Reflexion in sich selbst noch unterschieden ist von jener sich vergegenständlichenden Reflexion, die Reflexionsprodukte als jeweils unmittelbare Voraussetzungen des Reflexionsprozesses setzt. Reflexionsprodukt und Reflexionsprozeß erscheinen noch als unterschiedene Aspekte der Reflexion. Die Reflexion hat auf diese Weise zwar Bestimmtheit erhalten, diese Bestimmtheiten verhalten sich jedoch wiederum auf regressiv seinslogische Weise äußerlich zueinander. In der äußeren Reflexion erscheint die vorausgesetzte Unmittelbarkeit, das Reflexionsprodukt, als unabhängig gegenüber der Reflexion als Tätigkeit, dem Setzen und Aufheben des Unterschieds. Damit scheint die Reflexion der Reflexion erneut in ein Dilemma zu geraten. Reflexion bleibt entweder rein negativ selbstbezüglich, ohne Bezug zur Andersheit; dann erscheint Reflexion als schlecht unendliche Selbstreflexion, als ein zirkulärer Prozeß des Setzens und Aufhebens von Voraussetzungen, der nie zu einer definiten Bestimmtheit gelangt. Oder die Bestimmtheit der Reflexion ist auf der Basis von etwas gewonnen, welches das Andere der Reflexion darstellt. Reflexion wäre also entweder durch etwas anderes fundiert oder sie könnte selbst nie etwas anderes, kategorial Bestimmtes fundieren. Das Projekt einer sich selbst tragenden Reflexion scheint damit unmöglich oder nur um den Preis fortführbar, daß es nie zu einer logisch präzisen Bestimmtheit führte. In beiden Fällen wäre das Hegelsche Konzept einer Logik der Reflexion gescheitert. Die Lösung, die Hegel vorschwebt, wird nicht überraschen. Die äußere Reflexion, welche die beiden als äußerlich bestimmten Reflexionsarten aufeinander bezieht, muß ihren Charakter der Äußerlichkeit verlieren. Unmittelbarkeit und Negativität müssen sich abermals, nun auf dem hier etablierten Problemniveau und -bewußtsein als interne Momente einer einheitlichen und immanenten Reflexion erweisen.

Die Reflexion, als vollständige Bewegung der Negation, setzt das von ihr Negierte selbst voraus. Insofern das Vorausgesetzte als eine Voraussetzung für die Reflexion gefunden und aufgenommen wird, bleibt aber unthematisiert, daß es sich bei dieser unmittelbaren Voraussetzung um ein durch Reflexion Gesetztes handelt. Deshalb sind die Bestimmungen, welche die äußere Reflexion dem unmittelbar Vorausgesetzten verleiht, Bestimmungen, die ihm als Unmittelbaren äußerlich bleiben. Was die Voraussetzung der Reflexion zu etwas Unmittelbarem macht, ist eine andere Art der Reflexion als diejenige, die das Unmittelbare bestimmt. Bestimmtheit und Unmittelbarkeit treten somit auseinander, sie sind unterschiedene Aspekte, sie verhalten sich zueinander als „Extreme", die nur durch ein ihnen gegenüber unabhängiges Drittes verknüpft werden. Die äußere Reflexion ist nun aber nicht nur die Tätigkeit des *Voraussetzens* des Unmittelbaren, sondern auch des *Setzens* des Unmittelbaren, denn das vorausgesetzte Unmittelbare ist gegenüber der Reflexion das Negative. Das gesetzte Unmittelbare ist aber ein durch Reflexion Bestimmtes und keine Bestimmtheit an der Reflexion. Da die Reflexion dieses gesetzte Unmittelbare jedoch zugleich voraussetzt, als einen unmittelbaren Anfang vorzufinden glaubt, negiert sie zugleich den Vorgang des Setzens. Voraussetzen war ja bestimmt worden als die „Negation des Negativen als des Negativen" (II 251/ TW6, 26). Insofern die Reflexion eine Tätigkeit einfachen Negierens ist – sie setzt das Unmittelbare als das Negative der Reflexion –, negiert sie zugleich diesen Vorgang des Negierens. Sie nimmt das Unmittelbare als eine Voraussetzung, wodurch der negatorische Akt des Setzens negiert wird. Es ist demnach der Akt des Voraussetzens selbst, durch den die Reflexion zugleich ihr Setzen aufhebt. Damit hat die Reflexion aber insgesamt die Struktur des Setzens angenommen, denn das Setzen der Reflexion war bestimmt worden als eine Unmittelbarkeit, welche die Struktur der Rückkehr besitzt. Setzen und Voraussetzen, Unmittelbarkeit und Bestimmtheit erweisen sich so als Momente ein- und derselben Bewegung selbstbezüglicher Negativität. Damit hat sich die Reflexion selbst als Unmittelbarkeit bestimmt. Unmittelbarkeit ist nicht länger etwas durch Reflexion Gesetztes und Vorausgesetztes, sondern sie ist „dasselbe, was die Reflexion ist" (II 253/ TW6, 29). Reflexion ist nicht mehr bloß Reflexion *auf* Unmittelbarkeit, ein Gewahrwerden jener Vorgänge, durch die Unmittelbares gesetzt und vorausgesetzt wird, sondern sie ist immanente Reflexion der Unmittelbarkeit selbst. Unmittelbarkeit ist in sich reflektiert, nun aber so, daß die Bestimmung der reflektierten Unmittelbarkeit nicht mehr der Negativität gegenüber steht, sondern diese in sich aufgenommen hat. Die Unmittelbarkeit der Reflexion ist auf diese Weise zugleich Unmittelbarkeit und Bestimmtheit. So ist die Reflexion unmittelbar bestimmende, Reflexionsbestimmungen generierende Reflexion.

4.3 Bestimmende Reflexion

Die bestimmende Reflexion ist die Einheit von setzender und äußerer Reflexion. Die setzende Reflexion war bestimmt worden als reine selbstbezügliche Negativität, als Bewegung von Nichts zu Nichts. Die setzende Reflexion scheint damit nie über den Zirkel absoluter selbstbezüglicher Negativität hinauszuführen; jede Bestimmtheit ist flüchtig und wird sofort wieder getilgt. Jede Bestimmung, welche die setzende Reflexion setzt, ist eben nur ein Gesetztes. Das ist die Bedingung, unter der die setzende Reflexion keine externe Voraussetzung besitzt. Die äußere Reflexion geht dagegen von einem als unmittelbar vorausgesetzten Anfang und Ausgangspunkt der Reflexion aus, sie setzt ein Anderes als ihre Bestimmtheit. Das Gesetztsein der äußeren Reflexion ist damit Wiederkehr der Andersheit im

Horizont der Reflexion. Insofern stellt „Gesetztsein" die wesenslogische Entsprechung der seinslogischen Kategorie des Daseins dar. Als reflexionslogische Kategorie ist das Gesetztsein aber so verfaßt, daß sein Verhältnis zu Anderem nicht von seinem Selbstverhältnis unterschieden ist. Das Gesetzte ist Reflexion in sich, seine Gleichheit mit sich ist negative Selbstbeziehung. Die Negation, die in der Sphäre des Seins Bestimmtheit setzt, ist die Negation an einem Seienden, „das Seyn macht ihren Grund und Element aus" (II 256/ TW6, 33). Die Negation in der Sphäre der Reflexion ist hingegen Negativität, in sich selbst reflektierte Negation, die keinen Grund im Sein, sondern im aufgehobenen Sein, dem Wesen besitzt. Die Bestimmtheit der Reflexion ist daher keine übergehende und in einem Anderen verschwindende, sondern wesentliche, in sich bleibende Bestimmtheit.

Unmittelbarkeit als selbstbezügliche Negativität, die bislang von der Negation als Bestimmtheit unterschieden war und gewissermaßen nur mit ihr kombiniert wurde, hat sich nun „in die Negation verlohren, die das Herrschende ist" (II 257/ TW6, 34). Damit hat aber auch jene Negation, welche Bestimmtheit setzt, die Selbstbezüglichkeit reiner Negativität in sich aufgenommen. Die Negation ist somit zwar eine Bewegung, die Bestimmungen trifft, aber nicht so, daß diese Bestimmungen Bestimmtheiten an etwas anderem wären. Die Negation der Reflexion bezieht sich in ihrem Bestimmen auf sich selbst. Die Reflexion ist auf diese Weise „in sich bleibendes Bestimmen. Das Wesen geht darin nicht ausser sich" (II 257/ TW6, 34). Unter dieser Voraussetzung ist das Bestimmen qua Negation der Reflexion eine andere Art von Bestimmtheit als die Bestimmtheit des Seins. Die Reflexionsbestimmtheit hat „die Beziehung auf ihr Andersseyn an ihr selbst" (II 257/ TW6, 35). Aus dieser Bewegung der bestimmten und bestimmenden Reflexion gehen so die Reflexionsbestimmungen hervor. Deren weitere Bestimmung und Entwicklung folgt jener Logik des Generierens und Negierens von Bestimmungen, die sich im Horizont der bestimmten Reflexion erschlossen hat.

5. Das Wesen und die Wesenheiten: Zur Logik der Reflexionsbestimmungen

5.1 Identität und Unterschied

Die Einheit der Reflexion besteht in der selbstbezüglichen Negativität des Wesens. Unter dieser Voraussetzung erweisen sich die Reflexionsbestimmungen als distinkte Determinationen, die aus einer einheitlichen, in ihren differenten Bestimmungsleistungen mit sich identisch bleibenden Reflexion hervorgehen. Da die grundlegende Bestimmung der Reflexion die eines mit sich selbst identischen Wesens ist, ist die erste und unmittelbar auftretende Reflexionsbestimmung die der Identität. Erst vor dem Hintergrund einer adäquaten Bestimmung des Reflexionsbegriffs als negativer Selbstbezüglichkeit kann ein adäquater Begriff der Identität eingeführt werden, der sich von den seinslogischen Identitätskonzepten, die von unmittelbarer Selbstgleichheit bis zu absoluter Indifferenz reichen, wesentlich unterscheidet. Andererseits ist Identität als Bestimmung von Reflexion in einem solchen Sinn elementar, daß gesagt werden kann, daß Identität „noch überhaupt dasselbe, als das Wesen" (II 260/ TW6, 39) ist. Dann scheinen aber „Identität" und „Wesen" äquivalente Begriffe zu sein, die beide durch den Gedanken einer durch Negativität vermittelnden Selbstbeziehung erläutert werden. Damit erscheint die Definition von Identität durch Reflexion tautologisch. Die Bestimmung der Identität scheint über die bisher erreichte Formel des Wesens als negativer Selbstbeziehung nicht hinaus zu reichen.

Nun ist aber daran zu erinnern, daß sich die Identität der Reflexion aus sich selbst herstellt. Die Reflexion bezieht sich auf sich, indem sie das Unterschiedene aufhebt und als interne Momente in die Bewegung selbstbezüglicher Negativität integriert. Die Identität des Wesens ist also ein aufgehobener Unterschied. Im Unterschied zur Identität des Seins ist die reflektierte Identität, die Einheit des Wesens, keine abstrakte Identität, in der „das Unterschiedene nur von ihr abgetrennt" (II 260/ TW6, 39) wäre und außerhalb und unabhängig von der Identität bliebe. Die reflektierte Unterscheidung zwischen A und Nicht-A stützt sich nicht auf deren qualitative Merkmale, welche die Differenz ontologisch fundierten, sondern auf den Akt des Negierens selbst. Der Grund der Differenz von A und Nicht-A ist die selbstbezügliche Negativität der Reflexion. Daher ist die Unterscheidung, die im Wesen getroffen wird, keine vergleichende Relation zwischen Relaten, die von diesem Verhältnis unabhängig wären. Der Unterschied der Reflexion ist nicht Unterscheidung von einem anderen, sondern Selbstdifferenzierung.

Die logische Operation der Unterscheidung bezieht sich auf diese Weise nicht auf etwas Externes, das sie unterscheiden würde. Erst durch diese Fassung von Unterschied als internem Moment der Reflexion ist daher die logische Operation des Unterscheidens an ihr selbst, d. h. absolut, ohne Bezug auf andere Operationen bestimmt. Nur so kann Unterschied als ein logisches Verhältnis eingeführt werden, das an sich selbst bestimmt und begründet ist. Nur als Reflexionsbestimmung ist jenes Verhältnis, das wir Unterschied nennen, von anderen Verhältnissen, wie dem der Identität, wirklich unterschieden. Nur als absoluter Unterschied der Reflexion ist das, was „Unterschied" heißt, an sich selbst und nicht im Verhältnis zu anderem bestimmt.

5.2 Verschiedenheit und Gegensatz

Identität und Unterschied scheinen an sich dasselbe zu sein, nämlich Reflexion-in-sich, nur von außen betrachtet, im Modus äußerer Reflexion scheinen sie überhaupt unterscheidbar. Diese Art der äußeren Unterscheidung nennt Hegel „Verschiedenheit". Verschiedenheit ist im Unterschied zu Unterschied eine Unterscheidung nach äußerlichen Hinsichten. Diese äußerliche Betrachtung wird aber nicht von außen induziert. Da Identität als selbstbezügliche Negativität zugleich absoluter Unterschied ist, zerfällt sie an sich selbst in ihre *verschiedenen* Momente. Verschiedenheit ist die Bestimmung, unter der im Horizont der Reflexion die Bestimmung der Andersheit gesetzt ist. Was die Kategorie der Andersheit im Horizont der Seinslogik anzielt, nämlich ein vom „Identitätszwang" des begreifenden Denkens unabhängiges Seiendes, wird in der Bestimmung der Verschiedenheit auf reflektierte Weise eingelöst. Die unterstellte Unabhängigkeit und Selbständigkeit des Seienden gegenüber dem Denken kann erst im Horizont der Reflexionsbestimmung der Verschiedenheit hinreichend expliziert werden. Denn erst hier kann das Negative als ein solches gedacht werden, das nicht nur unabhängig von seiner Bestimmtheit qua Negation Bestand hat, sondern gegenüber seiner Bestimmtheit in ein Verhältnis der Gleichgültigkeit tritt.

Die Verschiedenheit bildet eine weitere Stufe der „Internalisierung der Andersheit" (Schubert 1985, 57) durch die Reflexion. Während im Unterschied Andersheit noch vergegenständlicht und als das „Andre des Wesens" (II 266/ TW6, 46) bestimmt wird, ist in der Verschiedenheit die Andersheit als Anderssein der Reflexion bestimmt. Erst durch diese verstärkte Integration des Anderen in die Reflexion des Wesens kann Andersheit als ein bestehendes Negatives, als gegenüber Identität Gleichgültiges gedacht werden.[5] Verschiedenheit ist also die Weise, die Identität eines mit

---

[5] Es kann also, entgegen den Bedenken von Theunissen 1978, nicht von einem Tilgen der Andersheit in der Wesenslogik gesprochen werden, sondern eher von ihrer Transformation in eine reflektiertere Bestimmung.

identifizierendem Denken Nichtidentischen zu denken. Ein solches Nichtidentisches ist nicht ein von identifizierendem Denken Unberührtes, sondern Resultat des Zerfalls der Identität in und durch Reflexion. Das angemessene Denken von Andersheit, Nichtidentität setzt nach Hegel also eine „Logik des Zerfalls" (Fink-Eitel 1978, 104) des Identitätsdenkens voraus. Erst unter dem Begriff der Verschiedenheit kann die Mannigfaltigkeit unterschiedener und zugleich selbständiger Erscheinungen gedacht werden. Verschiedenheit ist daher die „reflexionslogische Form der Erscheinungswelt" (Iber 1990, 334).

In der Verschiedenheit ist der Unterschied zwischen zwei Größen als äußerlicher bestimmt; er betrifft nicht das Wesen der unterschiedenen Relate, sondern nur einen externen, quantitativen Gesichtspunkt des Vergleichs. Zwei Relate, die im Modus der Verschiedenheit unterschieden sind, werden nach Gleichheit oder Ungleichheit verglichen. Da Gleichheit und Ungleichheit aber Reflexionskategorien darstellen, sind die verglichenen Relate in sich reflektiert, d. h. sie erhalten ihre Bestimmung, dem anderen gleich oder ungleich zu sein, nicht erst durch die Prozedur des Vergleichens. Die verschiedenen Relate sind so gesetzt, daß sie nicht erst durch Vergleich, sondern an sich selbst verschieden sind, weil sie reflektierte Bestimmungen des Unterschiedes darstellen. Sie beziehen sich auf sich selbst, aber so, daß sie den Bezug auf das andere als internes Moment enthalten. Insofern sie an sich selbst, durch ihre interne Bestimmung dem anderen Relat gleich oder ungleich sind, besitzen sie die Form des Positiven und des Negativen. Wenn die Verschiedenheit von A und Nicht-A an den verschiedenen Relaten formal zum Ausdruck gebracht wird, erhalten sie die Form der Verschiedenheit des Positiven und des Negativen, von +a und −a. Die formale Artikulation der Verschiedenheit zeigt, daß das Wesen der Verschiedenheit in der Relation des Gegensatzes besteht. So setzt auch die Einführung einer mathematischen Weise des Vergleichens voraus, daß die Selbstbeziehung dieser Relate den Bezug auf ein Anderes enthält, das von ihm nicht bloß verschieden, sondern ihm entgegengesetzt ist. Erst unter dieser Bedingung sind Gleichheit und Ungleichheit als Positives und Negatives gesetzt. Der Gegensatz ist die vollendete reflektierte Form des Unterschieds.

5.3 Widerspruch

Mit den Bestimmungen des Positiven und des Negativen ist der Rahmen für logische Bestimmungen konstituiert, die wirklich selbständige Reflexionsbestimmungen sind. Erst in Form des Positiven und des Negativen sind die Glieder einer Relation als selbständige gesetzt. Beide Relate sind „durchs andere bestimmt, somit nur Momente; aber sie sind sie eben so sehr bestimmt an ihnen selbst, gleichgültig gegen einander und sich gegenseitig ausschliessend" (II 279/ TW6, 64). Die Bestimmungen „durchs andere bestimmt" und „gleichgültig gegeneinander" bzw. „Moment des anderen sein" und „sich gegenseitig ausschließend" sind aber nicht nur entgegengesetzte, sondern sich widersprechende Bestimmungen. Es ist ja gerade die Definition des Widerspruchs, von einem Gegenstand etwas zu behaupten und es zugleich zu bestreiten. In diesem widersprüchlichen Verhältnis, zugleich wechselseitige Implikation und vollständigen Ausschluß zweier Bestimmungen zu behaupten, besteht Hegel zufolge die Selbständigkeit der Reflexionsbestimmungen. Die Definition der Selbständigkeit der Reflexionsbestimmungen ist daher nicht nur widersprüchlich, sondern sie ist der Widerspruch schlechthin.

Es kann keine Rede davon sein, daß Hegel die Gültigkeit des Satzes vom zu vermeidenden Widerspruch nicht akzeptiert hätte; es geht ihm vielmehr darum, die unbedingte Gültigkeit dieses Satzes zu rechtfertigen. Dies kann mit Mitteln formaler Logik nicht geschehen, weil diese die Gültigkeit jenes Satzes bereits voraussetzt. Es muß vielmehr „auf der Basis eines entwickelten Widerspruchsbegriffs, erklärt werden, worauf die formale Geltung des Satzes vom ausgeschlossenen Widerspruch (die auch Hegel anerkennt) eigentlich beruht" (Wolff 1986, 113). Dies ist Hegel zufolge nur möglich, wenn der Widerspruch als eine objektive logische Relation verstanden wird. Die Reflexionsbestimmungen sind deshalb objektiv, weil die Relationen, die sie artikulieren, nicht bloß Verhältnisse eines subjektiven Denkens über Gegenstände darstellen. Die Reflexionsbestimmungen repräsentieren objektive logische Beziehungen, insofern sie die Bedingungen der Möglichkeit und systematischen Einheit von Erkenntnis und gegenstandskonstitutiver Rede darstellen. Die Dinge sind keine isolierten, beziehungslosen Atome, die erst durch subjektive, äußere Reflexion voneinander unterschieden werden und in Widerspruch geraten; sie sind vielmehr an sich selbst unterschieden und widersprüchlich. Die Dinge an sich selbst als sich widersprechend zu betrachten, ist gerade die Bedingung, unter der sie als selbständig gedacht werden können. Denn nur in der Form des Widerspruchs kann die Artidentität zweier Relate gedacht werden, die absolut selbständig sein sollen. Was die Artidentität zweier unterschiedener Relate ausmacht, ist nach klassischem Verständnis ihr Grund. In der Bestimmung des Grundes wird A durch etwas bestimmt, was nicht A ist. Durch den gleichen Grund ist zugleich die von +A unterschiedene Nebenart –A bestimmt. In der Form des Widerspruches des Positiven und des Negativen ist dieser Grund jedoch kein Drittes im Vergleich, sondern konstituiert sich gerade dadurch, daß das Positive und das Negative die Beziehung zum anderen, durch dessen Ausschluß sie ihre Identität bilden, an sich selbst besitzen. Die Auflösung des Widerspruchs, das Zugrundegehen der positiven und negativen Relate besteht daher nicht einfach in einem Ergebnis gleich Null, sondern in der Konstitution jenes logischen Rahmens, der zugleich den Grund der Unterscheidung und Setzung dieser Relate ausmacht. Die Aufhebung des Widerspruchs, das Zugrundegehen der selbständigen Relate ist daher zugleich ihre Rückkehr in den Grund ihrer Bestimmtheit. Der Übergang der bestimmten Reflexion in die Bestimmung des Grundes ist zugleich der Übergang des Wesens in den Grund der Erscheinung. Das Wesen als Reflexion in ihm selbst geht in die Erscheinung der Gegenständlichkeit über. Damit ist die systematische Darstellung der Reflexionsbestimmungen als solcher, als Bestimmungen des Wesens als Reflexion in ihm selbst, als bloße „Wesenheiten", abgeschlossen.

5.4 Reflexionsbestimmung und Satzform

Neben dem Haupttext, der die einzelnen Reflexionsbestimmungen entwickelt, enthält das zweite Kapitel der Wesenslogik ausführliche Anmerkungen, die sich mit jenen klassischen Positionen auseinandersetzen, welche die Reflexionsbestimmungen als allgemeine Denkgesetze formulieren, also als Satz der Identität, des zu vermeidenden Widerspruchs, des ausgeschlossenen Dritten und als Satz vom Grund. Da die Reflexionsbestimmungen, anders als die Kategorien der Seinslogik, auch ihrer Form nach in sich reflektiert sind, liegt ihnen, wie Hegel betont, die Form des Satzes nahe. Dennoch hat die Satzform noch etwas Ungenügendes im Hinblick auf das Ziel der Reflexionsbestimmungen, den systematischen Grund von Erkenntnis und Wirklichkeitskonstitution anzugeben. Als Sätze sind sie nicht die Reflexionsbestimmungen, sondern sie artikulieren sie. So ist etwa der Satz der Identität selbst nicht die Identität, sondern ihre Definition. Als Satz ist er nicht die Identität als solche, denn er wird von etwas anderem, einem Satzsubjekt ausgesagt. Bestimmtheit erhält der Satz der Identität erst durch die Beziehung zu allquantifizierten Individuenvariablen, indem er über alles oder über jedes ausgesagt wird. Auf diese Weise „erwecken" die satzhaft artikulierten Reflexionsbestimmungen das Sein wieder, denn sie erhalten Bestimmtheit erst durch den Bezug auf atomistisch gedachtes Seiendes.

Ein weiterer Mangel der Fassung der Reflexionsbestimmungen in Form von Sätzen besteht darin, daß jeder Satz als isolierter unbedingt gelten soll. Darin liegt ja gerade ihr axiomatischer Charakter. Dann besteht aber keine systematische Einheit unter den grundlegenden Prinzipien systematischen Denkens. Ihre Verbindung ist eine bloß äußerliche Verknüpfung, die „gedankenlose Betrachtung" (II 260/ TW6, 38) eines Nacheinander-Aufzählens. Aber die Äußerlichkeit der Verbindung, der Mangel an systematischer Einheit gilt nicht nur für das Verhältnis der Denkgesetze untereinander. Jeder Grundsatz muß in Form verschiedener Sätze definiert werden. So muß etwa der Satz der Identität wiederum durch voneinander unterschiedene Prinzipien definiert werden, etwa durch das Prinzip der Reflexivität, der Symmetrie, der Transitivität und der Substitution. Identität kann also bereits auf der Ebene des Satzes nur durch unterschiedliche Sätze nichtidentischen Inhaltes definiert werden.

Die Einheit der Reflexionsbestimmungen muß daher auf die Einheit der Reflexion selbst zurückgeführt werden. Das heißt, es muß gezeigt werden, wie Reflexion als selbstbezügliche Negativität die einzelnen Reflexionsbestimmungen in einer systematischen Ordnungsfolge erzeugt. Nur in Form einer selbstbezüglichen Negativität kann Reflexion Hegel zufolge als einheitliche gedacht werden und somit der systematische Zusammenhang der Reflexionsbestimmungen als der fundamentalen Prinzipien des Denkens begründet werden. Nur wenn Reflexion auf diese Weise als selbstbegründend gedacht wird, als ein Prozeß, der nicht auf anderen Voraussetzungen aufruht, sondern sich selber trägt, kann die unbedingte Geltung dieser Denkgesetze, ihr axiomatischer Charakter, gezeigt werden. Daher verfehlen Interpretationen, welche die wesenslogische Konzeption der Reflexion im Sinn einer sich aufstufenden Metareflexion verstehen oder sie in einer außerbegrifflichen Substantialität, wie den sozial- oder kulturhistorischen Prozessen interpretierenden Kategoriengebrauchs fundieren, deren eigentliche Pointe. Damit ist zugleich noch einmal unterstrichen, daß der interne Zusammenhang zwischen dem ersten und dem zweiten Kapitel der Wesenslogik[6], zwischen der grundlegenden Bestimmung des Wesens als Reflexion-in-sich und der Folge der Reflexionsbestimmungen, beachtet und begründet werden muß, wenn Hegels Logik ihren Anspruch einlösen soll, eine Wissenschaft der Logik zu sein, eine methodische Darstellung eines sich selbst begründenden Systems des begreifenden Denkens.

6 Damit wird ausdrücklich der bereits von McTaggart 1910 etablierten und neuerdings von Wölfle 1994 vertretenen Auffassung widersprochen, das erste Kapitel sei geradezu entbehrlich und der Aufbau der Wesenslogik in der *Enzyklopädie*, die direkt mit den Reflexionsbestimmungen einsetzt, dem der der *Wissenschaft der Logik* überlegen.

Literatur

Fink-Eitel, Hinrich 1978: Dialektik und Sozialethik. Kommentierende Untersuchungen zu Hegels „Wissenschaft der Logik". Meisenheim am Glan.
Hackenesch, Christa 1987: Die Logik der Andersheit. Eine Untersuchung zu Hegels Begriff der Reflexion. Frankfurt a. M.
Henrich, Dieter 1978: Hegels Logik der Reflexion. Neue Fassung. In: Hegel-Studien Beiheft 18, S. 203–324.
Iber, Christian 1990: Metaphysik absoluter Relationalität. Eine Studie zu den beiden ersten Kapiteln von Hegels Wesenslogik. Berlin/New York.
McTaggart, John 1910: A Commentary on Hegel's Logic. Cambridge.
Schmidt, Klaus 1997: G. W. F. Hegel: Wissenschaft der Logik – Die Lehre vom Wesen. Paderborn.
Schubert, Alexander 1985: Der Strukturgedanke in Hegels „Wissenschaft der Logik". Königstein (Taunus).
Theunissen, Michael 1978: Sein und Schein. Die kritische Funktion der Hegelschen Logik. Frankfurt a. M.
Wölfle, Gerhard 1994: Die Wesenslogik in Hegels „Wissenschaft der Logik". Versuch einer Rekonstruktion und Kritik unter besonderer Berücksichtigung der philosophischen Tradition. Stuttgart-Bad Canstatt.
Wolff, Michael 1986: Über Hegels Lehre vom Widerspruch. In: D. Henrich (Hg.): Hegels Wissenschaft der Logik: Formation und Rekonstruktion. Stuttgart, 107–128.

Günter Kruck

Die Logik des Grundes und die bedingte Unbedingtheit der Existenz

Versucht man die Frage nach einem Allgemeinen, nach einem Wesen und den ihm entsprechenden Exemplaren zu beantworten, d. h. herauszufinden, was z. B. das Menschsein eines Menschen ausmacht, steht man vor einem Problem: Kann ein solches Unterfangen überhaupt nur gelingen, wenn dieses allgemeine Wesen bestimmt ist, da sonst das Einzelne nicht als Anwendungsfall dieses Allgemeinen zu verstehen ist, so steht man zugleich vor dem Dilemma, noch einmal Rechenschaft über dieses allgemeine Wesen abgeben zu müssen. Könnte ein bestimmtes Wesen seinerseits nämlich nicht noch einmal begründet werden, geriete man in die Gefahr, einem vitiösen Zirkel anheimzufallen: Einzelexemplare eines allgemeinen Wesens würden als Fälle dieses Wesens vorgeführt, das selbst allerdings nur vorausgesetzt ist. Damit wäre die Einordnung der Exemplare als Derivate eines Vorausgesetzten aber ebensowenig legitimiert wie das Wesen selbst, das als immer schon vorausgesetztes seinerseits gerade nicht für sich bzw. nur im Blick auf seine Erscheinungen begründet ist. Man endete damit in einem willkürlichen Zirkel des wechselseitigen Setzens und Voraussetzens des Wesens und seiner Instantiierungen.

Stellt sich damit für die Autoren in der philosophischen Tradition von ihren Anfängen bis zur Gegenwart die Frage nach der Begründung eines allgemeinen Wesens, so scheint diese Frage zunächst zwei *voneinander unabhängige* Seiten zu haben:

Auf der einen Seite ist es die Frage, wie das Wesen diese Funktion des Allgemeinen erfüllen kann. Im Rahmen dieser Frage würde aber der beschriebene Zirkel fortbestehen: Fragt man nämlich nach dem Wie, hat man die Frage der Art und Weise von der Frage der Begründung des Wesens selbst getrennt. Damit ist aber für die Frage der modalen Begründung des Wesens das Wesen selbst wiederum nur vorausgesetzt. Jede Bestimmung eines einzelnen Exemplars wäre nur die Entfaltung der in seinem Wesen ohnehin potentiell angelegten Möglichkeiten. Die Frage nach dem Modus der Begründung des Wesens verhält sich damit als formale, nur die Entwicklung des Wesens betreffende, gegenüber der eigentlichen Frage der inhaltlichen Begründung des Wesens selbst. Aufgrund der verdeutlichten Zirkularität der Frage nach dem Wie der Begründung des Wesens ist einsichtig, daß sie (als erste) nicht von der zuletzt genannten Frage separiert und beantwortet werden kann und sie damit aber auch ihre von dieser unabhängige Seite verliert.

Auf der anderen Seite steht deshalb die Frage der zureichenden Legitimation des Wesens selbst als Ausweg aus dem dargestellten vitiösen Zirkel. Wenn es aber das Wesen selbst ist, das begründet werden soll, muß es in die Bestimmung des Grundes selbst einrücken. Sonst dementierte es die von ihm auszufüllende und beanspruchte Begründungsfunktion für seine Derivate und würde folgerichtig, wenn es als das die Erscheinung Begründende gedacht werden soll, wiederum von einem anderen Grund abhängig. In der Konsequenz ließe sich die Gefahr eines Regresses von Grund zu Grund als Begründung des Grundes des Wesens etc. kaum abwenden. Das Wesen wäre im Zuge dieser Vorstellung als Wesen selbst demontiert.

Genau diese beiden Problemkontexte, diese zwei beschriebenen Facetten der Begründung des Wesens, leiten Hegels Reflexionen zum Grund am Beginn der Wesenslogik:

Indem der Grund für Hegel *eine* der Reflexionsbestimmungen des Wesens ist, beschreibt die Kategorie Grund, *wie* das Wesen (die *erste* dargelegte Seite) Wesen eines Daseienden ist. Sie erläutert damit den Modus des Zusammenstimmens des *vorausgesetzten* Wesens und seiner Instantiierungen.

Die Kategorie Grund erklärt aber auch die *andere* Seite und versucht damit, dem Vorwurf der Zirkularität unter Integration der oben genannten ersten Seite zu entgehen, wie *das Wesen selbst* begründet und damit seinem Anspruch gemäß als *der* Grund des Daseienden zu denken ist. Der Grund ist damit eben *nicht nur eine* der Reflexionsbestimmungen des Wesens, er ist zugleich *das Wesen selbst* in der ihm eigenen Begründungsfunktion für seine Derivate. Soll damit das Wesen der für es aufgestellten Behauptung gemäß gedacht werden, ist es nach Hegel *nur* als Grund zu begreifen. Der Grund ist *die* Darstellung der Begründung des Wesens selbst, an der sich jede prinzipielle Aussage über das Wesen und wesentliche Verhältnisse, bei denen etwas als Wesen und etwas anderes als dessen Erscheinung deklariert wird, messen lassen muß.

Die Verschränkung dieser Fragen soll im folgenden inhaltlich erstens auf ihre Triftigkeit hin durch die Rekonstruktion der entscheidenden Argumentationsschritte Hegels im Kontext des Grundes und in seinem Vorfeld untersucht werden. Es wird sich dabei zeigen, daß das Wesen als Grund selbst in die Kategorie der Existenz mündet. Inwiefern dies nicht der hier vorgestellten Ausgangsbehauptung, dem Wesen selbst als Grund, widerspricht, muß zweitens inhaltlich erläutert werden: Die Behauptung, daß ein Existierendes selbst von Hegel als *unbedingt* ausgegeben wird, scheint nämlich der Behauptung zu widersprechen, daß es zugleich durch den Grund (das Wesen) *bedingt* gedacht ist und das Wesen selbst ja sein Grund sein sollte.

Daher wird im folgenden Beitrag zunächst sozusagen als Propädeutik zur Kategorie des Grundes und der Existenz die Darstellung des Wesens als Grund in den prägnanten Schritten rekonstruiert (1). Die sich daran anschließende Darstellung der gedanklichen Entwicklung ist am Gang der großen Logik orientiert und wird die bereits gewonnenen Einsichten in einer bis zur *Existenz* reichenden Reflexion bestätigen, die dadurch als Zäsur im Sinne des Abschlusses des Kapitels zum Grund erscheint und der so eine Scharnierfunktion zukommt (2). Eine eingehende Erörterung der Kategorie der Existenz wird hier aber nur im Blick auf ihren den Grund abschließenden Charakter vorgelegt werden können.

1. Von der relationalen Bestimmtheit eines Etwas zur absoluten Reflexionsbestimmtheit des Grundes an sich

Setzt man voraus, etwas als etwas erkannt zu haben, ist dies offensichtlich mit der Einsicht gleichzusetzen, daß man weiß, was es ist. Um die Bestimmung von etwas als etwas aber vorlegen zu können und damit definitiv zu sagen, was etwas ist, reicht es nicht aus, tautologisch auf es selbst Bezug zu nehmen: Die Behauptung, daß ein Baum doch ein Baum ist, beantwortet nämlich nur bedingt die Frage, was ein Baum ist, weil das Sosein von etwas als dessen Bestimmtheit gerade im vorliegenden Fall abstrakt festgehalten wird.

Soll die Bestimmung von etwas tatsächlich gelingen, ist also ein Hinweis darauf vonnöten, weshalb etwas so ist, wie es ist, und nicht anders; es ist also eine Bezugnahme auf dieses Etwas gefordert, in der der unmittelbare Rekurs auf es als mit sich Identisches so eingeholt wird, daß zu seiner Bestimmtheit sein *Nicht-Anderssein* gehört.

Wie soll aber das Nicht-Anderssein des Baumes ausgesprochen werden ohne eine tautologische Identitätsbehauptung?

Einen ersten Hinweis für eine Antwort kann man dem Terminus Nicht-Anderssein selbst entnehmen: Wird etwas als *nicht anders* ausgegeben, wird offenbar eine Relation eines Etwas zu sich behauptet, die es als differenziert Bestimmtes und daher nicht anders sein Könnendes unterstellt. In der Differenziertheit seiner Bestimmtheit wird dieses Etwas daher als unmittelbares so vorausgesetzt, daß die Bestimmtheiten seiner ihm originär zugeschrieben werden, so daß es dadurch von anderen unterscheidbar ist: Aristoteles und nicht Platon war der Lehrer von Alexander dem Großen. Daß dieses Etwas aber tatsächlich die vorgegebene Bestimmtheit besitzt, kann nur dadurch herausgefunden werden, daß *ihm* im Gegensatz zu anderen diese Bestimmtheit zukommt. Damit gehört aber zu seiner Bestimmtheit, zu dem, was es ist, daß dieses Etwas nur es selbst ist, *aufgrund* seines Unterschieds von anderem: Der Baum ist der Baum, weil er nicht die Blume ist. Das *Nicht-Anderssein-Können* des Baumes als seine Identität übersetzt sich daher in die Benennung von Unterschieden, die den Baum als Baum dadurch als verschieden von anderem erscheinen lassen, daß sein Unterschied von diesem anderen zu ihm selbst als seine Bestimmung gehört.

Diese Einsicht ist von G. W. Leibniz in Gestalt des Satzes vom *zureichenden Grund* festgehalten worden: Soll nämlich etwas jenseits der bloßen Physis (der seienden Unmittelbarkeit) erkannt werden, „wird es nötig, sich zur *Metaphysik* zu erheben, indem wir uns des *bedeutenden*, obgleich gemeinhin wenig angewandten *Prinzips* bedienen, wonach *nichts ohne zureichenden Grund geschieht*, d. h., daß sich nichts ereignet, ohne daß es dem, der die Dinge hinlänglich kennte, möglich wäre, einen zureichenden Bestimmungsgrund anzugeben, weshalb es so ist und durchaus nicht anders" (Leibniz 1982, § 7; vgl. Schick 2000; Kruck 2000).

Daß Leibniz dieses Prinzip zunächst als metaphysisches qualifiziert und damit über den erkenntnistheoretisch-konkreten Kontext der Bestimmung von etwas hinausgeht, liegt an der hier nicht intensiver zu diskutierenden Generalisierung dieses Prinzips: Wird nämlich der Satz vom zureichenden Grund so ausgeweitet, daß (erstens) *nichts* ohne Grund sein kann, d. h. alles einen Grund benötigt, dann führt die im folgenden Paragraphen derselben Schrift von Leibniz vorgelegte kosmologische Ausweitung dieses Prinzips unter Berücksichtigung (zweitens) der Frage, warum es eher Etwas als Nichts gibt, die als Argument von Leibniz eingeführt zu sein scheint, zum Gedanken eines Grundes für alles (das Universum), der als Grund selbst keines anderen Grundes mehr bedarf und der außerhalb der Reihe der begründeten (physischen) Dinge liegt und so metaphysisch ist. Diese Schlußfolgerung scheint aber gerade durch die mangelnde Absicherung ihrer doppelten argumentativen Basis so in die Krise zu geraten, daß der Grund der eigenen Schlüssigkeit untergraben wird: Daß nämlich nichts ohne Grund sein kann, schließt nicht aus, daß im Blick auf die kosmologische Transformation dieses Gedankens eine unendliche Kette von Begründungen denkbar wäre, es also gerade *nicht* den einen metaphysischen Grund seiner selbst geben müßte, der außerhalb der Reihe der von ihm Begründeten steht. Ebensowenig legt die Frage, warum es etwas und nicht vielmehr nichts gibt, als Ursprung der philosophischen Reflexion und Ausdruck des Staunens von sich her diese Schlußfolgerung nahe.

Sprechen diese Überlegungen dafür, das Prinzip erkenntnistheoretisch in seiner argumentativen Leistungsfähigkeit zu beschränken, so bleibt selbst bei dieser Lesart eine Schwierigkeit bestehen, die in der Parallelität zum erläuterten Bestimmungsproblem zu Beginn bereits angedeutet wurde:

Es ist nämlich „zu bemerken, daß, wenn von einem zureichenden Grund gesprochen wird, dies Prädikat entweder müßig oder von der Art ist, daß durch dasselbe über die Kategorie des Grundes als solchen hinausgeschritten wird. Müßig und tautologisch ist das gedachte Prädikat, wenn dadurch nur überhaupt die Fähigkeit zu begründen ausgedrückt werden soll, da der Grund eben nur insofern Grund ist, als er diese Fähigkeit besitzt. Wenn ein Soldat aus der Schlacht entläuft, um sein Leben zu erhalten, so handelt er zwar pflichtwidrig, allein es ist nicht zu behaupten, daß der Grund, der ihn so zu handeln bestimmt hat, nicht zureichend wäre, da er sonst auf dem Posten geblieben sein würde" (Enz I § 121 Z).

Daß die Rettung des Lebens der soldatischen Tugend des pflichtgemäßen Gehorsams und damit dem Ausharren in der Schlacht widerspricht, d. h. geradezu das Andere seiner und trotzdem als Grund für eine entsprechende Handlung einsichtig ist, belegt zum einen, daß es offensichtlich Gründe gibt, die als solche zureichend sind, obwohl sie in einem bestimmten Kontext als gerade *nicht* nachvollziehbar, *nicht* mit ihm vereinbar und damit von ihm unterschieden eingestuft werden: Es ist nicht so, daß das Leben als Soldat ein anderes wäre als das Leben, das es zu retten gelten könnte, sondern es ist vielmehr so, daß die spezifische Bestimmtheit des soldatischen Lebens es nicht zuläßt, das Leben überhaupt als Grund anzuführen, weil dieser Grund in militärischen Kreisen eben nur als Fahnenflucht vorkommt und deshalb gerade kein zureichender Grund ist. Obwohl die Rettung des eigenen Lebens eigentlich gerade kein Grund ist, sich von seiner Truppe zu entfernen, und deshalb von der selbstverständlichen soldatischen Pflicht unterschieden ist, kennt man dennoch in militärischen

Kreisen diesen Grund: Die Ahndung dieses Vergehens durch eine drakonische Strafe ist zwar der Versuch seiner Vereitelung, aber nicht seiner Verneinung. Kommt durch diese und in diesen Sanktionen die Ablehnung des Grundes zum Vorschein, so ist er zugleich in der Sanktionierung als wirksamer Grund vorausgesetzt, so daß es nur bedingt gelingt, diesen Grund von sich, d. h. vom militärischen Kontext, zu unterscheiden (denn auszuschließen ist die Desertion nicht). Dieses Hinausschreiten über die Kategorie des Grundes, nämlich das, was als Grund im militärischen Kontext gerade ausgemerzt werden soll, ist aber nur die eine Seite:

„Der Grund ist nur Grund, insofern er begründet; das aus dem Grunde Hervorgegangene aber ist er selbst [...] Das Begründete und der Grund sind ein und derselbe Inhalt [...]." (Enz I § 121 Z)

Wird nämlich im Gegensatz zum vorgelegten Beispiel etwas als Grund akzeptiert, dann muß ein angeführter Grund so für einen bestimmten Inhalt hinreichen, daß der Inhalt des Begründeten durch den Grund hervorgerufen werden kann. Dies ist aber nur dann möglich, wenn der Grund diesen Inhalt bereits in sich trägt und nicht – wie beim genannten Beispiel – eigentlich vom Begründeten zu unterscheiden ist. Daher ist es für Hegel auch müßig, von einem zureichenden Grund zu sprechen, weil der Grund als Grund eines Begründeten mit diesem *einen* Inhalt hat, so daß das Attribut *zureichend* für jeden Grund zutrifft.

Damit hat sich aber ein Befund hinsichtlich des Satzes vom zureichenden Grund ergeben, der – wie bereits angekündigt – eine Schwierigkeit in sich birgt und der mit der vorgestellten Reflexion zur Bestimmung von etwas als etwas identisch ist: Spricht man nämlich von einem Grund, setzt man offensichtlich eine Beziehung von zwei Sachverhalten voraus, bei denen der eine (das Begründete) gerade in seinem Unterschied vom anderen, dem Grund, so auf diesen (den Grund) verweist, daß er mit ihm identisch ist. Will man daher sagen, was ein Grund ist, gehört zur Identität des Grundes, daß er nur er selbst ist, indem in seiner Bestimmung und damit der Einheit mit dem Begründeten der Unterschied vom Begründeten festgehalten wird. Damit hat man aber zunächst einen Widerspruch proklamiert: Etwas ist es selbst, der Grund ist der Grund, weil und insofern es (er) gerade in derselben Hinsicht von anderem (dem Begründeten) unterschieden ist, in der es (er) mit ihm identisch ist.

Die Parallelität dieses Ergebnisses mit dem Resultat zum eingangs dargelegten Bestimmungsproblem liegt auf der Hand: Der Baum ist nur der Baum, weil er nicht Blume ist, d. h., weil zu seiner Bestimmtheit die Einheit mit einem anderen gehört, von dem er sich gerade unterscheidet.

Ist damit deutlich, warum der Grund eine der Reflexionsbestimmungen ist, die zur Ermittlung der wesentlichen Bestimmtheit von etwas beitragen, so bleibt im Rahmen dieser Einsicht aber – als Beschreibung des Modus, des Wie der Erhebung der Wesenheiten von etwas – unterbelichtet, daß mit dem Grund *die* wesentliche Bestimmtheit und nicht nur *eine unter anderen (Reflexionsbestimmungen)* erreicht ist: Während nämlich im Zusammenhang des zunächst erörterten Bestimmungswissens der Unterschied als Element zur Bestimmung des Etwas ein unbestimmter war, zeigt er sich im Kontext des Grundes als bestimmter Unterschied. Das heißt, der Unterschied zwischen der Reflexion des Bestimmungswissens und der Reflexion des Grundes besteht darin, daß die Bestimmtheit von etwas im Rekurs auf *irgendeinen* Unterschied von anderem erhoben werden kann, während die Bestimmtheit des Grundes sich nur so erschließt, daß er als vom Begründeten unterschieden bestimmt wird, das Begründete also *sein* Anderes (das Andere des Grundes) ist: Ist der Baum nur Baum, weil und insofern er von der Blume, dem Strauch etc. unterschieden ist, so verbietet sich diese Unbestimmtheit des Unterschieds beim Grund kategorisch: Redet man von einem Grund für etwas, ist die Einheit des Grundes mit dem Begründeten so festgehalten, daß ihr Unterschied ein Unterschied ist, der es nicht nur zuläßt, sondern notwendig macht, daß vom Grund auf das Begründete und umgekehrt geschlossen wird. Ließe sich eine solche Vorgehensweise und Reflexion nicht durchführen, hätte sich der Grund als nicht zureichend für das Begründete erwiesen und als Grund für dieses desavouiert.

Diese Charakterisierung des Grundes läßt sich aber im Rahmen des bisher entwickelten Bestimmungswissens scheinbar noch nicht gewinnen. Bei dem bisherigen Stand der Überlegungen scheint es vielmehr der härteste Widerspruch, daß von etwas behauptet wird, daß es in der Hinsicht, in der es von anderem unterschieden ist, zugleich mit sich identisch sein soll, so daß auch nicht einsichtig ist, wie der Grund das Begründete (und umgekehrt), d. h. das, von dem er gerade unterschieden ist, an ihm haben soll.

Zum Zwecke der Aufklärung dieser Schwierigkeit und damit der Erläuterung des Grundes an sich muß auf die Einsicht, die mit dem Bestimmungswissen verbunden war, zurückgegangen werden:

„Die ausschliessende Reflexion der Selbstständigkeit, indem sie ausschliessend ist, macht sich zum Gesetztseyn, aber ist eben so sehr Aufheben ihres Gesetztseyns. Sie ist aufhebende Beziehung auf sich; sie hebt darin *erstens* das Negative auf und *zweytens* setzt sie sich als negatives, und diß ist erst dasjenige Negative, das sie aufhebt; im Aufheben des Negativen setzt und hebt sie zugleich es auf." (II 281/ TW6, 68)

Hatte sich die Bestimmtheit des Etwas als etwas dadurch erheben lassen, daß die Reflexion ein Anderes von dem Etwas ausschließt, so gehörte damit zur Selbständigkeit dieses Etwas das *Gesetztsein*, das *Sein-durch-anderes*: Der Baum ist als Baum nur etwas, weil seine Identität dadurch fixiert werden kann, daß er nicht Blume ist, daß er also durch das Nicht-Blume-Sein bestimmt ist. Indem aber diese Bestimmtheit die Bestimmtheit des Baumes ausmacht, ist dieses Gesetztsein (das Sein-durch-anderes) ebenso sehr verschwunden; es ist nämlich zur Bestimmtheit des Baumes selbst geworden. Dadurch ist aber erstens der Unterschied als das Negative (das *Nicht*-Blume-Sein) in die Bestimmtheit des Baumes eingegangen und aufgehoben; zweitens bedeutet diese Reflexion für die vorgelegte Bestimmtheit (das *Nicht*-Blume-Sein), daß sie sich als Negatives negiert, weil sie nicht als sie selbst, sondern als Bestimmtheit des Baumes erscheint, der durch anderes bestimmt ist, das als zugleich vom Baum unterschiedene Bestimmtheit auf ihr Anderes verweist: Sowohl der Baum als auch die Blume haben damit aber den Unterschied des Wesens so an sich, daß „das Unterschiedene nicht ein *Anderes überhaupt*, sondern *sein* Anderes sich gegenüber hat; d. h. jedes hat seine eigene Bestimmung nur in seiner Beziehung auf das Andere, ist nur in sich reflectirt, als es in das Andere reflectirt ist, und ebenso das Andere; jedes ist so des Andern *sein* Anderes" (Enz I § 119).

Kommt die Bestimmtheit des Baumes als Nicht-Blume-Sein damit von der Bestimmtheit des Anderen her, so ist diese Bestimmtheit als solche das Andere von sich, d. h. von sich selbst unterschieden: Kann sie nämlich das Mittel zur Unterscheidung des Baumes von einem Anderen nur sein, wenn sie als Negation in die Bestimmtheit des Baumes eingeht, dann verweist diese Bestimmtheit als Identität des Baumes von sich her auf ihr bestimmt Anderes, die Blume. Läßt sich diese Überlegung auch für das Andere des Baumes, für die Blume als Nicht-Baum-Sein voraussetzen, dann bedeutet dies: Die Bestimmung von etwas als Negation von anderem geht so in die Definition dieses Etwas ein, daß das Andere als Beschreibung der Identität des Etwas aufgrund seines bleibenden und (gerade im Kontext der Identität eines Etwas als etwas) nicht zu leugnenden Unterschieds von ihm auf sein (eigenes) Anderes verweist, für das dieselbe Reflexion angestellt werden kann.

Damit verbindet sich aber nicht nur mit der Bestimmtheit eines Etwas die Bestimmtheit seines Anderen, weil die als Unterschied in die Definition eingegangene Bestimmtheit des Anderen als vom Etwas unterschiedene auf das Sein des Unterschieds selbst hinweist, es ist darüber hinaus mit dieser Reflexion die Einsicht gewonnen, daß sich die Voraussetzung eines bestimmten Etwas aufgelöst hat: Indem von einem Etwas und von einem Anderen nur geredet werden kann, wenn deren Bestimmtheit sich durch die Berücksichtigung ihres Unterschieds vom jeweils Anderen als reziproke Einsicht für beide festhalten läßt, dann hat die Analyse der Reflexion über die wechselseitigen Bestimmungsimplikationen die vorausgesetzten (seienden) beiden Etwas als Reflexionsprodukte in einen Grund zurückgeführt und die Reflexionsbestimmungen dieser beiden Etwas als Modi der Ermittlung ihrer Bestimmtheit selbst aufgehoben: Wie das Nicht-Blume-Sein als Bestimmtheit des Baumes und Integration des Unterschieds von anderem gerade dadurch (als solches) auf die Blume verweist, so verweist das Nicht-Baum-Sein der Blume auf den Baum selbst; die Reflexion auf die Identität der Blume unter der Berücksichtigung des (bestimmten) Unterschieds vom Baum und genau unter dieser Rücksicht konstituiert also die Identität des Baumes als Gegenteil des Unterschieds selbst, da die Reflexion auf den Unterschied als Unterschied (das Festhalten des Unterschieds) in der Definition der Blume von sich her auf den Baum verweist. Beide Reflexionen dokumentieren aber nur die Einsicht, daß *keine* der beiden Entitäten als vorausgesetzte Bestimmtheit zu nehmen ist, sondern daß diese Voraussetzung selbst Resultat der Bestimmungsreflexion ist, in der das Bestimmungswissen als Verweisungszusammenhang von Bestimmungen in seinem eigentlichen Grund terminiert: dem Zurückgehen der reziproken Bestimmungen eines Etwas als Reflexionsergebnisse zur Einheit und Selbstbezüglichkeit der Reflexion als einer sachlichen Identität, die als in sich gegensätzlich bestimmte, aber nicht mehr vorausgesetzte, sondern nur durch die Reflexion (widersprüchlich) unterschiedene genommen werden muß.

Dieses Ergebnis gleicht nach Hegel dem eigentlichen Inhalt, der im *Satz des ausgeschlossenen Dritten* als Denkgesetz des Verstandes zum Ausdruck gebracht werden soll: Daß ein Etwas entweder A oder Nicht-A ist, bedeutet nach diesem Denkgesetz, daß es selbst mit seinem Inhalt dazu dient, Widersprüche, in die sich der Verstand in einer Aussage über dieses Etwas verwickeln könnte, zu eliminieren. Aus dieser Verständnisperspektive soll dieser Satz dann „heissen, daß einem Dinge von allen Prädicaten entweder dieses Prädicat selbst oder sein Nichtseyn zukomme [...]. Wenn die Bestimmungen süß, grün, viereckig genommen, – und es sollen alle Prädicate genommen werden – und nun vom Geiste gesagt wird, er sey entweder süß oder nicht süß, grün oder nicht grün, u. s. f. so ist diß eine Trivialität, die zu nichts führt" (II 285/ TW6, 74).

Wird die Satzaussage in dieser Weise verstanden, hält man sich zwar die Möglichkeit der Ermittlung der Bestimmtheit von einem Etwas offen, da man die Reihe der Prädikate, die als exklusive Alternativen einem Etwas zukommen sollen, bis ins Unendliche vermehren kann. Aber es scheint ausgeschlossen, daß auf diese Weise das beabsichtigte Ziel der Vermeidung eines Widerspruchs erreicht werden kann. Denn im Zu- bzw. Absprechen von *einem* bestimmten Prädikat (bzw. *seinem Nichtsein*) als Aussage des Satzes, kann der Satz selbst nicht vermeiden, daß einem Etwas gegensätzliche Prädikate attestiert werden. Er leistet also gerade nicht, was er zu leisten beansprucht: Wird ein Etwas hinsichtlich seiner Süße (süß oder nicht süß) beurteilt, wäre es zur Vermeidung eines Widerspruchs nötig, daß dieses Etwas nicht zugleich und in derselben Hinsicht als sauer bezeichnet wird. Das leistet der vorgelegte Satz aber nicht; denn nicht süß zu sein heißt noch nicht, daß dasselbe Etwas sauer sein muß, daß also mit nicht süß wirklich das konträre Gegenteil impliziert ist. Der Satz scheint bei dieser Lesart deshalb vielmehr das zu bestätigen, was sich bisher ergeben hat: Kann er das nicht ausschließen, was mit ihm eigentlich ausgeschlossen werden soll, so impliziert er, daß es zur Bestimmung von etwas gehört, (auch) Prädikate so zu beschreiben, daß sie in ihrer Bestimmung ihren Unterschied von anderem an sich haben, da sonst die vorgeschlagene Alternative im Kontext der Bestimmtheit (süß; nicht süß) als Bestimmung unbestimmt (weil nur auf sich – tautologisch – bezogen) bleibt: Süß ist Nicht-sauer-Sein. In diesem Fall greift aber gerade die schon vorgelegte Reflexion, daß mit der Identität von Süß und im Festhalten dieser Identität aufgrund des Unterschieds der Unterschied an sich als das konträre Gegenteil (sauer) und umgekehrt gesetzt ist, so daß sich eine in sich widersprüchliche unmittelbare Identität als in sich gegensätzlich reflektierte ergeben hat.

Damit mündet die Analyse und Kritik des Satzes vom ausgeschlossenen Dritten in den vorgestellten Inhalt, der als Grund apostrophiert wurde.

Ein Verteidiger dieses Verstandesgesetzes könnte nach Hegel nun einwenden, daß diese Interpretation eine absurde Mißdeutung sei. Wollte man den angegebenen Satz recht verstehen und die obige Karikatur seines Inhaltes bloßstellen, müßte man seine Implikation als seine eigentliche Aussage und Betonung seiner ursprünglichen Absicht darlegen: Daß etwas entweder A oder Nicht-A ist, beinhalte nämlich, daß es nichts *Drittes* gäbe, das weder A noch nicht-A ist. Umgekehrt heißt das: Weil alles bestimmt ist, kann es kein Drittes geben, das gegen den Gegensatz – A und Nicht-A zu sein – gleichgültig ist. Kann es kein Etwas geben, das aufgrund seiner Bestimmung gegen diesen Gegensatz gleichgültig ist, dann ist keine Aussage zulässig, in der für ein bestimmtes Etwas Gegensätzliches – A und Nicht-A zugleich – behauptet wird, so daß dadurch die nun mehrfach genannte Intention des Satzes als Denkgesetz gewahrt wäre.

Aber nach Hegel scheitert selbst diese subtile Verteidigung an dem Punkt, der bereits im Rahmen der ersten Kritik dieses Verstandesgesetzes vorgetragen wurde: Wird alles als bestimmt ausgegeben, so daß kein Widerspruch im Sinne des A und zugleich Nicht-A für es in Anschlag gebracht werden kann, ist das Etwas selbst der Maßstab, der von sich her das A-und-nicht-A-Sein nicht zuläßt. Tritt das Etwas bzw. alles als vorausgesetzt Bestimmtes damit als dasjenige auf, an dem sich das A-und-nicht-A-Sein *nicht* findet, ist der Gegensatz doch an ihm: Zu behaupten, daß der Gegensatz von A-und-nicht-A-Sein nicht an ihm ist, setzt nämlich voraus, daß dieser als *nicht* an ihm feststellbarer feststellbar sein muß: Indem der Gegensatz von dem Etwas ferngehalten werden soll, kann er nur so ferngehalten werden, daß, indem er ferngehalten wird, er (im Sinne eines Retorsionsargumentes) als Gegensatz am Etwas ist.

Damit kulminiert aber auch die zweite versuchte Verteidigung des Verstandesgesetzes vom ausgeschlossenen Dritten nicht nur in der bereits skizzierten Einsicht, sondern über die in zweifacher Hinsicht vorgetragene Kritik an der benannten Verstandesreflexion läßt sich – entsprechend der Grundsatzthese dieses Beitrages – auch zeigen, inwiefern diese Reflexion zum Verständnis des Wesens als Grund beiträgt: Kann das vorausgesetzt bestimmte Etwas den Gegensatz von A-und-nicht-A-Sein nur abwehren, indem es ihn so an sich hat, daß es zugleich von ihm unterschieden werden kann, dann ist die vorausgesetzte Identität des Etwas als Grund dieses Unterschieds die Aufhebung dieser Voraussetzung in die Einheit des A-und-nicht-A-Seins, in die diese Bestimmtheit so eingegangen ist, daß sie gleichzeitig nicht von ihm unterschieden ist; denn anders als in der Bestimmung des A-und-nicht-A-Seins ist nicht von diesem Etwas zu reden. Diese Bestimmung ist als solche aber nach dem Ergebnis der ersten kritischen Stellungnahme zum Satz des ausgeschlossenen Dritten selbst so bestimmt, daß sie als Alternative eines Prädikates (süß oder nicht süß) unterbestimmt ist und zu ihrer wirklichen Bestimmtheit der Rekurs auf ihr Anderes notwendig ist. Ergibt sich damit aufgrund des dargestellten wechselseitigen Inklusionsverhältnisses der Prädikate eine Bestimmtheit als einfache Identität, die die reflektierten Gegensätzlichkeiten in sich enthält, dann sind durch diese zweifache Kritik am vorgestellten Denkgesetz mit ihren soeben skizzierten Einsichten die beiden Seiten des Grundes genannt, die Hegel als dessen Bestimmung anführt:

„Insofern von der Bestimmung aus, als dem Ersten, Unmittelbaren zum Grunde fortgegangen wird, (durch die Natur der Bestimmung selbst, die durch sich zu Grunde geht,) so ist der Grund zunächst ein durch jenes Erste bestimmtes. Allein diß Bestimmen ist einestheils als Aufheben des Bestimmens die nur wiederhergestellte, gereinigte oder geoffenbarte Identität des Wesens, welche die Reflexionsbestimmung *an sich* ist; – anderntheils ist diese negirende Bewegung als Bestimmen erst das Setzen jener Reflexionsbestimmtheit, welche als die unmittelbare erschien, die aber nur von der sich selbst ausschliessenden Reflexion des Grundes gesetzt und hierin als nur Gesetztes oder Aufgehobenes gesetzt ist." (II 291 f./TW6, 81)

Zunächst wird hier von Hegel die in diesem Beitrag eingeschlagene Vorgehensweise und über diesen Umweg auch die vorgetragene Grundsatzthese bestätigt. Stellt sich die Kategorie des Grundes als Resultat der Überlegungen zur Bestimmung ein, dann ist nicht nur der hier dargelegte Zugang über das Bestimmungswissen der methodisch adäquate Weg zur Beschreibung des Grundes, sondern die Reflexion des Bestimmungswissens ist auch inhaltlich der Grund des Grundes. Wird dieses Bestimmungswissen aber über die Kritik der gängigen Verstandesgesetze in den Grund überführt, ist sowohl die Grundsatzthese dieses Beitrages bestätigt als auch die inhaltliche Bestimmung des Grundes gewonnen. Konkret heißt dies, daß der letzte Stand des Bestimmungswissens so zur Bestimmung des Grundes gehört, daß der Grund die eine Identität ist, die aus dem gegensätzlichen Implikationsverhältnis der Bestimmungen (wie am Beispiel des Baumes und der Blume bzw. als erste Kritik am Satz des ausgeschlossenen Dritten dargelegt) herkommt: Die Identität des Wesens als Grund ist einerseits die Einheit der Reflexionsbestimmungen an sich, in die das Bestimmungswissen zurückgegangen ist.

Andererseits ist diese Identität des Grundes selbst als unmittelbare Einheit gegensätzlicher Bestimmungen nur aus der Reflexion dieser Gegensätzlichkeiten hervorgegangen, so daß sie als unmittelbare Einheit durch diese Reflexion erst selbst bestimmt ist und als von ihr (gemäß der ersten Reflexion) unterschiedene Einheit ihres Grundes nur in der reflexionstheoretischen Gegensätzlichkeit besteht: Daß etwas nicht A und Nicht-A sein kann, bedeutet nur, daß dieses Etwas diese Bestimmtheit *an ihm haben muß*, sonst könnte es ja gerade nicht von ihr unterschieden werden; denn nicht mit dem Widerspruch belastet und von ihm unterschieden zu sein, ist eben mit der Tatsache identisch, daß das Etwas als von ihm Unterschiedenes gerade im Unterschied den Widerspruch zu seiner Bestimmung hat.

2. Die Entwicklung des Grundes zur Existenz

Nimmt man die Auskunft zum Grund als Resultat der Reflexion zum Bestimmungswissen an, fragt man sofort, warum Hegel diese Einsicht als

Grund (näherhin als absoluten Grund) bezeichnet. Gebraucht man nämlich den Begriff Grund, hat man doch eine Relation von zweien unterstellt, in deren Kontext die eine Entität das Begründete, die andere der Grund ist, die sich beide so unterscheiden, daß sie in derselben Hinsicht (des Unterschieds) identisch sind, da sonst der Grund nicht der Grund des Begründeten wäre.

Demgegenüber scheint Hegel aber etwas als Grund zu bezeichnen, das als Resultat der widersprüchlichen Reflexionsbestimmungen eine von ihnen separierte Identität bezeichnet, die zugleich nicht anders denn durch sie bestimmt ist, so daß nicht einsichtig ist, wie dieses Ergebnis mit den Vorstellungen zum Grund zusammengeht: Ist der Grund die eine der beiden in Beziehung stehenden Entitäten, dann kann der Grund doch nicht zugleich die (übergreifende) Entität sein, die die Reflexionsbestimmungen in sich faßt und durch sie gekennzeichnet ist.

Ein erster Hinweis zur Lösung dieser Schwierigkeit geht von dem Attribut *absolut* selbst aus: Wird der Grund absolut genannt, heißt dies, daß der Grund – ähnlich dem Unterschied – nur dadurch Grund ist, daß er, indem er als vom Begründeten Unterschiedenes und durch dessen Nichtsein bestimmt ist, selbst aufgehoben ist: Wie die Erklärung des Unterschieds den Unterschied selbst dadurch aufhebt, daß die Verneinung des Anderen die Verneinung des Unterschieds selbst ist, so ist der Grund als Nichtsein des Begründeten die Verneinung dessen, was er selbst ist. Hegel nennt dies *selbstbezügliche Negativität*: Hängt die Bestimmtheit des Grundes als Grund vom Vorhandensein eines Begründeten ab und kann man den Grund (gemäß dem Bestimmungswissen) nur in dieser Weise als Nichtsein des Begründeten bestimmen, dann gibt es den Grund nur so, daß er sich als Verneinung des Begründeten selbst verneint; als *Nicht*-das-Begründete-Sein ist der Grund *nicht* (zwangsläufig) Grund, weil er in der vorgelegten Form der Bestimmung (als Nichtsein des Begründeten) nur vom Begründeten her und nicht von ihm selbst und seiner Relationalität her erklärt wird.

Daß Hegel diese Überlegung mit dem Attribut *absolut* qualifiziert, liegt also daran, daß der Grund selbst durch diese Reflexion die ihm eigene Relationalität auf das Begründete verloren hat und im Ergebnis gerade nicht mehr von sich aus ins Verhältnis gesetzt ist, sondern absolut, an sich, als Grund (und eigentlich im Ausschluß des Begründeten) zu bestimmen versucht wurde.

Ist diese Einsicht die allgemeinste Einsicht, wenn man an die Kategorie des Grundes herangeht, so verbleibt sie als Erkenntnis zum Grund doch im härtesten Widerspruch zum einen zum Grund selbst, der sich als Grund annihiliert hat, und zu dem, was zum anderen die verständige Reflexion als Inhalt des Grundes vorstellt: Daß die Rede vom Grund als Grund widersprüchlich erscheint, der Grund als selbstbezügliche Negativität, als das Nicht-das-Begründete-Sein doch gerade nicht der Grund ist, ist dabei aber nur der Verstandesreflexion geschuldet, weil der Widerspruch im Grund als der Reflex der Vorstellung gedeutet werden kann, die den Grund als einen Pol der Begründungsrelation selbst identifiziert, der Grund sich selbst also nur widerspricht, weil und insofern er nicht den Gesetzen der Vorstellung gemäß auftritt.

Man könnte deshalb fragen, ob der Widerspruch im Kontext der Kategorie des Grundes von der Vorstellung abhängt, die damit als Instanz der Kritik der vorgestellten Überlegungen auftritt.

Daß die Vorstellung aber gar nicht bemüht werden muß, um den Grund in seiner Selbstwidersprüchlichkeit und damit Entwicklungsbedürftigkeit zu generieren, muß dadurch gezeigt werden, daß der Selbstwiderspruch des Grundes an sich mit dem Ergebnis zu den Reflexionsbestimmungen übereinstimmt und damit eine Relation von Grund und Begründetem im Kapitel des Grundes selbst denkbar wird. So läßt sich dann die vorstellungsspezifische Konnotation zum vorgestellten Inhalt (Grund) – entsprechend der These des Beitrages – als Kritik und Aufhebung verstandesmetaphysischer Reste verstehen, die als reflektierte Beschreibung des Wie wesentlicher Verhältnisse in die logische Entwicklung (des Wesens selbst) einordenbar ist:

„Die Reflexionsbestimmungen sollten [zunächst] ihr Bestehen an ihnen selbst haben und selbstständig seyn; aber ihre Selbstständigkeit ist ihre Auflösung; so haben sie dieselbe an einem andern; aber diese Auflösung ist selbst diese Identität mit sich oder der Grund des Bestehens, den sie sich geben." (II 295/ TW6, 85 f.)

Wurde im Rahmen des Bestimmungswissens erläutert, daß die Bestimmungen von etwas als selbständige Bestimmungen von etwas ihre Selbständigkeit aufheben, so sind sie nur sie selbst (aufgrund ihrer Bestimmtheit) in der (einer) Einheit mit ihrer gegensätzlichen Bestimmtheit. Damit ist *die Reflexion* in gewissem Sinn aber an ihr Ende gelangt, sie hat sich selbst zugrunde gerichtet, insofern die Widersprüchlichkeit der Bestimmungen zu einem widersprüchlichen Etwas führt, das selbst nichts Konkretes (kein Seiendes) ist, das sich aber dem grundsätzlichen Bestimmungswissen verdankt:

Daß das Wesen (*selbst*) als Grund Substrat ist, heißt dann, daß die in der konkreten Bestimmung als reziprok (widersprüchlich) erwiesenen Bestimmungen (als wesentliche Aussagen über etwas) nur sie selbst sind in ihrem

Bezug auf ihr Anderes, durch den sie ihre Unterschiedenheit von diesem Anderen so auflösen, daß sie mit diesem ihrem Anderen eine Bestimmung haben, die selbst als Einheit gegensätzlicher Reflexionsbestimmungen *unbestimmt* und *unmittelbar* – nur substrathafte Potentialität von Bestimmtheit als Integration gegensätzlicher Bestimmungen – ist, so daß sie genau darum mit dem Begriff Wesen belegt wird.

Daß das Wesen als Grund auch Reflexionsbestimmung (und damit eine Beschreibung des Wie des Wesens) ist, heißt dann, daß die Reflexion die Gegensätzlichkeit ihrer Bestimmtheiten als Einheit so festhält, daß sie in ihrem Bestimmungswissen nicht mehr weiter kann, sie also selbst so beendet ist, daß sie ihren eigenen Grund erreicht hat, so daß sämtliche wechselseitigen Bestimmungsverhältnisse (auch die gängige Reflexion auf die Unterscheidung von Grund und Begründetem als reziproken Reflexionsmomenten) aufgehoben sind. Als Grund der *Reflexionsbestimmungen* ist der Grund aber nicht das Dunkel, in dem alle Kühe schwarz sind, sondern er ist das Nicht-mehr-Sein der Reflexion, der im Gegenüber zu ihr seine eigene Bestimmtheit hat, so daß er als Grund nur genau in diesem seinem Gegenübersein (als Einheit der Widersprüchlichkeit der Reflexion in sich) unbestimmt und unmittelbar mit ihr identisch ist. Ist die Unbestimmtheit des Grundes aber damit nicht die eines numinosen Wesens, dann hat der Grund als Einheit der Reflexion die Reflexion an sich: Als Nicht-Sein der Reflexion *ist* der Grund als das von ihr (scheinbar) Unterschiedene (das *Nicht*-Sein der Reflexion) gerade *nicht*. Er ist die selbstbezügliche Negativität, die die Reflexion von sich auszuschließen (als terminus technicus von Hegel: *ausschließende Reflexion*) scheint, im Ausschluß ihrer aber auf sie bezogen ist.

Betrachtet man also den Punkt, an dem sich die Reflexionsbestimmungen aufgelöst haben – gerade hinsichtlich ihrer Auflösung – als ihre widersprüchliche Einheit, dann ist diese Einheit, insofern ihre Bestimmtheit von den Reflexionsbestimmungen selbst (als Nicht-Sein) gelichen ist, nur so festzuhalten, daß deren Nicht-Sein für diesen Punkt heißt, daß sie nicht *nicht* mehr besteht. Die widersprüchliche Reflexion erweist sich als Nicht-mehr-Sein der Reflexion *nicht* unabhängig von ihr.

Genau in demselben Maß, wie die Reflexion im Zu-Grunde-Gehen ihrer Einsichten als Einheit selbstbezüglich wird, ist mit der Einsicht dieser scheinbaren Absolutheit diese(s) (Reflexions-) Grundes (an sich als selbstbezügliche Negativität) im Blick auf seine Reflexionsabhängigkeit ein anderer Gedanke verbunden: Wie der Einheitspunkt der Reflexionsbestimmungen in seiner Bestimmtheit von ihnen abhängig ist (selbstbezügliche Negation), so ist er aber *genau in dieser Hinsicht* als Einheitspunkt betrachtet (der die Reflexion absorbiert hat), d. h. als das damit unmittelbare unbestimmte Wesen, das Grund ist, von der Reflexion unterschieden: „Diß ist die absolute Wechselbeziehung der Form und des Wesens, daß dieses einfache Einheit des Grundes und des Begründeten, darin aber eben selbst bestimmt oder negatives ist, und sich als Grundlage von der Form unterscheidet, aber so zugleich selbst Grund und Moment der Form wird." (II 296/ TW6, 86)

Ist das Wesen als Resultat des Nicht-Seins der Reflexion gerade *nicht* von der Reflexion verschieden und dadurch in seiner negativen Bestimmtheit selbstbezüglich und ist es genau in dieser Selbstbezüglichkeit – als Einheit der widersprüchlichen Reflexionsbestimmungen – der Grund dieser Reflexionsbestimmungen, dann verhält es sich in seinem Grundsein (und als Einheit unterschieden von der Reflexion) zugleich als Pol und Moment der Form als ausschließender (äußerlicher) Reflexion: Hat nämlich das Wesen als Negatives die Reflexion in sich aufgenommen und ist es so als Identität der Reflexionsbestimmungen (in ihrer Bestimmtheit) ihr Grund, hat es zugleich als dieser (Einheits-)Grund, bedingt durch seine (reflexionslogische) Bestimmtheit als abgeschlossener, die Reflexion als Form gegenüber. Der Grund ist nicht nur nicht das Nicht-das-Begründete-Sein, als Negation der Reflexionsbestimmtheit, die sich jedoch erhält, er ist als dieser Einheitspunkt und als selbstbezügliche Negativität aufgrund des Ausschlusses der Reflexion ein Pol im Rahmen der Grundrelation, weil die Reflexion seine (*ihm als Einheitspunkt äußerliche*) Bestimmtheit bleibt: Der Grund ist als *Einheit* von Grund und Begründetem, d. h. als Einheit der Reflexionsbestimmtheiten zugleich so von ihnen unterschieden, daß er sie als (Einheits-)Grund an sich hat und er damit zugleich ein Pol innerhalb der dann wiederum äußerlichen Grundrelation ist. Dieses An-sich-Haben der Reflexionsbestimmtheiten des Grundes, der nur deshalb dem Begründeten gegenübertreten kann, weil er zugleich als Einheitsgrund der Reflexionsbestimmtheiten auftritt, die als negierte seiner (Einheits-)Bestimmtheit nicht zu leugnen sind, ist aber nur die eine Seite: Wie sich nämlich die Einheit der Reflexionsbestimmungen als ihr Zu-Grunde-Gehen von der Reflexion genau in diesem Punkt unterscheidet, so daß die Reflexion der Einheit äußerlich wird, so ist diese Reflexion (als äußerliche) ihrerseits bezogen auf diese Einheit. Die Reflexion ist nämlich nur Reflexion als Nichtsein der Einheit und als dieses Nichtsein ist sie nicht mehr bloß Form an der Einheit, sondern selbstbezügliche Formeinheit. Hegel verhandelt diese Beziehung des selbstbezüglichen Wesens, das sich von der Form unterscheidet, und der ihrerseits aufgrund dieses Wesens selbstbezüglichen (negativen) Einheit der Form, die sich als solche vom Wesen unterscheidet, unter den Stichworten Form und Materie bzw. Form und Inhalt.

Wird dieser Übergang vom Bestimmungswissen zum Grund als logikinterner akzeptiert, scheint die Entwicklung des Grundes als Gang des Kapitels der Logik vom herausgebildeten Inhalt her selbstverständlich: Stehen sich das Wesen als Einheit der gegensätzlichen Reflexionsbestimmtheiten und die Form als aufgrund der Einheit des Wesens von ihm unterschiedene Form gegenüber, die ihrerseits als Form in ihrer negativen Beziehung auf das Wesen selbstbezüglich ist, dann gibt die wechselseitige reflexionslogische Bestimmung der Kategorien, die als *unterschiedene das Andere an sich haben*, das Paradigma für den Verlauf des Wesens als Grund ab: Daß das negativ selbstbezügliche Wesen und die negativ selbstbezügliche Form jeweils aufgrund ihrer eigenen nur gegensätzlichen Bestimmtheit (als Nicht-Sein des Anderen, das sie selbst *nicht* sind, so daß sie das Andere an sich haben) gerade in ihrer Gegensätzlichkeit nur eine Bestimmtheit (eine Einheit) sind, die als negativ selbstbezügliche das andere an sich haben und so das Ganze sind, bedeutet für das Wesen als Grund, daß der Grund, bedingt durch diese prinzipielle Einsicht, zunächst der *formelle Grund* ist.

„Hienach ergibt sich, daß im bestimmten Grunde [als Betitelung des formellen Grundes; G. K.] diß vorhanden ist: *erstens*, ein bestimmter *Inhalt* wird nach *zwey Seiten* betrachtet, das einemal insofern er als *Grund*, das andremal insofern er als *Begründetes* gesetzt ist. Er selbst ist gleichgültig gegen diese Form; er ist in beyden überhaupt nur Eine Bestimmung." (II 303/TW6, 96 f.)

Besteht die Formalität des Grundes darin, daß er – wie die gegensätzliche Einheit des Wesens und der Form als negativ selbstbezügliche und so einen Inhalt repräsentierende – nur zureichender Grund ist, wenn die beiden Seiten des Grundes *einen* Inhalt haben, weil sie als Pole nur sie selbst sind, indem sie das Andere an sich haben und damit jeweils das Ganze sind, so ist diese Einheit beider als Einheit gegen ihren Unterschied gleich-gültig, der im *realen Grund* wieder hervortritt. Als *eine* Bestimmtheit sind Grund und Begründetes nur, wenn sie als gegeneinander Bestimmte (negativ Selbstbezügliche) eins sind, da das Nichtsein des je anderen als Bestimmtheit des einen nicht seine Bestimmtheit ist. Haben damit das eine und das andere die Bestimmtheit des korrelativ anderen an sich, so sind sie durch diese Bestimmtheit auch voneinander verschieden: Ist der Grund nicht Grund als das Nicht-das-Begründete-Sein und umgekehrt, so sind beide zwar *eine* Bestimmtheit, weil sie an sich das andere haben, sie sind aber zugleich auch voneinander unterschieden.

Daß die selbstbezügliche Negativität als Unterschiedenheit von Grund und Begründetem nicht das letzte Wort über den Grund ist, legt die Rede von beiden Bestimmtheiten in ihrer realen Relation zueinander selbst nahe: „Im realen Grunde sind der Grund als Inhalt, und als Beziehung, nur *Grundlagen*. Jener ist nur *gesetzt* als wesentlich und als Grund; die Beziehung ist das *Etwas* des Begründeten, als das unbestimmte Substrat eines verschiedenen Inhalts, eine Verknüpfung desselben, die nicht seine eigene Reflexion, sondern eine äusserliche und somit nur eine gesetzte ist." (II 312/ TW6, 109)

Mit dem *realen Grund* sind demnach für Hegel die Grundlagen einer Grundbeziehung vorhanden, die im weiteren Verlauf nur verknüpft werden müssen: Sind nämlich Grund und Begründetes als negativ selbstbezügliche aufgrund ihrer Bestimmtheit voneinander zu unterscheiden, bilden sie dennoch eine Grundbeziehung, einen Inhalt, weil jedes der Beziehungsglieder das andere an sich hat. Indem aber dieser eine Inhalt vom Grund und dem Begründeten als Relationsgliedern (wie sich über den *formellen Grund* hinaus schon ergeben hat) von den genannten Polen selbst abhängig ist, liegt der eine Inhalt in einem unbestimmten *Etwas*, das die Relationsglieder verbindet. Daß *Etwas* im Grund und Begründeten ist, was sie zu dem macht, was sie sind, ist nur der Ausdruck davon, daß der eine Inhalt von beiden noch unbestimmt ist und das *Etwas* noch eine äußerliche Reflexion zum eigentlich Grund und Begründetes verknüpfenden Inhalt ist. Ist der eine Inhalt der Grundbeziehung einerseits vom Unterschied zwischen Grund und Begründetem abhängig und ist das *Etwas* andererseits der festgehaltene Unterschied, der zugleich die Unterschiedenen aufeinander bezieht, dann ist dieses *Etwas* seinerseits nur Form oder Moment (äußere Reflexion) der Grundbeziehung des einen Inhaltes selbst: Es ist von diesem einen Inhalt, daß es sich also um eine (formelle) Grundbeziehung überhaupt handelt, abhängig.

Damit ist der *reale Grund* in den *vollständigen Grund* übergegangen, weil sowohl der Grund als Inhalt einer Grundbeziehung als auch der Grund als Beziehung nur sie selbst sind, indem sie ihre Reflexion-in-sich nur (wechselseitig) durch ihre Reflexion-in-Anderes sind, so daß sie als Momente selbst in ihren Grund zurückgegangen sind und von einem (*vollständigen*) Grund nur geredet werden kann, wenn beide Momente in einem Grund im Blick auf einen vorausliegenden (realen) und unvollständigen Grund berücksichtigt werden. Nach der Analyse des *realen Grundes* gehört also zum Grund, daß der grundsätzlich (für eine Grundrelation gemäß dem *formellen Grund* konstatierte) eine Inhalt als von Grund und Begründetem (im *realen Grund*) abhängiger und das damit behauptete identische Verschiedensein von Grund und Begründetem in einem ganz bestimmten *Etwas* (einer Hinsicht) unmittelbar für und mit dem Grund selbst identifiziert werden müssen, wenn denn die Kategorie *Grund* vollständig zur Sprache gebracht werden soll. Daß eine solche Identifikation möglich ist (das Wesen Grund ist) und wie sie möglich ist, scheint zunächst durchaus nicht unproblematisch zu sein: Daß man z. B. als Grund für die Strafe als justiziables Element einer Gesellschaft die Vergeltung anführt, abstrahiert zwar in der Nennung dieses Grundes von der Tatsache, daß für die Strafe auch die Abschreckung, die Besserung etc. als Gründe dienen können, bzw. von der Frage, ob die Strafe (als Begründetes) denn damit zureichend begründet ist; indem aber dieser eine Inhalt (als formeller Grund) den Unterschied zu diesen anderen Gründen an sich trägt (andere Gründe als Gründe für dasselbe Begründete auftreten), ist er ein bestimmter (realer) Grund, ein bestimmtes *Etwas*, das als Grund angegeben wird, das aber gerade mit anderen Gründen (und dem Begründeten) vermittelt werden müßte, soll seinem eigenen Grundsein entsprochen werden. Die Vergeltung muß sich als Grund so gegenüber anderen Gründen ausweisen, daß sie als Grund für das von ihr Unterschiedene, die Strafe, einsichtig wird.

Hegel verhandelt diese Problematik unter dem Thema *Die Bedingung*: „Die Grundbeziehung in ihrer Totalität ist somit wesentlich *voraussetzende* Reflexion; der formelle Grund setzt die *unmittelbare* Inhaltsbestimmung voraus, und diese als realer Grund setzt die Form voraus. Der Grund ist also die Form als unmittelbare Verknüpfung; aber so, daß sie sich von sich selbst abstößt, und die Unmittelbarkeit vielmehr voraussetzt, sich darin auf sich als auf ein anderes bezieht [...]. So hat sich die totale Grundbeziehung zur *bedingenden Vermittlung* bestimmt." (II 314/ TW6, 112)

Daß demnach der Grund nur Grund ist, wenn er im Grund und im Begründeten als ein unmittelbar identischer Inhalt auftritt und dabei zugleich der Unterschied (die Form der Unterscheidung als Beziehung) zwischen beiden (bzw. die Absetzung eines Grundes von anderen Gründen) als unmittelbar im Grund verknüpfter nicht überspielt ist, bedeutet für das Grundsein des Grundes, daß in jeder dieser Reflexionsstufen des Grundes unterschiedliche Voraussetzungen gemacht werden: Muß der Grund als Grund damit nicht nur einen Inhalt voraussetzen (formeller Grund), sondern auch den Unterschied zwischen Grund und Begründetem (realer Grund), um Grund zu sein, dann ist die Einheit dieser Voraussetzungen seine Bestimmtheit, die er sich als seine Bedingung gibt, ohne die er selbst nämlich nicht Grund wäre. *Der Grund* ist damit selbst *voraussetzende Reflexion*, weil von ihm selbst her (als Grund) die Bedingungen (als Einheit seiner Bestimmtheiten) benennbar sind, die als *conditio sine qua non* von

Gründen formuliert werden können. Insofern ist für die Grundbeziehung festzuhalten, daß sie als Reflexion (und Wie des Wesens) unmittelbare Bedingungen für den Grund fixiert, so daß er selbst sich als durch seine unmittelbaren Voraussetzungen bedingt vermittelter erweist. Der Grund ist damit gerade nicht mehr, wie noch im Rahmen der Grundbeziehung angenommen, selbst die behauptete unmittelbare Verknüpfung seiner und des Begründeten, er ist vielmehr in seiner Bestimmtheit von seinen unmittelbaren Voraussetzungen abhängig, so daß er nur in diesen Voraussetzungen (im Anderen) er selbst ist.

Damit ist aber für das Verhältnis von Grund und Bedingung das eingetreten, was sich innerhalb des Grundes selbst schon beobachten ließ: Konnte das Wesen nur als Grund bestimmt werden, indem der Grund als Reflexionsbestimmung (und Wie des Wesens) in der Form des formellen bzw. des realen oder des vollständigen Grundes die Wesentlichkeit des Grundseins des Wesens vermittelte, so kann das, was nun als wesentliches Ergebnis zum Grund festgehalten wurde – seine Bedingtheit durch die Voraussetzung der reflektierten Einheit und des Unterschieds von Grund und Begründetem – ebenfalls nur unter der Ägide der Form vom Grund selbst her (als Bedingung seiner) ausgesagt werden. Daß der Grund die genannten Bedingungen an sich selbst hat, er selbst nur Grund unter diesen unmittelbaren Voraussetzungen ist, heißt nichts anderes, als daß *die Unmittelbarkeit der Bedingungen der inhaltliche Maßstab* dafür ist, daß der Grund formell Grund ist. Die Bedingung ist damit „so ein unmittelbares, daß sie die *Voraussetzung* des Grundes ausmacht. Sie ist in dieser Bestimmung die in die Identität mit sich zurückgegangene Formbeziehung des Grundes, hiemit der *Inhalt* desselben" (II 315/TW6, 113).

Hing das, was es über den Grund zu sagen gibt, zunächst ausschließlich von der Form der Reflexion ab, so hat sich nun im Ergebnis herausgestellt, daß mit der Analyse der Grundrelation die inhaltlichen Bedingungen als Voraussetzungen des Grundes selbst offengelegt sind, so daß aus der Formbeziehung des Grundes, der Reflexion, wie ein Grund Grund ist, ein Inhalt – die Bedingung des Grundes – benannt werden kann, den die formelle Reflexion (zum Grund) zur Absicherung ihres Ergebnisses benötigt.

Für die Relation des Grundes (als formelle Grundrelation nach den Seiten ihrer Formalität, der Realität und der Vollständigkeit des Grundes) zu seinen Bedingungen bzw. umgekehrt wiederholt sich damit aber in ihrer jeweiligen Bestimmtheit das, was bereits aus der Charakteristik des Bestimmungswissens zu Beginn dieses Beitrages bekannt ist: Wie die entsprechende Bestimmtheit von Baum und Blume (das jeweils Nicht-das-andere-Sein) als Bestimmung eines Etwas auf *sein* Anderes hinweist, so impliziert die Benennung der inhaltlich bestimmten Bedingungen des Grundes den Grund selbst, der seinerseits als formelle Reflexion und vollständige Zusammenfassung seiner formellen und realen Begründungsfunktion auf die Bedingungen als seinen Inhalt verweist.

Indem aber sowohl das (von Hegel sogenannte) *relativ Unbedingte* der Bedingungen als auf den Grund bezogener – und deshalb relativ – unbedingter (ausschließlicher) Inhalt des Grundes den Grund selbst an sich hat als auch der Grund als formelle Reflexion seinen Inhalt (der Bedingungen) generiert und sie damit ebenfalls an sich hat, sind der Grund und die Bedingungen (als Form und Inhalt des Grundes) zwei Seiten einer reflektierten Einheit.

„Diese, der eine Inhalt und Formeinheit beyder, ist das *wahrhaft Unbedingte*; *die Sache an sich selbst*." (II 318/ TW6, 118)

Daß die von Hegel bis dato beschriebene Bewegung der immer wieder erneuerten Differenzierungen von Form und Inhalt (Reflexion und Einheit der Reflexionsbestimmungen als deren Zu-Grunde-Gehen) auf verschiedenen Ebenen im Rahmen der Reflexion des Wesens als Grund an diesem Punkt – wie Hegels eigene Formulierung insinuiert – an ein Ende zu kommen scheint, liegt an der zu ihrem Abschluß gekommenen Reflexion des Grundes selbst: Sind vom Grund die Bedingungen seines Grundseins für und von ihm selbst als Wesen her vollständig formuliert, dann ist eine Sache an sich, welche auch immer das ist, unbedingt (für und aus sich selbst) erklärt. Kann man nämlich zu einer Sache die Gründe nennen, die sie inhaltlich als Bedingungen bestimmen, gibt es nichts mehr, was es außerhalb dieser Bedingungen und Gründe zur Sache noch beizutragen gäbe, um sie verständlich zu machen. Gibt es aber keinen sozusagen noumenalen Wesensrest, der die Sache jenseits ihrer Bedingungen und Gründe bestimmt, kann keine Differenz zwischen der Sache und einer reflektierten Aussage über sie (kein Unterschied zwischen Form und Inhalt) mehr gemacht werden, so daß eine Auskunft über die Sache als vorläufige oder bedingte einzustufen wäre, die weiter als Aussage über die Sache präzisiert werden müßte. Attestiert man deshalb einer Aussage über eine Sache umgekehrt, daß sie als letztgültige, die Sache (an sich) selbst erschöpfende (unbedingte) gilt, dann bedeutet dies, daß man alle Ansichten der Sache so kennt, daß man ihre inhaltlichen Bedingungen und Gründe benennen kann und man in der Lage ist, eine vermittelnde Zuordnung der Bedingungen und der Gründe so vorzunehmen, daß die Sache in ihrer unmittelbaren Existenz erklärt ist.

„Diese durch Grund und Bedingung vermittelte, und durch das Aufheben der Vermittlung mit sich identische Unmittelbarkeit ist die *Existenz*." (II 322/ TW6, 123)

Literatur

Hackenesch, Christa 2000: Die Wissenschaft der Logik. In: H. Drüe/A. Gethmann-Siefert/ C. Hackenesch/W. Jaeschke/W. Neuser/H. Schnädelbach (Hg.): Hegels „Enzyklopädie der philosophischen Wissenschaften" (1830). Ein Kommentar zum Systemgrundriß. Frankfurt a. M., 87–138.

Hansen, Frank-Peter 1997: G. W. F. Hegel: „Wissenschaft der Logik". Ein Kommentar. Würzburg.

Iber, Christian 1990: Metaphysik absoluter Relationalität. Eine Studie zu den beiden ersten Kapiteln von Hegels Wesenslogik. Berlin/New York.

Kruck, Günter 2000: Moment und Monade. Eine systematische Untersuchung zum Verhältnis von G. W. Leibniz und G. W. F. Hegel am Beispiel des Fürsichseins. In: A. Arndt/Ch. Iber (Hg.): Hegels Seinslogik: Interpretationen und Perspektiven. Berlin, 215–234.

Leibniz, Gottfried Wilhelm ²1982: Vernunftprinzipien der Natur und der Gnade. Hg. v. H. Herring. Hamburg.

Rohs, Peter 1969: Form und Grund. Interpretation eines Kapitels der Hegelschen Wissenschaft der Logik. Bonn.

Schick, Friedrike 2000: Absolutes und gleichgültiges Bestimmtsein – Das Fürsichsein in Hegels Logik. In: A. Arndt/Ch. Iber (Hg.): Hegels Seinslogik: Interpretationen und Perspektiven. Berlin, 235–251.

Schmidt, Klaus-Jürgen 1997: G. W. F. Hegel: „Wissenschaft der Logik – Die Lehre vom Wesen". Ein einführender Kommentar. Paderborn.

Schmitz, Hermann 1992: Hegels Logik. Bonn/Berlin.

Stekeler-Weithofer, Pirmin 1992: Hegels Analytische Philosophie. Die Wissenschaft der Logik als kritische Theorie der Bedeutung. Paderborn.

Wölfle, Gerhard Martin 1994: Die Wesenslogik in Hegels „Wissenschaft der Logik". Versuch einer Rekonstruktion und Kritik unter besonderer Berücksichtigung der philosophischen Tradition. Stuttgart-Bad Cannstatt.

Félix Duque

Die Erscheinung und das wesentliche Verhältnis

1. Eine Reise ins Zentrum der Hegelschen Logik

Wie kaum ein anderer Denker hat Hegel dazu beigetragen, die noch heute üblichen philosophischen Disziplinen unserer geisteswissenschaftlichen Fakultäten zu etablieren. Paradoxerweise hat er, ebenfalls wie kaum ein anderer Denker, die Terminologie und den Inhalt dieser Fächer grundlegend umgestaltet. Das gilt insbesondere für die Logik. Tatsächlich ist es für einen durchschnittlichen, sogar für einen ausgebildeten Leser eine schockierende Erfahrung, in einem Text, dessen anspruchsvoller Titel „Wissenschaft der Logik" lautet, Ausdrücke wie etwa *Knotenlinien, Erscheinung, sinnliche Welt, Kraft* oder *Leben* vorzufinden. Schon der vielleicht begabteste Gegner des Hegelianismus im Bereich der *Logik*, der „neuaristotelische" Adolf Trendelenburg, verbannte diese seltsamen Entitäten (die er als empirische bzw. naturwissenschaftliche Begriffe betrachtete) aus dem logischen Bereich und schlug vor, sie vielmehr an ihren herkömmlichen Ursprungs-Ort zurückzuversetzen (Trendelenburg 1840; I, 78). Dieses Unbehagen, erzeugt vom vermeintlichen Einbruch fremden Inhalts in die Logik, ist allerdings nicht allein Hegels Gegner zueigen. Klaus Hartmann, der mit Recht als einer der bekanntesten Interpreten von Hegel galt und dessen ausführlicher Kommentar zur Hegelschen Logik postum erschienen ist, verwarf z. B. Hegels Mischung von metatheoretischen Ausdrücken, wie etwa *Grundbeziehung, Grundlage* oder *Gesetztsein* mit anderen Themen, die ihm zufolge zu einer „regionalen Ontologie" gehören – wie z. B. *Nord-* bzw. *Südpol* usw. Darüber hinaus findet er es „natürlich grotesk, einen Inbegriff von Gesetzen mit der Welt zu konfrontieren [...] so als seien es gleichartige Relata" (Hartmann 1999, 237).

Selbstverständlich betreffen diese Kritiken das Verständnis des globalen Sinnes der Philosophie Hegels und d. h. der einzigartigen Beziehung der Logik, nicht nur zur Metaphysik oder zur Erkenntnistheorie, sondern auch zum ganzen Spektrum der besonderen Wissenschaften. Ich werde mich auf die Bemerkung beschränken (s. Duque 1996), daß die von Hegel lebenslang verfolgte Wissenschaft, seine *zetoumene epistêmê* also, nicht nur eine scharf kritische Darstellung der Metaphysik darbietet, sondern m. E. auch als deren Aufhebung gesehen werden sollte, und zwar nicht durch eine Reduktion des „Wirklichen" auf „das Logische", sondern kraft einer doppelten wechselseitigen Grundoperation: Einerseits liefert das reine Denken eine streng gesetzmäßige Rechtfertigung des Status und der Beständigkeit dessen, was normalerweise als Wirklichkeit angenommen wird; andererseits aber ist von der Wirklichkeit, welche ihre Ansprüche gegenüber einem zunächst als abstrakt gesehenen Denken geltend machen soll, das Denken selbst auf die Probe gestellt, und dies nicht nur, um seine objektive Gültigkeit zu beweisen, wie etwa bei Kant in der „transzendentalen Deduktion", sondern um sich selbst mit den „objektiven Gedanken" zu identifizieren, welche „die *Wesenheiten der Dinge* ausdrücken" (Enz I § 24). Was den Gebrauch von empirischen Ausdrücken in der Philosophie betrifft, so hatten schon sowohl Herder in seiner *Metakritik* als auch Kant in der *Kritik der Urteilskraft* darauf aufmerksam gemacht, daß die wichtigsten Wörter der Philosophie bzw. der Wissenschaft, ungeachtet ihrer „technischen", durch genaue Definition gewonnenen Bedeutung, einen empirischen Ursprung zu haben pflegen. Hegel ist jedoch noch empiristischer als seine Vorläufer und behauptet: „Nicht nur muß die Philosophie mit der Naturerfahrung übereinstimmen seyn, sondern die *Entstehung* und *Bildung* der philosophischen Wissenschaft hat die empirische Physik zur Voraussetzung und Bedingung." (Enz II § 246 A) Der Anspruch aber, daß der empirische Ursprung von einem „Etwas" ein Kriterium der rationellen Rechtfertigung und der Notwendigkeit der Gedanken liefern soll, machte es für Hegel zu einem widersinnigen Fall von *hysteron proteron*.

Er versucht keineswegs, mit seiner Logik *andere* bzw. höhere Gegenstände zu erkennen als diejenigen, die auf der Ebene des gemeinen Menschenverstandes liegen, oder gar Wahrheiten jenseits der Grundsätze der Logik und Metaphysik seiner Zeit. Er versucht vielmehr dasjenige zu *begreifen*, was sich einem schon zur Hälfte gebildeten Verstand als ein fixiertes und mit einer eigentümlichen Bedeutung versehenes Ding präsentiert, als ein „Etwas" also, das anderen Bestimmungen gegenüber gleichgültig ist, als ob z. B. eine bloße Anhäufung von Ziegeln oder anderen Materialien, mit der Aufschrift „Haus" versehen, schon ein Gebäude bilden könnte. Es ist von daher eine ebenso *logische* wie *natürliche* Tatsache, daß sich gerade die Mitte der *Wissenschaft der Logik* (wobei „Mitte" auch schon im Sinn der äußeren Gliederung des Werks zu verstehen ist, handelt es sich doch um das zweite und dritte Kapitel des zweiten Abschnitts des zweiten Buchs der *Nürnberger Logik*) an jener Grenze befindet, an der sich die wichtigsten Themen der metaphysischen (Grund und Existenz) bzw. der metawissenschaftlichen (Kraft und Äußerung) und der erkenntnistheoretischen (Gesetz und Erscheinung) Tradition in abgewandelter Form wiederholen und zugleich grundlegend verändern, an jener Stelle also, an der diese Themen aufeinander treffen und sich auflösen.

Nichtsdestoweniger muß man eingestehen, daß sich Hegel, trotz unserer Verteidigung seines Verfahrens, gerade in Bezug auf die Problematik der Erscheinung und der sogenannten „Zwei-Welten-Lehre" in Verlegenheit gebracht hat. Ihm fehlt in diesem Fall wie in kaum einem anderen die Unterstützung von seiten einer Tradition, zu deren Abbau er mit seinem Ansatz beigetragen hat. Hegels Schwanken und sein Zweifeln finden hier ihren Grund: Man beachte die zahlreichen Veränderungen und Modifizierungen, und zwar durch seine ganze Entwicklung hindurch, ausgehend von den fragmentarisch erhaltenen Vorlesungen der *Jenenser Logik und Metaphysik* (1804–05) bis hin zur letzten Ausgabe der *Enzyklopädie* (1830), oder gar bis hin zu den von Henning kompilierten Zusätzen für die Vereinsausgabe.

Betrachten wir nämlich die bedeutenden Veränderungen, die manche wichtigen Auffassungen gegenüber der *Wesenslogik* 1813 erfahren haben,[1] so erhärtet sich die Vermutung, daß die geplante neue Auflage der *Wesenslogik* noch stärker durchgearbeitet und umgestaltet gewesen wäre als diejenige der *Seinslogik*, hätte nicht ein ganz unerwarteter Tod diese und andere Entwicklungen des unermüdlichen Denkers verhindert. Da ich hier freilich nicht über genügend Raum verfüge, um entwicklungsgeschichtlich diese Abweichungen samt ihren immer neu ausgearbeiteten Nuancen zu erläutern,[2] werde ich mich darauf beschränken, den Gedankengang der

---

1 Vgl. dazu die Stellen über die „verkehrte Welt" – eine Thematik, die 1817 nur mündlich und beiläufig vorgetragen worden ist (vgl. LM ad § 82) und die nachher, also in den Berliner Vorlesungen und in der *Enzyklopädie* restlos verschwindet – oder über den Zusammenhang zwischen *Stoffen* und *Kräften*.
2 Eine sehr erweiterte Fassung dieses Essays, in der sowohl diese Variationen als auch der Einfluß anderer Autoren und die Auseinandersetzung mit denselben mitberücksichtigt werden, wird in der kommenden Ausgabe der Zeitschrift *Er* (Sevilla) veröffentlicht. Es wird derzeit auch ein vollständiger Kommentar der *Wissenschaft der Logik* im Anmerkungsapparat der spanischen Übersetzung dieses Werkes vorbereitet. Das Werk wird bei Akal Ediciones (Madrid) voraussichtlich Ende 2002 erscheinen.

schon erwähnten beiden Kapitel der *Wesenslogik* von 1813 zu analysieren und ihn in seinen philosophiegeschichtlichen Kontext zu stellen.

2. Das vollständige Herausgegangensein des Wesens

Der zweite Abschnitt und das zweite Kapitel der *Wesenslogik* tragen denselben Titel: Die Erscheinung.[3] Der Abschnitt wird eingeteilt in: 1) „Die Existenz": das Ding und seine Eigenschaften, das Problem der „Materien" (freier Stoffe) und deren Porosität (vgl. PG Kap. II); 2) „Die Erscheinung" *sensu stricto*: das Gesetz der Erscheinung, die Gegenüberstellung von sinnlicher und intelligibler Welt und die „verkehrte Welt", deren Dialektik zur Auflösung des Bereichs der Erscheinung führt; und 3) „Das wesentliche Verhältnis": das Ganze und die Teile, die Kraft und ihre Äußerung, Inneres und Äußeres. Dem Abschnitt geht die Dialektik des Grundes und der Bedingung voraus, die durch die Auseinandersetzung zwischen der Form (d. h. dem Grund im Sinne von *ratio*) und den distinkten Seinsarten des Wesens (Wesen *proprie dicta*, Materie und Inhalt) initiiert wird. Gefolgt wird der Abschnitt von der Analyse der Wirklichkeit.

„*Das Wesen muß erscheinen*", so lautet, lapidar, der erste Satz des zweiten Abschnitts der *Wesenslogik* (II 323/ TW6, 124).[4] Seine Bedeutung ist nicht zu unterschätzen. Einer der heftigsten Kämpfe, auf den sich Hegel Zeit seines Lebens eingelassen hat, war derjenige gegen den kantischen Agnostizismus: eine Lehre (oder besser: das Zugeständnis einer Niederlage), die höchst gefährlich erschien, da die Unaussprechlichkeit dessen, was zugleich auf unvernünftige Weise für das Echte und Wahre gehalten wird, möglicherweise auch – in einer Art Kompensationsmechanismus – von

---

3 Bemerkenswerterweise findet man eine ähnliche Wiederholung *a parte ante* in der *Seinslogik*: zweiter Abschnitt: *Größe (Quantität)* und erstes Kapitel *(Die Quantität)*; und *a parte post* im zweiten Kapitel des dritten Abschnitts der *Wesenslogik (Die Wirklichkeit)*. Die Ähnlichkeit ist nicht zufällig. In Jena ist die „Unendlichkeit" die Metakategorie, worin die fixen Verstandesformen sich auflösen; eine parallele Funktion zu derjenigen, die dem 3. Kapitel der PG zukommt, wo in der Tat von der *Unendlichkeit* der Kraft die Rede ist und (was im Grunde dasselbe ist) vom Verstand als Übergang der vorher entgegengesetzten Faktoren zur *Metakategorie* des *Selbstbewußtseins*. Und in den enzyklopädischen Fassungen der *Logik* verschwindet das Kapitel über *Das Absolute*, um den direkten Übergang (oder gar die Über-Setzung) des wesentlichen Verhältnisses in die effektive Wirklichkeit zu ermöglichen.
4 Hegel muß diesen Satz so zufriedenstellend gefunden haben, daß er ihn in den drei Ausgaben der *Enzyklopädie* wörtlich wiederholt: 1817, § 81 (JA 6, 69); 1827, § 131 (GW 19, 121); 1830, § 131 (GW 20, 157/ TW8, 261).

einem sentimentalen und irrationalen Religionsfanatismus begleitet wird. Durch Hegels kraftvolle Auffassung werden auf einen Schlag sowohl der Standpunkt des Essentialismus (beispielsweise vertreten von seinem damaligen Freund Schelling, der 1802–1804 diese Welt zum bloßen Nicht-Sein als scheinbares und trügerisches Produkt des Falles des Urmenschen verdammt) als auch der Standpunkt des Phänomenalismus (wie der von Hume, der unweigerlich zum Skeptizismus führt) ausgeräumt.

Die Dialektik des Grundes und der Bedingung trägt das Wesen zu einer polaren Entgegensetzung gegen seine anfängliche Bestimmung. Das Wesen zeigte sich davor als etwas bloß Innerliches, Formloses und Farbloses (wie die Platonische *ousia*) und der äußeren und unwesentlichen Mannigfaltigkeit des Scheins gegenübergestellt. Jetzt aber wurde dieses Scheinen im Innersten der Sache selbst ganz aufgehoben, bis zu dem Punkt, wo sie – die Sache – nicht sie selbst, sondern die Totalität dieses Scheinens ist: Ihr In-Sich-Sein ist gleichzeitig und ausnahmslos ihr Außer-Sich-Sein; und dies nicht als etwas Passives und Bestimmtes, sondern als Grund, der ihre Bedingungen setzt. So gilt dann: „*Wenn alle Bedingungen einer Sache vorhanden sind, so tritt sie in die Existenz*" (II 321/ TW6, 122).

Die Unmittelbarkeit der Existenz ist nichtsdestoweniger eine gewordene Unmittelbarkeit, die aus der Aufhebung der vorhergehenden Vermittlung resultiert: reiner Schein also, so daß sie reflexiv in die Extreme „zurückfällt", von denen sie herkommt: Wegen des Gegenstoßes der Reflexion in sich zeigt sich dieser „Grund" jetzt als Ding an sich und „Bedingung", und demzufolge erscheint es als Reflexion des Grundes in seinem Anderen (in seinem eigenen Existieren), sich zeigend als Erscheinung und somit als ein vollständiges Herausgegangensein des Dinges, also als ein Zusammenfallen des Grundes (betrachtet als *ratio*) und der Bedingung in dieses „Etwas". Auf diese Art gewinnt Hegel gegen die ganze moderne Tradition (Newton, Leibniz, Kant) die alte griechische Idee des *phainesthai* zurück, die Idee des Sich-Zeigens (auf Lateinisch: *adspectum*) eines Dinges aus sich selbst heraus; dies tut er gegenüber der anthropozentrischen Manipulation der Kantischen „Erscheinung", die oszilliert zwischen einem bloß unbestimmten sinnlichen Gegebenen und dem Phänomenon als einer Art Gestell oder Gefüge *in vacuo*, einem apriorischen Konstrukt, so nah am „Ding im allgemeinen", daß Hegel die Dialektisierung des Verhältnisses zwischen „Ding" und „Phänomenon" genügt, um mit dem angeblichen Geheimnis der Unerkennbarkeit des „Dinges an sich" fertig zu werden.

Die Dialektik des Dinges vollzieht sich nach Hegel in folgenden Schritten: Das Ding ist zuerst Träger von Eigenschaften, dann ein aus „Materien" Bestehendes (mit diesen Stoffen sind hauptsächlich die berühmt-berüchtigten „imponderablen flüssigen Materien" der damaligen deutschen Chemie gemeint), und schließlich nur noch das *continuum*, in das sich die Verbindungen und Metamorphosen der Stoffe einfügen. Das Ding bezieht sich jetzt nur auf sich selbst als Verneinung jeder seiner aufeinanderfolgenden Zustände. Im Gegensatz dazu, wie es anfänglich erschien, ist das Ding deshalb vollkommen unwesentlich: Ein bloßes *Auch*, sagt Hegel,[5] eine ungleichartige Gruppe von Quanta, deren Zusammenhang darin besteht, „keinen Zusammenhang zu haben" (II 336/ TW6, 142). Und trotzdem ergeben sich diese Materien nur innerhalb *dieses* konkreten Dinges, so daß es als die negative Einheit dieser Menge von Stoffen erscheint.

Das Ergebnis dieser Dialektik des „Dinges" weist Parallelen zu dem Urteil über das Endliche in der *Seinslogik* auf: Das Ding besteht in dem Anderen und aus dem Anderen, so daß es in seiner eigenen Bedingtheit absolut herausgestellt worden ist: Es spiegelt sich in dem, woraus es besteht, wider, und somit ist es Erscheinung, d. h. eine Äußerlichkeit, die ihrer eigenen Innerlichkeit (nämlich dem Ding an sich) als ihrem Grund gegenübergestellt ist. Selbstverständlich haben wir es hier mit einem bloßen Hin-und-Hergehen zu tun. In einer schlechten Unendlichkeit von Rückführungen betrachtet man einmal das Empirische (das Erscheinende) und zum anderen das abstrakt Gedachte (das Ding) als Wesentliches, wobei die Alternanz nicht anders vermieden werden kann als durch „Einfrieren" oder Versachlichen beider Seiten – so, als handelte es sich um zwei unbestimmte und formlose Ganzheiten, von denen jeweils eine gleichgültig wäre gegen die andere. Die eine Seite, die abwechselnde Mannigfaltigkeit, bleibt unbestimmt aus Übermaß, da das vielfältige „Eine" die Einrichtung jeglicher Kriterien für eine Ordnung und ein Differenzierungsverfahren verhindert. Die andere Seite bleibt unbestimmt aus Mangel: der negative Raum des verstandesmäßigen Denkens, das jede Nuance in seiner „Nacht der schwarzen Kühe" auflöst. Somit finden wir uns bei der berühmten Lehre der „verkehrten Welt", die noch ausführlicher in der *Phänomenologie*[6] behandelt wird.

---

[5] Das Gesagte läßt sich etwa an chemischen Formeln illustrieren: Schwefelsäure ist So_4-H_2, besteht aus Schwefel und Wasserstoff, ohne mit einem von beiden oder gar mit beiden identifizierbar zu sein. Sie „ergibt sich" bloß in einer bestimmten Zusammensetzung und gemäß einem fixen Valenzaustausch.

[6] Schon in der Einleitung zu der *Wissenschaft der Logik* erwähnt Hegel diese Platonische „Zwei-Welten-Lehre", mit einer impliziten Anspielung auf Augustinus und Leibniz. So sind „die Platonischen Ideen, die in dem Denken Gottes sind [Augustinus!; F. D.] [...] nemlich gleichsam als existirende Dinge, aber in einer anderen Welt oder Region [Leibniz!; F. D.], ausserhalb welcher die Welt der Wirklichkeit sich befinde und eine von jenen Ideen verschiedene, erst durch diese Verschiedenheit reale Substantialität habe" (I A 21). Mit der Nennung

Der Ausweg aus diesem Engpaß wiederholt die Dialektik des Positiven und des Negativen (+A und −A): das „Dritte", das, was die Entgegensetzung der beiden Welten ermöglicht, ist kein „Drittes" als solches. Es ist die Welt selbst, auf absolute Weise genommen, d. i.: kein Träger oder Substrat von Bestimmungen (als ob sich die Dialektik des Dinges auf globaler Ebene wiederholen würde), sondern eher eine Menge von gegenseitigen Bezügen: wie die *symplokê*, in der sich Reflexion in sich und Reflexion in Anderes vereinigen und verflechten – kurz: die Welt als reine *Relationalität*. Das ist das wesentliche Verhältnis.

Dies sind die wesentlichen Merkmale einer „Umsetzung" der Erscheinung ins Verhältnis und ihres „Umschlags" als das Verhältnis selbst. Betrachten wir nun einige zentrale Punkte davon genauer:

3. Das Gesetz der Erscheinung

Die Erscheinung ist die Art, in der das Wesen sich notwendigerweise öffnet: die Einheit von Schein und Existenz (vgl. II 342/ TW6, 149) oder, wenn man so will, die Einheit der *Er-Innerung* der Herkunft der Erscheinung (d. h. des Grundes, dessen scheinende Spur sie ist) und der *Entäußerung* ihrer Bestimmung. (*Bestimmung* ist hier auch im Sinne von Schicksal zu verstehen: die vollkommene Hingabe der Sache an die Materien, aus denen sie besteht.) Es ist allerdings selbstverständlich, daß ein solcher Grund nichts anderes als die punktuelle Verneinung seiner Bestimmtheiten ist (man denke an das numerische „Eins") und als solches reine Nichtigkeit (vgl. II 337/ TW6, 143 f.). Dies verhält sich derart, daß die Erscheinung weder in ihrem Grund ruhen noch in ihm Begründung (*logon didonai*) erhalten kann, sondern in jedem Fall dazu gezwungen ist, sich auf eine andere Erscheinung zu beziehen, und dies bis ins Unendliche hinein: Derart ist die bis zum Überdruß fortgesetzte Kette der Wesen, die

---

dieser Autoren soll hier allerdings nur der allgemeine Hintergrund umrissen sein, da die kritische Darstellung Hegels in dieser Hinsicht präziser auf Naturphilosophen wie Steffens, Winterl oder J. J. Wagner bezogen ist. Auf jeden Fall ist der Schelling von 1802 eindeutiger Adressat Hegels (oder sogar Gegenstand seines Angriffs). Tatsächlich ist der Schwerpunkt des Dialogs *Bruno* den zwei Leitgedanken dieser Lehre, der Fassung der Phänomenologie nach, gewidmet, d. h. dem endlichen Verstand und der „verkehrten Welt". So sagt Bruno, daß „im endlichen Verstande, verglichen mit der höchsten Idee und der Art aller Dinge in dieser zu seyn, alles umgekehrt und wie auf den Kopf gestellt erscheint, ungefähr so wie Dinge, die man in einer Wasserfläche abgespiegelt sieht." (SW 1/4, 243). Zu dem letzten Satz vgl. Platons *Phaidon*, 99d. Zur Thematik der „verkehrten Welt" siehe Flay 1998.

Kant in der Antinomie der reinen Vernunft erblickt und die Jacobi in Panik versetzte. Wie wir es auch sonst von ihm gewohnt sind, stuft Hegel diese Auffassung jedoch nicht als falsche ein, um sie dann zu verwerfen, sondern bindet ihre Einseitigkeit in eine übergreifende dialektische Bewegung ein: Es ist notwendig, durch diesen „Nihilismus" der Bedingungen und der *rationes* des *progressus in infinitum* hindurchzugehen, um sich genau dieser kreisenden Bewegung des Verhältnisses zu nähern, d. h. in dieses chiastische Spiel der Beziehung des jeweiligen Extrems zum anderen und dadurch zu der ganzen Bezüglichkeit einzutreten. Hegel hatte verstanden, daß Phänomen und Sache nichts anderes als Führungen – genauer: Rückführungen – sind, in denen sich das Begriffspaar „Ansich/Für Anderes" der qualitativen Logik auf reflexiver und wesentlicher Ebene wiederholt. Diese Bewegung „besagt" eigentlich folgendes: Das Ding besitzt eine geliehene Entität (und dies wäre der Wahrheitsgehalt in der langen Tradition von Platon über Augustinus und Leibniz bis hin zu dem Jenaer Schelling). Das, was in der einfachen Identität zu sich steht, ist das, woraus das Ding seinen Grund erhält, und nicht es selbst (wenn es dies anstrebt, dann geht es zugrunde und wird zum nicht-erkennbaren Ding an sich des Kantianismus). Eben das, worin es gründet, ist seine eigene Bezüglichkeit, die Gesamtheit seiner *Setzungen* in sich und gleichzeitig als das Andere von sich, d. h. in seiner eigenen Äußerlichkeit.[7] Die Erscheinung ist somit das jeweilige Gesetztsein des Dinges selbst. Und beide Extreme, Ding und Erscheinung, begründen einander in diesem diskreten Kontinuum gegenseitig. Die Gesamtheit von Setzungen/Gesetztsein ist gerade *das Gesetz*.

Die sich wandelnde Erscheinung erhält im Gesetz Gleichgewicht und Stabilität: „so ist die Erscheinung in ihrem Wandel auch ein Bleiben, und ihr Gesetztseyn ist Gesetz" (II 347/ TW6, 156).[8] Und das Gesetz, das sich

---

[7] Bekanntlich hat Kant das Sein als „die Position eines Dinges, oder gewisser Bestimmungen an sich selbst" (KrV A598/B626) definiert. Aus einer hegelianischen Perspektive jedoch, und sogar aus einer leibnizianischen (*praedicatum inest subiecto*), ist die scheinbare Disjunktive (*entweder* eines Dinges *oder* gewisser Bestimmungen) sinnlos, weil die Position eines Dinges immer und zugleich die Setzung seiner Bestimmungen ist. Wesentlich betrachtet heißt also Sein „Sich-Äussern".

[8] Auch *logos* und *lex* (von daher *ligare*: verbinden) verweisen auf die gemeinsame indoeuropäische Wurzel für „Vernunft" (auch in „lesen"): „sammeln", „auswählen". So bedeutete *lex* ursprünglich „Sammlung der Vorschriften" (vgl. „Kolleg", „Kollegium" oder „Kollektion"). Das deutsche Wort „Gesetz" fügt ferner den Bestimmungsgrund des doppelten, antithetischen Sinnes von Anziehung und Abstoßung hinzu, d. h. der Position oder Setzung. So kann sich z. B. eine gesetzmäßige Disposition als ein dispositives Recht entfalten, als eine Regelung also, die durch die Einstellung oder Position der daran Beteiligten positiv gesetzt und zugleich geändert werden kann.

prima facie als Erbe des *mundus intelligibilis idearum* als ein ruhiges und unwandelbares Reich präsentiert, zeigt sich *in actu exercito* als eine bloße Formalität, buchstäblich als eine Formsache: eine Sache also, die sich im reinen Formelsein erschöpft. Die Funktion ist selbstverständlich konstant, aber die von ihr verbundenen Extreme (z. B. $\frac{1}{2}\gamma t^2$) sind im Hinblick aufeinander äußerlich und gleichgültig. Es gibt keinen Grund dafür, daß der freie Fall einer Masse durch die Zusammensetzung der zurückgelegten Strecke mit dem Quadrat der darin verbrauchten Zeit erklärt werde: Es ist einfach so. Und somit gilt, daß „die beiden [Glieder der Gleichung; F. D.] den Schein der Freiheit gegeneinander haben müssen" (Enz II § 270 Z). Im kantischen Sinne würde man eher sagen, daß es sich um eine Verknüpfung und nicht um eine Verbindung handelt (Hegel spricht in der Tat in der angeführten Passage vom Gesetz als „Verknüpftsein"). Die Verbindung ereignet sich auf formaler Ebene: Daher rührt der gebrochene, ungleichgewichtige Charakter des Gesetzes.

Jedoch nicht nur die verknüpften Extreme (d. h.: der Gehalt) sind im Hinblick aufeinander äußerlich; sie sind äußerlich und gleichgültig ebenfalls im Hinblick auf den Restbestand der Sache, welche somit dazu „verdammt" wird, „illegal", unwesentlich zu sein. Und trotzdem wird das Gesetz nur unter Abstraktion dieser vorkommenden Variablen gewährleistet (nur im Vakuum fallen Feder und Stein mit derselben Geschwindigkeit). Dieser zusätzliche Inhalt verhält sich also negativ zum unwandelbaren formellen Inhalt des Gesetzes. Wie kann man dann diesen gefährlichen *Außenseiter*-Charakter der Erscheinung vermeiden, insofern sie unter Ausnahme von den zwei künstlich festgelegten und äußerlich manipulierten Variablen wörtlich als „Ver-brecher" der Gesetze erscheint? Die Antwort lautet: selbstverständlich durch Präzisierung und Erweiterung der Gesetzmäßigkeit. Diese Präzisierung und Erweiterung ist die Aufgabe der Wissenschaft und der Politik: Es geht dabei um die vollkommene Identifizierung von, kantisch gesprochen, *systema doctrinalis* und *systema naturalis*, d. h. von Theorie und Erfahrung.[9] Allein auf diese Weise hört das Gesetz auf, Ge-

---

9 Man beachte, daß, so lange diese Aufgabe *per impossibile* nicht realisiert wird (Kant sprach gerne von einer „Asymptote" und die Romantiker von einer „unendlichen Annäherung"), das Reich der Gesetze nie erschöpfend von den Erscheinungen Rechenschaft geben wird. Hier ist allerdings hervorzuheben, daß Hegel eine logische Rechtfertigung des kontingenten und unangemessenen Charakters sowohl der Erscheinung als auch des Gesetzes (letztlich ihres Widerscheins) liefert. Dies ist ein gründliches *caveat* gegen diejenigen, die die Meinung vertreten, daß Hegel alles nur „vom Begriff" her „denkt", daß er alles „aus seinem Kopf" schöpft, oder von ihm etwa mit Krug verlangen, daß er dessen Schreibfeder „ableite". Hegel rechtfertigt aus einem strikt logischen Standpunkt den unendlichen Charakter sowohl der naturwissenschaftlichen Forschung als auch der historisch-politischen Veränderungen: „alle

setz zu sein. Es hört somit auf, etwas Allgemeines und Bestimmendes zu sein, und genau so wenig ist dann die Erscheinung ein *casus datae legis*. Wir hätten vielmehr eine leere Verdoppelung der Welt, wie in der von Jorge Luis Borges in *El idioma analítico de John Wilkins* erträumten Landkarte des chinesischen Gebietes: wieder eine elende Tautologie.

Und erneut findet sich die Lösung, indem man den relationalen Charakter der als Gegensätze gegenübergestellten Termini berücksichtigt: Die Gesetzeswelt und die Erscheinungswelt sind im wesentlichen nichts als einzig und allein eine Welt. Diese Welt aber besteht weder aus Wesenheiten (die den logischen Raum des Wissenschaftlers erfüllen) noch aus Erscheinungen (so etwas wie *the furniture of the world*). In Wahrheit wurden die Kategorien wie „Bestehen" oder „Verknüpfung" durch die Dialektik der „verkehrten Welt" aufgehoben. Es wäre des weiteren sogar notwendig, unverzüglich auf die Bezeichnung „Welt" zu verzichten, da dieser Terminus nach Hegel „überhaupt die formlose Totalität der Mannichfaltigkeit" ausdrückt. Diese Totalität ist jetzt, dank der Befehlsmacht des Gesetzes, absolut formiert. Und Hegel fährt fort: „diese Welt, sowohl als wesentliche wie als erscheinende ist zu Grunde gegangen, indem die Mannichfaltigkeit aufgehört hat, eine bloß verschiedene zu seyn; so ist sie noch Totalität oder Universum aber als *wesentliches Verhältniß*" (II 352/ TW6, 163).

Diese Verlassenheit bzw. Entfremdung von der Welt zeigt erstaunliche Parallelen zu einer Passage von Nietzsche, die zu Recht zu dessen berühmtesten zählt. Man könnte sogar behaupten, daß das, was bei Nietzsche nur als thesenhafte Versicherung erscheint, als eine Art kurzgefaßter Geschichte der Philosophie (für Nietzsche: die „Geschichte eines Irrthums"), von Hegel in den betrachteten Texten ausführlich gerechtfertigt und entwickelt worden ist. Man erinnere sich an: „Wie die ‚wahre Welt' endlich zur Fabel wurde" (*Götzendämmerung*; KSA 6, 80 f.). Wenn wir die Einteilung in sechs Etappen berücksichtigen, ist es relativ einfach, jede einzelne von ihnen mit der Prozessualität der *Wesenslogik* zu vergleichen:

1. „Die wahre Welt, erreichbar für den Weisen", i. e. Platonismus (freilich im gemeinen Sinne verstanden), der den drei Prinzipien *Identität*, *Unterschied* und *Grund* entsprechen würde.

Revolutionen, in den Wissenschaften nicht weniger als in der Weltgeschichte, kommen nur daher, daß der Geist jetzt zum Verstehen und Vernehmen seiner, um sich zu besitzen, seine Kategorien geändert hat, sich wahrhafter, tiefer, sich inniger und einiger mit sich erfassend" (Enz II § 246 Z); man beachte den komparativen Charakter der zuletzt verwendeten Adjektive, der den Gedanken eines allmählichen Fortschritts ausdrückt.

2. „Die wahre Welt, unerreichbar für jetzt, aber versprochen für den Weisen, den Frommen, den Tugendhaften", i. e. das Christentum, das in der *Wesenslogik* dem *Unbedingten* entsprechen würde.

3. „Die wahre Welt, unerreichbar, [...] aber schon als gedacht ein Trost, eine Verpflichtung, ein Imperativ", i. e. der Kantianismus; bei Hegel würde das selbstverständlich der kritischen Darstellung des *Dinges an sich* entsprechen.

4. „Grauer Morgen [...] Hahnenschrei des Positivismus", i. e. die wahre Welt als unerreicht und auch *unbekannt*. Dies entspricht bei Hegel der *Welt des Gesetzes der Erscheinung*, in der sich sowohl die *ideae verae* als auch die Mannigfaltigkeit der sinnlichen Erscheinung auflösen, um bloß als Funktion von Variablen bestehen zu bleiben. Die äußere Reflexion beginnt die Erfahrung zu machen, daß die wahre Welt (etwa die Welt der Dinge an sich) unbekannt ist, weil *nichts* darin zu erkennen ist, da es sich um eine leere Abstraktion handelt: szientifischer *Nihilismus*. Dies gilt, wenn diese Welt isoliert und nur für sich genommen wird, und nicht – wie Kant dachte – wegen der Endlichkeit des Menschen oder seines sinnlichen Apparates.

5. Abschaffung der „wahren Welt" als „eine Idee, die zu Nichts mehr nütz ist" und deshalb oberflächlich geworden ist. Bei Hegel entspricht dies der Dialektik des *Gesetzes der Erscheinung*, entlarvt als einer rein formellen Verknüpfung, die den Inhalt der verbundenen Variablen wegwirft und bloß die quantitative Veränderung ihrer Faktoren beachtet.

6. „Die wahre Welt haben wir abgeschafft: welche Welt blieb übrig? Die scheinbare vielleicht? ... Aber nein! *mit der wahren Welt haben wir auch die scheinbare abgeschafft!*" Es ist evident, daß diese Worte fast genau den von Hegel ungefähr siebzig Jahre zuvor antizipierten entsprechen. Und er wäre mit Nietzsche darin einig, daß der Prozeß das „Ende des längsten Irrthums" bedeutet, nämlich das Ende des Glaubens an eine Hinterwelt, an eine transzendente Ordnung, die von oben herab die Dinge dieser unserer Welt beurteilen, ordnen und bereitstellen würde.

Hegel und Nietzsche feiern also – jeder auf seine Weise – das Ende der Metaphysik *sensu stricto*, d. h. als einer Lehre, die sowohl die Existenz bzw. den Sinn etwa von Entitäten jenseits des Sinnlichen als auch die Gegenüberstellung von Intelligiblem und Sinnlichem behauptet, um in der unmittelbaren Folge dasjenige auf widersprüchliche Weise zu vereinigen zu suchen, was jene Lehre getrennt hat, sowohl äußerlich als innerlich (zwischen Sinnlichkeit und Verstand tatsächlich unterscheidend). Nur ist für Hegel dieser „Irrthum" tatsächlich ein „Irren", und zwar im Sinne von „rastlos umherziehen", so als ob man ziellos durch die Gegend streift. Nun ist aber, was für die äußerliche Reflexion ein zweckloses Geschäft ist, für die bestimmende Reflexion der Denkweg der Philosophie: ein Weg, dessen Etappen absolut notwendig sind und nur falsch, wenn sie als letzte Zielpunkte dieses Wegs beansprucht werden. Und so sind die beiden Denker da, wo sie einander am nächsten kommen, zugleich am weitesten voneinander entfernt. Nietzsche glaubt, die Wahrheit und ihre Geschichte als einen langanhaltenden Irrtum demaskiert zu haben, einen Irrtum, der nach und nach bis zur Selbstauslöschung bereinigt worden ist. Und jetzt: „Incipit Zarathustra" als Schöpfer neuer Werte. An analoger Stelle feiert Hegel dagegen das Verschwinden der Korrespondenzwahrheit, der *veritas ut adaequatio mentis ad rem*. (Der Parallelismus dieser Passagen mit dem Abschluß des dritten Kapitels der *Phänomenologie* wird hier erneut offenkundig.) Die Vorstellung, daß damit das Problem der Wahrheit erledigt sei, würde er jedoch für Unsinn halten. Statt dessen wird dieses jetzt genau erfaßt: als Kohärenz durch gegenseitige Integration reflexiver Bezüge, also durch den Beweis der Identität des Inhalts zwischen Adäquation des Verstandes zur Sache (als das Eigentliche der rationalistischen Metaphysik) und der Sache zum Verstande (als das Charakteristische des transzendentalen Idealismus).[10] Also: INCIPIT RELATIO ESSENTIALIS (vgl. II 352/ TW6, 163 f.).

4. Das wesentliche Verhältnis

Wir konnten feststellen, daß sich das Gesetz weder hinter noch über den Erscheinungen befindet: Seine Form (nicht seine Formel) besteht in der Negativität und in der Bewegung seiner Inhaltsvermittlung (d. h.: der einbezogenen Variablen), so daß, wenn ein Element (sagen wir: ein Zustandswechsel in der Erscheinung) gesetzt wird, ein weiteres dann ebenfalls der Bestimmung nach positiv gesetzt ist. Das Verhältnis zwischen beiden so gesetzmäßig gesetzten Erscheinungen ist jedoch ein bloß negatives, denn das eine erschöpft sich im Bezug zum anderen und wird in der Folge dadurch verneint, so wie in entgegengesetzter Richtung auch das andere verneint wird. Die Form des Gesetzes ist deshalb zugleich konsistent und inkonsistent. Der Inhalt des Gesetzes ist seinerseits nicht die ausgeglichene Abstraktion, die bewegungslose Fixierung des positiven Charakters der

---

10 Siehe KrV A 293/B 350: „Daher sind Wahrheit sowohl als Irrtum, mithin auch der Schein, […] nur im Urteile, d.i. nur in dem Verhältnisse des Gegenstandes zu unserem Verstande anzutreffen." Wir haben hier also eine symmetrische Umkehrung der traditionellen „Wahrheitsdefinition".

8 Die Erscheinung und das wesentliche Verhältnis 153

Erscheinungswelt, so daß im Gesetz Form und Inhalt zugleich identisch und entgegengesetzt sind. Und dies gilt nicht nur „innerhalb" von Form bzw. Inhalt, sondern auch für das Verhältnis beider, denn die Form ist, bezogen auf den Inhalt, äußerlich und erschöpft sich im Ausdruck desselben. Von daher – wie angesichts der zentralen Überprüfungslage des Gesetzes der Erscheinung zu erwarten war – ist das Gesetz der vollständige Widerspruch des Wesens: der Ort, in dem Reflexion-in-sich und Reflexion-in-Anderes Funktion und Sinn miteinander tauschen. Nun ist aber ein *gesetzter* Widerspruch, d. h. einer, der in allen seinen Seiten gerechtfertigt ist, ein schon *an sich oder für uns* gelöster Widerspruch. In der Tat machen die zwei chiastischen Bezüge, die stets nicht nur das jeweils andere Glied negativ einschließen, sondern auch die Bezüglichkeit selbst, einzig und allein eine Beziehung aus. Eine deutlichere und ausdrücklichere Formulierung dieses Übergangs des Bereichs der Erscheinung in das wesentliche Verhältnis sei vielleicht hiermit gegeben: „*An-sich* ist hier vorhanden das absolute Verhältniß des Inhalts und der Form, nämlich das Umschlagen derselben in einander, so daß *der Inhalt* nichts ist, als das *Umschlagen der Form* in Inhalt, und die *Form* nichts als *Umschlagen des Inhalts* in Form." (Enz I § 133 A). Der Inhalt wird wirklich durch seine Gesetzmäßigkeit zur Form und die Form wird zum Inhalt wegen ihres Bestehens durch die Veränderung und dank ihrer. Diese absolute *Position* enthüllt sich jedoch bald als unausgeglichen: Gewiß, der Inhalt ist für beide Glieder des Wesensverhältnisses identisch, seine Form aber ist in jedem dieser Fälle distinkt: Sie erscheint im ersten Glied als grundlegend, in sich vereint, während sie sich im zweiten als unwesentlich und äußerlich zeigt. Die Dialektik des wesentlichen Verhältnisses wird genau darin bestehen, das eine zu veräußerlichen und das andere zu verinnerlichen, bis hin zum Auffinden der perfekten Gleichstellung zwischen Form und Inhalt, oder, wenn man so will, zwischen Unmittelbarkeit des Seins und Vermittlung des Wesens in der „Wirklichkeit". Dort ist dann das Sich-Enthalten des Wesens, als gegenseitige Beziehung zwischen einem Existierenden und einem Anderen, zugleich mit seinem spezifischen Sich-Verhalten identisch.

In der globalen Architektonik der *Wissenschaft der Logik* korrespondiert das wesentliche Verhältnis dem zweiten Kapitel der *Maßlogik*: „Verhältniß selbstständiger Maaße" (I B 346–363/TW5, 413–435), welches jetzt erst seine Rechtfertigung und seinen Sinn erhält. Diese Thematik kündigt ihrerseits die Entwicklung des Begriffs in seiner eigenen Realität an, genauer die Entwicklung im zweiten Abschnitt der *Begriffslogik*: „Die Objektivität" (III 127–172/TW6, 402–461), die wiederum als abstrakte *Grundlage* für die ganze enzyklopädische *Philosophie der Natur* dient. Zu vergleichen wären dabei: das Ganze und die Teile mit der im Mechanismus charakteristischen Neutralität, die Kraft und ihre Äußerung mit der Knotenlinie von Maßverhältnissen und dem Chemismus und schlußendlich die Gemeinschaft von Innerem und Äußerem mit dem „Maßlosen" seitens des Seins und der Teleologie seitens des Begriffs. In historisch-philosophischer Perspektive ist das Kapitel zu verstehen als eine kritische Darstellung der leibnizschen *Monadologie* und *Dynamik*, der zweiten Antinomie der Kantischen *Kritik*, der Dynamik von Kants *Metaphysischen Anfangsgründen* und schließlich des geordneten Paares „Äußeres/Inneres" als Reflexionsbegriffen im Anhang der Analytik der *Kritik* Kants.

In dem wesentlichen Verhältnis ist jeder Pol – dem Inhalt nach – das Ganze (d. h. die Vereinigung der Reflexion in sich und der Reflexion in Anderes, des Sinnes und der Existenz). Aber beide Glieder, als selbständige und für sich existierende, erscheinen bald als ungleichgewichtig und asymmetrisch verbundene: In der Tat findet sich die *Existenz* des ersten Terminus im zweiten (z. B. das Ganze existiert nur als Zusammensetzung von Teilen), aber der *Sinn* (der Grund, die *ratio*) des zweiten befindet sich im ersten (die Teile sind sie selbst nur im Hinblick auf das Ganze). Aber jeder sieht den anderen als „ein *Jenseits* seiner", so daß die Beziehung selbst „in sich selbst gebrochen" ist (II 353/ TW6, 164 f.). Und tatsächlich erscheint so zuerst das Verhältnis selbst: Das erste Glied zeigt die Identität auf eine einfache, aber gewordene, vermittelte Art, während das zweite die unmittelbare Streuung des Inhalts zeigt. Anders ausgedrückt: Die Darstellung des Verhältnisses als Her-Stellen des Grundes ist als eine Vielheit von unmittelbaren Unterschiedenen zu verstehen. So ist das Verhältnis das von *Ganzem und Teilen*.

4.1 Das Ganze und die Teile

Bekanntlich hatte Hegel in der *Vorrede* zur *Phänomenologie* auf ganz lemmatische Weise vorausgeschickt: „Das Wahre ist das Ganze. Das Ganze aber ist nur das durch seine Entwicklung sich vollendende Wesen." (PG 19/ TW3, 24). Dieses Zitat aus dem Jahr 1807 kann sechs Jahre später nicht mehr wortgetreu als gültig aufgefaßt werden. Wenn wir in der Tat „das Wahre" als „das Absolute" verstehen, ist das Ganze keine gute Definition des Absoluten.[11] Das Ganze ist effektiv nichts ohne sein Korrelat, eben die

---

11 Es gibt im Grunde keine genaue Definition des Absoluten, weil dieses sich nicht in einem Urteil erfassen läßt. Der Satz aber „Das Wahre ist das Ganze", ist, da er sich auf der Ebene des Wesens und darum auf der Ebene der Negativität, der Antithese bewegt, eine weniger ange-

8 Die Erscheinung und das wesentliche Verhältnis 155

Teile, und es wäre absurd, das Absolute als etwas anzusehen, was das Andere für seine eigene Existenz benötigt; und, da seine Sphäre die der negativen Selbstbezogenheit ist, kann das Wesen sich nicht durch seine Entwicklung vollenden. Nur der Begriff kann sich dank seiner triadischen Bestimmungen innerhalb seiner selbst entwickeln.

Der Widerspruch in dem Verhältnis zwischen dem Ganzen und den Teilen ist offenbar. Aus der Perspektive des Ganzen wird dies durch das folgende Dilemma deutlich:

Wenn das Ganze geteilt ist, dann ist jedes Teil ein eigenständiges Ganzes, und das erstreckt sich ins Unendliche hinein (gleich dem *labyrinthum de difficultate continui*, mit dem Leibniz sein ganzes Leben lang gerungen hat); wenn das Ganze nicht geteilt ist, dann ist es kein wahres Ganzes, weil es keine Teile hat.

Es ist evident, daß das Dilemma auf der Basis der setzenden und voraussetzenden Reflexion aufgebaut ist, oder, aus der Warte des Übergangs vom Grund zur Existenz gesehen, auf der Basis der Bezogenheit zwischen Bedingtem und Bedingung. Das heißt, das Ganze setzt die Teile als Bedingung der eigenen Existenz; und die Teile setzen das Ganze voraus, aber nur als etwas Innerliches, *Ansich*. Und umgekehrt: Das Ganze ist Bedingung der Teile; aber diese sind dessen Voraussetzung (vgl. II 356/ TW6, 168). Folglich bedingen sich Ganzes und Teile gegenseitig. Die Beziehung selbst ist dann das *Unbedingte*. Bei dieser Dialektik wird die Unzulänglichkeit der Reduktionismen entlarvt, sowohl die des Holismus als auch die des Atomismus. Tatsächlich existiert nach ersterem (z. B. bei Spinoza) nur das Ganze (oder anders gesagt: die *substantia*), während die Teile sich darauf beschränken, es auszudrücken. Nach letzterem beschränkt sich das Ganze darauf, lediglich eine *Erscheinung* zu sein (z. B. wenn der Staat als eine lose Mannigfaltigkeit von Individuen verstanden wird). In beiden Fällen haben wir ein *Schaukelsystem* (vgl. Enz I § 81 A), ein beständiges Schweben von einer Seite zur anderen, dem Rhythmus der *Seinslogik* folgend, d. h. dem Übergang zum Anderen. Entweder wird die Identität des Ganzen hervorgehoben, unter Ausschließung der Unterschiede, oder aber die Unterschied-

---

messene Definition (weniger komplex und artikuliert) als, z. B. „Das Wahre ist die Idee". Es ist trotzdem interessant zu beobachten, daß, in der reflexiven und relativ abstrakten Ebene, die der *Wesenslogik* eigen ist, das erste Wesensverhältnis (das Ganze und die Teile) auf der Ebene der Wirklichkeit das spinozistische Absolute als Pendant hat, mit seiner widersprüchlichen „oberflächlichen" Unterscheidung zwischen der *substantia*, ihren *Attributen* und *modi* (als ob diese ihrerseits Ereignisse wären, die die gänzlich unbestimmte Substanz gar nicht affizieren, und so, als ob diese sich zugleich allein durch deren Vermittlung ausdrücken und offenbaren würde).

lichkeit unter Ausschließung der Identität. In beiden Fällen ist die erlangte Einheit rein negativ, dem Verstand eigen. Was hingegen sagt die Vernunft dazu? Sie sagt, daß sich das Ganze weder ohne Teile noch durch bloße Anhäufung derselben ergibt. Das Ganze ist vielmehr die bestimmte Negation von jedem Teil in seiner Beziehung zu den übrigen (man denke z. B. nicht an die bloße Anzahl der Apostel, sondern vielmehr an die Unterscheidungsmerkmale bzw. Charaktere jedes einzelnen, wie etwa die Symbole seines Martyriums). Das Resultat liegt auf der Hand: Das Ganze ist nur dann vollständig, wenn es sich hingibt, zunichte wird und sich „verzehrt" in jedem Teil, in jedem Fall und immer nach der Art und dem Verlauf jedes Teiles. Zum Beispiel *existiert* der Staat gänzlich und ausnahmslos in jedem Bürger, während dieser den Sinn seines öffentlichen Lebens im Einklang mit seinem Rang und seiner Funktion in jenem wiederfindet.

4.2 Die Kraft und ihre Äußerung

Diese, je nach Standpunkt betrachtet, opferwillige oder alles erobernde Totalität, die allein in dem rückhaltlosen Sichhingeben an ihr Anderes existiert, entspricht nicht mehr dem mechanischen Namen „Ganzes", sie soll vielmehr mit dem dynamischen Namen „Kraft" bezeichnet werden, genauso wie die Teile sich nicht mehr wie äußerliche Dinge zu ihr verhalten, nicht mehr als Dinge, die nur durch eine zufällige Verbindung und d. h. in einem „Dritten" mit dem Ganzen zusammenfallen. Für die Kraft gibt es nämlich keine Äußerlichkeit mehr, oder besser gesagt: Sie negiert immer wieder diese vermeintlich äußere Mannigfaltigkeit und verwandelt sie in ihre eigene Äußerung. Daher ist die Kraft und ihre Äußerung das zweite, vermittelte, wesentliche Verhältnis. Wir begegnen einem wichtigen Präzedenzfall dieser Thematik schon in dem sogenannten *Systemfragment* von 1800, allerdings auf einer komplexeren Ebene: der des Lebens. Ersetzen wir für unsere Zwecke diesen Ausdruck durch den der „Kraft", so erhalten wir eine genaue Beschreibung des neuen Verhältnisses: „Das ungeteilte Leben vorausgesetzt, fixiert, so können wir die Lebendigen als *Aeußerungen* des Lebens, als Darstellungen desselben betrachten, deren Mannigfaltigkeit, die eben weil *Aeußerungen* gesetzt werden, zugleich gesetzt, und zwar als unendlich gesetzt wird, die Reflexion dann als ruhende, bestehende, als feste Punkte, als Individuen fixiert." (Nohl 1907, 346).

Hier „wiederholt" sich die Dualität „Ding/Erscheinung", aber nicht mehr in Gestalt zweier entgegengesetzter Einzelheiten (von denen eine als wesentlich, die andere als unwesentlich gedacht wäre), sondern als eine gegenseitige Reflexionsbeziehung. Jetzt dient diese Dualität als Grundlage und Operationsbasis. Die Kraft ist die Beziehung des Dinges auf die Erscheinung, die dank dieser Beziehung zu einem Gesetztsein wird. Die Kraft wirkt verborgen, sozusagen operativ durch die Sendung ihrer selbst, und erklärt jetzt im Rückblick die tätige Endung des Namens „Erschein-ung" (*toto caelo* verschieden von der passiven bzw. medialen Bedeutung des griechischen Namens: *phaino-menon*). Die Äußerung ihrerseits ist die Beziehung von der Erscheinung zurück auf das Ding als ihren Grund. Wie schon im *Systemfragment* notiert, bleibt das Leben bzw. die Kraft in ihren Äußerungen als soliden, ruhenden und dauerhaften Punkten fixiert, so daß die Rückgabe der Kraft von diesen Punkten aus wohl als ein Spiel von Kräften erscheint, nicht jedoch als ein bloßes Spiel der Kraft mit sich selbst. Von diesem Gedanken lebt die berühmte Passage der *Vorrede* der *Phänomenologie*, welche eine klare Anwendung der leibnizschen Gleichung der Ursache und der vollen Wirkung auf die Sphäre des Geistes zeigt:[12] „Die Kraft des Geistes ist nur so groß als ihre Aeusserung, seine Tiefe nur so tief als er in seiner Auslegung sich auszubreiten und sich zu verlieren getraut." (PG 14/ TW3, 18)

Nichtsdestoweniger hat die Beziehung Kraft/Äußerung etwas Schiefes an sich. Ihre Fixierung in der von ihr gesetzten „Welt" gibt den *quantitätslogischen* Widerspruch zwischen dem numerischen „Eins" und der „Menge" wieder, deren Glieder nicht nur im Hinblick auf die anderen, sondern auch im Hinblick auf das Eine äußerlich und gleichgültig sind. Dieses Problem wird sich auf gleiche Weise in der *Begriffslogik* wiederholen, und zwar bei der Behandlung der *Allheit* als dualer Einheit bzw. als Artikulierung einer unbestimmten Menge (*multitudo*) und des Inbegriffs von vielen „Eins" (im Plural!). Mehr noch, lassen wir diese begriffliche Bestimmung („Allheit") sich in die ontische Kategorie („viele Eins") zurückwenden, dann ergibt sich sozusagen die Kraft als die Mitte (*terminus medius*) von beiden Extremen. Infolgedessen könnte die „wesenhafte" Definition der Kraft so lauten: „Allheit, die auf eine quantifizierte Bestimmtheit reflektiert worden ist". Die Kraft ist so auf eine in dieser Bestimmtheit, aber als ihr Gegensatz anwesende Größe bezogen. Auf der Ebene der Dialektik der Erscheinung ergibt sich: Die Kraft ist die absolute Vermittlung aller Erscheinungen und d. h. deren Besonderung oder Spezifikation in einem schon quantifizierten bzw. gemessenen „Ganzen".

---

[12] Eine nicht weniger berühmte Erklärung dieses Punktes wird im Leibnizschen *Specimen Dynamicum* angeboten: „Vim scilicet aestimando ab effectu quem producit consumendo" (Phil. Schr. VI, 243).

Allein, ist die Kraft als absolute Vermittlung gedacht, so verschwindet das erste Ungleichgewicht zwischen der Kraft und ihrer Äußerung: Die Kraft hat keinen privilegierten Ausgangspunkt, von dem aus sie sich durch das Ganze eines ihr fremden Universums ausdehnen würde (so wie die *vis impressa* Newtons oder wie der Gott Herders, den dieser der Kraft gleichsetzt): Aus dem Stoß auf die äußeren Phänomene ergibt sich nicht mehr bloß das grundlose Austeilen ihrer reichhaltigen Innerlichkeit und genausowenig ein Rückstoß als Erwiderung auf den ihr vorangehenden Anstoß (übrigens eine Ebene, auf der Fichtes Ich-Kraft in der *Grundlage* von 1794 stehen geblieben zu sein scheint), sondern vielmehr ein Gegenstoß bzw. ein Gegenschlag der Kraft auf und in sich selbst. Auf diese Weise verzweigen sich die beiden Glieder des Verhältnisses: Die Kraft verteilt sich in ein Spiel besonderer Kräfte, in dem jede einzelne Kraft nur dann tätig wird, wenn sie von einer anderen dazu *sollizitiert* wird. Und die Äußerung wird, sozusagen *ad extra*, als das jeweilige Zusammenziehen der vektoriellen Bewegung gesehen, also als das Bewegliche, und *ad intra* als der Ort der Kraftausströmung, also als der Beweggrund, je nachdem, welche dieser Richtungen als das Wesentliche und welche als das Unwesentliche genommen wird.

Somit bezieht sich die Kraft nicht nur – wie es anfänglich aussah – auf sich im Anderen ihrer selbst, d. h. in ihrer eigenen Äußerung, sondern diese Grundbeziehung ist durch dieses Andere vermittelt, das von ihr als Bedingung ihrer Ausübung vorausgesetzt wird. Folglich verneint die Kraft, wenn sie sich selbst als das Äußerliche setzt (d. h. jedesmal wenn sie tätig wird), in Wirklichkeit die Äußerlichkeit (diese ist ihr in der Tat nicht mehr fremd, denn sie ist ihre eigene Äußerung). Die Kraft oder, wie wir heute sagen, die Energie existiert nur *in actu exercito*. Ihr Leben ist ihr Sich-Verzehren. Und umgekehrt: Jeder Wechsel wird auf eine innerliche Kraft bezogen, was aber in Wirklichkeit wechselt, ist das Innere selbst, insofern es aufhört, ein bloß Innerliches zu sein, um sich in den von dieser ihrer eigenen Kraft erfüllten Ort zu verwandeln. Obwohl es zu erwarten war, ist das Ergebnis überraschend: Beide Seiten (die von der grundlegenden Dualität Inhalt/Form ausgegangen sind) bleiben jetzt ausgeglichen, auch wenn sie im umgekehrten Verhältnis zueinander stehen: Dasselbe gilt nämlich für die Kraft und für die Äußerung, als ob die beiden die Vorder- und die Kehrseite einer unendlich in sich konzentrierten Sache wären. Nun ist die scheinbare Unmittelbarkeit der Extreme getilgt. Es verschwindet auch jede Notwendigkeit einer Grundlage als eines Dritten oder eines Substrates, auf der sich die Extreme bewegen würden. Jedes Extrem ist jetzt die vollständige Reflexion ihres gegenseitigen Bezugs, d. h. zugleich *relatum* und *relatio*. So verschwindet die scheinbare Entgegensetzung von Innerlichem und

Äußerlichem (das erste als die an sich unerkennbare und nur in ihren Wirkungen sichtbare Kraft; das zweite als Seiendes, dessen Existenz sowohl geliehen als auch vorübergehend ist). Demzufolge ist das Ergebnis dieser Dialektik die Auflösung des wesentlichen Verhältnisses, ausgeglichen in seinen Extremen als das Innere und das Äußere. Mit dieser letzten Setzung bzw. Entäußerung des Ganzen[13] geht nicht nur das wesentliche Verhältnis, sondern auch die gesamte Sphäre der Erscheinung zu Grunde.

4.3 Das Innere und das Äußere

Nun kann man aber hier noch immer die äußerliche Reflexion (oder gnoseologisch gesprochen, den Verstand) auf jedes einzelne Extrem, isoliert genommen, fixieren, nur um überrascht festzustellen, daß sich jedes voll und ganz in das andere verwandelt. Das allein Innerliche ist ja schon ohne weiteres bloß äußerlich, und umgekehrt gilt dasselbe (vgl. Enz I § 140). Für den gesunden Menschenverstand ist dies zweifelsohne eine schwierige Auffassung, denn er sieht sich dauernd genötigt, von einer Seite zur anderen zu wechseln, statt an der Grenze zu verharren. (Es handelt sich hier um die wesentliche Grenze, die auf ihre Art und Weise das Absolute vertritt durch den Trennstrich „Inneres – Äußeres".) Durchdenkt man jedoch diesen Stand, löst sich der paradoxe Charakter dieses gegenseitigen Umschlags.

Zunächst kommt es uns so vor, als wären die beiden Extreme auf einer den beiden gleichgültigen Grundlage entgegengesetzt: Zum Beispiel hat ein Gebäude Zimmer in seinem Inneren und nach außen hat es eine Fläche mit Öffnungen: die Fassade zur Straßenseite hin. So gesehen wäre das Gebäude das Innerliche und die Straße das Äußerliche. Wenn wir uns aber auf der Straße befinden, so ist das Gebäude für uns etwas Äußerliches. Um diesem alternierenden Reduktionismus zu entkommen, müßte man gedanklich die Stelle der Fassade selbst einnehmen. Sie ist dasjenige, was sowohl der Straße als auch dem Gebäude Sinn gibt, die Grenze (die „lichte Weite" in Heideggerschem Sinne), durch die beide Extreme, das Äußere und das Innere, sich ihren Weg in das Andere – chiastisch also – bahnen, die Schwelle als Aufhebung des Verhältnisses. Vielleicht erscheint das von Hegel selbst in der *Enzyklopädie* angebotene Beispiel *ad locum* noch etwas

---

13 D. i.: die Position und die Darstellung des Absoluten selbst, also der ersten Manifestation (nicht bloß Äußerung) der Wirklichkeit: der Zielpunkt des Wesensverhältnisses.

klarer: „Der Mensch, wie er äußerlich d. i. in seinen Handlungen [...] ist, ist er innerlich; und wenn er *nur* innerlich d. i. nur in Absichten, Gesinnungen, [eine heftig kritische Anspielung auf Kants Ethik; F. D.] tugendhaft, moralisch usf. und sein Aeußeres damit nicht identisch ist, so ist eins so hohl und leer als das Andere." (Enz I § 140 A). Und so könnten wir wohl retrospektiv Fichte und prospektiv Feuerbach in Hegel zur Vereinigung bringen und dazu sagen: „Der Mensch ist, was er tut, und zumal, was er ißt". Wenn wir einen dieser Faktoren vernachlässigen, verfallen wir jeweils in einen schwärmerischen Idealismus oder in einen groben Materialismus. Dagegen ist es jedoch notwendig zu bemerken, daß jedes Extrem (das Essen, das von außen kommt, und die Handlung, die von innen kommt und das Äußere zum Ausdruck unserer Willenskraft werden läßt) hier als das Ganze seiner selbst und seines Anderen gesetzt ist (vgl. II 368/ TW6, 185): *von* sich, weil sein Inhalt identisch ist mit dem gesamten Inhalt des Verhältnisses zu sich selbst; *mit* sich, weil dieser Inhalt sich in der Übersetzung eines Bezugs zum anderen, d. h. als Form, zeigt; das Ganze seines Anderen, weil die ihm entgegengesetzte Bestimmtheit vollkommen und restlos dadurch vermittelt wird. Das Ergebnis, worin sich das wesentliche Verhältnis auflöst, wird dementsprechend dadurch erreicht, daß sich jedes Extrem in der Manifestation des Wesens erschöpft, während dieses als Verhältnis darin besteht, das zu sein, was sich in jedem Fall manifestiert.

So sind wir auf der Wesensebene bei einem Resultat angekommen, das dem des Übergangs von „Das Maßlose" in „Die Indifferenz" am Anfang des Endes der *Seinslogik* ähnlich ist. Es handelt sich allerdings jetzt nicht um ein einfaches Übergehen in das Andere, sondern um ein vollständiges Sich-Übersetzen des Wesens in sein Anderes, also in das Sein. Anfangs jedoch vollzieht sich das auf abstrakte Art und Weise, bei der alle Bestimmungen in diese vollkommene Gegenseitigkeit der zwei Extreme gesunken zu sein scheinen, in einem substratlosen Vorgang (oder besser: in einem Vorgang, in dem jedes Extrem die Rolle von sich selbst und zugleich die des Substrates spielt). Die erste Manifestation der Wirklichkeit (d. i., um es annäherungsweise in den uns schon bekannten Termini unserer Thematik auszudrücken: die vollständige Reflexion des Grundes in der Erscheinung) ergibt sich gerade als das ganz unbestimmte Absolute Spinozas oder gar als der Indifferenzpunkt Schellings. Es ist noch ein langer Weg zur vollständigen *Parousia* des Absoluten als Idee und d. h. zur Offenbarung der Tiefe des Wesens als Ankunft des Begriffs und Herkunft des Seins.

Aus dem Spanischen übersetzt von Paul Letsch und M. J. Vázquez Lobeiras.

Literatur

Baader, Franz von 1921: Schriften. Hg. v. M. Pulver. Leipzig.
Biard, Joel u. a. 1983: Introduction à la lecture de la Science de la Logique de Hegel. II. La doctrine de l'essence. Paris.
Butler, Clark 1998: Hegel's Logic. Between Dialectic and History. Evanston, Ill.
Duque, Félix 1998: Historia de la Filosofía Moderna. La era de la crítica. Madrid.
Flay, Joseph C. 1998: Hegel's Inverted World. In: D. Köhler und O. Pöggeler (Hg.): G. W. F. Hegel. Phänomenologie des Geistes. Berlin, 89–105 (Klassiker Auslegen, Bd. 16).
Hartmann, Klaus 1999: Hegels Logik. Hg. v. O. Müller. Berlin/New York.
Hegel, Georg Wilhelm Friedrich. 1907: Hegels theologische Jugendschriften. Hg. v. H. Nohl. Tübingen. Nachdruck Frankfurt a. M. 1966 [Nohl 1907].
Lakebrink, Bernhard 1979: Kommentar zu Hegels „Logik" in seiner „Enzyklopädie" von 1830. Freiburg/München.
Léonard, André 1974: Commentaire littéral de la Logique de Hegel. Paris.
Leibniz, Gottfried Wilhelm 1875–1890: Die philosophischen Schriften [Phil. Schr.]. Hg. v. C. I. Gerhardt. Berlin.
Liebrucks, Bruno 1974: Der menschliche Begriff. Hegel: Wissenschaft der Logik. Das Wesen. Frankfurt a. M./Bern.
Longuenesse, Béatrice 1981: Hegel et la critique de la métaphysique. Étude sur la doctrine de l'essence. Paris.
Lugarini, Leo 1998: Orizzonti hegeliani di comprensione dell'essere. Milano.
McTaggart, John 1964: A Commentary on Hegel's Logic (1910). New York.
Mure, G. R. G. 1950: A Study of Hegel's Logic. Oxford.
Nietzsche, Friedrich ²1988: Kritische Studienausgabe [KSA]. Hg. v. G. Colli/M. Montinari. München/Berlin/New York.
Reisinger, Peter 1967: Die logischen Voraussetzungen des Begriffs der Freiheit bei Kant und Hegel. Frankfurt a. M.
Schubert, Alexander 1984: Der Strukturgedanke in Hegels „Wissenschaft der Logik". Zur Dekonstruktion des absoluten Subjekts. Frankfurt a. M.
Steffens, Henrich 1801: Beyträge zur innern Naturgeschichte der Erde I. Freyberg 1801 (Faks. Amsterdam 1973).
Trendelenburg, Adolf 1840: Logische Untersuchungen. Berlin.
Wagner, Johann Jakob 1803: Von der Natur der Dinge. Leipzig.
Winterl, Jakob Joseph 1804: Darstellung der vier Bestandtheile der anorganischen Natur. Aus dem Lateinischen übersetzt von Dr. Johann Schuster. Jena.

9

Hans-Peter Falk

Die Wirklichkeit

Der dritte Abschnitt der Wesenslogik, der den Titel „Die Wirklichkeit" trägt, ist in doppeltem Sinne von besonderem Interesse. Einmal markiert er das Ende der Logik des Wesens, entfaltet die Einheit von seinslogischer Unmittelbarkeit und wesenslogischer selbstbezüglicher Negativität („Reflexion"), die sich als Resultat des zweiten Abschnittes ergeben hat, zum anderen markiert er das Ende der objektiven Logik und bildet die unmittelbare Genese des „Begriffs", dessen Entwicklung zu betrachten Aufgabe der subjektiven Logik sein wird. Der zuletzt genannte Aspekt ist nicht nur logikimmanent von zentraler Bedeutung, sondern besitzt auch eine entscheidende Relevanz für die Beantwortung der Frage nach dem Status der Theorie insgesamt.

Diese Frage soll, zumindest vorläufig, in gänzlich unhegelscher Begrifflichkeit formuliert werden, nämlich im Rückgriff auf den von P. F. Strawson eingeführten Begriff einer „revisionären Metaphysik". Im Gegensatz zu einer „deskriptiven Metaphysik", die unser in Gebrauch befindliches Begriffsschema möglichst adäquat und durchsichtig artikulieren will, behauptet die revisionäre Variante, daß die kategorialen Strukturen der Realität ganz andere seien als die unseres vertrauten Begriffssystems. Hegels Geistmetaphysik, deren logische Grundlage in dem qua „Idee" seine Objektivität übergreifenden Begriff zu sehen ist, erscheint nun – wenigstens dem unmittelbaren Anschein nach, dem wohl die meisten Interpretationen auch folgen – als Musterbeispiel einer solchen revisionären Metaphysik: Danach sollen wir glauben, die Wirklichkeit bestünde nicht aus Einzeldingen bzw. den Entitäten, über die naturwissenschaftliche Theorien quantifizieren, sondern in Wahrheit sei sie die Manifestation eines Absoluten, das sich qua Geist zu sich verhält.

Bezogen auf den im Abschnitt „Wirklichkeit" vorbereiteten Übergang von objektiver zu subjektiver Logik ergibt sich demnach folgende Problemlage: Seins- und Wesenslogik bilden zusammen eine Sequenz kategorialer Strukturen, in deren Übergehen respektive Ineinander-Scheinen sich die Unwahrheit ihres Absolutheitsanspruchs manifestiert, des ontologischen Anspruchs, die Struktur der Wirklichkeit zu sein. Die Darstellung der logischen Bestimmungen bedeutet „ebensosehr", um einen von Hegels Lieblingsausdrücken zu verwenden, ihre Kritik.

Dies trifft nun auf die subjektive Logik nicht mehr zu. Der methodologische Grundterminus heißt hier „Entwicklung". Der „Begriff" entfaltet sich auf dem Wege zur „absoluten Idee" in einer Weise, die nicht in kritischem Sinn als Aufgabe der Begriffsstruktur zu interpretieren ist, sondern sich ganz im Gegenteil als triumphale Bestätigung seines Absolutheitsanspruchs präsentiert. (Das so durch den Gegensatz kritische Darstellung versus affirmative Entwicklung charakterisierbare Verhältnis von objektiver und subjektiver Logik findet sich im übrigen schon bei Hegels Jenenser Konzeption im Verhältnis von kritischer „Logik" zu affirmativ konzipierter „Metaphysik", allerdings mit noch ganz anderer Zuordnung der einzelnen Bestimmungen zu diesen Theorieteilen.)

Es erheben sich in Beziehung auf diese Diagnose zwei Fragen, eine formale bzw. logikinterne und eine eher inhaltliche, die den Status der logischen Bestimmungen an der hier diskutierten Stelle betrifft. Das formale Problem lautet: Wie kann eine derart „harmonische" logische Situation erreicht werden, die, anders als alle ihre Vorgängerkonstellationen, nicht mehr Anlaß zu Kritik und damit Veränderung gibt? Das inhaltliche Problem hängt mit dem erwähnten Begriff einer revisionären Metaphysik zusammen: Impliziert die angesprochene „harmonische" Situation wirklich, daß im Sinne dieses Begriffs die Struktur des Hegelschen „Begriffs" die wahre Verfassung des Seienden als solchen darstellt, oder verbietet sich eine solche „ontologisierende" Interpretation vielleicht gerade wegen der besonderen Bedingungen, die zu jener einzigartigen Situation geführt haben?

Wenn ein Abschnitt der Logik auf diese für deren Programm wie für das Theorieprogramm Hegels insgesamt zentralen Fragen eine Antwort geben kann, dann ist dies offensichtlich der Abschnitt über die „Wirklichkeit". Vor einer Diskussion dieser Problematik (II) soll zunächst (I) der Verlauf des Abschnitts grob skizziert werden.

I.

Unter dem Obertitel „Wirklichkeit" werden von Hegel Begriffe abgehandelt, die, auf den ersten Blick zumindest, unterschiedlicher nicht sein könnten: Das erste Kapitel liefert eine Auseinandersetzung mit Spinoza; unter der Überschrift „Das Absolute" erscheint der spinozistische Substanzbegriff, dessen Beziehung zu Bestimmtheit im allgemeinen („Attribut") und als äußerlich bestimmter Bestimmtheit bzw. Reflexion („Modus") dann thematisch werden. Gegenstand des zweiten Kapitels („Die Wirklichkeit") sind die Kategorien der Modalität: Wirklichkeit, Möglichkeit, Notwendigkeit. Für Kant stellten diese Bestimmungen nur in eingeschränktem Sinne Kategorien dar, da sie nicht eigentlich das Seiende als solches bestimmen, sondern lediglich dessen „Verhältnis zum Erkenntnisvermögen". Diese Äußerlichkeit beinhaltet, wie schon angedeutet, Hegels Reinterpretation von Spinozas Modusbegriff, an die die Diskussion der Modalitäten sich anschließt.

Das dritte Kapitel („Das absolute Verhältnis") schließlich widmet sich den Relationskategorien Substantialität (Substanz-Akzidentien), Kausalität (Ursache-Wirkung) und Wechselwirkung. Daß der „Begriff" ausgerechnet als Nachfolger von „Wechselwirkung" eingeführt wird, verblüfft dabei nicht wenig. Problematisch erscheint auch, inwiefern hier nicht etwas abgehandelt wird, das seinen Platz schon im zweiten Abschnitt der Wesenslogik (etwa unter den Titeln „Das Ding und seine Eigenschaften" oder „Das Verhältnis der Kraft und ihrer Äußerung") gefunden hat.

Nun zu den Bestimmungen im einzelnen. Wie schon gesagt, steht unter dem Titel „Das Absolute" die All-Einheitsproblematik in ihrer spinozistischen Fassung zur Debatte. Die Schwierigkeit, mit der sich alle All-Einheitstheorien konfrontiert sehen, ist die Vermittlung einer solchen Einheit, die sich als dasjenige präsentiert, in dem alles Endliche, jegliche Bestimmtheit aufgehoben ist, mit eben dieser Bestimmtheit. Hegels Kritik an Spinoza lautet, daß in dessen Konzeption eine solche Vermittlung nicht gelungen, das Verhältnis zwischen All-Einheit und Bestimmtheit nur ein äußerliches sei. Die Bestimmtheit trete als Attribut bzw. Modus nur zu dem Absoluten hinzu, ohne daß dieser Übergang, das Heraustreten aus der Bestimmungslosigkeit des *hen kai pan* gerechtfertigt würde respektive gerechtfertigt werden könnte.

In der Tat setzt sich die Entwicklung der gesamten Wesenslogik mit dieser Schwierigkeit auseinander. Die absolute Negativität, die das Wesen ist, bedeutet zunächst nur völlige Bestimmungslosigkeit, die aus dem Sich-Aufheben von Bestimmtheit am Ende der Logik des Seins resultiert. Bestimmtheit tritt in dieser Dimension nur auf als immer schon aufgehoben, „das Negative als Negatives", als „Schein". Diese Instabilität schlechthin, die „Unmittelbarkeit des Nichtdaseins", verfestigt sich im Lauf der wesenslogischen Entwicklung zum „realen Schein", der, etwa qua „Erscheinung", sich zu der zugrundeliegenden Einheit (qua „Ansich") in ein (Reflexions-) Verhältnis setzt („Das wesentliche Verhältnis"). Der Punkt, an dem der Abschnitt „Die Wirklichkeit" mit dem Begriff des Absoluten einsetzt, ist durch die Aufhebung dieses Verhältnisses charakterisiert, das sich zuletzt als Verhältnis von „Äußerem" und „Innerem" präsentierte.

Es leuchtet unmittelbar ein, daß die daraus resultierende Einheit keineswegs eine Rückkehr zur Bestimmungslosigkeit des Wesens in seinem Anfangsstadium bedeuten kann (bzw. darf). Das Hegelsche Absolute soll eben nicht die „Nacht" sein, „in der alle Kühe schwarz sind". Andererseits hat sich mit der Aufhebung jeglicher Reflexionsverhältnisse (zwischen Wesen und Schein in jeweils verschiedener Form) auch alle solche Bestimmtheit aufgehoben, die aufgrund der vorausgegangenen Identifikation von Wesen und Schein als dem Wesen selbst zukommend, als ihm intern beschrieben werden konnte.

Eine jetzt noch auftretende Bestimmtheit ist daher scheinhaft in einem gesteigerten, pejorativen Sinne; sie ist dem Absoluten (qua Nachfolger des Wesens) äußerlich, hat ihren Ort in einer äußeren Reflexion, die das Absolute „auslegt".

Bemerkenswert ist dabei ferner, daß mit dem Begriff der Auslegung das methodologische Problem des Verhältnisses unserer Reflexion, als die die Wissenschaft der Logik zumindest *prima facie* erscheint, zu dem Absoluten selbst thematisch wird, das durch jene Reflexion im Lauf der logischen Entwicklung in jeweils unterschiedlicher Weise bestimmt wird. Hegels methodologisches Postulat der Autonomie der logischen Entwicklung bedeutet das Postulat der Internalisierung jener äußeren Reflexion, die zu Beginn des Abschnitts „Die Wirklichkeit" *als äußerlich* gesetzt ist.

Die Erfüllung dieses Postulats scheint nun aber der Quadratur des Kreises gleichzukommen. Konkret geht Hegel von dem „Attribut" als der (äußerlich gesetzten) Bestimmtheit des Absoluten aus (es handelt sich um die Bestimmtheit der Identität – bei Spinoza waren es Denken und Ausdehnung), die im nächsten Schritt qua „Modus" sich auf sich *als* äußerlich bezieht, als äußerliche Reflexion *gesetzt* ist. Dadurch, daß sich der Schein auf sich *als* scheinhaft bzw. als äußerlich bezieht, wird er nun laut Hegels verblüffender Bemerkung *absoluter* Schein, der die *interne* Selbstauslegung des Absoluten darstellt, das so nichts anderes *ist* als diese „Manifestation" seiner selbst. Mit diesem Begriff der Selbstmanifestation ist im übrigen auch die wesentliche Charakterisierung dessen erreicht, was unter „Wirklichkeit" zu verstehen ist. Das Absolute bleibt nicht hinter seinem Sich-Äußern noch zurück, sondern offenbart sich gleichsam rückhaltlos.

Interessant ist an dieser Stelle ein Blick auf das Spätwerk von Hegels Vorgänger Fichte, der in seiner *Wissenschaftslehre* von 1812 (die Hegel nicht zur Kenntnis genommen hat) das Verhältnis des Absoluten zu seiner „Erscheinung" ebenso wie im hier diskutierten Abschnitt der Logik auf der Folie von Spinozas All-Einheitslehre thematisiert. Ganz im Gegensatz zu Hegels wirkungsmächtig gewordenem Bild von Fichte als einem Reflexionsphilosophen par excellence faßt Fichte in Wahrheit jenes Verhältnis nicht als Reflexionsverhältnis, sondern vertritt wie Hegel die These, daß, in seiner Terminologie, das Absolute in der Tat *selbst* erscheint, also nicht hinter seiner Erscheinung als mysteriöser Urgrund zurückbleibt. Allerdings gilt es trotzdem, die Differenz von Absolutem und absoluter Erscheinung festzuhalten, die danach auf keinen Fall eine ontologische Differenz, eine Differenz zweier Wirklichkeitsbereiche sein kann.

Bei Hegel scheinen die Dinge hier, zumindest nach dem üblichen Verständnis seiner Theorie, anders zu liegen, nämlich auf eine Identifikation des Absoluten mit dem absoluten Schein (seiner Manifestation) hinauszulaufen. Dies führt direkt zur eingangs angesprochenen revisionären Metaphysik des Begriffs, indem dieser (die Nachfolgerbestimmung des absoluten Scheins) aufgrund jener „differenzlosen" Identifikation nun die ontologische Dignität des Absoluten erhält, d. h. als die eigentliche Realität auftritt.

Der kleine philosophiehistorische Seitenblick auf das Verhältnis Hegel – (später) Fichte (der es verdiente, näher ausgeführt zu werden) leitet so zu der eingangs noch recht thetisch als zentralem sachlichen Problem apostrophierten Frage zurück. Das erste Kapitel des Textes hat aber schon gezeigt, inwiefern die Frage in der Tat an dieser Stelle außerordentliche Relevanz besitzt. Allerdings liefert das erste Kapitel auch nicht viel mehr als Hegels thetisch vorgetragene Antwort auf diese Kardinalfrage. Überzeugende Argumente finden sich nicht, es sei denn, man nähme die in Hegels Rhetorik im Mittelpunkt stehende Assoziationskette Selbstbeziehung des Scheins (der Auslegung) – Identität – Einheit des Absoluten für ein solches Argument. Daran ist aber im Ernst nicht zu denken: Denn diese Sequenz, die sich dem unbefangenen Leser aufdrängt, ignoriert völlig den Stand der wesenslogischen Entwicklung, d. h. die Differenz zwischen der Rede vom Selbstbezug des Scheins respektive der Reflexion, wie sie im ersten Abschnitt der Wesenslogik geführt wurde, und dem Begriff des *als äußerlich gesetzten* Scheins, der sich *als* solcher auf sich bezieht. Die Inanspruchnahme derselben Begriffe (absolute Negativität, Schein etc.) mag einer oberflächlichen Betrachtung die ewige Wiederkehr des Gleichen in der logischen Entwicklung suggerieren, der Sache nach sind die Differenzen größer als mancher vermuten würde.

In Wahrheit beansprucht Hegel aber wohl auch gar nicht, in diesem einleitenden Kapitel ein Argument für seine Zentralthese zu liefern. Dieses erste Kapitel, das sich weder in der enzyklopädischen noch in der Nürnberger Fassung der Logik findet, ist vielmehr als ein Rahmen aufzufassen, in den sich die beiden folgenden Kapitel einzufügen haben, indem sie (2. Kapitel) die Verfassung jener Auslegung des absoluten, des als äußerlich gesetzten Scheins konkret darlegen und ferner (3. Kapitel) aufzeigen, inwiefern das Absolute als etwas aufzufassen ist, dem die Selbstbeziehung des absoluten Scheins intern (im Sinne einer Identität von Absolutem und absolutem Schein) ist.

Das zweite Kapitel thematisiert die Modalbegriffe (Möglichkeit, Wirklichkeit, Notwendigkeit, Zufälligkeit). Der von Kant konstatierten Eigentümlichkeit dieser Bestimmungen, nicht eigentlich Bestimmungen des Seienden als solchen zu sein wie die übrigen Kategorien, sondern eine Beziehung des Erkenntnisvermögens zu seinen Gegenständen zu charakterisieren, korrespondiert die Äußerlichkeit des Scheins bzw. der Bestimmungen der Reflexion, von der nun schon wiederholt die Rede war. Die Begriffe der Modalität sind nichts anderes als „Inneres" und „Äußeres", zu äußerlichen Formbestimmungen depotenziert.

Neben dem Charakter der Äußerlichkeit (des „Formellen") spielt ferner die Tatsache eine Rolle, daß die Formbestimmungen nunmehr als Momente einer Totalität, nämlich derjenigen der absoluten Form (der Einheit von Innerem und Äußerem) gesetzt sind. Die Identität von Innerem und Äußerem, daran ist zu erinnern, hat sich ja sowohl hinsichtlich des Inhalts als auch der Form ergeben.

Dieser Momentcharakter schlägt sich darin nieder, daß das Innere (respektive Ansichsein, Reflexion-in-sich qua Nachfolger des Wesens) zu einer Identität wird, die als solche auf ihre Negation bezogen ist: Die Möglichkeit, die in nichts anderem als der logischen Konsistenz besteht, ist eine *bloße* Möglichkeit, etwas, das ebenso gut auch anders sein könnte. Entsprechend ist die Wirklichkeit qua Moment (das Äußere als Nachfolger des Scheins) ein Sein, das als solches auf sein Aufgehobensein bezogen ist, die Zufälligkeit. Hegels Terminologie ist hier etwas verwirrend, da er den Begriff der Zufälligkeit als Einheitsbegriff von Möglichkeit und Wirklichkeit einführt, in Korrespondenz zu den späteren Einheitsbegriffen reale und absolute Notwendigkeit. Der Sache nach besteht dadurch aber kein

Konflikt, da jedes der beiden Momente das Ganze ist, indem es das andere Moment an ihm selbst hat:

„Das Wirkliche als solches ist möglich; es ist in unmittelbarer positiver Identität mit der Möglichkeit; aber diese hat sich bestimmt als *nur* Möglichkeit; somit ist auch das Wirkliche bestimmt als *nur ein Mögliches*. Und unmittelbar, darum weil die Möglichkeit in der Wirklichkeit *unmittelbar* enthalten ist, ist sie darin als aufgehobene; als *nur* Möglichkeit. Umgekehrt die Wirklichkeit, die in Einheit ist mit der Möglichkeit, ist nur die aufgehobene Unmittelbarkeit; – oder darum weil die formelle Wirklichkeit nur *unmittelbare* erste ist, ist sie nur Moment, nur aufgehobene Wirklichkeit, oder nur *Möglichkeit*." (II 383/ TW6, 205)

Möglichkeit und Wirklichkeit als Nachfolger von Innerem und Äußerem sind nunmehr gesetzt als ineinander umschlagend. Es ergibt sich eine Einheit, die gleichgültig ist gegen die Differenz der beiden Formbestimmungen. Diese Einheit ist der „Inhalt", die Wirklichkeit als „reale Wirklichkeit", die an ihr selbst „reale Möglichkeit" ist, aber die Möglichkeit eines *Anderen*. Die Bedeutung des Modalbegriffs „Möglichkeit" hat sich damit verschoben von dem rein logischen Sinn von Modalität (Wahrheit respektive Existenz in einer möglichen Welt) zu dem (sachlich sehr problematischen) einer realen Modalität bzw. Potentialität, der einen Weg bahnt zu den Begriffen Kausalität und Wechselwirkung im dritten Kapitel, bei denen ja ebenfalls ein solcher „realer" Modalitätssinn im Spiel zu sein scheint.

Im Stadium der sogenannten „relativen" Notwendigkeit (die „formelle" ist nichts anderes als die Zufälligkeit) findet sich also eine Andersheitsbeziehung zwischen Möglichkeit und Wirklichkeit, aber unter der Voraussetzung der ja schon gesetzten Einheit dieser beiden Bestimmungen. Im Sich-Aufheben der realen Möglichkeit zur Wirklichkeit manifestiert sich diese Einheit als „reale Notwendigkeit":

„In der sich aufhebenden realen Möglichkeit ist es nun ein gedoppeltes, das aufgehoben wird; denn sie ist selbst das gedoppelte, Wirklichkeit und Möglichkeit zu seyn. 1) Die Wirklichkeit ist die formelle, oder eine Existenz, die als selbstständige unmittelbare erschien, und durch ihr Aufheben zum reflectirten Seyn, zum Moment eines andern wird, und somit das *Ansichseyn* an ihr erhält. 2) Jene Existenz war auch bestimmt als *Möglichkeit* oder als das *Ansichseyn* aber eines Andern. Indem es sich also aufhebt, so wird auch diß Ansichseyn aufgehoben, und geht in *Wirklichkeit* über. – Diese Bewegung der sich selbst aufhebenden realen Möglichkeit bringt also *dieselben schon vorhandenen Momente* hervor, nur jedes aus dem andern werdend; sie ist daher in dieser Negation auch nicht ein *Uebergehen*, sondern ein *Zusammengehen mit sich selbst*." (II 387/ TW6, 210)

Die ihre Einheit verdeckende Andersheit von Möglichkeit und Wirklichkeit hat sich damit aufgehoben. Allerdings besteht für diese Einheit (des absoluten Scheins) noch ein wesentliches strukturelles Defizit: Sie setzt eine kontingente Wirklichkeit voraus, hat eine bestimmte reale Zufälligkeit zum Ausgangspunkt. Um die Beziehung von Möglichkeit auf Wirklichkeit (*et vice versa* s. o.) als reine Selbstbeziehung, als den absoluten Schein denken zu können, der nach Hegel die Wirklichkeit ist, muß jene Voraussetzung als aus dieser Selbstbeziehung hervorgehend, als ihr eigenes Setzen begriffen werden können. Dies geschieht unter dem Titel „Absolute Notwendigkeit".

Hegel argumentiert hier folgendermaßen: Die Kontingenz, die zunächst nur als Voraussetzung erscheint, ergibt sich in der Tat als Resultat, nämlich als die gesetzte Einheit von Wirklichkeit und Möglichkeit. Qua „Gleichgültigkeit gegen sich selbst" ist diese Einheit „gesetzt als leere, *zufällige* Bestimmung" (II 390/ TW6, 213).

Mehr noch: Die Voraussetzung, von der her sich dieses Resultat ergibt, ist als deren eigenes Setzen interpretierbar. Diese These, die Hegel in einer sehr dichten Passage (II 390 f./ TW6, 213–215) präsentiert, die die Struktur der absoluten Notwendigkeit als absoluter Form, als „Auslegerin" des Absoluten entfaltet, folgt aus der Identifikation der positiven Einheit, die das gerade angesprochene Resultat ist, mit der Unmittelbarkeit, die die Voraussetzung der Kontingenz charakterisiert:

„Sie [die Notwendigkeit; H. P. F.] ist daher *es selbst*, welche sich als *Zufälligkeit* bestimmt, – in ihrem Seyn sich von sich abstößt, in diesem Abstossen selbst nur in sich zurükgekehrt ist und in dieser Rükkehr als ihrem Seyn sich von sich selbst abgestossen hat." (II 390/ TW6, 214)

Die Unmittelbarkeit der (absoluten) Wirklichkeit ergibt sich nur als Rückkehr aus dem Gesetztsein, der Andersheit von Möglichkeit und Wirklichkeit; diese Rückkehr ist aber aufgrund der vorausgegangenen Identifikation von Möglichkeit und Wirklichkeit gerade die Unmittelbarkeit, aus der sich die Rückkehr vollzieht. Die Rede vom Sich-von-sich-Abstoßen erinnert nicht von ungefähr an diejenige vom „absoluten Gegenstoß" im Abschnitt über die Reflexion zu Beginn der Wesenslogik. Was nun thematisch ist, scheint sich von jener Einheit von setzender und voraussetzender Reflexion der Sache nach gar nicht zu unterscheiden. Die Konsequenzen, die Hegel jeweils daraus zieht, sind aber völlig andere. (Dieses in der Tat zentrale Problem wird noch in (II) zu erörtern sein.)

An dieser Stelle ergibt sich offenbar ein methodologisches Problem, das hier nur in relativ thetischer Weise behandelt werden kann. (Vgl. Falk 1983) Die Logik stellt keine Sequenz von Begriffsanalysen dar, die sich auf mirakulöse Weise zu einem Einheitszusammenhang fügen, obwohl der Text unmittelbar diesen Eindruck vermittelt und auch in der Tat Begriffsanalysen liefert. Diese ergeben sich aber als Resultate eines konstruktiven Prozesses, den Hegel in seiner metaphorischen Sprache als Selbstbewegung des reinen Denkens beschreibt.

Zwei Punkte sind in diesen Kontext wichtig: Erstens muß man bei der Rede von Konstruktivität von deren Konnotationen Äußerlichkeit bzw. Beliebigkeit abstrahieren (respektive begründen können, inwiefern eine solche Abstraktion legitim ist). Der konstruktive Prozeß muß sich notwendig und (*cum grano salis*) immanent aus der Natur des reinen Denkens ergeben, d. h. aus demjenigen, was die Reinheit des Denkens im Hegelschen Sinne ausmacht. Zweitens stellen diejenigen Aussagen, die wesentlich Negativität und Reflexionsbestimmungen (Identität, Unterschied) enthalten, die Weise dar, in der sich jener konstruktive Prozeß im Text manifestiert.

Auf den zur Debatte stehenden Punkt bezogen heißt das, daß Hegels Darstellung der Modalbestimmungen nicht einer woraus auch immer resultierenden Theorie der Modalität entspringt, sondern daß es an dieser Stelle möglich ist, bestimmten durch die Entwicklung des reinen Denkens generierten Strukturen die betreffenden Begriffe zuzuordnen.

Das dritte Kapitel von „Die Wirklichkeit" mit dem Titel „Das absolute Verhältnis" widmet sich den Relationskategorien Substanz, Kausalität und Wechselwirkung. Dabei wird erst gegen Ende das strukturelle Niveau der „absoluten Notwendigkeit" erreicht. Vorher kann *sensu stricto* noch nicht von einer Selbstbeziehung (auf sich als solche) des absoluten Scheins die Rede sein.

Im Verhältnis der Substanz zu ihren Akzidenzen tritt die Notwendigkeit auf als die Macht der Substanz über ihre Bestimmungen. Das Entstehen (Übergang von Möglichkeit in Wirklichkeit) und Vergehen (Übergang von Wirklichkeit in Möglichkeit) der Akzidenzen *ist* nichts anderes als die Einheit der Substanz, die so als „substantielle Notwendigkeit" auftritt.

Indem die Substanz auf diese Weise unmittelbar in ihren Akzidenzen präsent ist, liegt noch kein eigentliches „reales Verhältnis" vor. Dies ist erst im Stadium der Kausalität der Fall. Hier steht die Macht als Ursache dem von ihr Bestimmten (der Wirkung) gegenüber. Das Äußerlichkeitsverhältnis von Ursache und Wirkung erweist sich aber näher betrachtet als scheinhaft: Die Ursache ist erst dadurch Ursache, daß sie eine Wirkung hat; umgekehrt besteht die Wirkung darin, eine Ursache zu haben.

Um das hier zu Denkende adäquat zu erfassen, gilt es, weitgehend vom normalen Verwendungszusammenhang der Kausalitätskategorie zu abstrahieren. (Dieser wird im Abschnitt über das „bestimmte Kausalitätsverhältnis" abgehandelt, der eher den Charakter eines Exkurses besitzt.) Es handelt sich nicht um zwei Substanzen, die unter gewissen Umständen kausal interagieren, sich in gewisser Hinsicht als Ursache und Wirkung zueinander verhalten, sondern die wirkende Substanz *besteht* in nichts anderem als der Bestimmung, Ursache zu sein. Die Kausalität inhäriert keinem Substrat. Dieses Substrat ist die passive Substanz, die sie sich als Objekt ihres Wirkens vorausgesetzt hat.

Aus der Tatsache, daß das Eine erst dadurch das ist, was es ist, indem es das Andere ist, ergibt sich unmittelbar die Reziprozität der Relation des Einen zum Anderen, der Übergang von Kausalität zu Wechselwirkung. Zudem ist zu beachten, daß die Relata in nichts anderem bestehen als in ihrer Relation zueinander.

Bei näherer Betrachtung fällt auf, daß die Differenz zwischen der nunmehr thematischen Bestimmung und der der absoluten Notwendigkeit weitgehend nur in der Terminologie zu bestehen scheint. Der Kern der Kausalitäts- bzw. Wechselwirkungsbeziehung ist die Umkehrung von Möglichkeit in Wirklichkeit (*et vice versa*). Hegel selbst expliziert denn auch die Wechselwirkung mit den Begriffen Notwendigkeit, wenn er den Zusammenhang, und Zufälligkeit, wenn er das (scheinhafte) selbständige Bestehen der Relate charakterisieren will. Im übrigen kann diese Struktur – darauf wurde schon hingewiesen – auch vollständig mithilfe des begrifflichen Repertoires beschrieben werden, das schon zu Beginn der Wesenslogik zur Verfügung stand.

Allerdings hat sich gegenüber dem Stadium der absoluten Notwendigkeit insofern eine Weiterentwicklung ergeben, als die Substanz sich nunmehr verdoppelt hat, Einheit mit sich ist als dieses absolute Verhältnis der Wechselwirkung mit sich selbst. Negativitätstheoretisch entspricht dem die Weiterentwicklung der Reflexionsstruktur zu der des absoluten Widerspruchs, in dem die beiden Momente der Reflexion, das Setzende und das Gesetzte (bzw. Vorausgesetzte), qua selbständige Reflexionsbestimmungen (das „Negative" und „Positive") als das Ganze, die Totalität, *gesetzt* sind. (Vorher galt dies nur an sich oder für uns aufgrund der vorausgesetzten Identifikation von Wesen und Schein.) Der Terminus „absoluter Widerspruch" taucht auch in der Tat am Ende der Wesenslogik als Charakterisierung der Wechselwirkung auf.

Im absoluten Widerspruch gerät die Selbstkonstitution der Momente, die das Ganze sind, zur Selbstdestruktion. Indem sie sich als das setzen, das sie sind, „schließen sie sich" nach Hegels Worten „selbst aus sich aus" (vgl. II 280/ TW6, 66). Das Sich-selbst-Setzen, und das heißt gerade, sich in Differenz zum Anderen setzen, gerät zum Setzen des jeweils Anderen.

Die Beziehbarkeit dieser Struktur auf Hegels Beschreibung der Wechselwirkung ist offensichtlich: Die aktive Substanz ist das, was sie ist, eben dadurch, daß sie wirkt und damit, in Hegels eigener Terminologie, sich „übersetzt" in das Andere (*et vice versa*). (Vgl. II 13/ TW6, 248)
Der entscheidende Unterschied zwischen beiden logischen Situationen besteht nun darin, daß die selbstdestruktive Struktur des Widerspruchs am Ende der Wesenslogik als positives Selbstverhältnis erscheint. Nach dem bisher Gesagten ist auch der Grund für diese Differenz bzw. Uminterpretation leicht angebbar: Er besteht in dem Postulat der Internalisierung der als äußerlich erscheinenden Reflexion, durch die das Absolute sich selbst erst als Absolutes setzen kann. Und dieses Postulat ist, worauf nochmals hinzuweisen ist, kein Akt theoretischer Willkür, sondern die direkte Konsequenz der wesenslogischen Entwicklung bis zum Begriff des Absoluten.

Durch Hegels berechtigte Intention, die im Gebrauch befindlichen kategorialen Bestimmungen im Zuge der logischen Entwicklung einzuholen, darf man sich also nicht zu der Annahme verleiten lassen, es herrsche völlige Deckungsgleichheit zwischen der Bedeutung jener Bestimmungen und demjenigen, das aus der Immanenz der logischen Entwicklung resultiert. Diese Immanenz läßt es nämlich nur zu, dasjenige einzuholen, das dem reinen Denken (im spezifisch Hegelschen Sinn) zuzuordnen ist.

Ebensowenig darf man das Fortschreiten der Theorie (zumindest hier nicht) so auffassen, als gelange man zu einer adäquaten Charakterisierung einer vorhandenen Realität (im Sinne eines sich identisch durchhaltenden Substrats). Insofern ist es auch unsinnig, nach (ontologisch reinterpretierbaren) Anwendungsfällen für die Bestimmungen „absolute Notwendigkeit" und „Wechselwirkung" (am Ende ihrer Exposition) zu suchen.

Die damit angesprochene allgemeine Frage nach der „Reichweite" der *Wissenschaft der Logik* als Kategorientheorie soll hier nicht weiter verfolgt werden. Allerdings steht diese Frage in engem Zusammenhang mit derjenigen nach der ontologischen Reinterpretierbarkeit der logischen Resultate, die zu Beginn aufgeworfen wurde. Gemeint war damit in erster Linie der *terminus ad quem* der Entwicklung des Abschnittes über die „Wirklichkeit", der „Begriff", der nach Hegels Worten dann erreicht ist, wenn die „Notwendigkeit", die sich am Ende der Wesenslogik als „Auslegerin des Absoluten" herauskristallisiert hat, zur „Freiheit" wird. Diese Wandlung wiederum stellt keine strukturelle Weiterentwicklung dar, sondern ergibt sich aus dem „äussern Zusammenfassen[s] dessen, was bereits sowohl *an sich* als *gesetzt* ist" (II 408/ TW6, 238): „Die Nothwendigkeit wird nicht dadurch zur *Freyheit*, daß sie verschwindet, sondern daß nur ihre noch *innre* Identität *manifestirt* wird; eine Manifestation, welche die identische Bewegung des Unterschiedenen in sich selbst, die Reflexion des Scheins als Scheins in sich ist. – Umgekehrt wird zugleich dadurch die *Zufälligkeit* zur *Freyheit*, indem die Seiten der Nothwendigkeit, welche die Gestalt für sich freyer, nicht in einander scheinender Wirklichkeiten haben, nunmehr *gesetzt sind als Identität*, so daß diese Totalitäten der Reflexion-in-sich, in ihrem Unterschiede nun auch als *identische scheinen*, oder gesetzt sind nur als eine und dieselbe Reflexion." (II 409/ TW6, 239 f.).

II.

Die so beschriebene Struktur soll bekanntlich unter dem Namen „Begriff" dasjenige sein, was sowohl den Kern von Propositionalität bildet als auch mit Subjektivität zu identifizieren ist. Daß wiederum dieses beides ein und dasselbe ist, ergibt sich laut Hegel aus dem recht verstandenen, d. h. in seine Konsequenzen hinein verfolgten Sinn des Kantischen „Ich-denke". Die Subjektivität qua Verstand ist nichts anderes als das Denken, das sich im Urteilen vollzieht.

Nach verbreiteter Meinung findet nun auf dem Weg von Kant zu Hegel eine Ontologisierung des „höchsten Punktes" der Kantischen Transzendentalphilosophie statt, was sehr plausibel erscheint (1) angesichts der äußeren Form der *Wissenschaft der Logik*, die als Kategorientheorie auftritt, und (2) aufgrund des von Hegel gerade an den „Begriff" geknüpften Anspruchs auf ein dann in der Realphilosophie durchgeführtes Begreifen von Wirklichkeit, wobei sowohl „Begreifen" wie „Wirklichkeit" in einem besonderen, emphatischen Sinn zu verstehen sind.

Gerade um „Wirklichkeit" in diesem spezifisch Hegelschen Sinn geht es aber in dem hier erörterten Textstück, an dessen Ende das Prinzip der so verstandenen Wirklichkeit hervortritt, die nach dem berühmt-berüchtigten Wort aus der Vorrede zur *Rechtsphilosophie* mit Vernünftigkeit gleichzusetzen sein soll. Folgte man der *opinio communis*, die in Hegels Theorie eine revisionäre Metaphysik sieht, resultierte daraus also nicht nur eine Art Panpsychismus, sondern eine womöglich noch dubiosere Ontologisierung des Normativen, worin ein zentrales Charakteristikum des Vernunftbegriffs besteht.

Aber schon abgesehen von dem sich hier ankündigenden naturalistischen Fehlschluß bildet die Interpretation als revisionäre Metaphysik ein schier unüberwindliches Hindernis für jeden, der Hegels Theorie nicht nur als absonderliches Monument der Philosophiegeschichte betrachtet, sondern ihr auch einen Sinn abgewinnen will, der eine sachliche Auseinandersetzung nicht von vornherein als absurd erscheinen läßt. Hegel selbst hat erklärt, die Philosophie mache sich lächerlich, wenn sie sich anschicke, irgendwelche empirische Details abzuleiten (im Sinne von reinterpretieren). Aber wie kann die angesprochene Deutung eine solche Konsequenz vermeiden? Wenn die Ontologie eines sich selbst wissenden Begriffs bzw. Geistes in der Tat als *Konkurrenzthese* zur normalen Ontologie etwa materieller Entitäten aufgefaßt wird, ist diese Konsequenz eben schlichtweg unvermeidbar.

Im übrigen widerspricht die Vorstellung, die Philosophie erkenne das eigentliche, gleichsam kristalline Wesen der Wirklichkeit als etwas, was sich hinter dem bunten Spiel der Erscheinungen verbirgt, der dargelegten Konzeption von Wirklichkeit als Selbstmanifestation und repräsentiert gerade die Auffassung der von Hegel immer wieder kritisierten „Reflexionsphilosophie". Um nicht auf solche Holzwege zu geraten, sollte man Hegels Hinweis beachten, daß dem Verstand einerseits „an der Idee die völlige Abweichung und selbst der ausdrückliche Widerspruch gegen seinen Gebrauch der Kategorien auffällt, und daß ihm zugleich kein Verdacht kommt, daß eine andere Denkweise vorhanden sey, und ausgeübt werde als die seinige, und er hiemit anders als sonst denkend sich hier verhalten müsse" (Vorrede zur zweiten Ausgabe der *Enzyklopädie der philosophischen Wissenschaften*, Enz 8; TW 8, 17).

Es gilt also, die Hegelsche Konzeption von Wirklichkeit und damit auch von „Begriff" in einer Weise zu lesen, die nicht den Bahnen einer traditionellen Ontologie folgt, wie sehr dies auch sowohl durch die äußere Form der Theorie als auch durch Hegels Rhetorik nahegelegt zu werden scheint.

In diesem Zusammenhang wäre auch das eingangs aufgeworfene Problem zu klären, warum sich die logische Entwicklung, die sich in der objektiven Logik als Einheit von Darstellung und Kritik präsentiert, im Übergang zum „Begriff" derart stabilisiert, daß zwar eine weitere Ausdifferenzierung, aber keine kritische Infragestellung des Absolutheitsanspruchs dieser Bestimmung erfolgt. Dabei darf die beim Durchgang durch den dritten Abschnitt der Wesenslogik festgestellte Tatsache nicht außer acht bleiben, daß die Struktur des sich auf sich als solchen beziehenden und dadurch absolut gewordenen Scheins, der gleichermaßen die „Auslegung" des Absoluten, die „absolute Notwendigkeit" und der „freie Begriff" ist, auf den ersten Blick sich nicht von der der Reflexion (qua Einheit von Setzen und Voraussetzen) unterscheidet, der zu Beginn der Wesenslogik thematisch war. Und in der Tat sind schon dort alle formalen Mittel präsent, die den weiteren Verlauf bis zum Ende der Logik bestimmen.

Die entscheidende Differenz manifestiert sich in dem explikativen bzw. propositionalen „als" in der Rede vom sich auf sich *als* solchen (*als* äußerlich) beziehenden Schein. In die Struktur der absoluten Negativität (der Reflexion) wird damit die der Propositionalität eingefügt. Daher kann es auch nicht verwundern, daß der dadurch explizierte „Begriff" die Kernstruktur von Propositionalität darstellen soll (d. h. die Propositionalität „selbst", unabhängig von den kategorialen Bestimmungen, die die Terme in bestimmten Typen von Urteilen charakterisieren).

Die als affirmativ charakterisierte Selbstbeziehung des Absoluten wird dadurch ‚inhaltlich' spezifiziert (natürlich nicht im Sinne realphilosophischer Inhalte). Der irreduzible Charakter von Propositionalität (Propositionales läßt sich nicht aus Nichtpropositionalem herleiten) grenzt die subjektive von der objektiven Logik ab und verhindert dadurch eine Ontologisierung von Subjektivität. Außerdem wird ein sachlicher Anschluß an das Thema Subjektivität möglich.

Bezogen auf den Verlauf der Wesenslogik ergibt sich jene Einfügung von Propositionalität dadurch, daß der Schein (die Bestimmtheit, das Negative als Negatives) mit der Aufhebung jeglicher Bestimmtheit in der Einheit des Absoluten am Ende des zweiten Abschnittes *als* äußerlich, *als* Schein gesetzt wurde.

Wenn danach überhaupt noch Bestimmtheit auftreten soll, muß sie es als eine solche, die ihre Scheinhaftigkeit gleichsam in sich selbst zurückgenommen hat. Es reicht nicht, daß wir als Theoretiker von der Scheinhaftigkeit wissen, sie von außen prädizieren; ihre Charakterisierung als Schein muß ihr internalisiert werden. Nichts anderes geschieht mit der angesprochenen Einfügung von Propositionalität, kraft deren der Schein (die Negativität) sich auf sich *als* solchen bezieht. Und nur so wird auch die Möglichkeit eröffnet, angesichts des Untergegangenseins aller Bestimmtheit im Absoluten von dessen *Selbst*auslegung und Selbstmanifestation zu sprechen.

Unter dem Titel „Begriff" wird also die Selbstauslegung des Absoluten, die von dem „Absoluten selbst" ontologisch nicht separierbar ist, thematisch. Formal handelt es sich um eine Einheit, die nur als Differenz besteht; umgekehrt bestehen die Differenten nur in ihrer Einheit. Auf dieser rein formalen Ebene ist der Begriff nicht vom Wesen und der Konstellation Sein/Nichts unterscheidbar, es handelt sich jedesmal um Fälle der Einheit von Identität und Nichtidentität, einer strikten Inkonsistenz, die nichts spezifiziert, nicht als Charakterisierung eines Seienden, also als ontologische Bestimmung fungieren kann wie etwa „Endlichkeit", „Ganzes und seine Teile" etc.

Was den Begriff auszeichnet, ist die erwähnte Einfügung von Propositionalität, die ihn als deren Kernstruktur (im erläuterten Sinn) hervortreten läßt. Die Einheit des Urteils besteht nur in der Beziehung der beiden differenten Bestimmungen, diese bestehen nur als diejenigen, die sie sind, in ihrer Einheit.

Das Spezifikum dieser Einheit wird von der damit nur repetierten Formel von der Einheit von Identität und Nichtidentität gerade nicht erfaßt, sie liegt in der Bedeutung von „Wahrheit", die mit der Einfügung von Propositionalität ins Spiel gebracht wurde. Dieser implizite Rekurs auf den Sinn von Wahrheit ist es auch, der zu der Stabilisierung der logischen Entwicklung im „Begriff" führt; rein formal wäre ebensogut ein Rückfall zum Beginn der Wesenslogik denkbar oder eine infinite Iteration von Identität und Nichtidentität.

An dieser Stelle liegt ein schwerwiegender methodologischer Einwand nahe: Wird durch die Inanspruchnahme eines inhaltlichen Moments wie der Bedeutung von „wahr" nicht die Immanenz des reinen Denkens verlassen, die doch Hegels Theorieprogramm einer Wissenschaft der Logik definiert? Es gilt hier, zweierlei zu unterscheiden: Der Rekurs auf eine bestimmte inhaltliche Theorie (über Propositionalität, Subjektivität oder was auch immer) hätte in der Tat solche desaströsen Folgen; was in Wirklichkeit in Anspruch genommen wird, ist aber keine Theorie, sondern das Faktum unserer Subjektivität, die sich (sofern man Subjektivität mit Intentionalität gleichsetzt) bezogen auf die sprachliche Ebene im Fürwahrhalten von Urteilen manifestiert. Und hinzuzufügen ist, daß dieser Rekurs auf das Faktum der Subjektivität durch die rein immanent verlaufende logische Entwicklung alternativelos erzwungen wurde.

Eingelöst wird so das Postulat der Internalisierung der dem Absoluten äußerlichen Reflexion. Im übrigen wird mit der Einfügung von Propositionalität und der damit verbundenen ‚Stabilisierung' der Struktur absoluter Negativität auch das zu Beginn als formal charakterisierte Problem gelöst, inwiefern der „Begriff" nicht mehr im gleichen Sinn der Kritik unterworfen ist wie die Bestimmungen der objektiven Logik.

Die Position des (formellen) „Begriffs" ist, laut Hegels eigener Aussage, die des subjektiven Denkens, der „absoluten Äußerlichkeit", die aber nicht mit den Defizienzen der äußeren Reflexion behaftet ist, die dem von ihr Vorausgesetzten, Reflektierten fremd bleibt, sondern ganz im Gegenteil das seiner selbst gewisse Prinzip desjenigen darstellt, dem es äußerlich ist.

Subjektivität, Wissen ist die Äußerlichkeit schlechthin und gleichzeitig absolut. Keine Realität kann sich der Immanenz des Wissens entziehen, zumindest nicht für uns, die wir ja das Wissen sind. Hegels Theorieprogramm ist dadurch gekennzeichnet, daß es in unüberbietbarer Radikalität die Konsequenzen aus dieser absoluten Immanenz für die Darstellung der Wirklichkeit (nicht zuletzt in der Realphilosophie) zieht. Nach Hegel genügt es nicht, wie Kant herauszuarbeiten, daß dasjenige, das die Objektivität der Objekte respektive objektiven Sachverhalte ausmacht, die Kategorien nämlich, der Subjektivität zuzuordnen ist. Das Prinzip dieser Kategorien, die „ursprünglich-synthetische Einheit der Apperzeption" selbst, muß in irgendeiner Weise auch der Objektivität zugeordnet, für ihre philosophisch-theoretische Erfassung fruchtbar gemacht werden. Der entscheidende Punkt dabei ist nur, daß dies nicht in der gleichen Weise geschehen darf wie im Falle der Kategorien, da ansonsten der Standardtopos der Hegelkritik recht behielte, er betreibe eine Selbstvergottung der Subjektivität. Mit anderen Worten, die epistemische Zugänglichkeit der Realität darf nicht unter der Hand in eine Art Realkonstitution durch eine in absurder Weise ontologisierte Subjektivität umgemünzt werden.

Die Darstellung der Realität mithilfe der begriffslogischen Bestimmungen bringt die Vernunft zum Vorschein, die ansonsten unter der Herrschaft der Kategorien (der ontologischen Bestimmungen) verborgen geblieben wäre. Resultat ist keine bloße Beschreibung, aber auch nicht die Entwicklung eines Ideals, das einer schlechten Wirklichkeit gegenübergestellt würde.

Die Wirklichkeit im Hegelschen Sinn, die letztlich die Wirklichkeit des Begriffs ist und als Sich-Manifestieren beschrieben wurde, stellt somit keine ontologisch reinterpretierbare Struktur dar – es fehlen ja schon die rein formalen Voraussetzungen dafür, von einer Struktur in einem solchen Sinn zu reden, nämlich Bestimmtheitsverhältnisse –; sie ist keine spezifische Bestimmtheit, die sich manifestiert, sondern *das Sich-Manifestieren selbst*, die epistemische Zugänglichkeit der Realität, die mit den Termini „Subjektivität" und „Intentionalität" umschrieben wurde und sich theoretisch über den Sinn von Wahrheit, über die Artikulation in Urteilen erschließt.

Von einer revisionären Metaphysik im Sinn des von P. F. Strawson geprägten Terminus kann somit in Beziehung auf Hegels Theorie wohl keine Rede sein. Allerdings wird von Hegel im Ausgang vom „Begriff" versucht, etwas zu entwickeln, was die Funktion der traditionellen Metaphysik erfüllt, nämlich das Begreifen der Wirklichkeit in einem emphatischen Sinn. Der Weg dazu führt über eine Reintegration der ontologischen Bestimmungen in Beziehung auf ihr Prinzip, den Begriff, der sich auf diese Weise ausdifferenziert und letztlich (als „Idee") „übergreift" auf eine Realität („Objektivität"), die in einem ganz besonderen Sinn die seinige ist. Dies darzulegen ist die Aufgabe der subjektiven Logik, die damit das Verhältnis von Logik und Realphilosophie innerlogisch antizipiert.

Indem die Logik die Funktion der traditionellen Metaphysik erfüllen soll, überrascht es nicht, daß ihr Erscheinungsbild sowie das der auf sie (und aus ihr) folgenden Realphilosophie dem einer revisionären Metaphysik gleicht. Und diese Angleichung wird noch dadurch verstärkt bzw. erleichtert, daß Hegels Theorieprogramm, das sich zwar in der Abgrenzung von der Kantisch-Fichteschen Tradition dezidiert in die Nachfolge der Metaphysik stellt, dennoch aber ein Programm *sui generis* ist, in sich selbst keine Reflexion auf seinen Status enthält und auch nicht enthalten muß. (Insofern ist Hegels Logik auch, wenn man schon diesen Ausdruck verwenden will, in ganz anderem Sinne eine Theorie der Subjektivität als etwa Fichtes Wissenschaftslehre, die eine Reflexion auf das Faktum der Subjektivität (*qua* Faktum) durchführt).

Wenn es aber zutrifft, daß das Prinzip dieser Theorie nicht ontologisch gedeutet werden darf, wäre eine Hegelinterpretation, die ihren Gegenstand *sachlich* ernst nimmt, gut beraten, sich diesem Erscheinungsbild nicht unkritisch zu überlassen.

Literatur

Falk, Hans Peter 1983: Das Wissen in Hegels „Wissenschaft der Logik". Freiburg/München.

10

Christian Iber

Hegels Konzeption des Begriffs

I. Über Sinn und Zweck der Begriffslogik

Im „Vorbericht" zur Begriffslogik gibt Hegel eine Andeutung, womit wir es in der Begriffslogik zu tun haben. Die Lehre vom Begriff ist im Unterschied zu den beiden Teilen der objektiven Logik – Seins- und Wesenslogik – das „*System der subjectiven Logik*" (III 5/ TW6, 243). Die Seinslogik entwickelt die Kategorien, in denen das Denken die unmittelbar vorfindliche Sache erfaßt (Qualität, Quantität, Maß). Die Wesenslogik behandelt die Kategorien der Verhältnisse oder Relationen, in denen sich die Sache für das Denken präsentiert (Wesen-Erscheinung etc.). Beide Teile bilden die objektive Logik, weil sie Kategorien der objektiv vorliegenden Sache abhandelt. Die die subjektive Logik ausmachende Begriffslogik untersucht primär die Tätigkeit des Denkens selbst, in der die Sache auf den Begriff gebracht wird. Untersucht werden die Bestimmungen des Begriffs, die Formen der Urteile und Schlüsse, in denen das begreifende Denken die wahre Natur der Sache ausmacht.

Es ist eine tiefe Einsicht Hegels, daß der immanente Zweck des begreifenden Denkens die Wahrheit ist. Demzufolge ist Gegenstand der subjektiven Logik des Begriffs die „*Wahrheit* selbst" (III 5/TW6, 244). Überhaupt untersucht die Logik die Denkformen, die sich dem Zweck der Erkenntnis verdanken, die Sache in ihrer Wahrheit zu erfassen, eben daraufhin, ob und inwiefern sie diesem Zweck Genüge tun. Die Dialektik der Denkformen ergibt sich aus dem Widerspruch zwischen dem in den Denkformen präsenten Zweck der Erkenntnis und der mehr oder weniger adäquaten Art und Weise, in der dieser in den Denkformen realisiert ist. Dieser Widerspruch zeigt einen Mangel der Denkformen an, der in den

Übergängen der *Wissenschaft der Logik* behoben wird. In der Begriffslogik werden schließlich die Denkformen abgeleitet, in denen das Erkennen an sein Ziel kommt. Was die Sache in *Wahrheit* ist, ist der hier in seinen Bestimmungen erörterte *Begriff* (vgl. Horstmann 1990, 44 ff.).

Da der Begriff die logische Denkstruktur ist, die sich selbst zur „*absolute[n] Grundlage*" (III 11/ TW6, 245) des Logischen „*gemacht* hat" (III 11/ TW6, 245), kann nicht „unmittelbar" (III 11/ TW6, 245) angeben werden, was die „*Natur des Begriffes*" (III 11/ TW6, 245) ausmacht. Um zu erfahren, was der Begriff ist, muß man seine „*genetische Exposition*" (III 11/ TW6, 245) rekapitulieren. Der Begriff resultiert notwendig aus der Logik von Sein und Wesen und ist eine komplexere Einheit als etwa das Wesen, das die Wahrheit des Seins ist, weil er von Sein und Wesen, also nicht nur von einer, sondern von zwei Sphären die Wahrheit ist. Dies ist der Grund, warum der Begriff in Hegels *Wissenschaft der Logik* eine so ausgezeichnete Stellung einnimmt.

Bevor Hegel im Proömium der Begriffslogik („*Vom Begriff im Allgemeinen*") dem Begriff als solchem eine eigene Betrachtung widmet, wiederholt er die Herleitung des Begriffs aus der Dialektik der Substanz durch Kausalität und Wechselwirkung, die am Ende der Wesenslogik selbst schon eine Einheit von Sein und Wesen erreicht. Der eigentliche Übergang von der Wesens- zur Begriffslogik findet indes in der Wesenslogik statt. Wenn Hegel zu Beginn der Begriffslogik den Übergang vom Wesen zum Begriff rekapituliert, so nunmehr vom erreichten Standpunkt des Begriffs aus. Dabei geht er vom Resultat der Wesenslogik, dem symmetrischen Verhältnis von aktiver und passiver Substanz, aus und projiziert es an den Anfang der ganzen Bewegung, das Substantialitätsverhältnis, und stellt dar, wie sich in der Dialektik von aktiver und passiver Substanz die substantiale Selbständigkeit der Relate in die prozessuale Reflexionsbewegung des Begriffs aufhebt. Die wesenslogische Entwicklung dagegen geht von einem asymmetrisch gedachten Substantialitätsverhältnis aus, dessen Bestimmtheit keine selbständige Substanz, sondern den Charakter bloßer Akzidentalität hat. Das Verhältnis von aktiver und passiver Substanz in „*Wirkung und Gegenwirkung*" (II 404 ff./ TW6, 233 ff.) ist hier erst Folge der Entwicklung des Verhältnisses der Substantialität.

Die Schwierigkeit bei der Interpretation dieses Überganges ist, daß der entscheidende Grundgedanke nicht leicht auszumachen ist. Der Begriff ist die Wahrheit der Substanz. Was im Übergang von der Substanz zum Begriff gesetzt oder explizit wird, ist die logische Verfassung der Substanz selbst, nämlich Einheit von *einfacher Identität mit sich* und *sich auf sich beziehender Negativität* zu sein. Es ist deshalb fraglich, ob sich die sich auf sich beziehende Negation, die im Zentrum der Wesenslogik steht, überhaupt vollziehen könnte, wäre die für die dialektische Entwicklung vorausgesetzte einfache Selbstbeziehung des Begriffs nicht implizit schon mitenthalten oder würde sie aus dieser Entwicklung gar erst resultieren

Zentral ist an diesem Übergang folgendes: Die Wechselwirkung der Substanzen begründet zunächst einen fehlerhaften Zirkel. Sie ist daher Ausdruck der „Dunkelheit der im Causalverhältnisse stehenden Substanzen" (III 16/ TW6, 251). Die „defiziente[n] Logizität *zirkulärer* Begründungsverhältnisse" (Fink-Eitel 1978, 183) in der gegenseitigen Konstitution zweier selbständiger Substanzen besteht darin, daß das jeweils zu Bestimmende in seiner Bestimmung bereits vorausgesetzt ist. Die Substanz, die als Ursache für die andere dient, setzt diese andere als ihre Ursache bereits voraus.[1] Die Fehlerhaftigkeit des Zirkels der sich wechselseitig verursachenden Substanzen wird aufgelöst und damit „zur sich selbst durchsichtigen *Klarheit*" (III 16/ TW6, 251) des Begriffs fortgeschritten, indem die von der Passivität dependierende Substantialität der in Wechselwirkung stehenden Substanzen aufgehoben wird in den prozessualen Zirkel der *sich selbst begründenden Selbstbegründungsstruktur* der nunmehr *einen* Substanz, die sich damit als die Subjektivität des Begriffs erweist.[2]

Der Begriff ist die „*Enthüllung*" (III 15/ TW6, 251) oder das rückhaltlose Ausgelegtsein der Substanz, das gesetzte (= gewußte) Anundfürsichsein der Sache. Damit stellt sich Hegel gegen die neuzeitlichen Substanz- und Begriffslehren, die von einer Entgegensetzung von Substanz und Begriff ausgehen. In ihrer gewußten „*an und für sichseyende[n] Identität*" (III 15/ TW6, 251) ist die ursprüngliche Sache tatsächlich die wahre *causa sui*, die „*Ursache ihrer selbst*" (III 16/ TW6, 251), denn sie hängt von nichts anderem mehr ab, geht in ihren Unterschieden nur mit sich selbst zusammen. Die Unterschiede der Sache haben so gegen ihren Begriff nichts Vorausgesetztes, Äußeres oder Fremdes mehr.

---

1 Das Defizit der Wechselwirkung in Erklärungszusammenhängen unterstreicht Hegel in Enz I § 156 Z.
2 Hegel bestimmt sein Argumentationsziel philosophiehistorisch als immanente und konstruktive Kritik an Spinoza, der die göttliche Substanz als hervorbringende Macht (Ethik I, prop. XXXIV, 142) und immanente Kausalität (ebd., prop. XVIII, 120) der Dinge faßt. Maßstab der Kritik ist ein Spinozas Substanzdenken selbst entnommener Offenbarungsbegriff von ursächlicher Macht, der sich erst vollendet, wenn das Sich-Offenbarende im Offenbarten *als es selbst* ist. Damit ist sie aber bereits in die sich selbst begründende Selbstbegründungsstruktur des Begriffs übergegangen.

Damit eröffnet der Begriff das „Reich der *Freyheit*" (III 15/ TW6, 251) des Denkens. Im Begriff gehen Freiheit und Notwendigkeit zusammen. Die freie Notwendigkeit des Begriffs ist einerseits kein Gezwungenwerden, wie es die kausale Wirkung einer Ursache ist. Andererseits gibt es nach Hegel keine sinnvolle Freiheit des Denkens, die Freiheit von allen Gründen wäre. Die Freiheit des begreifenden Denkens besteht vielmehr in der Fähigkeit, Gründe und Argumente zu verstehen und zu beurteilen und sich von den für die Ermittlung der Wahrheit für einwandfrei befundenen bestimmen zu lassen. Dieser Begriff von Freiheit, der der Rede von ihr als „Einsicht in die Notwendigkeit" (Enz III § 467) einen neuen, einleuchtenden Sinn abzugewinnen vermag, ist bereits anwesend in der Kritik des Determinismus von Kausalität und Wechselwirkung.

Hegel gibt folgende nähere Bestimmung der logischen Kernstruktur des Begriffs. Der Begriff ist Einheit von einfacher Selbstbeziehung und Negativität. Einfache Selbstbeziehung ohne Bestimmtheit oder Negation bliebe leer. Die Bestimmtheit oder Negation als sich auf sich beziehend impliziert jedoch einfache Identität, verdankt die Negation doch ihre Selbstbeziehung der Instanz der Selbstbezüglichkeit als solcher. Aus dieser Wechselimplikation von einfacher Selbstbeziehung und Negativität folgert Hegel zwei logische Charakteristika des Begriffs: das *Allgemeine* und das *Einzelne*. Das Allgemeine pointiert die durch die „*Negation* der *Bestimmtheit*" (III 16/ TW6, 252) vermittelte einfache Beziehung auf sich oder Identität, das Einzelne die „Negation oder Bestimmtheit, welche sich auf sich bezieht" (III 16/ TW6, 252). Das zirkuläre Voraussetzungsverhältnis der entgegengesetzten Bestimmungen von Allgemeinheit (einfacher Selbstbezüglichkeit) und Einzelheit (negativer Selbstbezüglichkeit) ist für die Begriffsstruktur unhintergehbar. Allerdings ist bisher nur eine Zweierstruktur erreicht. Unerwähnt bleibt noch die Besonderheit.

Das Ich ist für Hegel die bekannte Konkretisierung der entwickelten logischen Verfassung des Begriffs. Zwischen Ich und Begriff besteht nicht nur eine Strukturanalogie. Vielmehr macht der Begriff die strukturelle Beschaffenheit von Subjektivität aus. Doch das heißt nicht, daß der Begriff identisch mit dem Ich des Selbstbewußtseins ist, welches eine realphilosophische Kategorie ist. Zwar mag sich die freie Notwendigkeit des Begriffs adäquat nur im Ich des Selbstbewußtseins verwirklichen, die Begriffslogik thematisiert gleichwohl nicht das realphilosophische Ich des Selbstbewußtseins, sondern nur dessen logisch-strukturelle Verfassung, also das Ich nur, insoweit es an der Begriffsstruktur teilhat. Wie der Begriff ist auch die wissende Selbstbeziehung des Ich Einheit von Allgemeinheit und Einzelheit, ein Oszillieren dieser beiden entgegengesetzten Bestimmungen.

Mit dieser Bestimmung des Terminus Ich nimmt Hegel in zweifacher Weise Stellung zum Problem des Selbstbewußtseins. Er erkennt *erstens*, daß das Ich des Selbstbewußtseins nur unter Berücksichtigung seiner zirkulären Wechselimplikation von Selbst- und Fremdbezug ohne fehlerhaften Zirkel erfaßt werden kann. Wird die Selbstbezüglichkeit des Ich als Fall von Gegenstandsbewußtsein gedacht, so erweist sich, daß der Bezug auf Anderes nur unter Voraussetzung des Selbstbezugs des Ich möglich ist. An diesem fehlerhaften Zirkel scheitert Kants Theorie des Selbstbewußtseins. Wird demgegenüber der Selbstbezug des Ich als frei von jedem Fremdbezug gedacht, so zeigt sich dies ebenfalls als unmöglich. Die Selbstbeziehung des Ich läßt sich nämlich grundsätzlich nicht aus sich selbst heraus begreifbar machen, sie verweist vielmehr von sich aus auf den Fremdbezug. An diesem Dilemma laboriert Fichtes Selbstbewußtseinstheorie. Der fehlerhaft zirkuläre Verweis des einen auf das andere wird überwunden durch den Gedanken des Ich als Einheit von Selbst- und Fremdbezug (vgl. Braitling 1991, 163).

Mit seiner Theorie der Einheit von Allgemeinheit und Einzelheit des Ich, die er immer wieder an der Dialektik des Ich-Sagens exemplifiziert (vgl. Enz I § 24 Z1; III 17 f./ TW6, 253 f.), überwindet Hegel *zweitens* den unaufgehobenen Dualismus von transzendentaler Ichheit und Individualität in Kants und Fichtes Lehre vom Ich, die gleichsam an zwei verschiedene Subjekte verteilt werden. Unberücksichtigt bleibt bei Kant und Fichte, daß das empirische Ich als Ich schon allgemein, das reine aber ebenso ein einzelnes, individuiertes ist. Allgemeinheit und Einzelheit sind im Ich ebenso zwei Momente in ursprünglicher Einheit wie das selbstbezügliche Ich-Subjekt und das reflektierte Ich-Objekt im Wissen des Ich von sich selbst.

Um die spezifische Leistung des begreifenden Denkens herauszustellen, setzt sich Hegel kritisch mit der Erkenntnistheorie Kants auseinander. Das Defizit der Kantischen Erkenntnistheorie liegt bereits in Kants Lehre der synthetischen Einheit der Apperzeption begründet, die Hegel vorderhand nur zu loben scheint (vgl. Düsing 1979, 233 ff.). Während Kant das Ich des Selbstbewußtseins nur im unmittelbaren Zusammenhang seiner Leistungen in der synthetischen Einheit der Apperzeption entwickelt – er deutet zwar die Selbstbezüglichkeit des Prinzips der reinen Apperzeption an, hat sie aber nicht als unhintergehbare Voraussetzung der Erkenntnisleistung des Subjekts entwickelt –, erörtert Hegel den systematischen Zusammenhang zwischen Selbstbezüglichkeit des Ich und seiner Erkenntnisleistung in der synthetischen Einheit der Apperzeption als Einheit von Selbstbeziehung und Negativität des denkenden Ich. Zwar sei Kant über das äußerliche Verhältnis des Verstandes als Vermögen der Begriffe oder des Begriffs zum Ich hinausgegangen, wenn er die Objektivität der Verstandeskategorien aus dem Ich als transzendentale Einheit der Apperzeption ableitet. Daher gehöre die Lehre von der synthetischen Einheit der Apperzeption zu den „tiefsten und richtigsten Einsichten" (III 17/ TW6, 254) Kants. Doch hat er sie nicht wirklich auf den Begriff des Begriffs gebracht und daher letztlich die spezifische Leistung des begreifenden Denkens verfehlt.

Denn einerseits hält Kant zwar an der Objektivität der Verstandeskategorien fest, die er aus dem transzendentalen „*Ich denke*" (III 18/ TW6, 254) begründet, die also nicht der Empirie entstammen können. Andererseits sind für Kant die Begriffe für sich leere Formen, die Realität nur in Beziehung auf die empirische Anschauungsmannigfaltigkeit erhalten. Zwar erhebt die Kantische Transzendentalphilosophie das empirisch Gegebene nicht in den Rang eines letzten Wahren. Dennoch bleibt Kant nach Hegel vom Empirismus abhängig, insofern er Erkenntnis auf empirische Erfahrungserkenntnis reduziert. Die Vermittlung von Anschauung und Begriff wird in Gestalt einer dualistischen Zusammenstückung beider gefaßt, die so als selbständige Voraussetzungen füreinander belassen werden.

Dieser Kantkritik ist zu entnehmen, daß für Hegel der Begriff nicht nur im Zusammenspiel mit dem anschaulich Gegebenen Objektivität gewinnt. Wie im Empirismus, so bleibt auch bei Kant der Begriff hinter der vorausgesetzten Fülle des wahrgenommenen Gegenstandes zurück, weil er von dieser abstrahiert. Für Hegel dagegen verwandelt der Begriff den anschaulich gegebenen Gegenstand in Gedanken und fördert so sein allein begrifflich zu erfassendes Wesen in seiner Erscheinung zutage. Hegel stellt also die Forderung auf, die Objektivität des zu begreifenden Gegenstandes allein aus dem Begriff zu entwickeln. Von hier aus wird verständlich, warum Hegel in der Enz I § 163 Z1 davon spricht, daß die Verwechslung des Begriffs mit dem abstrakt Allgemeinen das Denken in Mißkredit gebracht habe. Wenn das begreifende Denken die Identität der Sache nicht erfassen kann, dann hat es seine immanente Zweckbestimmung verfehlt und fällt der Kritik anheim.

Weil Kant die Dialektik, kraft welcher der Erkenntnisbegriff aus der empirischen Anschauung und Vorstellung hervorgeht, nicht berücksichtigt, kommt seine Transzendentalphilosophie in einen fehlerhaften Zirkel von Empirie und Transzendentalität, der zugleich den unaufgehobenen Gegensatz von Subjektivität und Objektivität dokumentiert. Einerseits sind die Verstandeskategorien notwendig und vorausgesetzt, weil sie die endliche Erfahrungserkenntnis erst möglich machen, andererseits ist die Möglichkeit der Erfahrung endlicher Gegenstände für jede Erkenntnis vorausgesetzt, weil Kant Erkenntnis auf Erfahrungserkenntnis einschränkt. Doch die wechselseitige Voraussetzung von Transzendentalität und Empirie ist kein unhintergehbarer Zirkel für jede Erkenntnis (vgl. Hösle 1988, 17 f.). Zwar sind die Verstandeskategorien für die Möglichkeit der Erfahrungserkenntnis vorausgesetzt, doch umgekehrt gilt nicht, daß die Möglichkeit der Erfahrung endlicher Gegenstände für alle Erkenntnis vorausgesetzt ist. Das beweist die *Kritik der reinen Vernunft* selbst, die ja keine empirische Theorie der Erfahrungserkenntnis ist, sondern eine theoretische Untersuchung der Erkenntnismöglichkeit des Verstandes und der Vernunft. Es ist also nach Hegel kein Widerspruch, wenn man vertritt, daß Erkenntnis nicht auf endliche Erfahrungserkenntnis eingeschränkt ist, sondern diese notwendig überschreitet.

Die Abhängigkeit vom Empirismus schlägt sich in den Augen Hegels sowohl in Kants Vernunftbegriff als auch in seiner Lehre von der Wahrheit nieder. Die Reduktion der Erkenntnis auf Erfahrungserkenntnis bezeugt für Hegel die Halbheit und mangelnde Konsequenz von Kants transzendentaler Vernunftphilosophie, denn sie impliziert einen Verzicht auf die Erkenntnis des Dings-an-sich. Insbesondere kommt daher die Vernunft nicht zur Selbsterkenntnis. Sicherlich macht auch Hegel die Differenz zwischen der auf Erfahrungsgegenstände bezogenen und der reflexiven, auf das Ansich bezogenen Erkenntnis, doch beides sind für ihn Formen der Erkenntnis. Nur diese höherstufige reflexive Form der Erkenntnis gewährleistet nach Hegel eine Selbstbegründung und Selbstkritik der Vernunft in einem.

Hegel kritisiert, daß Kant bei der Bestimmung dessen, was Wahrheit ist, auf die Definition der Wahrheit als „Uebereinstimmung der Erkenntniß mit ihrem Gegenstande", die von „höchste[m] Werthe" (III 26/ TW6, 266) sei, verzichtet. Dieser Verzicht ist Folge von Kants Auffassung, daß es unmöglich und ungereimt sei, ein allgemeines und sicheres Kriterium der Wahrheit einer jeden Erkenntnis zu wissen, da dabei von allem Inhalt der Erkenntnis abstrahiert wird, Wahrheit aber gerade diesen Inhalt der Erkenntnis angeht. Hegel stimmt dieser Überlegung nur zum Teil zu. Denn nach der allgemeinen Definition der Wahrheit macht nicht der Inhalt der Erkenntnis die Wahrheit aus, sondern „die *Uebereinstimmung* desselben mit dem Begriffe" (III 26/ TW6, 267). Hier macht sich Kants Empirismus wieder geltend. Kriterium der Wahrheit der Erkenntnis soll gerade der begriffslose Inhalt sein, also der vom begreifenden Denken noch unberührte Gegenstand. Nach dem Kriterium der Wahrheit der Erkenntnis kann hier nach Hegel nicht gefragt werden, aber aus dem entgegengesetzten Grunde, „weil er um seiner Begriffslosigkeit willen nicht die *geforderte Uebereinstimmung* ist" (III 27/ TW6, 267).

Was Hegels eigene Lehre von der Wahrheit betrifft, so ist sie durchaus zwiespältig. Neben einen als rationell zu bezeichnenden Wahrheitsbegriff, wonach Wahrheit die „Übereinstimmung eines Inhalts mit sich selbst" (Enz I § 24 Z2) bzw. die „Übereinstimmung des Gegenstandes mit sich selbst, d.h. mit seinem Begriff" (Enz I § 172 Z) ist, wobei das Kriterium der Wahrheit der Gedanken über einen Gegenstand, die am Gegenstand etwas erfassen, was der Wahrnehmung nicht zugänglich ist, eben den Begriff, ein dem Denken inneres Kriterium ist, nämlich der stimmige Zusammenhang der Gedanken über ihn, tritt bei Hegel ein überaus hypertropher, vernunftmetaphysischer Wahrheitsbegriff. Nicht zufrieden damit, daß der Begriff die wahre Natur des Gegenstandes zutage fördert, findet in der Begriffslogik darüber hinaus noch eine Realobjektivierung des Begriffs statt. Der Begriff muß sich in einer Art Schöpfungsprozeß auch noch „seine *eigene* aus ihm selbst erzeugte Realität" (III 24/ TW6, 264) geben. Erst die gesetzte Identität des Begriffs mit seiner von ihm selbst hervorgebrachten Realität ist dann für Hegel die „*reine Idee der Wahrheit selbst*" (III 25/ TW6, 265). Wahrheit meint hier nicht die Übereinstimmung des Gegenstandes mit seinem Begriff, sondern die Fähigkeit der Vernunft, die von ihr hervorgebrachte Realität mit sich in Übereinstimmung zu setzen. Der Begriff bewährt sich damit als die „*absolute[n] Form*" (III 25/ TW6, 265), die jeden Inhalt aus sich gewinnt, der daher ein ihr immer schon angemessener ist. Hegels Logik nähert sich damit, um mit Adorno zu sprechen, der „organisierte[n] Tautologie" (Adorno 1981, 80) an. Der Fehler Hegels scheint darin zu liegen, daß er die Aufhebung des Gegensatzes von Subjekt und Objekt im begreifenden Denken mit der Überwindung ihrer Differenz gleichsetzt. Doch der Begriff vollbringt nicht jenes Wunder, die Realität und damit die Differenz zwischen Subjekt und Objekt zum Verschwinden zu bringen, ganz zu schweigen davon, daß die Realität als sein Werk anzusehen ist. So richtig Hegels Kantkritik ist, daß es widersinnig ist, die Wahrheit, den Zweck des Denkens, als etwas für das Denken Unerreichbares zu erklären, so fragwürdig ist seine eigene, ultimative Auffassung von der Wahrheit.

In der Begriffslogik findet mithin ein Umschwung statt zwischen der Logik des subjektiven Begriffs, die eine Erkenntnistheorie des begreifenden Denkens ist, und der Logik der Objektivität bzw. der Idee, in der es zur Restauration einer die Wirklichkeit im ganzen rechtfertigenden Vernunftmetaphysik kommt. Die Welt ist nur der objektivierte Begriff.[3] In der

---

3 Treffend bemerkt K. Marx: „Bloss der Hegel'sche ‚Begriff' bringt es fertig, sich ohne äussern Stoff zu objektiviren" (Marx 1867, 18).

Logik der Idee erweist sich der Begriff als absolutes Subjekt und als Endzweck der Welt. Hegel will nicht nur beweisen, daß der Begriff die Wirklichkeit gedanklich erfaßt, sondern auch, daß er als eine objektive Macht in der Welt waltet.

In der metaphysischen Wendung der Begriffslogik liegt auch Hegels Theoretizismus begründet: Nicht die Erkenntnis der Wirklichkeit, um sie praktisch vernünftig zu gestalten, ist der Zweck, sondern die Selbsterkenntnis der Vernunft in der Wirklichkeit ist der Zweck der Philosophie. Von hier aus erhellt auch das berühmte, der Nachwelt wohl auf ewige Zeit dunkel bleibende Diktum, in dem Hegel den Standpunkt seiner Philosophie in klaren Worten formuliert: „*Was vernünftig ist, das ist wirklich, und was wirklich ist, das ist vernünftig*" (Enz I § 6 Anm.). Der erste Teil besagt, das Vernünftige ist das begreifende Denken, das die Wirklichkeit erfaßt. Der zweite Teil kehrt das Verhältnis von Vernunft und Wirklichkeit um. Die Wirklichkeit ist eine einzige Freude für den Philosophen, denn in ihr findet er überall nur die Vernunft wieder. Das ist eine unverhohlene Parteinahme für die Wirklichkeit.

II. Die Bestimmungen des Begriffs: Allgemeinheit, Besonderheit und Einzelheit

Die Darstellung der Sache in Kategorien der Seinslogik betrachtet sie in ihren qualitativen und quantitativen Bestimmungen. In den Kategorien der Wesenslogik, die sie als vermittelte, gesetzte darstellt, wird sie in inneres Wesen und äußere Erscheinungsform unterschieden. Sie präsentiert sich als unterschieden von sich selbst. Das begreifende Denken hat nun deutlich zu machen, daß die Veränderungen, die das Denken an der Sache vornimmt, sie nicht nur zu einer anderen, von sich selbst unterschiedenen macht, sondern daß sie in ihren Unterschieden mit sich selbst zusammengeht. In der Konzeption des Begriffs vollendet sich die Logik, denn hier erreicht das Denken sein Ziel, die Sache in ihrer Wahrheit zu erfassen. Von da aus erhellt der von Hegel aufgestellte Grundsatz, der die Begriffslogik im ganzen leitet, daß jedes Moment des Begriffs von der Strukturverfassung des ganzen Begriffs ist (vgl. III 32/TW6, 273). Dieser Grundsatz expliziert den Sachverhalt, daß der Begriff in seinen Bestimmungen Allgemeinheit, Besonderheit und Einzelheit die Sache vollständig erklärt.[4]

---

[4] Die wesenslogische und die begriffslogische Sequenz von Allgemeinheit, Besonderheit und Einzelheit divergieren (vgl. Fink-Eitel 1978, 201). Während in der Wesenslogik die Begriffs-

1. *Der allgemeine Begriff*: Der Begriff ist Einheit von erstens absoluter Identität mit sich und zweitens sich auf sich beziehender Negativität. Bei der absoluten Identität mit sich handelt es sich um die im Übergang von der Wesens- in die Begriffslogik herauspräparierte Selbstbezüglichkeit als solche. In ihrer abstrakten Gestalt ist sie die „*reine Beziehung* des Begriffs auf sich" (III 33/TW6, 274), mithin der reine Selbstbezug, der jedoch ohne Bestimmtheit oder Negation leer bliebe. Diesen Aspekt des Begriffs, reine Beziehung auf sich zu sein, insofern sie nur durch die Negativität diese Beziehung ist, nennt Hegel „*Allgemeinheit* des Begriffs" (III 33/TW6, 275).

Die Allgemeinheit ist zwar eine „höchst *einfache* Bestimmung" (III 33/TW6, 275), doch im Unterschied zur Einfachheit des reinen Seins ist die Einfachheit der Allgemeinheit zugleich „das *reichste in sich selbst*" (III 33/TW6, 275). Der Begriff in seiner Allgemeinheit ist die Wahrheit des reinen Seins, wie Theunissen zu Recht hervorhebt (Theunissen 1978, 405). Dies meint nicht, daß die unbestimmte Unmittelbarkeit des reinen Seins im Begriff rehabilitiert wird. Beide sind durch einfache Selbstbeziehung charakterisiert. Doch die einfache Selbstbeziehung des allgemeinen Begriffs unterscheidet sich von der des reinen Seins durch das Moment der Selbstunterscheidung oder „absolute[n] Negativität" (III 33/TW6, 275).

Die Allgemeinheit des Begriffs enthält *in sich* die Bestimmtheit, statt sie wie in der gewöhnlichen Begriffslehre *unter sich* zu subsumieren. Für gewöhnlich gilt ein Begriff als allgemein, weil er auf mehreres Einzelnes zutrifft. Das abstrakt Allgemeine ist nicht „*Vermittlung*" (III 33/TW6, 275), sondern ein „*vermitteltes*" (III 33/TW6, 275), dem das Konkrete vorausliegt, von dem es per Abstraktion gewonnen wird. Eine solche Begriffsallgemeinheit als Abstraktionsprodukt von Besonderem wird von Hegel unter dem Titel „*Der besondere Begriff*" abgehandelt, und dort wird ihr ein Ort in der Entwicklung des Begriffs zugewiesen.

Auch das abstrakt Allgemeine kann als Resultat einer doppelten Negation angesehen werden, insofern von einer Bestimmtheit abstrahieren bedeutet, eine Negation negieren. Doch wird sie als eine äußerliche vorgestellt, wobei die weggelassenen Eigenschaften des Konkreten von der den

---

momente auf Basis der Substanzdialektik in der Reihenfolge A, E, B eingeführt werden (vgl. II 409/TW6, 240), so lautet die Reihenfolge in der Begriffslogik A, B, E. Im Ausgang von der ursprünglichen Einheit des Begriffs löst sich die Darstellung der Begriffsmomente von ihrer wesenslogischen Voraussetzung ab, so daß sie eine durch den Begriff selbst bestimmte Reihenfolge erhalten.

Inhalt des abstrakt Allgemeinen ausmachenden beibehaltenen Eigenschaft verschieden sind. Ebenso ist die Operation der Abstraktion ein dem abstrakt Allgemeinen äußerer Vorgang. Das abstrakt Allgemeine verhält sich äußerlich zur konkreten Sache und unterscheidet sich darin vom konkreten Allgemeinen als erster Bestimmung des Begriffs der Sache, in dem das Prinzip ihrer relevanten Unterschiede begründet liegt, die in ihr aktuell noch nicht zur Sprache kommen. Hegels Kritik der traditionellen Konzeption der Allgemeinheit hebt im Gegensatz zu dieser auf einen Begriff von Allgemeinheit ab, der nicht nur abstrakte Merkmalseinheit ist, sondern in sich die Bestimmtheit als negierte enthält, somit nicht nur die Möglichkeit, sondern die Notwendigkeit ihrer bestimmten Differenzierung in der Besonderheit impliziert.

Im Unterschied zu den anderen Kategorien der Logik, die in ihrem Anderen ihre Schranke finden, wird das Allgemeine durch seine Bestimmung nicht negiert, sondern bleibt in ihr erhalten, und zwar in dem Sinne, daß es sich in ihr ungetrübt „*continuirt*" (III 34/ TW6, 276). Das Allgemeine ist das „*Wesen* seiner Bestimmung, die *eigene positive Natur* derselben" (III 34/ TW6, 276). Das Allgemeine setzt seine Bestimmungen als von *seiner* Art, als Begriffsbestimmungen. Von dieser logischen Kennzeichnung geht Hegel zu theologisch-metaphysischen Überlegungen über, jedenfalls zeichnet er in die logische Charakterisierung des Begriffs eine theologisch-metaphysische Metaphorik ein: Er bezeichnet die Allgemeinheit des Begriffs als die „*freye*" (II 35/ TW6, 277) bzw. „*schöpferische Macht*" (III 36/ TW6, 279), die über ihr Anderes übergreift, ohne ihm Gewalt anzutun, weshalb er sie „*freye Liebe*" (III 35/ TW6, 277) und „*schrankenlose Seeligkeit*" (III 35/ TW6, 277) nennt.

Gemäß dem Grundsatz der Begriffslogik, demzufolge jedes Moment des Begriffs der ganze Begriff ist, enthält die Allgemeinheit in ihrer absoluten Negativität nicht nur die Besonderheit in sich, sondern auch die Einzelheit. Damit zeichnet sich folgendes negationstheoretische Modell der Selbstbestimmung des Begriffes ab: Die Allgemeinheit ist die einfache Beziehung auf sich als sich auf sich beziehende Negation. Die Besonderheit ist die darin implizierte einfache oder erste Negation, die Einzelheit ist die darin enthaltene sich auf sich beziehende Negation, die als solche explizit ist. Die Abfolge von Allgemeinheit, Besonderheit und Einzelheit vollzieht sich als dreifaches Auftreten der sich auf sich beziehenden Negation auf dem Boden der einfachen Beziehung auf sich des Begriffs. Zwischen den drei Auftrittsweisen der selbstbezüglichen doppelten Negation gibt es keine letzten Differenzen. Wir haben sie als Ausgang, als Durchgang und als Resultat der Bewegung.

Die Bestimmtheit des Begriffs ist nach Hegel die „totale Reflexion" oder der „*Doppelschein*, einmal der Schein *nach aussen*, die Reflexion in anderes; das andremal der Schein *nach innen*, die Reflexion in sich" (III 35/ TW6, 278). Auf der Ebene des Begriffs ist der Schein mithin in keiner Weise ausgemerzt, vielmehr beruht die Bestimmtheit im Begriff auf einer doppelten Bewegung des Scheins, welche der Nachfolgebegriff jener Einheit von Äußerlichkeit und Innerlichkeit ist, die Gegenstand der Wesenslogik war.

Hegel legt auf zweifache Weise dar, wie die Bestimmtheit mit dem allgemeinen Begriff vereinbar sein kann (vgl. Schick 1994, 199 ff.). Dabei kommt das erste Modell einer „Revolution der Denkungsart" (ebd., 198) gleich. Gewöhnlich wird angenommen, daß, wenn man die Bestimmtheit einer Sache angibt, sie immer nur im Verhältnis zu anderem, nicht im Verhältnis zu sich selbst angesprochen wird. Dagegen setzt Hegel sein Diktum, wonach sich das bestimmte Allgemeine von anderem, Drittem (Scheinen nach außen) durch sich selbst unterscheidet (Scheinen nach innen). Als bestimmtes Allgemeines schließt sich die Sache nicht durch Vergleichung mit Drittem, sondern durch sich selbst mit ihren besonderen Bestimmungen zusammen. Die Bestimmtheit des Begriffs ist daher als „immanente[r] *Charakter*" (III 36/ TW6, 278) des Allgemeinen von „gleichem Umfange" (III 36/ TW6, 278) wie die Allgemeinheit. Die Begriffsbestimmtheit der Sache charakterisiert sie in ihrer spezifischen Bestimmtheit, in ihrer Eigenart. Als Selbstspezifizierung des Allgemeinen bleibt der bestimmte Begriff „in sich unendlich freyer Begriff" (III, 36/ TW6, 278).

Von dieser Art des „Scheinens nach innen" unterscheidet Hegel ein höherstufiges „Scheinen nach innen" als eine zweite Antwort auf die Frage, wie die Bestimmtheit mit dem Begriff in seiner Allgemeinheit vereinbar sein kann. Wird die Allgemeinheit durch die Bestimmtheit „begränzt" (III 36/ TW6, 278), so hat sie als niedrigere Allgemeinheit ihre Auflösung jeweils in einer höheren Allgemeinheit, die gegenüber der niedrigeren als die abstraktere aufgefaßt werden muß. Es ist allerdings nicht abzusehen, wie aus dem Aufstieg zu immer höheren, abstrakteren Allgemeinheiten das „wahrhaft höhere Allgemeine" (III 36/ TW6, 279) hervorgehen soll. Hegel scheint hier vom gegenteiligen Befund auszugehen, daß nämlich die „nur" (III 36/ TW6, 279) bestimmten Begriffe im Widerspruch zur allgemeinen Natur des Begriffs stehen. Daß Hegel die Bestimmtheit der Allgemeinheit des Begriffs auch entgegensetzt, hat seinen Grund darin, daß er auf den Begriff des Begriffs als den *einen* Begriff im Sinne eines *singulare tantum* abzielt, der sich als Konstitution aller bestimmten Begriffe erweist. Wenn es so ist, daß jeder allgemeine Begriff in seiner Bestimmtheit erhalten bleibt, so daß er als von anderen unterschiedene Totalität in sich Bestand hat, so kann er nur um den Preis seiner spezifischen Substantialität zum Moment und Gesetztsein des einen Begriffs im Singular herabgesetzt werden. Umgekehrt zahlt das wahrhafte Allgemeine des absoluten Begriffs für seine Integrationsleistung den Preis der Indifferenz und Unbestimmtheit gegen alle bestimmten Begriffe. Im Versuch, alle bestimmten Begriffe in einem zweiten Schritt in einem absoluten Begriff zu begründen, verfällt Hegels Begriffslehre einem metaphysischen Monismus, der Hegels Tendenz der Vergöttlichung des Begriffs zwar nicht plausibel, aber verständlich werden läßt.

2. *Der besondere Begriff*: Die Bestimmtheit als solche ist noch nicht die Eigenart der Sache. In ihren qualitativen Bestimmungen ist das Wesen der Sache nicht präsent. Zur Bestimmtheit des Begriffs, d. h. zur Besonderheit, wird sie, indem sie durch das Allgemeine konstituiert wird. Da das Besondere das Allgemeine enthält, ist die Gattung unverändert in ihren Arten, die als solche einander entgegengesetzt, aber als Momente der Gattung gleich sind. Mit der Forderung, daß die Unterteilung des allgemeinen Begriffs nach einem notwendigen Teilungsprinzip zu erfolgen und den Umfang des Begriffs vollständig zu erschöpfen hat, ist die gewöhnliche Betrachtung des Begriffs als einer bloßen Summe von Merkmalen fundamental kritisiert. Die innere Ordnung des Begriffs zu seinen Unterarten ist keine äußerliche. Vielmehr muß der Unterschied des Begriffs mit ihm, das Besondere mit dem Allgemeinen, die spezifische Differenz mit der Gattung identisch sein. Der allgemeine Begriff ist kein bloß aus dem Besonderen herausabstrahierter Bestandteil des Besonderen. Dies ist der Fall, wenn der Begriff dadurch entsteht, daß Besonderheiten weggelassen werden.

Daß sich das Allgemeine des Begriffs in die beiden Arten, das Allgemeine und Besondere, scheidet, ist ihm selbst zu entnehmen. Indem sich das Allgemeine des Begriffs von sich selbst unterscheidet, ist es selbst das Besondere und teilt sich in die Arten „a) das Allgemeine selbst und b) das Besondere" (III 38/ TW6, 281). Das sich von sich unterscheidende Allgemeine tritt also doppelt auf: als Artallgemeines neben der Art des Besonderen und als davon unterschiedenes Gattungsallgemeines. Die Arten des Begriffs, Allgemeines und Besonderes, sind, da beide Besondere sind, „*coordinirt*" (III 38/ TW6, 281). Da sie aber als Besondere das Bestimmte gegen das Allgemeine des Begriffs sind, so sind sie demselben „*subordinirt*" (III 38/ TW6, 281). Doch das Allgemeine des Begriffs ist selbst „*nur eines* der Gegenüberstehenden" (III 38/ TW6, 281). Daraus ergibt sich die Dialektik der Subordination: Das Allgemeine, dem das Besondere subordiniert sein soll, ist ihm zugleich koordiniert, und zwar insofern ein Verhältnis der Subordination zwischen beiden bestehen soll.

Die Dialektik der Subordination zeigt, daß sich das Allgemeine gar nicht als Allgemeines gegen das Besondere festhalten läßt, ohne es selbst zu einem Besonderen zu machen. Der Rückfall der Subordination in Koordination wird behoben, indem das Verhältnis von Allgemeinem und Besonderem in ein *Darstellungsverhältnis* überführt wird. Hegel hebt hervor, daß Allgemeines und Besonderes, die „*zwey Gegenüberstehenden*" (III 38/ TW6, 281), nicht nur für die äußere Reflexion darin gleich sind, Besondere zu sein. Wären Allgemeines und Besonderes nur durch den Vergleich der äußeren Reflexion als zwei Besondere feststellbar, würde ja ihr Unterschied fortbestehen. Ihr Unterschied verschwindet mit der Einsicht, daß „ihre Bestimmtheit *gegeneinander*" „wesentlich nur *Eine* Bestimmtheit, die Negativität" ist, „welche im Allgemeinen *einfach*" ist (III 38/ TW6, 281). Der Titel „*Eine* Bestimmtheit" besagt, es gibt keine letzte Differenz zwischen Allgemeinem und Besonderem. Dies stellt sich hier so dar, daß beide darin gleich sind, Besondere zu sein. Doch diese Gleichheit beider, Besondere zu sein, macht ihren Allgemeinheitscharakter aus. Beide, das Allgemeine und das Besondere, sind in gleicher Weise nur das Besondere *des* Allgemeinen.

Der Sache nach greift Hegel hier auf Aristoteles' Lehre vom *to ti ên einai* zurück, um mit ihr den neuzeitlichen Gegensatz von Begriff und Sache zu überwinden. In der Wesensdefinition des *to ti ên einai* einer Sache wird diese als in Allgemeines und Besonderes unterschiedene erfaßt, sie selbst dagegen wird in ihrer Bestimmtheit als einfache Einheit gedacht. Die Wesensdefinition enthält nur wesentliche Unterschiede eines Gegenstandes, nicht akzidentelle. Die Zusammensetzung eines Gegenstandes mit einer akzidentellen Bestimmung („weißer Mensch") läßt sich nicht auf eine einfache Einheit zurückführen. Hier liegt nur ein zufällige Koinzidenz vor. Syntheta haben daher für Aristoteles kein eigentliches *to ti ên einai* (vgl. Aristoteles Met. Z 4). In der Wesensdefinition des Menschen „vernünftiges Lebewesen" impliziert dagegen das Besondere das Allgemeine, denn nichts kann „vernünftig" sein, ohne Lebewesen zu sein. Das Besondere ist das Besondere *des* Allgemeinen.[5]

In kritischer Ableitung weist Hegel der gewöhnlichen Auffassung des Begriffs als abstrakt Allgemeinem seine Stelle in der Sphäre der Besonderheit zu. Indem die „Bestimmtheit gegen die *andere* Bestimmtheit" (III 39/

---

5 Da sich Aristoteles nur an natürliche Gattungen hält, läßt er die Frage offen, ob sich die Artunterschiede nur faktisch vorfinden oder aus dem Allgemeinen erschlossen werden können. Daher faßt er die Gattungsallgemeinheit in letzter Konsequenz nur als bloße Möglichkeit (*dynamis*) ihrer weiteren Besonderung (vgl. Aristoteles Met. Z 12).

TW6, 283) gesetzt, d. h. ihr Unterschied als wesentlicher sistiert wird, wird die Allgemeinheit zur „*Form*" (III 39/ TW6, 283) und die Bestimmtheit als solche zum „*Inhalt*" (III 39/ TW6, 283). Auf diese Weise kommt für gewöhnlich der bestimmte Begriff überhaupt zum „*Daseyn*" (III 39/ TW6, 283). Diese seinslogischen und wesenslogischen Kategorien, in denen der Zweck der Erkenntnis, die Wahrheit, nur mangelhaft präsent ist, treten erst auf den Plan, wenn Allgemeines und Besonderes einander äußerlich geworden sind, mithin der Begriff in seiner konkreten Struktur einen Selbstverlust erfahren hat.

Damit ist der Leitbegriff der der Hegelschen entgegensetzten traditionellen Begriffslehre in seiner bedingten Gültigkeit abgeleitet. *Das abstrakt Allgemeine ist nur ein verselbständigtes Moment der Besonderheit des Begriffs.*[6] Hegel ist aufgefallen, daß, wer wie Locke die Begriffe nur als das abstrakt Allgemeine kennt, sehr schnell dazu verleitet wird, von der prinzipiellen Beschränktheit unseres Erkenntnisvermögens auszugehen. Denn die Allgemeinbegriffe sind als Produkt der Abstraktion des Verstandes zugleich eine Subtraktion vom Bestimmungsreichtum des konkreten Gegenstandes. Daraus folgt notwendig, daß Allgemeinbegriffe die Identität der konkreten Gegenstände nicht erfassen können.[7]

Mit dem Nachweis, daß das abstrakt Allgemeine alle Momente des Begriffs „a) Allgemeinheit b) Bestimmtheit c) die *einfache* Einheit von beyden" (III 40/ TW6, 283 f.) enthält, geht es Hegel um ein dreifaches Beweisziel: Er will erstens zeigen, daß das abstrakt Allgemeine zwar alle Momente des Begriffs enthält, aber in defizitärer, widersprüchlicher Weise. Zweitens geht es ihm darum aufzuzeigen, daß das abstrakt Allgemeine seinen Stellenwert und bedingte Berechtigung in der Sphäre der Besonderheit hat. Schließlich glaubt er, an der Bestimmtheit der abstrakten Allgemeinheit die konkrete Totalitätsstruktur des Begriffs aufweisen zu können.

Zwar tritt die Besonderheit bzw. die besondere Bestimmtheit von vornherein im Status des Moments, nicht als volle Darstellung der Totalität des

---

6 Dementsprechend moniert Hegel in der *Anmerkung* zum besonderen Begriff das bloß empirische Aufgreifen logischer Bestimmungen in den formallogischen Begriffslehren (vgl. III 43 ff./ TW6, 288 ff.). Die Versuche von Leibniz, Euler, Lambert und Ploucquet, die Logik zu formalisieren, hat Hegel zwar nicht ausreichend erfaßt, doch läßt sich sagen, daß er ein feines Gespür für die begrenzte Reichweite der erst nach ihm einsetzenden Mathematisierung der Logik (Boole, de Morgan, Frege, Whitehead, Russell) hatte (vgl. III 47 f., 108–110/ TW6, 293 ff. und 377–380).
7 Hegels Begriffslehre steht nicht nur in Opposition zur klassisch empirischen und Kantischen Begriffstheorie, sondern auch zur modernen Theorie des Begriffs als Ordnungsregel bei Cassirer und als Funktion bei Frege (vgl. Schick 1994, 74 ff.).

Begriffs auf, doch „*an sich*" (III 40/ TW6, 284) ist sie diese Totalität, denn sie ist als „wesentlich *ausschliessende* Beziehung *auf anderes* oder *Aufhebung der Negation*, nemlich der *andern* Bestimmtheit" (III 40/ TW6, 284) der Widerspruch, das Gegenteil ihrer selbst zu sein, denn die andere Bestimmtheit „zeigt sich als dasselbe, was die ihr *andre* seyn sollte" (III 40/ TW6, 284). Die besonderen Bestimmtheiten scheinen andere gegeneinander zu sein, doch gleichen sie in ihrer Abstraktheit einander und weisen so die Form der abstrakten Allgemeinheit auf, gegenüber der sie in ihrem Inhalt gleichgültig sind. Der als fest angenommene Unterschied der besonderen Bestimmtheiten geht in *eine* Bestimmtheit über, die im allgemeinen Begriff das Prinzip der Vermittlung von Allgemeinem und Besonderem ist, in der Sphäre der Besonderheit jedoch nur als abstrakte Allgemeinheit der Bestimmtheiten in Erscheinung tritt, mithin lediglich als deren „*Bedingung*" (III 40/ TW6, 284), die außer sie in die Abstraktionstätigkeit des Verstandes fällt.

Um die Berechtigung des abstrakt Allgemeinen zu unterstreichen, polemisiert Hegel gegen die Rede von den leeren Abstraktionen des Verstandes. Die Abstraktion ist einerseits nicht „*leer*", wie gewöhnlich gemeint wird, denn sie hat „irgend eine Bestimmtheit zum Inhalt" (III 40/ TW6, 285). Selbst die „reine Abstraction" des „höchsten Wesens" (III 40/ TW6, 285) hat eine Bestimmtheit, die „Bestimmtheit der *Unbestimmtheit*" (III 40/ TW6, 285). Andererseits kann jedoch jeder „*bestimmte* Begriff" insofern als „*leer*" bezeichnet werden, als er nicht die „Totalität sondern nur eine einseitige Bestimmtheit enthält" (III 41/ TW6, 285). Gegen die traditionelle Konzeption des Begriffs als des abstrakt Allgemeinen, das in widersprichlicher Weise mit dem Besonderen verbunden ist, setzt Hegel seine Konzeption des Begriffs als „Einheit, welche den Unterschied und die Bestimmtheit [...] in sich enthält" (III 45/ TW6, 291), also einfache Einheit von Allgemeinem und Besonderem ist und so in der Einzelheit die vollständige Bestimmung einer jeweiligen Sache zum Ausdruck bringt.

Die Forderung nach einer solchen Neukonzeption des Begriffs liest Hegel an der Dialektik von Verstand und Vernunft ab. Der Verstand ist nicht nur *Gegenspieler*, sondern auch *Organ* der Vernunft (vgl. Hartmann 1868, 50–65). Letzteres wird er, indem ihm „dialektische Kraft" (III 42/ TW6, 287) zuwächst, die die abstrakten Bestimmtheiten durch ihre eigentümliche Natur und ihren Begriff „zur Einheit zurückzuführen vermag" (III 42/ TW6, 287). Zwar gibt der Verstand den endlichen Bestimmungen durch die Form der Unbedingtheit und Allgemeinheit ihr fixes Bestehen gegeneinander, „aber durch diese Vereinfachung *begeistet* er sie zugleich, und schärft sie so zu, daß sie eben nur auf dieser Spitze die Fähigkeit erhalten, sich aufzulösen und in ihr entgegengesetztes überzugehen" (III 42/ TW6, 287). Und zwar arbeitet der dialektische Verstand den performativen Widerspruch der endlichen Bestimmungen zwischen ihrem beschränkten semantischen Gehalt und der von ihnen prätendierten unbedingten Form heraus, indem er die „sich auf sich beziehende[n] Allgemeinheit", die „dem Begriffe zu eigen" ist, in ihnen „*arguirt*" (III 42/ TW6, 287). Das Aufdecken des Widerspruchs zwischen unbedingter Form und beschränktem Inhalt ist nun aus folgendem Grund mit der Prämisse der „sich auf sich beziehenden Allgemeinheit" konfrontiert. Der implizite Selbstbezug der jeweiligen Verstandeskategorien markiert ihren Begriffsanspruch, den sie nicht einlösen können. Der dialektische Widerspruch der Verstandesbestimmungen weist das Spezifikum auf, daß er im Gegensatz zur gewöhnlichen Kontradiktion nicht durch das Eliminieren eines seiner beiden Glieder auflösbar ist, denn jedes Glied weist die gleiche widersprüchliche Struktur auf, verweist also auf sein Gegenteil, so daß beide Glieder in gleicher Weise wahr/falsch sind. Daher ist das Auflösen eines solch dialektischen Widerspruchs nur qua Synthetisieren bzw. Aufheben beider Bestimmungen in einer neuen, beide umgreifenden Bestimmung oder Einheit möglich. Dies ist das synthetische oder spekulative Moment der Dialektik, das Hegel auch das Positiv-Vernünftige nennt (vgl. Enz I § 82).

3. *Das Einzelne*: Unter dem Titel Einzelheit geht es um die vollständige Bestimmung der Sache respektive des Begriffs. Thema dieses Abschnitts sind die verschiedenen Bestimmungen der Einzelheit und ihre Dialektik. Von der Einzelheit gilt im wesentlichen zweierlei: 1. ist sie die „Rückkehr" (III 43/ TW6, 288) des Begriffs aus seiner Bestimmtheit in sich, 2. ist sie der „gesetzte Verlust" (III 43/ TW6, 288) des Begriffs. Die entscheidende Interpretationsfrage ist, in welchem Verhältnis beide Begriffe von Einzelheit stehen. Es gibt zwei konträre Auffassungen über die Sache. Hösle und Braitling halten den Übergang von der synthetischen Bestimmung der Einzelheit des Begriffs zum Einzelnen im Sinne des *tode ti* für unplausibel, ja für einen Rückfall des Begriffs auf die Stufe der Seinslogik, damit für einen Bruch in der dialektischen Entwicklung (vgl. Hösle 1988, 235; Braitling 1991, 168 ff.). Schick hält die abstrakte Fassung des Einzelnen und seine Trennung vom Begriff für ein notwendiges Durchgangsstadium in der Entwicklung des Begriffs (Schick 1994, 218 ff.).

Die synthetische Einzelheit als „Rückkehr" des Begriffs aus seiner Bestimmtheit in sich selbst ist gleichbedeutend mit der Wiederherstellung seiner Gleichheit mit sich aus seinem „*Andern*" durch sein „*Andersseyn*" (III, 49/ TW6, 296), d. h. aufgrund der absoluten Negativität und Widersprüchlichkeit in der Besonderheit. Bei der Betrachtung des besonderen Begriffs ergab sich die Forderung, daß die Bestimmtheit des Allgemeinen und Besonderen gegeneinander als *eine* Bestimmtheit bzw. als Bestimmtheit in *einer* Einheit gedacht werden müsse. Dieser Forderung wird mit der synthetischen Einzelheit Genüge getan, insofern sich in ihr der allgemeine Begriff in seiner Besonderheit mit sich selbst zusammenschließt.

Die Rückkehr des Begriffs aus seiner Bestimmtheit kann auf zweierlei Weise verstanden werden: entweder als „*Abstraction*" (III 49/ TW6, 296), welche die Bestimmtheit wegläßt und zu immer höherer Allgemeinheit aufsteigt, oder als „*Einzelheit*, zu welcher das Allgemeine in der Bestimmtheit selbst, heruntersteigt" (III 49/ TW6, 296). Die wahrhafte Fortbestimmung erfolgt nicht durch fortschreitende Abstraktion, sondern durch fortschreitende Konkretion.[8] Die „Einzelnheit ist die Tiefe, in der der Begriff sich selbst erfaßt, und als Begriff gesetzt ist" (III 49/ TW6, 297).[9]

Gemäß dem Grundsatz der Begriffslogik, wonach jede Begriffsbestimmung der ganze Begriff ist, ist auch in der Einzelheit die Einheit der Begriffsbestimmungen oder der ganze Begriff gesetzt. Nur die Abstraktion trennt das Einzelne vom Besonderen und Allgemeinen und sieht es als eine von jenen abgesonderte Begriffsbestimmung an. Diese Abstraktion erstreckt sich auch auf das Allgemeine und das Besondere. So wie die abstrakte Allgemeinheit als Produkt der Abstraktion etwas Einzelnes ist, und zwar in der Bedeutung der „*Vereinzelung*" (III 50/ TW6, 297) einer abstrakten Bestimmung, so ist auch das Besondere, weil es das „bestimmte Allgemeine" (III 50/ TW6, 298) ist, ein Einzelnes. Schließlich kann auch die synthetische Einzelheit der Abstraktion unterworfen werden. Sie erscheint dann als Einzelnes neben den anderen Bestimmungen. Diese Abstraktion ist durchaus als notwendig in der Struktur des Begriffs fundiert, legt dieser sich doch in die Dreiheit der Momente auseinander. Worin liegt aber der Grund ihrer Notwendigkeit?

Mit der abstrakten Auffassung der besonderen Begriffsbestimmungen als Einzelne ist die Besonderheit des Begriffs die Totalität, die damit selbst, und zwar in ihrer abstrakten Zusammenfassung die Einzelheit qua „*unmittelbare* Einheit" (III 50/ TW6, 298) ist, der die besonderen Begriffsbestimmungen Allgemeines und Besonderes als Abstraktionen gegenüber-

---

8 Damit kritisiert Hegel selbst die von ihm positiv in Anspruch genommene zweite Art des „Scheinens nach innen".
9 Theunissen erinnert daran, daß Hegel hier mit auffallendem Pathos auf Hamanns Kondeszendenzgedanken, die Herunterlassung Gottes, rekurriert (Theunissen 1978, 43).

stehen. Dieses Verständnis von Einzelheit entspricht dem gewöhnlichen Verständnis, wonach das Einzelne als Widerpart der Begriffsbestimmungen Allgemeines und Besonderes auftritt. Das Einzelne ist das Konkrete im Sinne des sinnlich Konkreten, das *individuum ineffabile*, an das der Begriff mit seinen Abstraktionen nicht heranreicht. Genau diese Konstellation finden wir bei Locke. Von den nominalen Wesenheiten – Art und Gattung – unterscheidet Locke die realen Wesenheiten (Locke 1689, Bd. 2, 20 f.), die Dinge als Substanzen, deren Identität sich jedoch prinzipiell unserer Erkenntnis entzieht (ebd., 10 f.).

Hegel hebt hervor, daß Allgemeines und Besonderes gegenüber ihrer unmittelbaren Einheit in der Einzelheit nicht nur das Abstraktere sind, sondern durch die Abstraktion werden sie „Concretes, Inhalt, Einzelnes" (III 51/ TW6, 299). Damit legt er den in der Begriffsabstraktion wurzelnden inneren Zusammenhang zwischen Nominalismus und Begriffsplatonismus frei. Die nominalistisch als einzelne festgehaltenen Begriffsbestimmungen Allgemeines und Besonderes gewinnen als vom konkreten Einzelnen getrennte ein verselbständigtes Sein. Die synthetische Einzelheit des Begriffs ist die durchgeführte Kritik der Auffassung, die das konkrete Einzelne als „eine äußerlich zusammengehaltene Mannigfaltigkeit" (Enz I § 164 A) versteht, der die Abstraktionen des Begriffs gegenüberstehen.

Die abstrakte Charakterisierung der besonderen Begriffsbestimmungen Allgemeinheit, Besonderheit und Einzelheit als Einzelne ist ebenso notwendig wie vorläufig. Jedenfalls geht die Eigenständigkeit der Momente als Einzelner in ihrer Betrachtung unmittelbar verloren. „Jede Unterscheidung confondirt sich in der Betrachtung, welche sie isoliren und festhalten soll" (III 50/ TW6, 299). Aber nicht nur ihr *Übergang*, nicht nur ihr *Zusammenhang*, sondern die *Einheit* und *konkrete Totalität* der Begriffsbestimmungen ist für Hegel die Hauptsache.

Unmißverständlich wird damit die begriffsimmanente Abstraktion einer Kritik unterzogen, die zur synthetischen Einzelheit des Begriffs zurückführt, in der die untrennbare Einheit der Begriffsbestimmungen – Allgemeines und Besonderes – explizit wird. Die synthetische Einzelheit bezeichnet das „wahre Verhältniß" (III 50/ TW6, 299) der Begriffsbestimmungen Allgemeines und Besonderes als inneren Unterschied. Außerdem ist in ihr die Bestimmtheit als Negation der Negation explizit geworden. Und schließlich erfüllt sie in besonderem Maße den begriffslogischen Grundsatz, demzufolge jedes Moment des Begriffs der ganze Begriff ist. Die Einzelheit ist die *ganze Totalität* des Begriffs und ebenso ein *isoliertes Moment* dieses Ganzen (als bestimmter Begriff) – und sie ist der Begriff dieser ganzen Beziehungsstruktur von Ganzem und Moment.

Der synthetischen Einzelheit des Begriffs ist also der Widerspruch eigen, als explizit gewordene Totalität des Begriffs in sich verschieden von sich selbst zu sein, wodurch sie sich in demselben Augenblick, in dem sie diese Totalität ist, als abstrakte Einzelheit fixiert und zum fürsichseienden Einzelnen herabsetzt. Die Abstraktion, die die Einzelheit als ein eigenes, drittes Moment des Begriffs sistiert und zur „*gesetzte[n] Abstraction*" (III 51/ TW6, 299) macht, ist damit als notwendig aus der Struktur der Einzelheit des Begriffs legitimiert. Sie ist keineswegs eine äußerliche, subjektive Reflexion, sondern die „*Seele* der Einzelnheit" (III 51/ TW6, 299). Aus dieser Überlegung ergibt sich eine weitere Bestimmung der Einzelheit: die Einzelheit als der Verlust des Begriffs.

Die abstrakte Ansicht der Einzelheit, die sich aus der Entwicklung der Einzelheit des Begriffs ergeben hat, ist gleichsam die vorbegriffliche Einzelheit als Gegenstand des Begreifens bzw. Referent des Begriffs, die also wesentlich auf den Begriff bezogen bleibt, der zunächst als das „*Gemeinsame*" (III 51/ TW6, 300), als Merkmalseinheit von Einzelnen auftritt. Es kann daher nicht davon gesprochen werden, daß mit der abstrakten Ansicht der Einzelheit die Sphäre des Begriffs verlassen ist (vgl. Hösle 1988, 235). Es ist nicht das bloße *tode ti*, sondern das *tode ti* im Horizont der synthetischen Einzelheit des Begriffs.

Während vom Einzelnen als Referenten des Begriffs seinslogische Bestimmungen gelten, wird von ihm die reflexionslogische Deutung zurückgewiesen (vgl. III 51 f./ TW 6, 300 f.). Während beim bloß aufgezeigten ‚Dieses' der Unterschied von anderem nicht in der Sache begründet ist, sondern von äußeren Gesichtspunkten abhängt, die zwar am ‚Dieses' für die Reflexion ihren Anhaltspunkt, nicht aber ihren Grund haben, gilt vom Einzelnen als Oppositum des Begriffs, daß es durch seine Qualität selbst von anderem unterschieden ist. Als noch unbegriffenes mit sich einiges bildet es den Ausgangspunkt dafür, seiner Einheit auf den Grund zu gehen und sie damit auf den Begriff zu bringen.

Der Widerspruch der synthetischen Einzelheit des Begriffs, so hat sich gezeigt, ist dies, daß sich die Vermittlungstotalität des Begriffs, die Einheit von Allgemeinem und Besonderem, im synthetischen Einzelnen zur abstrakten, unmittelbaren Einheit zusammengezogen hat, der die unterschiedenen Begriffsbestimmungen als Abstraktionen gegenüberstehen. Aufgrund dieses Widerspruchs ist die synthetische Einzelheit des Begriffs die „absolute, ursprüngliche *Theilung seiner*" (III 52/ TW6, 301), wie sie im Urteil gesetzt ist. Der Begriff zerfällt in zwei Seiten. Auf der einen Seite kommt das konkrete Einzelne, auf der anderen dessen Begriffsbestimmung zu stehen. Jenes wird im Urteil zunächst vom Subjekt, diese vom Prädikat repräsentiert.

Mit diesem Resultat der Begriffslehre hat Hegel die in der Neuzeit fixierte Trennung von Substanz und Begriff zugleich kritisiert und abgeleitet. Die Trennung von Begriff und Sache muß vollzogen werden, soll die Einheit von Begriff und Sache im Urteil und Schluß konkret hergestellt werden. Kritisiert wird die Vorstellung, die Trennung von Begriff und Sache sei die definitive Ansicht des Verhältnisses von Begriff und Sache. Sie hat zwar ihre Notwendigkeit in der Struktur des Begriffs, ist ein Stadium seiner Urteilung. Sie kann jedoch nicht das letzte Wort behalten, eben weil sie nur ein Stadium in der Entwicklung des Begriffs der Sache ist. Damit erscheint die synthetische Einzelheit selbst als die am Einzelnen zu begreifende Angelegenheit. Ziel des Denkens ist es, das vorausgesetzte Einzelne in Urteil und Schluß auf den Begriff zu bringen.

Literatur

Adorno, Theodor W. 1981: Minima Moralia. Frankfurt a. M.
Aristoteles 1984: Metaphysik. Mit Einleitung und Kommentar hg. v. Horst Seidl. Hamburg.
Braitling, Petra 1991: Hegels Subjektivitätsbegriff. Eine Analyse mit Berücksichtigung intersubjektiver Aspekte. Würzburg.
Düsing, Klaus 1976: Das Problem der Subjektivität in Hegels Logik. Hegel-Studien Beiheft 15. Bonn.
Fink-Eitel, Hinrich 1978: Dialektik und Sozialethik. Kommentierende Untersuchungen zu Hegels ‚Logik'. Meisenheim am Glan.
Hartmann, Eduard v. 1868: Über die dialektische Methode. Berlin. Neudruck Darmstadt 1963.
Hösle, Vittorio 1988: Hegels System. Der Idealismus der Subjektivität und das Problem der Intersubjektivität, 2. Bde. Hamburg.
Horstmann, Rolf-Peter 1990: Wahrheit aus dem Begriff. Eine Einführung in Hegel. Frankfurt a. M.
Locke, John 1689: An Essay Concerning Human Understanding (Über den menschlichen Verstand). 2. Bde. Hamburg 1968.
Marx, Karl 1867: Das Kapital. Kritik der politischen Oekonomie. Erster Band. Buch I: Der Produktionsprozeß des Kapitals. Hamburg.
Schick, Friedrike 1994: Hegels Wissenschaft der Logik – metaphysische Letztbegründung oder Theorie logischer Formen? Freiburg/München.
Spinoza ^{4}1989: Ethik. In: Spinoza, Opera/Werke lat.-dt. Bd. 2. Hg. v. K. Blumenstock. Darmstadt.
Theunissen, Michael 1978: Sein und Schein. Die kritische Funktion der Hegelschen Logik. Frankfurt a. M.

11

Friedrike Schick

Die Urteilslehre

Im Hauptteil dieses Beitrags wird anhand der (in Teil 1 entwickelten) Leitfrage nach dem Verhältnis von Begriff und Urteil die Urteilslehre der *Wissenschaft der Logik* in ihren Einzelschritten verfolgt (Teil 2). Auf der Basis des bis dahin Erreichten wird dann in einer kurzen Vorschau auf die Schlußlehre die allgemeine Bestimmung des Schlusses umrissen (Teil 3).

1. Das Urteil im allgemeinen

Hegels einleitende Reflexionen zum Urteil tragen deutliche Spuren der Herkunft des Urteils aus dem Begriff. So führt er das Urteil ein als „das *Bestimmen* des Begriffes durch sich selbst", die „nächste *Realisirung* des Begriffs" (III 53/ TW6, 302). Die Extreme des Urteils sind die Momente des Begriffs, und die in der Kopula angezeigte Beziehung ist die Einheit des Begriffes selbst. Mit dem Begriff war jener Stand des Denkens bezeichnet, auf dem wir von Erklärungen, die das zu Erklärende zurückführen auf anderes, von wesenslogischen Klärungsversuchen, dazu übergehen, die Bestimmung im nicht-tautologischen Verhältnis der Sache zu sich zu suchen, in der Unterscheidung in Allgemeines, Besonderes und Einzelnes. (Zum Begriff des Begriffs vgl. Christian Ibers Beitrag in diesem Band) *Realisierung* oder *Bestimmen* des Begriffs ist das Urteil darum, weil in ihm die vorigen Momente des Begriffs aufeinander als Begriff-von-etwas und als dieses im Begriff bestimmte Etwas bezogen sind. Die Urteilsbeziehung ist nichts anderes als die Einheit des Begriffs, aber versehen mit der Modifikation, nun als gegenseitige Vermittlung zugleich Selbständiger zu sein. (Vgl. III 53/ TW6, 302)

Es stellt sich nun die Frage, ob die in der Kopula angezeigte Beziehung *immer* Einheit des Begriffs ist. Erstens nämlich umfaßt Hegels Theorie der Urteilsformen auch solche, in denen nicht beansprucht wird, *das* Allgemeine des Subjekts zu prädizieren. Urteile, die Verhältnissen des Begriffs entsprechen, treten erst mit dem dritten großen Urteilstyp, Urteilen der Notwendigkeit, auf. Den Anfang machen dagegen Urteile, in denen einem Einzelnen eine Qualität zugeschrieben wird – und in solchen Urteilen verhält sich das Prädikat zum Subjekt der Prädikation nicht nach Art des Begriffs: Die zugesprochene Qualität ist wohl *ein* Allgemeines, aber sicher nicht *das* Allgemeine oder Prinzip ihres jeweiligen Subjekts. In Reflexionsurteilen, der zweiten der drei großen Urteilsgruppen, treten ebenfalls Prädikate auf, die nicht Begriff der Sache sind: Allgemeinheiten, die etwas im Verhältnis zu anderem fassen.

Die vorläufige Verabschiedung von der Einheit des Begriffs ist zweitens schon in Hegels Anfangsreflexionen zum Urteil angebahnt (vgl. III 53/ TW6, 302) und wird kurz darauf explizit vollzogen: „Im subjectiven Urtheil will man *einen und denselben* Gegenstand *doppelt* sehen, das einemal in seiner einzelnen Wirklichkeit, das andremal in seiner wesentlichen Identität oder in seinem Begriffe [...] Das Urtheil ist in dieser Weise *Wahrheit*; denn es ist die Uebereinstimmung des Begriffs und der Realität. So aber ist *zuerst* das Urtheil nicht beschaffen; denn zuerst ist es unmittelbar, indem sich an ihm noch keine Reflexion und Bewegung der Bestimmungen ergeben hat." (III 59 f./ TW6, 311) Die Einheit des Begriffs wird sich also in der Entwicklung der Urteilsformen erst wieder herstellen müssen.

Manche Autoren beziehen aus dem skizzierten Gefälle zwischen Urteilen im allgemeinen und Urteilen, die Verhältnisse des Begriffs artikulieren, den Einwand, Hegel habe das Thema einer allgemeinen Urteilslehre in äußerlicher Weise seinem eigenen begriffslogischen Programm subsumiert. (Vgl. Russell 1992, 365; Graeser 1990, 179; Hartmann 1999, 303)

Ein Zusammenhang zwischen der Einheit des Begriffs und schlichten deskriptiven Urteilen läßt sich jedoch an dieser Stelle schon zeigen: Urteile, die den Begriff eines wirklichen Gegenstands zum Thema haben, weisen von sich aus auf eine logische Vorgeschichte zurück, zu der schlicht deskriptive Urteile gehören. In Urteilen, die das Wesen oder den Begriff von etwas bestimmen sollen, tritt nämlich das zu Bestimmende selbst schon in allgemeiner Form, nicht als unmittelbar Einzelnes, auf. Zugleich gehört es zu den Bedingungen eines solchen Urteils, daß sich dasjenige, dessen Begriff ausgesprochen sein soll, als gemeinsamer Bezugspunkt von dem beanspruchten Wesen oder Begriff unterscheiden läßt. Der Anspruch, in einem Prädikat das Prinzip, die Grundlage von Erklärungen des im Subjekt Genannten zu haben, ist als dieser Anspruch nur zu verstehen, wenn dieses Prädikat nicht die epistemisch erste Weise ist, dieses selbst schon allgemeine Subjekt zu unterscheiden. Der Anspruch selbst verweist zurück auf Urteile anderen Typs, in denen diejenige Allgemeinheit erst generiert wird, die ein gemeinsames Explanandum oder Definiendum bereitstellt, über dessen wesentliche Identität wir dann diskutieren können.

Nun folgt daraus, daß begriffliche Urteile eine logische Vorgeschichte an Urteilen anderen Typs haben, noch nicht, daß sich nun umgekehrt diese Urteile, für sich betrachtet, notwendig als Vorgeschichte des Begriffs zu erkennen geben. Ob dies der Fall ist, wird die Leitfrage der anschließenden Kurz-Tour durch Hegels Lehre der Urteilsformen sein. Wir werden also (nicht anders als Hegel selbst) nicht voraussetzen, daß das Einzelne als Subjekt von Urteilen ohnehin nur der Begriff in travestierter Form sei; in diesem Sinn ist die Selbständigkeit der Extreme erst einmal ernst zu nehmen.

In einem anderen Sinn ist die Verselbständigung der Extreme des Urteils allerdings von Anfang an ausgeschlossen. Subjekt und Prädikat repräsentieren nicht einen *wirklichen* Gegenstand einerseits und eine konzeptualistisch verstandene *subjektive* Bestimmung, eine „Vorstellung in unserem Kopfe", andererseits. (Vgl. III 55/TW6, 304 f.) Dieser Auffassung stellt sich die Urteilsbeziehung selbst als *Beilegen* oder *Verbinden* dar, als ein den Polen des Urteils selbst äußerliches Zusammenbringen beider, das auf die Rechnung des Urteilenden geht. Hegel kritisiert dies mit dem Hinweis, daß das Beigelegte dem an Subjektstelle Genannten doch wohl zukommen sollte, also mit dem Verweis auf den Wahrheitsanspruch des Urteils. Wenn die Verbindung, die die Kopula indiziert, durch den Urteilsakt erst hergestellt würde, so könnte sie schlecht zugleich als dem Urteilen vorausgesetzt behauptet werden. Die affirmative Äußerung eines Urteils – die Behauptung – spricht ja den Sachverhalt als unabhängig vom Faktum des Behauptens bestehend aus.

Für die Extreme des Urteils gilt also: So sehr ihr Unterschied über eine bloß nominelle Verschiedenheit hinausgeht, so wenig kann ihre Beziehung als externe Relation zweier Selbständiger verstanden werden. Die Extreme müssen in ihrem Unterschied als Pole eines Urteils wesentlich aufeinander bezogen sein, und zwar auch schon in Urteilen des Daseins. In welchem Sinn von Selbständigkeit der Pole des Urteils überhaupt die Rede sein kann und wie sie trotz ihrer Selbständigkeit durch einander bestimmt sind, wird nun an den vier Typen des Urteils zu verfolgen sein.

2. Die Entwicklung der Urteilsformen

2. 1. Das Urteil des Daseins

1. Das *positive Urteil* (E–A) als *erste* Urteilsform ist dadurch charakterisiert, daß die Extreme des Urteils, Subjekt und Prädikat, *unmittelbar* oder *abstrakt* sind. Daß an Subjektstelle ein *„abstract* Einzelnes" oder das *„Unmittelbare"* (III 60/TW6, 312) steht, heißt, daß etwas nur als Einzelnes, nicht schon als Sonderfall eines Allgemeinen angesprochen ist. Dieser Anfang ist durch das Programm der Hegelschen Begriffslogik wohlmotiviert: Wenn erst die Entwicklung von Urteil und Schluß zeigen soll, wie ein wirkliches Einzelnes in seinem Begriff begriffen ist, so ist es zu Anfang eben nicht schon als Begriffen Subsumiertes einzuführen. Das Einzelne ist entsprechend eingeführt durch einen Namen, nicht durch eine Kennzeichnung. In seiner Benennung liegt der Anspruch, daß das Benannte ein wohldefinierter, vom Rest der Welt eindeutig unterschiedener Gegenstand sei, ohne daß schon explizit würde, worin, wodurch es denn unterschieden sei. Daß von einem als bestimmt Vorausgesetzten die Rede ist, schließt einerseits den Anspruch auf dessen Selbständigkeit ein oder den Anspruch darauf, daß da ein für sich Bestehendes vorliegt, das für sich bestehend gefunden, nicht erst durch die Prädikation hergestellt wird, an dem sich umgekehrt diese zu bewähren hat. Insofern gilt das Subjekt hier als das Zugrundeliegende. Andererseits zeigt sich darin, daß es erst unbestimmt als bestimmt angezeigt ist, das Desiderat seiner Bestimmung.

Dieses Desiderat löst das Prädikat ein. Wir erfahren, wie das Einzelne charakterisiert ist, wodurch es gegen den Rest der Welt profiliert ist. Daß dies anfänglich durch ein *abstrakt* allgemeines Prädikat geschieht, heißt, daß die allgemeine Bestimmung zunächst nur als allgemeine auftritt, als ein Inhalt, bei dem die Frage, ob er selbst noch einmal in einer Hierarchie allgemeiner Bestimmungen steht, ebenso abgeblendet bleibt wie die Frage nach einzelnen Fällen. Daß Allgemeinheit so in einfachem Kontrast zur Einzelheit auftritt, hat seinen Grund in der Leistung, die das Allgemeine im Urteil bringen soll. Es darf seine unterscheidende Kraft nicht erst dem Rekurs auf Einzelne verdanken. Nehmen wir an, ein Allgemeines F sei genau in drei Einzelfällen a, b und c instantiiert. Wollten wir nun das Allgemeine selbst im Rekurs auf seine Erfüllungsfälle definieren, also durch das Tripel a, b, c, so liefe der Versuch, mittels F zu sagen, was a ist, ins Leere, weil a selbst – in seiner vorausgesetzten unbestimmten Fassung – zur Definition von F in Anspruch genommen wäre. In seiner ersten Fassung muß das Allgemeine also als bestimmten Instantiierungen vorausgesetztes Fallübergreifendes gedacht werden. Geht das Allgemeine so seiner Instantiierung logisch voraus, treten die Unterschiede zwischen Fällen dieses Allgemeinen schlicht als außer es fallend auf – nicht als dessen Besonderheiten, sondern als Züge, die sich als weitere allgemeine neben dem aktuell aufgegriffenen finden. Zugleich ist ein solcher Inhalt allgemein nur als Resultat der Abstraktion, als ein identischer Inhalt, der, abgesehen von unterstellten Unterschieden und damit gleichgültig gegen die bestimmte Einzelheit seiner Fälle, an Einzelnem auffindbar ist.

Das Allgemeine unterliegt damit einem Wechselverhältnis von Selbständigkeit und Unselbständigkeit, das dem des abstrakt Einzelnen komplementär ist. Einerseits scheint es seinem Bezug auf Einzelfälle vorhergehen zu müssen; andererseits darf es offenkundig nicht als Selbständiges gegen das Einzelne auftreten, soll sich das qualitative Urteil nicht unter der Hand in eine falsche Identitätsaussage verwandeln.

Im positiven Urteil selbst wird diese abstrakte Gegenstellung von Einzelheit und Allgemeinheit revoziert, allerdings auf eine selbst noch abstrakte Weise:

„*Das Einzelne ist Allgemein*" (III 61/ TW6, 312): Die an Subjektstelle durch den Namen abstrakt angezeigte Identität des Gegenstandes erhält im Prädikat eine inhaltliche Einlösung. Das Subjekt geht als durch ein Prädikat spezifiziertes aus dem Urteil nicht mehr nur abstrakt als „dieses ganz Bestimmte da" hervor, sondern als qualitativ Bestimmtes.

„*Das Allgemeine ist einzeln*" (III 61/ TW6, 313): Das Allgemeine geht aus dem Urteil nicht hervor nur als die schiere Möglichkeit, in einer unbestimmten Pluralität von Fällen instantiiert zu sein, sondern als in diesem bestimmten Fall instantiiertes.

Worin diese beiden Ergebnisse abstrakt und unmittelbar bleiben, zeigt Hegel durch die Überlegung, daß sich diese beiden Sätze nicht durch Termvertauschung kurzschließen lassen. Der erste Satz würde durch Anwendung des zweiten auf sein Prädikat zu „Das Einzelne ist Einzelnes", der zweite durch Anwendung des ersten auf sein Prädikat zu „Das Allgemeine ist Allgemeines". (III 62/ TW6, 315) Beide Zusammenschlüsse scheitern aus demselben Grund: Das Einzelne des ersten Satzes ist einzeln *nicht im selben Sinn* wie das Allgemeine des zweiten Satzes, und umgekehrt. Das Ausgangssubjekt, das benannte Einzelne, wird in der Beziehung auf sein Prädikat und durch sie nämlich nicht zu jenem *abstrakt* Allgemeinen, das unser Ausgangsprädikat für sich genommen war, sondern zu einem *konkret* Allgemeinen. Es geht aus dem positiven Urteil hervor als ein in einer Pluralität von qualitativen Bestimmungen sich Kontinuierendes, Identisches. Insofern dieses Identische ungeachtet dieser Pluralität mit sich identisch bleibt, ist es ein *Allgemeines*; insofern dieses Allgemeine darin in sich unterschieden ist – sind die Qualitäten doch dem Einzelnen zukommende Bestimmungen –, ist es ein *konkretes* Allgemeines. Daß das Ausgangssubjekt gerade so aus dem positiven Urteil hervorgeht, ist die notwendige Kehrseite der Vereinzelung des Prädikats im selben Urteil. Als diesem Subjekt zukommend, war das Prädikat bestimmt, nämlich zum Prädikat dieses Subjekts. Diese einschränkende Bestimmung ist nur vor dem Hintergrund zu verstehen, daß diese Qualität Ausschnitt aus einer Pluralität von Bestimmungen ist. Wenn nämlich erst der Bezug auf das Subjekt den Schritt von, z. B., Röte überhaupt zum bestimmten Fall von Röte leistet, dann muß der Gegenstand seinerseits als nicht im Rotsein aufgehend gedacht werden. Der Gegenstand muß durch weiteres bestimmt sein, um die Vereinzelung des Prädikats leisten zu können. Damit ist der einzelne Gegenstand dann tatsächlich als die übergreifende Einheit seiner einzelnen Bestimmungen herausgestellt.

An diesem Punkt tritt der Mangel des positiven Urteils zu Tage. Gegenstand unseres Bestimmens war das Einzelne, nicht das Einzelne in dieser oder jener Hinsicht. Diesen seinen Gegenstand hat das positive Urteil vielleicht getroffen, aber nicht eigentlich bestimmt. Worin das in der Analyse des positiven Urteils resultierende Identische besteht, das es an Subjektstelle doch im Schilde führt, spricht dieses Urteil nicht aus. Von diesem Urteil her gesehen, bleibt diese übergreifende Identität immerzu der opake, nicht bestimmte Rest – jene einzelne Substanz, die in widerspruchsvoller Weise ihren qualitativen Bestimmungen zugrundeliegt und doch in ihnen bestimmt ist. Dieser Mangel führt zur Negation der beiden Ausgangssätze: Das Einzelne ist nicht das Allgemeine – als konkret Allgemeines ist das Subjekt in einer Bestimmung nicht erschöpft, das Urteil gibt keine Bestimmung, die der im Subjekt angezeigten vollständigen Exklusivität des zu Bestimmenden entspräche. Das Allgemeine ist nicht einzeln – als abstrakt Allgemeines bleibt das Prädikat weiter als sein Subjekt, erschöpft sich nicht darin, Prädikat gerade dieses einen Subjekts zu sein.

Diese negativen Sätze negieren ihre positiven Korrelate nicht so, daß wir auf einen Nullpunkt jenseits des Urteils zurückgeworfen wären. Die beiden Negationen können selbst nicht wahr sein, wenn positive Urteile null und nichtig sind; das Subjekt des Urteils läßt sich kaum als seine Bestimmungen Übergreifendes ansprechen, wenn diese in keiner Weise seine Bestimmungen sind. In den beiden negativen Sätzen reden wir gleichsam von höherer Warte über positive Urteile und sprechen ihnen ab, ihr Subjekt in derjenigen logischen Fassung inhaltlich bestimmt zu haben, die das positive Urteil selbst impliziert. Jene höhere Warte ist also der Analyse des positiven

Urteils selbst entsprungen, und zwar einer Analyse, die den Maßstab „wesentlicher Identität" nicht schon vorausgesetzt hat. Wir haben daran den ersten und entscheidenden Fall, in dem sich die Einheit des Begriffs als Fluchtpunkt eines Urteils zeigt, das diese Einheit selbst nicht realisiert.

2. Das *negative Urteil*: Das negative Urteil wird von Hegel nicht als Einlösung, wohl aber als fortgeschrittener Ausdruck dieses Desiderats präsentiert. In ihm wird die Inkongruenz von Subjekt und Prädikat explizit, die die Analyse des positiven Urteils ergab. Die Analyse des negativen Urteils selbst entwickelt Hegel in drei Schritten: Als zusammenfassender positiver Ausdruck des negativen Urteils wird der Satz „Das Einzelne ist ein Besonderes" festgehalten, erläutert und gegen eine alternative Deutung der Negation im Urteil verteidigt. In einem zweiten Schritt wird präzisiert, wie das Subjekt im Absprechen eines abstrakt Allgemeinen positiv bestimmt ist, und im dritten Schritt der Mangel des negativen Urteils bezeichnet, der in die Katastrophe der vorläufigen vollständigen Separierung der Extreme des positiven wie des negativen Urteils führt.

Die vielleicht größte Schwierigkeit bereitet hier die Grundbestimmung des negativen Urteils, die These, *„Das Einzelne ist ein besonderes"* sei der positive Ausdruck des negativen Urteils (III 65/ TW6, 319). In dem Satz selbst ist unschwer das Resultat der Reflexion über das positive Urteil wiederzuerkennen, die Forderung nach Spezifizierung des Prädikats gegenüber seiner ersten, abstrakt allgemeinen Fassung. Wie aber soll dieser Befund in negativen Urteilen des Daseins manifestiert sein? Die Antwort zeichnet sich ab, wenn man Hegels im zweiten Schritt näher entfaltete Beobachtung aufnimmt, daß negative Urteile eine positive Kehrseite haben. Damit ist gemeint: Das Absprechen eines Prädikats enthält a) die Affirmation der allgemeinen Sphäre dieses Prädikats und b) die Behauptung, daß unter den – unbestimmt gelassenen – besonderen Varianten dieser allgemeinen Sphäre genau eine auf das Ausgangssubjekt zutreffe. (Vgl. III 68/ TW6, 322) Die Konstellation der Unterscheidung und positiven Beziehung zwischen einem Einzelnen und einem Allgemeinen hat sich dann zu einem Dreiecksverhältnis zwischen einem Einzelnen, einem bestimmungsfähigen Allgemeinen und dessen bestimmten Besonderungen erweitert.

Ob aber negative Urteile wirklich so funktionieren, ist erst noch die Frage. Hegels These steht immerhin eine von ihm selbst thematisierte Auffassung entgegen (vgl. III 66 f./ TW6, 320 f.), dergemäß das Absprechen eines Prädikats den Behauptenden auf keinerlei positive Bestimmung des Subjekts festlegt. Von dieser Position aus scheint Hegels Einschränkung des Skopus der Negation auf einen Teilinhalt des Prädikats ausgeschlossen. Doch läßt sich dafür im Anschluß an Hegel durchaus argumentieren: Das Argument lautet, daß das negative Urteil immer noch als Urteil überhaupt zu fassen ist. (Vgl. III 67/ TW6, 321) Wenn Urteilen heißt, eine Sache in ihren allgemeinen Bestimmungen zu fassen, dann hält sich auch das negative Urteil nur dadurch in der Sphäre des Urteils, daß die Negation als Beitrag zur Bestimmung der Sache erkennbar bleibt. Das wiederum verlangt einen Beziehungsgrund zwischen Subjekt und negiertem Prädikat, einen Anhaltspunkt an der zu bestimmenden Sache selbst. Diesen Anhaltspunkt hat das negative Urteil in der Affirmation der allgemeinen Sphäre des fraglichen Prädikats. (Vgl. Burbidge 1981, 130) Hegel dementiert damit nicht, daß es zu dieser Art der Negation Gegenfälle gibt. Was geschieht, wenn die affirmative Grundlage der Negation entfällt, wird vielmehr die Analyse des negativ unendlichen Urteils zeigen.

Das Prädikat hat sich nun differenziert zur besonderen Variante eines unbestimmteren Allgemeinen. Daß ein Allgemeines überhaupt in Koordinations- und Subordinationsbeziehungen mit anderen Allgemeinen steht, ist in seine Rolle als Prädikat eingegangen. Die Affirmation des unterstellten determinablen Allgemeinen schließt hier selbst die Anweisung auf eine dem Subjekt gemäße Spezifikation des Determinablen ein – darin liegt der Fortschritt des negativen Urteils gegenüber dem positiven.

Dem in der Form des negativen Urteils erhobenen Befund, das Einzelne sei ein Besonderes, folgt jedoch die Negation auf dem Fuß. Die Revision hat ihren Grund darin, daß das negative Urteil einen Spezifikationsbedarf sichtbar macht, ihn aber nicht einlöst: „Aber das Einzelne ist auch *nicht* Besonderes; denn die Besonderheit ist von weiterem Umfange als die Einzelnheit; sie ist also ein Prädicat, das dem Subject nicht entspricht, in dem es also seine Wahrheit noch nicht hat. *Das Einzelne ist nur Einzelnes*, die sich nicht auf anderes, sei es positiv oder negativ, sondern nur sich auf sich selbst beziehende Negativität." (III 68/ TW6, 323)

Weshalb ist das Einzelne nun nur im tautologischen Rekurs auf sich selbst bestimmt? Zunächst ist festzuhalten: Vom negativen Urteil des Daseins führt kein Weg zu einem affirmativen Befund auf gleicher Spezifitätsebene. Es gilt nicht: Die Rose ist nicht rot, also muß sie weiß sein. Wenn die offen gehaltene Stelle des qualitativ bestimmten Prädikats wieder besetzt wird, dann scheint diese Besetzung nicht durch das negative Urteil vermittelt zu sein. Die einzige Spezifikation, die durch das negative Urteil selber unmittelbar zur Verfügung gestellt ist, ist diejenige, die die Eingrenzung des gesuchten Prädikats durch Rekurs auf das Subjekt selbst leistet: Die Rose hat eine bestimmte Farbe, nämlich: die Farbe der Rose. Dieser Versuch, das Allgemeine qualitativer Urteile durch ein einzelnes Inhärenzverhältnis zu spezifizieren, überspringt die Differenz von Inhärenz und Spezifikation. Für das Allgemeine ist eine Einteilung nach dem Gesichtspunkt, woran es vorkommt, äußerlich. Wir erreichen auf diese Weise keine Unterscheidung, die selbst allgemein wäre, keine interne Spezifikation. Ein derart zusammengesetztes Prädikat büßt die inhaltliche Selbständigkeit ein, den Eingangszug, seinem Einsatz im Urteil auch vorausgesetzt zu sein, denn nun scheinen richtige Urteile Bedingung des Inhalts des Prädikats zu sein. Für das Einzelne ergibt sich umgekehrt die merkwürdige Lage, daß dasjenige, woran seine abstrakte Identität Inhalt gewinnen sollte, selbst den Rekurs auf dieses Einzelne voraussetzt. Das zu Bestimmende, nämlich an Subjektstelle erst Benannte, wird zu seiner eigenen Bestimmung eingesetzt.

Diesen Zwischenstand faßt Hegel in dem Satz „*Das Einzelne ist einzeln*" (III 69/ TW6, 323). Auf der anderen Seite ersteht die ebenso reine Selbstbezüglichkeit des Allgemeinen – eines Allgemeinen, das nun als Determinables gegen Besonderheiten profiliert ist – oder der Satz „*Das Allgemeine ist das Allgemeine*" (III 69/ TW6, 323). Was geschieht, wenn wir die radikale Konsequenz der vollständigen Trennung von Einzelheit und Allgemeinheit ziehen und in die Form des Urteils eintragen, ist das Thema des unendlichen Urteils.

3. Das *unendliche Urteil*: Die Trennung läßt sich auf zweifache Weise in Urteilen ausdrücken – in einer negativen Version, die das Einzelne von einem Allgemeinen scheidet, zu dem es keinerlei positive Beziehung mehr hat, und in einer positiven, die das Einzelne durch Wiederholung des Subjekts als sich selbst Gleiches setzt: „Die Rose ist kein Elephant" bzw. „Die Rose ist die Rose".

Solche Urteile verletzen die Form des Urteils, die eine Beziehung Selbständiger, die Einheit Unterschiedener war. Im negativ unendlichen Urteil sind Selbständigkeit und Unterschied absolut geworden auf Kosten ihrer Beziehung und Einheit, im positiv unendlichen kollabiert das Etwas-von-Etwas-Aussagen in unterschiedslose Identität. In beiden Versionen bleibt das Subjekt als völlig Unbestimmtes zurück.

An diesem Punkt stellt sich dem Leser die Frage, ob dieses Resultat nicht zur Aufgabe des Urteils überhaupt drängt. Hat sich nicht soeben der Versuch, in Urteilen zu bestimmen, was ein Einzelnes ist, als gescheitert erwiesen? Offenbar ist das nicht Hegels Konsequenz, fährt er doch fort: „Näher ist es das *Urtheil des Daseins*, welches sich aufgehoben hat." (III 70/ TW6, 325) Tatsächlich kann die Konsequenz auch nicht die Aufgabe des Urteils überhaupt sein. Immerhin ist der Maßstab, an dem sich positives, negatives und unendliches Urteil als mangelhaft erwiesen haben, das Urteil selbst gewesen. Nur indem wir qualitative Urteile gefällt haben, ist uns das Einzelne als das in Qualitäten nicht Erschöpfte begegnet. Es sind nicht Einzelheit, Allgemeinheit und ihre Beziehung der Kritik anheimgefallen, sondern die Ansicht, daß abstrakte Einzelheit und abstrakte Allgemeinheit deren Abschlußfassungen seien. Für das Prädikat ist eine komprehensive Allgemeinheit gefordert, die die Totalität des Subjekts aufnimmt, ein Prädikat, das zeigt, worin dieses in der Pluralität qualitativer Bestimmungen mit sich identisch bleibt. Für das Einzelne an Subjektstelle hat sich ebenso die Notwendigkeit einer neuen logischen Fassung ergeben: Es ist nicht länger unmittelbar Aufgegriffenes, bloß Benanntes, sondern „das bestimmte Bestimmte" (III 68/ TW6, 323) oder Sonderfall eines Allgemeinen.

Die beiden Versionen des unendlichen Urteils haben dieser Fortbestimmung der Pole des Urteils nur formell und darum nicht entsprochen: einmal durch Wiederholung des abstrakt gefaßten Einzelnen im Prädikat, also an der Stelle, wo ein *allgemeiner* Inhalt zu erwarten war, das andere Mal dadurch, daß die totale Negation eines Allgemeinen immer noch in Form eines Urteils ausgesprochen war, in dem beide Pole immer noch *als aufeinander Bezogene* behandelt wurden. Nicht nur formell hingegen nimmt der zweite große Urteilstyp, das Urteil der Reflexion, das Resultat der Analyse der Urteile des Daseins in sich auf.

2.2   Das Urteil der Reflexion

Die erste Veränderung betrifft die Art der Prädikate. Hegel nennt die neuen Prädikate „Reflexionsallgemeine"; was das heißt, läßt sich anhand der Beispiele, die Hegel anführt, klären (u. a. „nützlich", „schädlich", „heilsam", „elastisch", „hart", „glückselig"). Es handelt sich um Prädikate, die *erstens* eine unterstellte Pluralität von Bestimmungen des Subjekts übergreifen, die im Wechsel qualitativ beschreibbarer Zustände konstant zukommen. Sie sind also allgemein nicht nur im Sinne multipler Instantiierbarkeit, sondern in sich. *Zweitens* handelt es sich um Prädikate, die ein Subjekt im Verhältnis zu anderem fassen, es in anderes „reflektieren". Besonders deutlich tritt diese Eigenart an den funktionalen Prädikaten hervor (nützlich, heilsam), in denen die Sache auf außer ihr gelegene Zwecke bezogen wird. *Drittens* aber ist das Verhältnis zu anderem nicht förmlich als Relation vorgetragen – der Form nach sind die entsprechenden Urteile immer noch einfache Subjekt-Prädikat-Aussagen und zielen auf die Verfassung der Sache selbst. Der sich darin anbahnende Widerspruch zwischen Relativität und Absolutheit des Bestimmens – Bestimmungen, die ein Verhältnis zu anderem ausdrücken, sind zugleich als solche vorgestellt, die unabhängig von der Präsenz des anderen zukommen – ist vorläufig aufgehoben durch die dispositionale oder Möglichkeitsform. Zusammengefaßt können wir die neuen Prädikate so charakterisieren: In ihnen tritt die zu bestimmende Sache als durch eine vorausgesetzte, aber nicht ausgesprochene Eigenart auf einen allgemeinen Gesichtspunkt beziehbare auf.

Wie ist im Reflexionsurteil das Resultat des qualitativen Urteils aufgenommen und weitergeführt? Das Einzelne ist in ihm, und zwar als ganzes, affirmativ auf ein Allgemeines bezogen, von dem es zugleich unterschieden, gegen das es „in sich reflektiert" ist. Die dispositionale Fassung unserer neuen Prädikate weist ja zurück auf die Unterstellung einer Bestimmung, die Aktualität und Absolutheit vereinigt: auf eine erst noch auszusprechende eigene Natur der Sache, die vorerst nur relativ, nämlich als Grundlage des Reflexionsprädikats erscheint. Damit ist die Beziehung des Einzelnen auf ein Allgemeines, die das qualitative Urteil als ganzes war, im Inhalt des Prädikats gespiegelt: Es gibt in seinem Inhalt zu erkennen, daß es das Einzelne in seiner Totalität relativ faßt und die Unterstellung einer nicht-relativen allgemeinen Bestimmung desselben mit sich führt. In diesem Sinne ist es m. E. zu verstehen, wenn Hegel sagt, erst im Reflexionsurteil sei eigentlich „ein *bestimmter Inhalt*, d. h. ein Inhalt überhaupt vorhanden" (III 71/ TW6, 326).

Nun wird auch klar, weshalb Hegel das Reflexionsurteil als Urteil der *Subsumtion* anspricht oder als eines, in dem das Prädikat die Rolle des Zugrundeliegenden besetzt, dem sich das Subjekt durch Fortbestimmung anzupassen hat: In Reflexionsurteilen geht es nicht darum, eine vorgefundene einzelne Sache in ihrer Besonderheit zu erfassen. Wenn sie selbst nur als Grundlage, Möglichkeit ihrer Beziehung auf selbständige allgemeine Gesichtspunkte in den Blick kommt, so ist eben dieser Gesichtspunkt das Erste gewesen.

Wie sich das Subjekt in seine neue Rolle findet, entwickelt Hegel in den besonderen Arten des Reflexionsurteils: 1. singuläres, 2. partikuläres und 3. universelles Urteil. Weshalb der quantitative Unterschied von Urteilen gerade an dieser Stelle eingeführt wird, läßt sich im allgemeinen schon beantworten: Ein quantitativ bestimmter Subjektausdruck enthält selbst schon die Differenz und den Bezug von Einzelheit und Allgemeinheit. Daß das Subjekt des Urteils, das im Ausgangspunkt dieses Verhältnis erst durch das Urteil eingehen sollte, selbst so in sich differenziert gedacht werden muß, i. e. als Sonderfall eines Allgemeinen, hat sich aber erst in der Analyse qualitativer Urteile ergeben.

1. Das *singuläre Urteil* – *„Dieses ist ein wesentlich allgemeines"* (III 72/ TW6, 328) – behandelt Hegel als sogleich zu verlassenden Ausgangspunkt: Ist das Prädikat ein Reflexionsallgemeines, so hat das Prädikat seinen passenden Gegenpol nicht mehr in einem Einzelnem als solchem. Es interessiert ja nicht in seinem absoluten Unterschied zu anderen „Diesen", sondern als ein auf einen allgemeinen Gesichtspunkt *Beziehbares*. Die Grundlage oder Möglichkeit des im Prädikat ausgedrückten Verhältnisses ist aber von dem konkreten aktualen Dasein des Einzelnen unterschieden: Sie ist dasjenige, was sich – je nach externen Umständen – so oder anders äußert. Dann ist aber das Einzelne in seinen wirklichen beobachtbaren Verfassungen auch nur eine unter unbestimmt vielen Äußerungsweisen dieser Möglichkeit, in diesem Sinn eines unter anderen. Das ist schon der Stand des partikulären Urteils.

2. Im *partikulären Urteil* sind Allgemeinheit und Einzelheit zum ersten Mal nicht mehr gesondert je einem Extrem des Urteils zugewiesen. „Einige A sind B" („Einige Pflanzen sind heilsam") enthält zwei Allgemeine (Pflanze und heilsam). Der allgemeine Inhalt im Subjekt ist verlangt, weil, wie wir eben sahen, das Reflexionsprädikat das Subjekt schon als allgemeines voraussetzt, um seiner Relativität willen selbst aber erst der Platzhalter einer inhaltlichen Bestimmung dessen sein kann, was das Subjekt an sich ist. Das Einzelne *ist* nicht seine Beziehbarkeit auf Gesichtspunkte, sondern muß selbst etwas sein, um so bezogen werden zu können. Das Verhältnis dieser beiden Allgemeinen zueinander und zum Einzelnen sorgt dafür, daß es nur zu einem partikulären Urteil reicht, einem Urteil mit negativer Kehrseite: *Nur* manche A sind B, andere wieder nicht. Solange sich die im Subjekt stehende allgemeine Bestimmung zur Reflexionsallgemeinheit des Prädikats als Möglichkeit oder Grundlage verhält, ist das im Prädikat stehende Verhältnis für die Einzelnen dieses Allgemeinen auch nur eine Möglichkeit. Zur allgemeinen Bestimmung – am Beispiel: zum Pflanze-Sein – müssen erst noch Besonderheiten hinzukommen, um aus einer Pflanze eine heilsame Pflanze zu machen. Diese Besonderheiten sind vorerst ohne Inhalt, und das hat zur Folge, daß die Einschränkung der allgemeinen Subjektsphäre zunächst in unbestimmter Weise quantitativ erfolgt. „Manche Pflanzen sind heilsam" läßt offen, welche Art Pflanzen heilsam sind und welche nicht. Diese Unbestimmtheit im Subjekt ist zugleich der Mangel des partikulären Urteils; es drückt einen vorläufigen epistemischen Stand, das Desiderat nach Spezifierung des Subjekts aus. Wenn wir erfahren, daß manche Pflanzen heilsam sind, dann wollen wir auch wissen, welche.

3. Dieses Desiderat wird im *universellen Urteil* – „Alle A sind B" – formell eingelöst. Zugleich ist die Übereinstimmung der beiden allgemeinen Be-

stimmungen erst als außer ihnen liegend gefaßt, da sie durch die Erweiterung der Einzelnen zur vollen Zahl zustandekommt. Das Allurteil stellt sich als summarische Zusammenfassung gleich gearteter Einzelfallbefunde dar und hat so seine Grundlage am Einzelfall. Aber durch den Ausgriff auf Vollständigkeit weist es auch über Einzelfälle hinaus. Von jeder beliebigen Zahl übereinstimmender Einzelfälle aus erscheint der Schritt zum Allurteil selbst als nicht gedeckte Generalisierung – das bekannte Problem der enumerativen Induktion. Kein Einzelfall für sich zählt als Grund der Allgemeinheit – wie soll es dann die bloße Summe schaffen, die die Einzelfälle doch genau in der Fassung aufnimmt, in der sie die Allgemeinheit nicht enthielten?

Sehen wir genauer hin, liegt das Kriterium der Vollständigkeit im Allurteil selbst schon offen vor uns: Wir suchen nicht für irgendwelche Einzelne die Allgemeinheit des Prädikats zu erheben, sondern für alle Einzelnen eines bestimmten Allgemeinen. Um als relevante Instanz oder Gegeninstanz zu zählen, muß ein Einzelnes genau eine Bedingung erfüllen: Fall des im Subjekt genannten Allgemeinen zu sein. Dann aber kommt es auf dieses Allgemeine offenbar nicht nur in der Funktion an, einen Umfang abzustecken, sondern auch in seinem Inhalt. Wenn die Individuen des Bereichs genau darin relevant werden, daß sie Fälle dieses Bereichs sind, dann geht es bereits um die Frage, ob sie *als* Fälle dieses Allgemeinen das fragliche Prädikat haben.

Die distributive Fassung des Allgemeinen im Subjektausdruck, die das Allgemeine in der von seinem Inhalt unterschiedenen Gesamtheit seiner Fälle ausdrückt, enthält damit gegenüber dem partikulären Urteil nicht nur einen quantitativen Unterschied: Sie verlangt eigentlich schon „objective Allgemeinheit" (III 76/ TW6, 333), den inhaltlichen Zusammenschluß von Subjekt- und Prädikatbestimmung, den sie selbst nicht leistet, und definiert damit das Verhältnis von Allgemeinheit und Einzelheit neu. Der Einzelfall muß schon für sich den allgemeinen Zusammenhang enthalten, den das Allurteil noch in der Summe der Einzelfälle gesucht hat. Wenn es in jedem Einzelfall um ein und dieselbe Frage geht, dann sind sie darin auch wie Eines behandelt: der sprachliche Indikator dieses neuen Standes ist die Ersetzung des „alle A" durch „das A". (Vgl. III 76/ TW6, 333)

In den bisherigen Überlegungen zum universellen Urteil war noch davon abstrahiert, was für Allgemeine im Subjekt- und im Prädikatausdruck stehen. Diese Abstraktion müssen wir noch rückgängig machen. An Prädikatstelle stand ein Reflexionsallgemeines – mit dieser Voraussetzung haben wir begonnen. Im Subjektausdruck hingegen scheint bereits ein Allgemeines anderen Typs zu stehen: „alle Menschen/Pflanzen", generische Allgemeine also, Angaben einer Gattung von Einzelnen. Das ist kein zufälliger Zug der Beispiele, sondern folgt aus der Logik des Reflexionsurteils. Dessen Prädikat setzt ja die Einzelnen, auf die es sich bezieht, als an sich bestimmte voraus, unterscheidet also das Subjekt von dem Verhältnis, das seinen eigenen Inhalt konstituiert. Das Reflexionsprädikat setzt an Subjektstelle eine absolute Bestimmung voraus, und zwar eine, die selbst nicht einzelne Qualität am Subjekt ist, sondern das Subjekt „in der Totalen" erfaßt – denn diese Perspektive gehörte ja schon zum Reflexionsallgemeinen selber. An der Gattung haben wir nun ein Allgemeines, das diesem Desiderat entspricht: Die Gattungsbestimmung erbt die Perspektive der Totalität vom Reflexionsallgemeinen, ohne dessen Relativität zu teilen, und die Absolutheit, d. i. den Anspruch, das Subjekt zu unterscheiden, vom qualitativen oder abstrakt Allgemeinen, ohne dessen beschränkte, parzellierende Perspektive zu teilen. Die Gattungsbestimmung setzt das Einzelne nicht mehr als wesentlich-für-anderes, sondern spricht aus, was es ist, das Dieses da zu Einem macht: dessen eigene allgemeine Natur. Urteile, in denen dies thematisch wird, sind darum auch Urteile der Notwendigkeit.

Damit hat sich das Verhältnis von Einzelheit und Allgemeinheit fortbestimmt: Der Unterschied beider ist jetzt einer zwischen dem in der Pluralität qualitativer und relationaler Züge mit sich einigen Gegenstand und dem allgemeinen Inhalt dieser Identität mit sich. Wir haben jenen Stand erreicht, den Hegel ganz zu Beginn der Analyse der Urteilsformen vorweggenommen hatte. Jetzt haben wir Urteile vor uns, in denen wir tatsächlich ein und denselben Gegenstand einmal in seiner konkreten Wirklichkeit und einmal in seiner wesentlichen Identität sehen wollen.

2.3 Das Urteil der Notwendigkeit

1. Die erste Form des Urteils der Notwendigkeit, das *kategorische Urteil*, spricht die Gattungsbestimmung, die im Reflexionsurteil an Subjektstelle auftrat, als Prädikat eines Gegenstandes aus (wie in „Die Rose ist eine Pflanze" [III 78/ TW6, 336]). In ihm wird also die Voraussetzung explizit in Urteilsform gesetzt, die im Reflexionsurteil beansprucht war. In seiner Gattung soll nun der Gegenstand substantiell bestimmt sein. Nun ist aber das Gattungsprädikat abstrakter als die konkrete Einzelheit; soll es zugleich dessen substantielle Bestimmung sein, so fallen besondernde Unterschiede erst einmal außer sie, sie erscheinen als akzidentelle. So aber wäre die Einheit des Einzelnen, statt in der Gattung begriffen zu sein, nichts weiter als eine Art Montage der Gattung und eines zufälligen Plus weiterer

Bestimmungen. Die substantielle Bestimmung wäre sozusagen ein Regent ohne Regierungsgewalt. Es ist dann nicht einzusehen, weshalb wir bei dieser Abstraktion stehenbleiben und nicht noch ein bißchen abstrakter werden sollten, also etwa fortgehen zu „Die Rose ist ein Körper". Auch diese allgemeinere Bestimmung erfüllt ja das Kriterium, das weiteren Bestimmungen seiner Exemplare Zugrundeliegende zu sein. Das ungeklärte Verhältnis zwischen Gattungsallgemeinheit und Besonderheit macht den Gattungsinhalt zu einem möglichen unter anderen Allgemeinen derselben taxonomischen Hierarchie, entwertet also den Anspruch, mit dem das kategorische Urteil begonnen hat: das Allgemeine seines Gegenstands festzuhalten. Um der Besonderheit des Subjekts zu entsprechen, bedarf die allgemeine Bestimmung einer Spezifikation, deren Inhalt aber unbestimmt und offen bleibt, solange das Subjekt in der einfachen Gattungsangabe gefaßt ist. Der Anspruch substantieller Identität von Subjekt und Prädikat kann vorderhand nur noch widersprüchlich artikuliert werden, nämlich in der Behauptung eines notwendigen Zusammenhangs zwischen der allgemeinen und der besondernden Bestimmung, die zugleich als außereinander, inhaltsverschieden zu denken sind.

2. Diesen Stand macht das *hypothetische Urteil* explizit: „*Wenn A ist, so ist B*" (III 79/ TW6, 337). A und B sind dabei nur noch als „unmittelbare Bestimmtheiten" (III 79/ TW6, 337) zu denken, die Unterscheidung ihrer qua Allgemeinheit, Besonderheit und Einzelheit scheint verloren zu sein. Dieser Rückfall ins Unbestimmte entspricht dem Endstand der Analyse des kategorischen Urteils. Solange die Besonderheit einfach *außer* der Gattungsallgemeinheit gedacht ist, ist die Charakterisierung beider als besondernder versus allgemeiner Bestimmung nur relativ: Zur besondernden Bestimmung wird die spezifische Differenz auf diesem Stand erst relativ dazu, daß sie als mit der allgemeinen zusammen an Einem vorkommend genommen wird, und dasselbe gilt umgekehrt für die generische Allgemeinheit. Sie treten einander gegenüber als zwei Bestimmungen, die auf gleichem Fuße stehen und inhaltlich verschieden sind. Dem entspricht die Fassung „Wenn A ist, so ist B", die im sprachlichen Ausdruck abstrakt die Verschiedenheit registriert und den notwendigen Zusammenhang als einen zwischen gleichgültig Verschiedenen faßt.

Diese Konstellation macht zugleich den immanenten Mangel des hypothetischen Urteils aus. Die Notwendigkeit ist durch die hypothetische Form angezeigt, ohne am näheren Inhalt von Antezedens und Sukzedens ihre Ausführung zu haben. Solange die Inhalte einfach verschieden sind, bleibt die Notwendigkeit eine dem Inhalt externe Behauptung: „[…] diß Urtheil ist daher zunächst ein Satz der leeren Form" (III 79/ TW6, 337).

Weil aber ihr Zusammenhang einer der Notwendigkeit sein soll, so muß der zweite Inhalt im ersten auch zu entdecken sein. Die Form des hypothetischen Urteils verspricht ja, daß mit A ohne weitere Bedingungen B gegeben sei. Wenn B so die Mitgift von A sein soll, so hat sich die Ansicht, die wir von A hatten, revidiert. A kann dann nicht länger einfacher, B gegenüberstehender Inhalt sein, sondern differenziert sich zur Einheit seiner selbst und seines Anderen: A ist AB. Wic aber kann etwas sich als Teilbestimmung neben anderen enthalten? Der Widerspruch löst sich, wenn man bedenkt, daß Gattungen auf zweierlei Weisen bestimmbar sind: einmal durch inhaltliche Definitionen und zum anderen durch Angabe ihres Umfangs, genauer: ihrer Arten. Für den Begriffsinhalt gilt: Die Gattungsdefinition geht als Teil in Artdefinitionen ein. Für den Begriffsumfang gilt: Die Gattung ist nichts anderes als die Gesamtheit ihrer Arten. In diesen ist sie erschöpfend bestimmt: Die Gattung ist identisch mit denen, die durch die generische-plus-spezifische Definition bestimmt sind: A ist AB. Was damit erreicht ist, ist die Identität von Allgemeinheit und Besonderheit, die das disjunktive Urteil ausspricht: „A ist entweder B oder C".

3. Im *disjunktiven Urteil* steht das (Gattungs-)Allgemeine in einfacher Bestimmung der vollständigen Disjunktion seiner Besonderungen, seiner Arten, gegenüber und ist in dieser bestimmt. Die notwendige Beziehung Beziehungsloser ist nun abgelöst durch einen notwendigen Zusammenhang Unterschiedener, deren Beziehungsgrund im Urteil explizit ist. Die Notwendigkeit ist nicht länger nur formell, außer den Inhalt der Bezogenen fallend. Aus der Disjunktion lassen sich hypothetische Urteile über die Arten extrahieren: „Wenn ein A nicht B ist, so ist es C" und umgekehrt; aber anders als im einfachen hypothetischen Urteil ist in Gestalt des Gattungsallgemeinen ein inhaltlicher Beziehungsgrund der Unterschiedenen präsent, nämlich dasjenige, wovon B und C Alternativen sind.

Zugleich sind wir über den Mangel des kategorischen Urteils hinaus, indem das Allgemeinheitsgefälle zwischen Subjekt und Prädikat aufgehoben ist. Die Gattung ist nicht mehr das unbestimmt Allgemeinere als die Art, sondern in der Einteilung ihrer Sphäre in Arten vollständig, auf gleichem Allgemeinheitsniveau bestimmt.

Die vollständige Disjunktion der Arten einer Gattung, das Umfangsverhältnis, läßt einen Rückschluß zu auf das unterstellte Verhältnis der Inhalte zueinander. Wenn sich der generische Inhalt und die spezifische Differenz weiterhin als selbständige, trennbare Allgemeinheiten zueinander verhielten, die nur eben in manchen Einzelnen koinzidieren, so wäre die Disjunktion nicht vollständig. Wir hätten dann kein Kriterium dafür, die Reihe der Arten für abgeschlossen zu erklären. Wo wir Grund haben, die Reihe für abgeschlossen zu halten, muß dieser Grund mit der generischen Bestimmung zu tun haben, die die einzuteilende Sphäre bestimmt. Wo die generische Bestimmung sich selbst als das *in bestimmter Weise* Bestimmbare zu erkennen gibt, ist sie auch nicht länger, wie noch im kategorischen Urteil, eine mögliche Gattung innerhalb einer Skala von Gattungen, sondern für ihre Arten letztspezifisch. (Vgl. III 81 f./ TW6, 341) Damit sind wir im Urteil zur Einheit des Begriffs zurückgekehrt, die am Anfang unserer Überlegungen und am Anfang der Logik des Urteils stand: Das disjunktive Urteil manifestiert an Verhältnissen des Umfangs die inhaltliche Beziehung, die man mit Selbstdifferenzierung eines Allgemeinen umschreiben und mit Hegel den Begriff nennen kann.

Einen Mangel allerdings hat auch noch das disjunktive Urteil. Er zeigt sich, wenn wir das Einzelne wieder in unsere Rechnung aufnehmen – was dem disjunktiven Urteil auch angemessen ist, war doch die Gattungsbestimmung von Anfang an als substantielle Bestimmung Einzelner gedacht. Das Exemplar der Gattung ist bis dahin als notwendig genau einer Art der Gattung zugehörig ausgewiesen. Dann fehlt aber zur Bestimmung des Einzelnen noch die bestimmte Einschränkung auf eine der Arten. (Vgl. Butler 1996, 226) Allgemeiner gefaßt, fehlt uns am disjunktiven Urteil die Antwort auf die Frage, wie sich Allgemeines und Besonderes zu dem Einzelnen verhalten, dessen zusammengefaßter Begriff sie sind. Diese Frage wird im Urteil des Begriffs verhandelt.

2.4 Das Urteil des Begriffs

In Urteilen des Begriffs begegnen uns Prädikate wie „gut", „wahr" und „schön". Das legt zunächst die Vermutung nahe, mit dem Übergang zu normativen Urteilen sei unvermittelt das Thema gewechselt. Was wir vor uns haben, ist aber nicht ein thematischer Sprung, sondern Hegels Theorie über den Zusammenhang theoretischer und praktischer Urteile: In Urteilen, in denen normative Prädikate absolut gebraucht werden, geht es zwar nicht mehr darum, zu bestimmen, wie oder was etwas ist; aber sie setzen das zugehörige Subjekt in ein Verhältnis zu dem, was es ist. Im Urteil des Begriffs ist ein einzelner Gegenstand auf seinen Begriff bezogen; der Begriff tritt auf als Maßstab, als Sollen, an dem das wirkliche Einzelne gemessen wird. Mit der Thematisierung des Verhältnisses von Einzelnem und Begriff nimmt das Urteil des Begriffs die Schlußfrage der Analyse des Urteils der Notwendigkeit auf.

Ich gebe zunächst die Entwicklung des Urteils des Begriffs in abgekürzter Fassung wieder, um in einem zweiten Schritt zu untersuchen, was sich damit für die Urteilsbestimmungen Allgemeinheit, Besonderheit, Einzelheit und für das Urteil selbst ergibt.

1. Das Urteil des Begriffs beginnt unmittelbar: Ein Einzelnes, das schon als Exemplar einer Gattung bestimmt ist, wird als gut (oder schlecht) beurteilt (*assertorisches Urteil*). Seine Unmittelbarkeit macht seinen Mangel aus und restringiert das Beurteilen auf ein Versichern. Es spricht bündig das Resultat eines Vergleichs von Begriff und einzelner Sache aus, ohne anzugeben, worin dieses Einzelne denn gut sei, was es zu einem guten Exemplar des genannten Allgemeinen macht. So biegt sich der Antrag, ein Gut-Sein zu konstatieren, in ein Gut-Finden zurück. 2. Das *problematische Urteil* zieht die Konsequenz, tritt von der Beurteilung zurück und spricht in eins die Relativität des Vergleichs und sein allgemeines Kriterium – die wirkliche Beschaffenheit der Sache – aus: Ein Einzelnes kann gut oder schlecht sein, je nachdem, wie es beschaffen ist. (Vgl. III 86/ TW6, 348) 3. Das *apodiktische Urteil* strengt dann den Vergleich von Begriff und Sache auf der Grundlage der gewußten wirklichen Beschaffenheit an, komplettiert sich zum begründeten Werturteil: „Das Haus so und so beschaffen ist *gut*" (III 87/ TW6, 349). Daß die Formen des Begriffsurteils nach Modalitäten – wirklich, möglich, notwendig – benannt sind, ist kein Zufall. Darin drückt sich aus, daß Modalitäten, wenn sie *interne* Qualifikationen von Urteilen sein sollen, das entwickelte Verhältnis von Einzelnem und Begriff voraussetzen.

Soweit die Kurzgeschichte. Wie sind darin nun die Termini des Urteils bestimmt? In der wertenden Beziehung eines Einzelnen auf seinen Begriff resümiert sich zunächst eine Verselbständigung des Begriffs, die schon im disjunktiven Urteil begründet liegt. Dort war die Einheit von Allgemeinem (genus) und Besonderem (spezifischer Differenz) nicht mehr als bloße Koinstantiierung, sondern als innerbegrifflicher Zusammenhang gefaßt. So tritt dieser intern differenzierte Begriff den einzelnen Exemplaren als selbständig bestimmtes Allgemeines gegenüber. Unterhalb der Artebene beginnt dann das Reich der vom Begriff freigelassenen Variationen. Das spiegelt sich im Urteil des Begriffs in der Doppelansicht des Einzelnen: Es ist in seine wirkliche, veränderliche Verfassung einerseits und seinen Begriff andererseits unterschieden.

Das Urteil des Begriffs beläßt es nicht bei diesem unbestimmten Außereinander, sondern bezieht die beiden Ansichten des Einzelnen aufeinander. Das läßt sich an der Endform, dem apodiktischen Urteil, zusammenfassend nachvollziehen.

Erstens enthalten nun Subjekt und Prädikat je für sich die Extreme der vorangegangenen Urteile. Der Subjektausdruck spricht ein Einzelnes in dreifacher Weise an: als Exemplar einer Gattung, darin in seiner Allgemeinheit und als innerhalb der allgemeinen Sphäre distinktes Einzelnes, und drittens als so und so besonders charakterisiertes. So enthält das Subjekt selbst schon die Ausgangspole der allgemeinen Urteilsform und ihre Beziehung. Ebenso tragen die Wertprädikate diese Unterscheidung in sich: „gut", absolut gebraucht, hat die Beziehung eines Einzelnen in seiner wirklichen Verfassung auf sein Allgemeines zum Inhalt.

Zweitens hat sich die Beziehung von Subjekt und Prädikat selbst verändert. Zum ersten Mal haben wir ein Urteil vor uns, das nicht nur sagt, *was*, sondern auch, *warum* etwas der Fall ist. Es gibt unterschiedene Extreme – nur sind sie nicht mehr auf Subjekt- und Prädikatposition verteilt: das Einzelne und seinen Begriff. Und es gibt eine von beiden unterschiedene und auf beide bezogene Mitte zwischen ihnen: die wirkliche Verfassung des Einzelnen. Die wirkliche Verfassung oder Beschaffenheit des Einzelnen wird im apodiktischen Urteil erstens in einer Weise festgehalten, die sie vom Begriff unterscheidet: nämlich als dasjenige, kraft dessen das Einzelne zu seinem Begriff in ein Verhältnis der Adäquation oder Nicht-Adäquation tritt. Darin ist aber zweitens ausgesprochen, daß die wirkliche Verfassung zugleich das Einzelne mit seinem Begriff vermittelt. Daraus ist zu schließen, daß die wirkliche Verfassung nicht erst als Mitte des Werturteils fungiert, sondern daß der Begriff ihr immanent sein muß. Die wirkliche Verfassung muß schon von sich her als in Grenzen variable Modifikation des Begriffs erkennbar sein – das ist nicht zuletzt die Voraussetzung dafür, daß wir im Werturteil den Gegenstand beurteilen, statt ein äußerliches Sollen an ihn heranzutragen.

Drittens hat sich damit das Urteil erfüllt und zum Schluß aufgehoben. Der Anspruch des Urteils hat sich einerseits *erfüllt*: Wir waren ausgegangen vom Urteil als wesentlicher Beziehung Selbständiger, des Einzelnen und des Allgemeinen. Jetzt ist die Beziehung nicht mehr nur indiziert in der Kopula, sondern inhaltlich ausgeführt: Das Einzelne hat sich zu einem logischen Subjekt fortbestimmt, das in sich den Grund seines Prädikats ausdrücklich enthält. Der Widerspruch des Urteils, wesentliche Beziehung Selbständiger zu sein, hat sich angesichts der erreichten Differenzierung von Selbständigkeit und Unselbständigkeit der Urteilsextreme gelöst. Der Begriff ist gegenüber dem Einzelnen selbständig, insofern das Gattungsallgemeine selbst die bestimmte Anweisung auf Besonderung enthält; das Einzelne ist selbständig gegen seinen Begriff, insofern es nicht-notwendige Modifikationen der Art enthält. Und beide sind nicht-selbständig gegeneinander, insofern der Begriff aus der wirklichen Verfassung des einzelnen Exemplars erschließbar ist. – Andererseits hat sich das Urteil zum Schluß *aufgehoben*: Das apodiktische Urteil weist nicht nur formal die argumentative Gliederung von zwei Extremen und einem Mittelterm auf; es enthält auch seinem Inhalt nach eine Aufgabe, die den Fortgang zum Schluß notwendig macht. Das apodiktische Urteil provoziert die Rückfrage: Warum macht gerade diese Beschaffenheit ein Exemplar zur adäquaten Realisierung seines Begriffs? Das apodiktische Urteil nimmt die bestimmte Beschaffenheit zum Argument; aber das Argument kommt erst in sein Ziel, wenn das Verhältnis der Beschaffenheiten zum Begriff *theoretisch* geklärt ist. Die wirkliche Verfassung des Einzelnen ist erst als die Mitte zu entfalten, als die sie im apodiktischen Urteil in Anspruch genommen ist. Das aber verlangt, Mitte und zu Vermittelndes explizit zu unterscheiden und zu beziehen – und eben das vollziehen wir in Schlüssen.

3. Ausblick auf die Schlußlehre

„Der *Schluß* hat sich als die Wiederherstellung des *Begriffes* im *Urtheile*, und somit als die Einheit und Wahrheit beyder ergeben; [...] Im *Schlusse* sind die Begriffsbestimmungen wie die Extreme des Urtheils, zugleich ist die bestimmte *Einheit* derselben gesetzt." (III 90/ TW6, 351) Der Schluß löst ein Desiderat ein, das mit der allgemeinen Form des Urteils gegeben ist. Die Einheit der Extreme des Urteils, die in der Kopula *indiziert* ist, erhält im Schluß ihre *inhaltliche Ausführung*. Der Schluß ist die Weise, wie die abstrakte Einheit der Sache mit ihrer inhaltlichen Allgemeinheit zur Deckung gebracht wird. Darum sind die Extreme mit E und A besetzt. Von der *Behauptung*, daß dieser Gegenstand in jener allgemeinen Bestimmung bestimmt sei, gehen wir im Schluß über zur *Begründung*, warum oder inwiefern jene Bestimmung diesem Gegenstand zukommt. An dieser Stelle zeichnet sich schon ab, daß der Schluß hier – ungeachtet dessen, daß sich die Filiation des Schlusses in seine Arten an der traditionellen Syllogistik orientiert[1] – nicht nur *sub specie* formaler Gültigkeit, nicht nur als wahrheitserhaltende Kombination von Urteilen bestimmt ist, sondern als Form des Beweisens.

---

1 Zum Verhältnis von Hegels Schlußlehre und Aristotelischer Syllogistik vgl. Krohn 1972, Kap. 3 und 7 sowie zu ihrem Verhältnis zur Schlußlehre in Kants Logik (AAIX 129–133) Hartmann 1999, 331–333.

Die zitierte allgemeine Begriffsbestimmung des Schlusses enthält freilich mehr als den Schritt vom Daß zum Warum: Die Einheit, um die es geht, ist als die des Begriffs spezifiziert. Dennoch beginnt die Schlußlehre nicht mit Schlüssen, deren Resultat der gewußte Begriff oder auch nur die Gattung eines Einzelnen wäre, sondern mit Schlüssen, deren Prämissen und deren Konklusionen bloße Urteile des Daseins sind. Damit ergibt sich – analog zu dem Befund, mit dem wir in die Urteilslehre eingetreten sind – für die Schlußlehre ein Gefälle zwischen der allgemeinen Fassung des immanenten Telos des Schlusses und dem tatsächlichen Anfang des Schließens. Doch der vergleichsweise bescheidene Anfang des Schlusses ist wiederum in der allgemeinen Aufgabe selbst begründet, die der Schluß durch seine logische Genese aus der Urteilslehre bekommen hat. Wenn der Schluß die „Wiederherstellung" des Begriffs im Urteil ist, dann ist die Einheit von Begriff und Sache nicht in Gestalt eines dem Schluß Vorausgeschickten, einer seiner Prämissen also, zu haben. Dann kann die besondere Bestimmtheit des Gegenstandes, die als Mitte zwischen allgemeiner Bestimmung und Gegenstand fungiert, im Ausgangspunkt nicht schon mit der Unterstellung versehen werden, selbst der Begriff des Gegenstands zu sein. Was *im Resultat* im Licht des erst noch gesuchten Allgemeinen als dessen besondere Bestimmtheit zusammengefaßt wird, ist *im Ausgangspunkt* als äußere Einheit zu nehmen. Die eine besondere Bestimmtheit zerfällt damit in eine Pluralität unmittelbar vorfindlicher Bestimmungen – Qualitäten –, die eben an ein und demselben Gegenstand vorkommen. Entsprechend wird das mit dem Einzelnen zu vermittelnde Allgemeine nicht besser ausfallen als diese Mitte selber – die erschlossene Allgemeinheit kann noch nicht *die* Allgemeinheit der Sache, sondern nur ein Allgemeines an ihr sein. Genau so setzt der Schluß des Daseins – den Hegel auch den qualitativen Schluß nennt und durchgängig als *formell* charakterisiert –, die Anfangsform des Schlusses, auch ein: „Das *Einzelne* ist irgend ein unmittelbarer concreter Gegenstand, die *Besonderheit* eine einzelne von dessen Bestimmtheiten, Eigenschaften, oder Verhältnissen, die *Allgemeinheit* wieder eine noch abstractere, einzelnere Bestimmtheit an dem Besondern." (III 95/ TW6, 359)

Wie sich umgekehrt von diesem bescheidenen Anfang aus die Einheit des Begriffs als Prinzip der Formen des Schlusses zeigt, ist das – hier nicht mehr verfolgte – Thema, das in den makroskopischen Schritten vom Schluß des Daseins über den Schluß der Reflexion zum Schluß der Notwendigkeit bzw. in deren Binnendifferenzierungen ausgetragen wird.

Literatur

Burbidge, John 1981: On Hegel's Logic. Fragments of a Commentary. Atlantic Highlands.
Butler, Clark 1996: Hegel's Logic. Between Dialectic and History. Evanston, Illinois.
Graeser, Andreas 1990: Hegel über die Rede vom Absoluten. Teil I: Urteil, Satz und spekulativer Gehalt. In: Zeitschrift für philosophische Forschung 44, 175–193.
Hartmann, Klaus 1999: Hegels Logik. Hg. v. O. Müller, Vorwort K. Brinkmann. Berlin/New York.
Hösle, Vittorio ²1998: Hegels System. Der Idealismus der Subjektivität und das Problem der Intersubjektivität. 2 Bde. Studienausgabe. Hamburg.
Kant, Immanuel 1982: Logik. Ein Handbuch zu Vorlesungen. (1800). In: W. Weischedel (Hg.): Immanuel Kant Werkausgabe Bd. 6, Frankfurt a. M. 4. Auflage.
Krohn, Wolfgang 1972: Die formale Logik in Hegels „Wissenschaft der Logik". Untersuchungen zur Schlußlehre. München.
Russell, Bertrand 1992: Rezension von: Hegel's Doctrine of Formal Logic (1912). In: Russell, Bertrand: Logical and Philosophical Papers 1910–13, hg. v. J. G. Slater. London/New York.

12

John Burbidge

Objektivität

Hegels Einfügung eines Abschnitts über die „Objektivität" in die *Wissenschaft der Logik* erscheint einigen Interpreten als durchaus fragwürdig.[1] Während es berechtigt sei, die Strukturen der Subjektivität zu erforschen und die Art und Weise zu verfolgen, wie Begriffe sich in Urteile teilen und dann über Syllogismen und Folgerungen in den Gesamtverlauf des Logischen wieder re-integriert werden, bedeute es, wie sie meinen, in der Untersuchung der Implikationen des Denkens eine unerlaubte Grenzüberschreitung, eine *metabasis eis allo genos*, wenn die Logik von Mechanismus, Chemismus und Teleologie handele. Diese Begriffe seien angemessener auf die Natur zu beziehen oder auf die Welt der menschlichen Aktivitäten, also auf Gebiete, die sich von der Logik und der Metaphysik strikt unterscheiden.

Hegel selbst scheint diese Befürchtungen jedoch nicht zu teilen. Er betont vielmehr, daß nicht nur existierende Dinge in der Welt, sondern auch ideale Entitäten wie etwa moralische Prinzipien „objektiv" genannt werden, insofern sie an und für sich sind. Und seine Beispiele der mechanischen und chemischen Objektivität, die das Ordnungsgefüge der bürgerlichen Gesellschaft und die katalysatorische Rolle der Sprache einschließen, legen nahe, daß sich diese Begriffe nicht nur auf die Mechanik und die Chemie anwenden lassen, sondern durchaus auch in einem allgemeineren

---

1 Auf dieser Linie schreibt Hösle 1987, I, 147: „Man kann also zusammenfassend sagen, daß Mechanismus, Chemismus und Leben nicht in eine als Ontologie und Logik gefaßte Fundamentalphilosophie gehören". Ähnlich Düsing 1976, 289: „Die Objektivität ist nicht der Gegenstand als Begriff, in dem die Subjektivität sich erkennt, wie dies aus Hegels Schlußlehre zu erwarten wäre, sondern das Anderssein des Begriffes insgesamt".

Sinn gebraucht werden können. Man kann sogar sagen, daß die Gedanken selbst in gewisser Weise mechanisch – entsprechend den Gesetzen der Assoziation – oder auch chemisch geordnet werden können, wenn etwa Gegensätze in einem vermittelnden Kontext sich aufheben.

Nach Hegel muß der Begriff der „Objektivität" von der Bestimmung der „Gegenständlichkeit" unterschieden werden. Auf den Gegenstand, der einem Subjekt gegenübersteht, bezieht sich das Bewußtsein als auf etwas, was außerhalb der Sphäre seiner selbst liegt. Die Objektivität dagegen ist durch die Tatsache charakterisiert, daß sie an und für sich ist, ohne daß sie auf etwas anderes bezogen werden muß, um das zu sein, was sie ist.

Hegel wird in der Analyse des disjunktiven Schlusses auf das Thema Objektivität geführt. Auf den ersten Blick scheint dieser Übergang merkwürdig, und er fordert einige Erklärungen. Der erste Abschnitt des dritten Buches der *Wissenschaft der Logik*, der mit der Diskussion des Schlusses endet, untersucht die Dynamik des Begreifens als eine einzigartige Denkbewegung, die sich selbst bestimmt, indem sie ihre konstitutiven Momente aus sich heraussetzt, um deren Selbständigkeit doch sogleich wieder aufzuheben. Hegel betont, daß es sich bei der Struktur dieses Prozesses um eine „negative Einheit" handelt. Wenn man nun die Implikationen dieses Prozesses durch die verschiedenen Formen des Urteils und des Syllogismus hindurch verfolgt, dann treten die begrifflichen Bestimmungen des Allgemeinen, Besonderen und Einzelnen in ihrer zunehmenden Differenziertheit, aber auch in ihren wechselseitigen Verhältnissen explizit hervor. Diese doppelte Artikulation des Begreifens kulminiert im disjunktiven Schluß, dessen Obersatz bejaht, daß das Allgemeine die Totalität aller seiner Arten ist (A ist entweder B oder C oder D), während der Untersatz behauptet, daß das Allgemeine ein Einzelnes ist, das mehrere jener Arten ausschließt (A ist weder C noch D), und der Schlußsatz folgert, daß das Allgemeine eine besondere Art ist (A ist B).[2]

In diesem Schluß übernimmt das Allgemeine die Rolle der Mitte oder des *terminus medius*, auch wenn es im Schlußsatz nochmals selbst erscheint. Als Resultat zeigt sich, daß das Allgemeine nicht nur im Obersatz explizit als Allgemeines und im Untersatz als Einzelheit, sondern auch als Besonderheit im Schluß bestätigt wird. Wenn man die syllogistische Struktur analysiert, dann bemerkt man, daß jeder Satz von den anderen beiden abgeleitet werden kann, so daß es nicht notwendig ist, auf externe An-

---

[2] Hegel bezieht sich auch auf den Syllogismus, der eine exklusive Disjunktion gebraucht, wobei der Untersatz das Partikuläre bejaht und die Konklusion das Einzelne ausschließt.

nahmen zurückzugreifen, um den Verlauf des Syllogismus zu erklären.³ Vielmehr liegt hier eine unendliche Kreisbewegung vor, die von einer allgemeinen Affirmation zum Besonderen und dann zum Einzelnen führt und wieder zurück.

Immer dann, wenn Hegel in der Logik auf eine Kreisfigur stößt, die in ihren konstitutiven Momenten endlos weiterläuft, tritt ein Gedanke hervor, der in sich selbst vollendet ist – ein Gedanke, der als solcher in einen einfachen Begriff zusammenfällt und daher ohne Vermittlung an sich begriffen werden kann.⁴ Insofern nun der Gedanke, der aus dem disjunktiven Syllogismus resultiert, die Totalität des Allgemeinen, Besonderen und Einzelnen in sich einschließt, erweist er sich nicht mehr als „negative Einheit" des Begreifens, da nichts Unterschiedenes mehr zu unterscheiden ist. Umgekehrt läßt sich dieser Gedanke daher vielmehr durch das Fehlen aller Vermittlung charakterisieren, so daß er unmittelbar an und für sich ist. Der umgangssprachliche Ausdruck, der diesem logischen Resultat am besten entspricht, ist „Objektivität".⁵

In der Umgangssprache führt „objektiv" allerdings den Gegensatz zum Subjektiven mit sich. Dagegen wird in der Logik, die sich in einem systematischen Rahmen bewegt, das Objektive primär als unmittelbares An- und-Fürsichsein thematisch. Der negative Kontrast, der diese Unmittelbarkeit relativiert, taucht erst später auf, dann, wenn die anfängliche Definition analysiert und weiter differenziert wird.

Mit anderen Worten, Hegel vertritt, daß der Begriff der Objektivität durch den logischen Prozeß selbst gefordert wird. Das Denken gelangt im Denken selbst zu einem Gedanken, dessen Bedeutung darin besteht, unmittelbar an und für sich zu sein. Dieser Begriff muß nunmehr selbst analysiert werden. Es hat gar kein Übergang in eine Sphäre stattgefunden, die von der des Denkens radikal unterschieden wäre.

---

3 Der systematische Durchgang durch die Formen des Urteils und des Syllogismus macht die impliziten Annahmen explizit; vgl. dazu: Burbidge 1981, 125–192.
4 Vgl. I B 320, 27–29/ TW5, 384 zur Bedeutung der Kreisbewegung, die sich ergibt, wenn zwei Gegensätze sich wechselseitig implizieren. Hegel unterstreicht hier, daß die Notwendigkeit des „gedoppelten" Überganges „von großer Wichtigkeit für das Ganze der wissenschaftlichen Methode" sei. Vgl. auch zur Rolle des Begriffes als einer diskursiven Funktion der Einheit (im Gegensatz zur Synthesis der Einbildungskraft) KrV, B93 f. u. B103 f.
5 Hegel konzediert durchaus, daß in der Umgangssprache dieser Terminus gleichbedeutend mit „Dasein", „Existenz" und „Wirklichkeit" gebraucht werden kann. Dagegen fordert die logische Präzision, die Begriffe, die sich in bestimmten Stadien der systematischen Entwicklung ergeben, in ihrem besonderen Charakter genau abzugrenzen.

Aber gerade damit stellt sich eine zweite Frage: Wenn es Hegel tatsächlich gelungen ist, die Objektivität mit ihren Momenten des Mechanismus, des Chemismus und der Teleologie vollkommen in die Wissenschaft der Logik zu integrieren, warum – so ist dann zu fragen – benötigt er außerdem noch eine Philosophie der Natur? Hegel scheint zu beanspruchen, das fundamentale naturale Ordnungsgefüge aus dem Denken selbst ableiten zu können. Wenn die Naturphilosophie, wie einige Interpreten annehmen, tatsächlich eine apriorische, allein auf der Arbeit des Begriffes beruhende Disziplin wäre, dann wäre es tatsächlich überflüssig, die Logik durch eine zusätzliche philosophische Wissenschaft zu ergänzen. (Vgl. etwa Wandschneider 1993, Halper 1998, Winfield 1998)

In der Zeit, in der Hegel den dritten Band der *Wissenschaft der Logik* schrieb, hatte er bereits die Grundlinien seines reifen Systems entwickelt, das etwas später – im folgenden Jahr – in der ersten Ausgabe der *Enzyklopädie der Philosophischen Wissenschaften* erscheinen sollte. Wenn man nun dieses dreiteilige Werk mit den Jenaer Manuskripten zur Logik, Metaphysik und Naturphilosophie (von 1804–05) vergleicht, dann fällt eine wichtige Differenz auf. In der Jenaer Logik arbeitet Hegel mit Beziehungen und Proportionen, die zu der Idee des Erkennens hinführen, während die Metaphysik im Rahmen der traditionellen Konzeptionen von Seele, Kosmos und Gott verbleibt, aber durch das kantische theoretische Ich, das praktische Ich und den absoluten Geist ergänzt wird. Die mechanischen, chemischen und organischen Konzepte treten dagegen erst in der Naturphilosophie auf. Den Grund dafür kann man in der Logik des Erkennens finden, in der Hegel die Konstruktion und den Beweis als die adäquate Methode der Philosophie einführt – eine Methode, die er dann auch auf die Realphilosophie anwendet. Diese Methode übernimmt eine Euklidsche Beweispraxis, bei der zum Beispiel für den Beweis des Satzes des Pythagoras exakt ausgearbeitete Figuren am rechtwinkligen Dreieck konstruiert werden.

Hegels Jenaer Kollege, Schelling, hatte sich bezüglich der Methode der Konstruktion und des Beweises auf Kant gestützt. In der Schrift *Metaphysische Anfangsgründe der Naturwissenschaft* setzt Kant epistemologische Kategorien ein, um die Grundgesetze der Mechanik im Ausgang vom Begriff der Materie zu konstruieren. Dabei betont er jedoch ausdrücklich, daß man die Chemie, die nicht quantifizierbar sei, nicht denselben methodischen Verfahren unterwerfen dürfe. Schelling war weniger vorsichtig. Im Rückgriff auf die Stöchiometrie von J. B. Richter, einem Schüler Kants (vgl. Richter 1792), setzen die *Ideen zu einer Philosophie der Natur* mit der intellektuellen Anschauung der resistenten Materie ein, um dann das basale Rahmengefüge der Chemie zu konstruieren. Diese apriorische Ableitung wurde ausbalanciert durch die Integration neuerer Entdeckungen in der Chemie, die bewiesen, daß sich die Konstruktion auf die Wirklichkeit anwenden läßt.

Es ist diese Methode der Konstruktion und des Beweises, die Hegel von seinem Kollegen für die Jenaer Manuskripte übernimmt. In der Naturphilosophie konstruiert er a priori das Grundgefüge der mechanischen, chemischen und organischen Phänomene und geht dann auf die empirischen Evidenzen zurück, die genau beschrieben werden, um das konstruktive Verfahren zu ergänzen und abzusichern.

Dagegen vertritt Hegel zur Zeit der *Wissenschaft der Logik* (1816) einen anderen Ansatz.[6] Im Abschnitt über die „Objektivität" und in den folgenden Kapiteln analysiert er streng begrifflich die Kategorien, durch die das Denken seine Objekte ordnet, indem es sie in mechanischen, chemischen und organischen Strukturen arrangiert. Diese funktionalen Ordnungsprinzipien werden – wie bereits erwähnt – nicht ausschließlich auf natürliche Phänomene angewendet, sondern häufig auch auf psychologische, soziale und sogar logische Gebilde, um zu erklären, auf welche Weise solche Entitäten an und für sich existieren.

Im Gegenzug dazu setzt die Naturphilosophie mit dem Zugeständnis ein, es gebe eine vom Denken unterschiedene Realität, die durch äußerliche statt durch begriffliche Beziehungen bestimmt ist. Während das Denken zwar die Sphäre der Externalität antizipieren kann, vermag es a priori gerade nicht vorauszusagen, welche konkreten Kennzeichen diese Äußerlichkeit haben wird. Es ist die Natur selbst, die nicht nur zeigt, inwiefern diese Beziehungen räumlicher und zeitlicher Art sind, sondern auch, inwiefern der Raum dreidimensional ist und die Zeit die invertierte Struktur des logischen Werdens aufweist. (Vgl. dazu Burbidge 1992, 79–93) Indem das Denken diese empirischen Ergebnisse spekulativ aufnimmt und mit den eigenen begrifflichen Erwartungen an die Sphäre der Äußerlichkeit vereinigt,[7] bildet es neue Begriffe des Ortes und der Bewegung, die wieder-

---

[6] GW 12, 259–298 gibt eine Reinschrift, deren Abfassung die Herausgeber tentativ in die Bamberger Zeit verlegen, in der Hegel die Logik des Mechanismus, Chemismus und Organismus entwickelt. Da im Manuskript die Teleologie nicht diskutiert wird, könnte es sich um einen Entwurf handeln, der später in die Abschnitte über die Objektivität und die Idee der *Wissenschaft der Logik* eingegangen ist.

[7] Man kann die spekulative Integration mit der logischen Operation vergleichen, die Hegel anwendet, wenn er über den disjunktiven Schluß als ganzen reflektiert. In beiden Fällen resultiert aus der Betrachtung der ganzen Entwicklung als einer singulären Einheit ein neuer Begriff. Der Unterschied liegt darin, daß der logische Schritt nur Bestimmungen enthält, die sich aus den Operationen des Denkens selbst ergeben haben, während die Naturphilosophie die logisch kontingenten Bestimmungen der Natur integrieren muß.

um einen direkten Rekurs auf die Natur fordern, um mit Konkretion und Inhalt gefüllt zu werden.

Dieses systematische Verfahren ist für den gesamten Gang der Naturphilosophie kennzeichnend. So führt die Ortsbewegung den Begriff der Materie ein, die sich in unmittelbar an und für sich existierenden Körpern partikularisiert. Auf dieser Grundlage läßt sich dann der logische Begriff des Mechanismus einführen, der ein neues konzeptuelles Rahmengefüge bereitstellt. Ähnliches geschieht, wenn der empirische Aufweis der transienten elektrischen Polarität mit der Konzeption dauernder Merkmale von Körpern vereinigt wird und somit die Begriffe des Chemismus eingesetzt werden können. Die Teleologie tritt in der Naturphilosophie als solcher nicht auf. (Vgl. Enz II § 245–246) Aber dort, wo die kontingenten menschlichen Leidenschaften als Beitrag zur geschichtlichen Verwirklichung von Freiheit anerkannt werden, greift der Philosoph auf die Kategorie des Zwecks zurück. In der Realphilosophie müssen also die logischen Begriffe mit dem faktischen Geschehen verbunden werden. Diese Integration führt in Richtungen, die aus der Perspektive der Logik nicht vorgezeichnet sind. Die Mechanik etwa geht nicht direkt in die Chemie über (was die Logik hätte erwarten lassen), sondern sie verläuft durch die Physik, während die Reflexion der chemischen Prozesse nicht zum Begriff der Teleologie führt, sondern den Gedanken der nicht-lebenden Organismen formuliert – einen Begriff, den die Logik überhaupt nicht kennt.

Es ist offensichtlich, daß Hegel das Modell der Konstruktion und des Beweises aufgegeben hat. In seiner Spätphilosophie erkennt Hegel an, daß die Prozesse der Natur und der Geschichte kontingent sind – sie folgen keiner notwendigen logischen Ordnung. Dies, sagt Hegel, ist das Zeichen ihrer „Ohnmacht". Man kann dann auch nicht auf die Natur und die Geschichte rekurrieren, um logische Prozesse zu *beweisen*. Die Philosophie muß vielmehr dafür offen sein, die kontingenten Konfigurationen der Natur und die zufälligen Ereignisse der Geschichte in eine begriffliche Interpretation aufzunehmen, um somit die Logik an das anzupassen, was der Gedanke selbst weder erwarten noch vollbringen kann. Andererseits aber bleibt bestehen, daß das Denken von sich selbst her – intrinsisch – fähig ist, in Weisen zu denken, die nur als mechanisch, chemisch und teleologisch beschrieben werden können.

Es geht hier nicht darum, Hegels Verfahren in der Naturphilosophie zu rekonstruieren.[8] Es muß genügen, darauf hinzuweisen, daß der Abschnitt

---

8 Für den Bereich der Chemie habe ich dieses Thema untersucht in: Burbidge 1996; vgl. zur Teleologie: Burbidge 1997, 151–162; vgl. zum Leben: Burbidge 1999, 47–64.

über die Objektivität die logische Entwicklung dadurch sichert und rechtfertigt, daß er der immanenten Evidenz des Denkens selbst folgt. Die logische Argumentation würde ihre Aufgabe verfehlen, wenn sie unter der Hand ihre Beweise aus unserer Erfahrung von Natur und Geschichte beziehen wollte.

Dies ist zu beachten, wenn im folgenden die drei Abschnitte der „Objektivität" kommentiert werden. Es handelt sich um eine *exposition de texte*, die darlegt, wie Begriffe durch logische Analyse und Reflexion intern abgeleitet werden. Das hier angewandte hermeneutische Verfahren sucht die intellektuellen Funktionen freizulegen, die den Übergängen im logischen Denken zugrunde liegen.

Mechanismus

Wie wir gesehen haben, vereinigt der Begriff der Objektivität, der aus dem disjunktiven Schluß hervorgeht, die Unmittelbarkeit mit dem An-und-Fürsichsein. Als unmittelbar ist das Objekt unbestimmt und ununterscheidbar, während es als an und für sich seiend eine Totalität ist, die alle Bestimmungen in sich selbst integriert hat. Das Paradox, diese beiden verschiedenen Beschreibungen auf dasselbe Objekt anzuwenden, löst sich, wenn man die Aspekte der Totalität und der Unbestimmtheit voneinander trennt: Es ist dann ein Universum von Objekten denkbar, in dem jedes Objekt unmittelbar und unbestimmt ist, aber auch durch alle anderen bestimmt – zugleich indifferent gegen und doch bezogen auf die umgebende Welt. Diese Struktur, in der selbständige und indifferente Objekte miteinander in derselben Welt verbunden sind, bietet einen Weg, die Objektivität mechanisch zu verstehen.

Dennoch bleibt auch in dieser modifizierten Beschreibung ein Widerspruch bestehen – denn jedes Objekt ist zwar gegenüber den anderen indifferent, aber alle fungieren zugleich auch in einer einzigen universalen Totalität. Mit anderen Worten, alle Objekte sind in derselben Weise und im selben Ausmaß bestimmt, weil es keine Bestimmung gibt, die die Bewegungsart des einen Objektes von der des anderen unterscheiden könnte. Am Anfang der *Logik* wurde der Widerspruch, der auftrat, da die beiden Entgegengesetzten – Sein und Nichts – dieselbe Definition hatten, durch Rekurs auf den Übergang von dem einen zum anderen, auf das Werden, gelöst. Ähnlich läßt sich auch hier der Widerspruch behandeln, wenn man einen mechanischen Prozeß unterstellt, der beides – die selbständige Indifferenz und den universalen Determinismus – überbrückt.

Der mechanische Prozeß muß daher beide Seiten dieses gegensätzlichen Strukturganzen stützen: Einerseits sind die Objekte durch einander beeinflußt; sie haben an einer gemeinsamen Struktur teil und stehen miteinander in Verbindung, ohne ineinander überzugehen. Andererseits aber erhält sich jedes Objekt auch als selbständig. Es reagiert auf den Einfluß der anderen Objekte und gibt eben darin die eigene Reaktion an die anderen weiter. In paradoxer Weise überführt daher das Objekt gerade dadurch, daß es sich als etwas Unmittelbares gegenüber anderen erhält, den eigenen, einzigartigen Fokus seiner Reaktion in einen allgemeineren Kontext. Der Einfluß, den das Objekt ausübt, kann daher als eine besondere Art der allgemeinen Determination verstanden werden.

Die Reaktion *verallgemeinert* die unterschiedene Unmittelbarkeit des Objektes, indem sie das Rahmengefüge der Mitteilung zu einer *besonderen* Art der Aktion spezifiziert. Nichtsdestoweniger erhält sich das Objekt in dieser negativen Aktivität gegenüber den anderen als einzeln und selbständig. Das Resultat ist ein mechanisches, nunmehr genauer definiertes Objekt.[9] Es handelt sich um ein ausschließendes Einzelnes, das als ein Besonderes anderen gegenübersteht, denen es dennoch darin gleicht, sowohl indifferent als auch an und für sich zu sein. Das mechanische Objekt ist nun – als Resultat der Mitteilung und der Reaktion – als eine bestimmte Totalität explizit bestätigt.

Das Objekt, das sich aus dem formalen mechanischen Prozeß ergibt, ist mithin nicht mehr unbestimmt. Die nunmehr erlangte Ruhe ist das Resultat externer Ursachen, und seine eigenen Reaktionen haben es als besonderes unter anderen unterschieden. Das heißt, daß die selbständige Einzelheit des Objektes nun mit seiner unselbständigen Allgemeinheit verbunden ist – seiner funktionalen Stellung in einer Welt wechselseitiger Mitteilung, die allen gemeinsam ist. Auch hier kann der implizite Widerspruch wiederum in der Reflexion auf den Prozeß selbst aufgelöst werden, so daß beide Beschreibungen sich als kompatibel erweisen.

Da das mechanische Objekt nun als besonderes gegenüber allen anderen bestimmt ist, verläuft der Einfluß oder die Mitteilung stets vom stärkeren Objekt zum schwächeren, sofern beide innerhalb derselben Sphäre agie-

---

9 Da die Diskussion des formalen mechanischen Prozesses nunmehr abgeschlossen ist, liegt es nahe, darauf hinzuweisen, daß sich die bisherige Analyse nicht auf den Begriff der Bewegung gestützt hat, obgleich die Bewegung der Materie durchaus ein Beispiel für den formalen mechanischen Prozeß hätte sein können. Aber Einfluß und Mitteilung lassen sich auch auf die Wechselwirkung zwischen intelligiblen Objekten beziehen: etwa auf Ideen, Korporationen oder auch auf ökonomisch handelnde Individuen.

ren. Das stärkere Objekt kann nicht ohne weiteres das schwächere überwinden, da sonst die Charakteristika der Selbständigkeit und Unselbständigkeit auf verschiedene Gegenstände verteilt würden und nicht mehr auf dasselbe Objekt zentriert wären. Daher muß das schwächere Objekt dem Einfluß des anderen widerstehen und seine Unterschiedenheit bewahren, auch wenn es sich dem beugt, was das stärkere Objekt erzwingt. Es wird einem Schicksal unterworfen, das fremd und blind ist.

Wenn man die Resultate dieser Analyse zusammenfaßt, wird deutlich, daß wir den Begriff des an und für sich seienden Objektes ändern müssen. Das wahrhaft selbständige Individuum ist das Zentrum, von dem her Macht ausgeübt wird. Diese Macht, die die Selbständigkeit der schwächeren Objekte aufhebt, äußert sich auf verschiedene, spezifisch bestimmte Weisen, die die Form von unaufhebbaren Gesetzen annehmen.

Der absolute Mechanismus oder – wie wir auch sagen können – der Mechanismus, der keine Beziehung auf etwas anderes mehr fordert, involviert dieses Verhältnis von Zentrum und Gesetz. Das Zentrum ist der Kern eines objektiv Einzelnen, aber ebenso der Mittelpunkt aller Objekte, die als Resultat der beherrschenden Macht in Wechselwirkung miteinander stehen. Daher hört das Zentrum als solches auf, ein einfaches Objekt zu sein, es gewinnt einen bestimmenden Charakter. Um seine Funktion auszuüben, verteilt es allerdings seinen besonderen Modus der Bestimmung auf die unselbständigen Objekte, die dem Einfluß hinreichend widerstehen, um selbst unterschieden zu bleiben. Dadurch werden die subsidiären Objekte selbst zu subsidiären Zentren, die wiederum ihren eigenen Einfluß auf andere ausüben. Das Resultat gleicht einem disjunktiven Schluß, in dem das allgemeine Zentrum sich in ausschließend Einzelne und ihren besonderen Einfluß unterscheidet.

Aber diese relativen Zentren spielen auch eine vermittelnde und erschließende Rolle, denn während sie selbst der allgemeinen Mitte untergeordnet sind, subsumieren sie die Objekte, die von ihnen abhängig sind. Schließlich fungieren diese Objekte als eine Mitte, die einerseits die Selbständigkeit der relativen Zentren definiert, andererseits aber auch den Einfluß des absoluten Zentrums widerspiegelt. Daher dienen diese Objekte auch dazu, die universale Macht in ihre untergeordneten Sphären zu besondern.[10]

---

10 Wir haben mithin drei Schlüsse, wobei jede Position – das absolute Zentrum, das subsidiäre Zentrum und der partikuläre Einfluß – als ein vermittelnder Terminus fungiert, der die anderen sowohl differenziert wie auch integriert.

Die relativen Zentren, die sich um ein absolutes Zentrum gruppieren, konstituieren auf Grund ihrer Dynamik ein mechanisches Objekt, das vollkommen selbst-bestimmt ist und daher auch keinen Bezug zu anderen Objekten oder zu einer umgebenden Welt aufweist. Dieses Objekt ist frei und absolut. Aber dennoch übt es seine Aktivität im vermittelnden Rahmen der drei Syllogismen aus, die den Vollzug in eine bestimmte Ordnung einbinden. Diese spezifische Weise der Interaktion wird als Gesetz thematisch.

Die Einheit des Ganzen findet sich nicht in den verschiedenen konstitutiven Objekten – weder im absoluten Zentrum noch in den subsidiären Zentren und auch nicht in den vollkommen abhängigen Elementen. Sie liegt in der idealen Struktur, die diese Einheit sichert und der entsprechend jedes Teil an seinem eigenen, distinkten Ort verbleibt, um seine besondere Funktion auszuüben. Was im strengen Sinn an und für sich ist, ist daher nicht irgendein Objekt als solches, sondern das dem Ganzen inhärente Prinzip der Selbstbewegung, das jedem Objekt auferlegt, der eigenen Natur zu folgen. Das Gesetz ist fundamental für die mechanische Notwendigkeit, die daher nicht mehr ein Akt des blinden Schicksals ist, sondern vielmehr frei und selbst-bestimmend.

Damit ist die Logik des Mechanismus voll entfaltet. Die nächste Aufgabe im logischen Prozeß wird darin bestehen, das bisher Erreichte der Reflexion zu unterziehen. Dabei zeigt sich, daß unsere ursprüngliche Intention sich umgekehrt hat. Trotz der anfänglichen Konzentration auf Objekte, die unmittelbar an und für sich bestehen, sind wir nun auf einen freien Mechanismus gestoßen, für den nicht mehr das Unmittelbare, sondern die Idealität als Gesetz grundlegend ist. Nichtsdestoweniger, auch wenn dieses Ideale der ganzen Dynamik immanent bleibt, bringt es doch nicht die selbständigen und unmittelbaren Objekte hervor, die es ordnen soll. Daher verhält es sich gleichgültig dagegen, welche Objekte zu seinen Elementen oder Extremen werden. Andererseits aber ist das Gesetz auch eine Funktion dieser Objekte. Wir müssen daher die Rolle des Gesetzes überdenken und sie nun als ein spezifisches Verhältnis zwischen den Objekten fassen, das sie als unterschieden und selbständig bestimmt, aber sie dennoch in wechselseitigen Beziehungen zusammenhält. Mit diesem Gedanken einer Beziehung zwischen selbständigen Objekten sind wir vom Standpunkt des Mechanismus zu dem des Chemismus übergegangen.

Chemismus

Daß ein Objekt selbständig sei und sich doch auf ein anderes Objekt beziehe, ist oberflächlich betrachtet ein Widerspruch. Wenn das Objekt wirklich selbständig ist, dann verlangt es keinen Bezug auf anderes, während umgekehrt das, was sich wesentlich auf etwas anderes bezieht, nicht selbständig sein kann. Aber auch hier löst das Denken den Widerspruch auf, indem es die Art des Prozesses klärt, der von der Position der Selbständigkeit zur Beziehung führt und umgekehrt.

Dieser Prozeß kann nicht direkt oder unmittelbar verlaufen. Wenn ein Objekt unmittelbar mit einem anderen Objekt verschmelzen würde, ginge das Moment der Selbständigkeit verloren. Umgekehrt, wenn der Prozeß überhaupt nicht stattfände oder unmöglich wäre, dann könnte das Objekt nur isoliert, atomar bestehen, eher mechanisch als chemisch, so daß die Beziehungen entfallen würden. Dieses Dilemma läßt sich lösen, wenn wir einen dritten oder Mittelterm zwischen die beiden Objekte einführen, die einander zugeordnet sind. Dieser Terminus dient dazu, die Selbständigkeit der Objekte aufzuheben und ihre Einigung zu ermöglichen. Ohne diese Vermittlung würden sie nur für sich bleiben. In dieser Hinsicht können dann beide Seiten logisch problemlos erhalten bleiben. Mit anderen Worten, wir finden eine Art von Syllogismus, in dem es zwischen beiden Extremen eine Mitte – von den Chemikern Katalysator genannt – gibt, die es erlaubt, daß sie in der Konklusion vereinigt werden. Die Logik der *Enzyklopädie* bemerkt dazu, daß dieser Schluß unter jeder der drei fundamentalen syllogistischen Figuren beschrieben werden kann: Der Mittelterm kann ein Besonderes sein und zwischen den beiden selbständigen Einzelnen und ihrer allgemeinen Zuordnung stehen; oder er kann ein dynamisch Einzelnes sein, das ihre Besonderheit in ein Allgemeines transformiert; oder er kann die Allgemeinheit ihrer Affinität selbst sein, die beides, ihre singuläre Selbständigkeit und ihre Besonderheit, als Gegensätze in einem einzigen Allgemeinen determiniert.

Die *Wissenschaft der Logik* geht hier anders vor: Sie rekurriert auf die ‚Verbindung', die sich in diesem ‚chemischen Prozeß' ergeben hat und die nur dann ein ‚chemisches'[11] Objekt sein kann, wenn sie nicht einfach nur selbständig und vollständig ist, sondern auch durch ein inneres Band be-

---

11 Ich setze diese Termini in einfache Anführungszeichen, um anzudeuten, daß nicht notwendig Dinge oder Prozesse gemeint sind, die ausschließlich die Chemie untersucht. Vielmehr geht es um die allgemeine logische Konzeption von Objekten, die sich wechselseitig aufeinander beziehen.

stimmt wird. Wenn das vollständige Objekt, das aus dem ersten Prozeß resultiert, ein ‚chemisches' Objekt sein soll, dann muß es einer anderen, vermittelten Dynamik zugänglich sein, einer, die die inhärente Bindung des Objektes in verschiedene selbständige Bestandteile auseinanderzulegen vermag. Da das Objekt nicht vollkommen für sich, sondern eine Vereinigung wechselseitig aktiver Bestandteile ist, ist ein vermittelnder Prozeß der Analyse gefordert, um die Elemente, aus denen es zusammengesetzt ist, zu isolieren. Wenn daher der erste chemische Prozeß als Verbindung auftrat, ist der zweite als Scheidung zu bestimmen.

Eine weitere Überlegung kommt hinzu. Da die Analyse nur isolieren kann, bleiben die Elemente als solche selbständige, d. h. für sich seiende Objekte. Aber gerade damit laufen sie auch Gefahr, ihren Charakter als ‚chemische' Objekte zu verlieren und auf den Status einfacher mechanischer Atome zurückzufallen. Wenn daher diese Elemente ‚chemisch' sein sollen, dann müssen sie sich so voneinander unterscheiden, daß sie – wenn sie auf verschiedene Objekte aufgeteilt werden – chemische Affinitäten und Attraktionen produzieren: Das eine Element wird das „*begeistende* Princip" sein, das andere dagegen dessen „abstracte, gleichgültige *Basis*" (III 151/ TW6, 433). Diese weitere, dritte Bewegung erlaubt es dann, zu der Art von chemischem Objekt zurückzugehen, mit dem wir begonnen hatten; denn die Verteilung der Elemente auf verschiedene Objekte macht sie zugleich selbständig und auf einander bezogen.

Nachdem nun die Reflexion zum Anfang zurückgekehrt ist, kann das Denken den ganzen Zyklus überblicken und dessen Struktur betrachten. Es liegen Prozesse vor, die in neuen Arten von Objekten terminieren, deren Ende aber nicht als ein endgültiges Resultat zu betrachten ist. Der Begriff des ‚chemischen' Objekts in seiner Spannung von Selbständigkeit und Bezogenheit legt nahe, daß wir nach einem Weg suchen, der es erlaubt, dieses Ergebnis als Voraussetzung eines weiteren vermittelnden Prozesses anzusehen. Mit anderen Worten, die gesamte bisherige Untersuchung war durch diesen Leitbegriff des ‚chemischen' Objektes bestimmt. Wenn nun aber die Reflexion diese Struktur explizit herausstellt, finden wir einen neuen logischen Begriff vor. Es tritt dann ein konzeptuelles Modell auf, in dem die Objekte einem bestimmenden Gedanken entsprechend geordnet und bewegt werden. Diesen neuen Begriff kann man Teleologie nennen – denn „Teleologie" bezeichnet „the view that developments are due to the purpose or design [in Hegels Sprache „Begriff"; J. B.] that is served by them"[12].

---

12 Diese Definition ist dem Oxford Concise Dictionary (7. Aufl.) entnommen.

Teleologie

Wir sind mithin auf die Logik des Zwecks geführt worden. Was bedeutet es nun, von Teleologie zu sprechen, von Mitteln und Zwecken?

Dabei ist zunächst zu beachten, daß der Zweck als Ursache etwas anderes ist als das, was verursacht wird. Er ist begrifflich, eine vereinigende Funktion der Vernunft – dasjenige, was an früherer Stelle in der *Logik* als subjektiv bestimmt worden ist –, während die Wirkung oder das, was verursacht wird, objektiv ist, also etwas, was unmittelbar an und für sich geschieht. In dieser Differenz zwischen Ursache und Wirkung liegt, daß die Zwecke (anders als die einfachen Begriffe) nie gänzlich selbst-bestimmend sind, denn sie müssen ebenso das berücksichtigen, was ihnen gegenüber fremd ist. Da der Zweck vom Objektiven getrennt ist, ist er endlich.

Ein weiterer hier zu beachtender Punkt bezieht sich darauf, daß der subjektive Zweck notwendig auf die objektive Welt ausgerichtet ist. Der Zweck bezeichnet nicht nur eine begrifflich allgemeine Absicht, sondern ebenso ist er das inhärente, dynamische und die Beschaffenheit der Welt bestimmende Prinzip selbst, das angibt, auf welche Weise die Welt objektiv bestimmt werden muß. Dieser Prozeß, der seinen eigenen Inhalt – seine spezifische Intention – bestimmt, weist eine paradoxale Konsequenz auf: Denn er setzt voraus, daß die objektive Welt noch nicht derart ist und unterscheidet damit seinen eigenen Zweck von der Realität, in der dieses Ziel realisiert werden soll. Das heißt, daß dieser Prozeß des Bestimmens seinen eigenen Status gegenüber der objektiven Welt als extern ansetzt und doch auf diese Welt gerichtet bleibt.

Hier finden wir wiederum eine inhärente Spannung, diesmal zwischen dem Inhalt eines subjektiven Zwecks und seiner Form. Der Inhalt involviert eine Bestimmung der Objektivität, während von der Form her der subjektive Zweck außerhalb der Objektivität liegt. Wie im Chemismus muß dieses Verhältnis vermittelt werden, denn es handelt sich um eine Spannung, die innerhalb des einen Zweckbegriffs besteht. Die logische Struktur der Vermittlung wird sich wiederum als Schluß erweisen.

Aber bevor diese Spannung zwischen Inhalt und Form aufgelöst werden kann, muß sie zunächst vollständig artikuliert werden: Anstelle einer einfachen Spannung liegt hier ein Verhältnis vor, in dem die eine Seite von der anderen explizit ausgeschlossen wird. Der subjektive Zweck unterscheidet sich auf selbstbewußte Weise von der objektiven Sphäre, die, weil sie radikal anders ist, ihren Plan noch nicht manifestiert hat. Andererseits aber hat die Ausarbeitung des Zwecks zur Folge, daß er sich selbst in die Objektivität, in sein fremdes Anderes, aufgibt.[13]

Die subjektive Intention kann nur als das erste Moment in der vollständigen Analyse des Zwecks angesehen werden, während der Entschluß, beides zu vollziehen – nämlich sich von der Objektivität auszuschließen und sich doch in ihr zu erschließen – eine Bewegung initiiert, die zum vollständig realisierten Zweck führen wird. Wäre dieser Entschluß nicht endlich, nicht durch eine externe Welt begrenzt, würde die Bewegung als solche beides erreichen können. Da sich aber die Subjektivität des Zwecks mit einer fremden, von ihr ausgeschlossenen Objektivität einigen soll, muß sie etwas selbst Objektives benutzen, das unmittelbar als Instrument oder als ein *Mittel* zum Ziel dienen kann. Dabei ist es gleichgültig, welche Mittel der Zweck letztlich wählt; alle beliebigen Instrumente könnten diese vermittelnde Aufgabe übernehmen, sofern sie sich als geeignet erweisen, vom subjektiven Begriff gebraucht zu werden. Die Mittel, die den Abstand zwischen der Intention und dem ausgeführten Zweck überbrücken, müssen mithin objektiv sein, aber durch die Subjektivität auch genutzt werden können.

Was uns nunmehr vorliegt, ist ein Schluß, in dem die eingesetzten Mittel als *terminus medius* dienen. Die subjektive Intention verwendet oder subsumiert ein Mittel oder ein Instrument: dies ist der Untersatz (*propositio minor*). Aber das Mittel wiederum muß auf die objektive Welt führen und sie übergreifen, um diese Objektivität in den umfassenden Zweck zu integrieren: das ist der Obersatz (*propositio maior*). An sich betrachtet, liegt das Mittel jenseits der subjektiven Intention wie auch des ausgeführten Zwecks, denn es ist unmittelbar an und für sich selbst – rein mechanisch. Die Verbindung der Terme des Syllogismus läßt sich daher nicht vom Mittel ableiten, sondern reflektiert die subjektive Absicht. Während das Mittel oder Instrument einerseits in die reflexive, subjektiv konstituierte Perspektive des Zwecks einbezogen werden muß, verleiht es andererseits dem Zweck eine unmittelbare Objektivität und initiiert damit dessen Transformation in eine Realität, die aus diesem Prozeß resultiert. Daher ist das Mittel, indem es den Zweck vollendet, nicht nur ein einfaches Objekt oder Instrument, sondern aus der Sicht der subjektiven Intention erweist es sich als eine Aktivität, die objektiv geworden ist: Es handelt sich um eine Dynamik, die die Dinge verändert.

---

13 Im Chemismus spiegelte die basale Spannung des chemischen Objektes die Struktur des Urteils wider, so daß eine Vermittlung eingeführt werden mußte. Hier dagegen ist für die Analyse der Schluß leitend. Daher zieht Hegel in diesem Paragraphen auch Wortspiele wie „Entschluß", „Ausschluß" oder „Aufschluß" heran.

Nichtsdestoweniger bleibt das Mittel als solches unstabil. Implizit besteht seine Funktion darin, die subjektive Absicht mit ihrer Realisation zu vermitteln, die als Ziel aber noch nicht erreicht ist. Als ein dynamisches Instrument initiiert das Mittel die objektiven, mechanischen und chemischen Prozesse, die sich im ausgeführten Zweck vollenden sollen. Aber alle diese Prozesse sind blind und folgen nur ihrer eigenen, inhärenten Notwendigkeit. Die ursprüngliche subjektive Absicht muß daher diese Notwendigkeit berücksichtigen, wenn sie ein Mittel auswählt und festlegt, auf welche Weise sie es gebrauchen wird. Die „List" der Vernunft nutzt also die selbständigen objektiven Prozesse, um die eigenen Absichten zu erreichen.

Wir haben mithin mehrere Momente – eine subjektive Absicht, das Instrument und den ausgeführten Zweck. Alle drei können unter einer einzigen Perspektive vereinigt werden, da der Inhalt stets derselbe bleibt. Die reine Intention, die mit List eingesetzten Mittel und schließlich die Ausführung selbst können als Teilaspekte in ein einziges begriffliches Ganzes zusammengefügt werden, das darüber Auskunft gibt, welche Rolle jedes Moment zu übernehmen hat. Sicherlich, es gibt bedeutsame Unterschiede: Der Inhalt etwa zeigt sich anfänglich nur als einfacher Begriff, der dann aber zum leitenden Prinzip wird und die Instrumente lenkt, um schließlich am Ende objektiv realisiert zu werden. Aber die Sache als ganze kann nur deswegen Zweckursache genannt werden, weil der begriffliche Inhalt im Prozeßverlauf stets derselbe bleibt und die Wirkung explizit nur das hervorhebt, was ursprünglich schon implizit gegeben war.

In Hegels Analyse führt diese Beobachtung zu einer weiteren paradoxalen Implikation. Es zeigt sich nämlich, daß wir in der objektiven Welt kein Ende finden. Jede erreichte Stufe ist selbst transient und führt zu etwas anderem weiter. Jedes Ziel läßt sich selbst wiederum als ein Mittel zu einem anderen Zweck gebrauchen, der diese Iteration wiederholt – und der Prozeß setzt sich unendlich fort.

Es ist – in letzter Instanz – das externe Verhältnis zwischen dem subjektiven Zweck und dessen Realisation, das den unendlichen Prozeß initiiert. Diese Charakteristik des Zwecks führt das Denken, wenn es über jedwede spezifische Bewegung von der Intention zum ausgeführten Zweck reflektiert, dazu, das Verhältnis selbst gegenüber einem umfassenderen Begriff oder Zweck als extern zu denken und es eben als ein subordiniertes Mittel anzusehen. Allerdings würde die positive Seite im *ennui* dieser Iteration dann darin liegen, daß das Denken den Zirkel reflektieren kann, der unendlich weiterläuft und eine andere Struktur aufweist als alles, was wir bisher angetroffen haben. Hier zeichnet sich eine Wechselwirkung zwischen dem subjektiven Begriff und der objektiven Realität ab, derart, daß der Begriff nicht nur das objektive Ergebnis determiniert, sondern zugleich auch die Resultate reflektiert, die bisher erreicht worden sind. Wenn diese wechselseitige Struktur in eine einfache Einheit zusammenfällt,[14] gewinnen wir einen neuen Begriff: eine Subjektivität, die mit ihrer objektiven Realisation unmittelbar eins ist. Diesen neuen, resultierenden Begriff können wir „Leben" nennen. Als die Vereinigung des Objektiven und des Subjektiven bezeichnet dieser Gedanke die Koinzidenz von Begriff und Wirklichkeit, eine Einheit, die nicht mehr einfach die subjektive Dynamik des Begreifens darstellt, sondern schon eine voll entwickelte Idee.[15]

Der Abschnitt über die Objektivität begann mit dem Denken dessen, was unmittelbar an und für sich ist. Aber in paradoxer Weise endet er mit einer Objektivität, die mit Subjektivität durchsetzt ist und damit auch die einfache „Leiblichkeit" des Begriffes manifestiert. Ähnlich begann der voraufgehende Abschnitt über Subjektivität mit der einfachen Funktion des Begreifens – dem Denken des Allgemeinen – und endete mit dem Zusammenfall des disjunktiven Schlusses in einer vollständig an-und-für-sich-seienden Objektivität. Diese beiden Abschnitte spiegeln in einer gespannten Komplementarität das wechselseitige Verhältnis, in dem Subjektivität und Objektivität einander implizieren.[16] Der darauf folgende Abschnitt über die „Idee" wird dann die „Aufhebung" nicht nur der endlichen Teleologie enthalten, sondern die Aufhebung der gesamten Diskussion, soweit sie die subjektive Logik betrifft.

---

14 Diesen Zusammenfall, in dem die Momente eines unendlich sich wiederholenden Kreises sowohl negiert wie auch in einem neuen singulären Begriff bewahrt werden, nennt Hegel „Aufheben". Vgl. dazu I B 94 f./ TW5, 113–115 mit dem ausdrücklichen Hinweis auf den Zyklus, der aus der Wechselwirkung des Entstehens und Vergehens resultiert und in den Begriff des „Daseins" übergeht.
15 Die unmittelbare Vereinigung des Begriffes und der Realität in einem Organismus erweist sich als das, was Aristoteles und auch Kant „Teleologie" nennen. Hegel hält an einem konventionelleren Gebrauch des Terminus fest, wobei der bestimmende Zweck gegenüber der Objektivität, in der er sich realisiert, extern bleibt. Die selbst-bestimmende Objektivität des Lebens fordert eine begrifflich nuanciertere Struktur.
16 Ich beziehe mich hier wiederum auf den „gedoppelten Übergang" (I B 320, 27–29/ TW5, 384).

Konklusion

Das Moment des logischen Zusammenfallens, das immer dann auftritt, wenn sich eine unendliche Kreisbewegung in einen neuen, einfachen Begriff auflöst, ist nicht die einzige Operation, die für Hegels apriorische Disziplin – die Logik – kennzeichnend ist. Im Laufe der Textauslegung sind wir auch auf andere Strategien gestoßen.

Wo Begriffe definiert werden müssen, treten auch deren Grenzen hervor, die konsequent den Bezug zum jeweiligen Gegenbegriff erfordern, wenn eine Definition vollständig entwickelt werden soll. Dort, wo eine Definition kontradiktorische Beschreibungen desselben Ausdrucks involviert, löst das Denken den Widerspruch im Rekurs auf den Prozeß auf, der beide Beschreibungen überbrückt und ihnen zu koexistieren erlaubt. Alle diese Schritte ergeben sich aus den Bedeutungen der analysierten Begriffe, ohne daß damit ein direkter Bezug zur alltäglichen Erfahrungswelt unabdingbar gefordert würde. Am Anfang des Abschnittes über die „Objektivität" hatte Hegel bereits betont, daß nicht alle semantischen Assoziationen zu übernehmen sind, wenn für einen neuen Begriff ein Terminus aus der Alltagssprache gesucht wird. Anders als im empirischen Gebrauch der Ausdrücke „objektiv", „mechanisch" und „chemisch" oder auch – spezifischer – „Gesetz", „Zentrum", „Katalysator" und „Wahlverwandtschaft" werden in der Logik die Funktionen dieser Begriffe präzisiert und in ihren Bedeutungen genau definiert. Allen diesen Begriffen kommt eine allgemeine Funktion zu, die die Logik untersucht. Daher lassen sich diese Konzepte über die unmittelbare Erfahrung hinaus auf andere, analoge Situationen ausdehnen, gleichgültig ob sie natürlicher, sozialer oder streng begrifflicher Art sind.

Eine Wissenschaft der Logik, die untersucht, über welche begrifflichen Instrumente das Denken verfügt, bevor es die Welt der natürlichen und sozialen Erfahrung zu erklären beginnt, muß gewisse Ausdrücke auch auf die unterschiedenen, gegenüber dem Gedanken radikal anderen Realitäten der Natur und Geschichte anwenden können, da im Denken selbst diese Differenz bereits enthalten ist. Nur mit dem Vorrat solcher Termini wie „anders", „endlich", „äußerlich", „kontingent", „besonders" und „objektiv" kann sich das Denken einer Welt öffnen, die ihm gegenüber fremd ist. Damit gelingt es, einen begrifflichen Kontext bereitzustellen, in den sich die aktuellen, durch die Welt selbst vermittelten Kontingenzen einfügen lassen. Wenn der Abschnitt über die „Objektivität" entfiele, würde das Denken nicht über die konzeptuellen Mittel verfügen, die es erlauben, die nichtbegriffliche Welt im Rahmen einer kohärenten, rationalen Wissenschaft zu erklären. Die Interpretationen der Textur des Universums wären dann nur willkürliche Konstruktionen einer Realität, die sich dem Begreifen widersetzt. Um das Universum verstehen zu können, ist gefordert, daß die Natur in sich selbst eine kohärente Struktur besitzt, die entdeckt werden kann. Aber auch das Denken selbst muß offen sein und dazu bereit, alles – auch wenn es anfänglich inkohärent scheint – in Betracht zu ziehen und seine Begriffe auszudehnen, um auch das Unerwartete noch zu umgreifen.

In dieser letzten Analyse findet sich ein „gedoppelter Übergang", der umfassender ist als alle Übergänge, über die wir bisher gesprochen haben. Wenn es an die Grenze seiner Möglichkeiten stößt, muß das Denken anerkennen, daß die Natur ihm gegenüber extern, kontingent und objektiv ist. Andererseits aber zeigt sich bei der Erforschung komplexer naturaler Strukturen, daß die Natur selbst gewisse Organismen enthält, die in ihrer selbst-bestimmenden Dynamik die Objektivität übergreifen. Der „Geist" ist die letzte, vollendende Integration dieser beiden gegensätzlichen Bewegungen.

Aus dem Englischen übersetzt von Klaus Hedwig.

Literatur

Burbidge, John 1981: On Hegel's Logic: Fragments of a Commentary. Atlantic Highlands N. J.
Burbidge, John 1992: Concept and Time in Hegel. In: Burbidge, John: Hegel on Logic and Religion. The Reasonableness of Christianity. Albany, 79–93.
Burbidge, John 1996: Real Process: How Logic and Chemistry Combine in Hegel's Philosophy of Nature. Toronto.
Burbidge, John 1997: The Cunning of Reason. In: R. F. Hassing (Hg.): Final Causality in Nature and Human Affairs. Washington, 151–162.
Burbidge, John 1999: Hegel's Hat Trick. In: Bulletin of the Hegel Society of Great Britain 39/40, 47–64.
Düsing, Klaus 1976: Das Problem der Subjektivität in Hegels Logik. Bonn.
Halper, Edward 1998: The Logic of Hegel's Philosophy of Nature: Nature, Space and Time. In: St. Houlgate (Hg.): Hegel and the Philosophy of Nature. Albany, 29–49.
Hösle, Vittorio 1987: Hegels System. Der Idealismus der Subjektivität und das Problem der Intersubjektivität. Hamburg.
Richter, Jeremias B. 1792: Anfangsgründe der Stöchyometrie, oder Meßkunst chymischer Elemente. Breslau/Hirschberg.
Wandschneider, Dieter 1993: Natur und Naturdialektik im objektiven Idealismus Hegels. In: K. Gloy/P. Burger (Hg.): Die Naturphilosophie im Deutschen Idealismus. Stuttgart-Bad Cannstatt, 267–297; engl. Übers. in: Bulletin of the Hegel Society of Great Britain 26 (1992), 30–52.
Winfield, Richard 1998: Space, Time and Matter: Conceiving Nature Without Foundations. In: St. Houlgate (Hg.): Hegel and the Philosophy of Nature. Albany, 51–69.

13

Rainer Schäfer

Hegels Ideenlehre und die dialektische Methode

Zur Darstellung und Interpretation des Ideenkapitels aus der *Wissenschaft der Logik* von Hegel ist es zunächst notwendig, den systematisch-methodischen Ort der Idee im Gebäude der Logik anzugeben (1.), daran schließt sich die Grundbestimmung von Idee überhaupt an (2.), welchem eine Darstellung der rudimentären Ideen – „Idee des Lebens", „Idee des Erkennens" – folgt (3.), und abgeschlossen wird mit einer Untersuchung der „absoluten Idee", die selbst die dialektische Methode ist (4.).

1. Der systematisch-methodische Ort der Ideenlehre in Hegels Logik

Hegels Logik stellt die reinen Gedanken und Denkbestimmungen Gottes bzw. des Absoluten dar (vgl. Enz I § 85), und sie vollzieht dies, indem die reinen Denkbestimmungen in einer hierarchischen Ordnung auseinander abgeleitet werden. Die Ableitungshierarchie der reinen Denkbestimmungen des Absoluten vollzieht sich im Aufstieg von einfachen, rudimentären zu immer komplexeren Denkbestimmungen, welche als komplexere Denkbestimmungen die jeweils einfacheren in sich aufgehoben enthalten – im dreifachen hegelschen Sinne. Die Logik Hegels vollzieht sich hierbei teleologisch, d. h., es gibt eine höchste Denkbestimmung, die als letztes Ziel und letzter Zweck am Ende der Logik steht und alle anderen Bestimmungen in sich enthält und deren letzten konstituierenden Grund darstellt: Dies ist die Idee; genauer gesagt, die „absolute Idee".

Mit dem Ableitungsprogramm der Logik vollzieht sich nach Hegel methodisch gesehen ein „Fortgang", d. h. ein Fortschritt von einfachen zu komplexeren Bestimmungen, der zugleich einen „Rückgang" in den Grund bildet, denn die logisch gesehen jeweils „späteren" Denkbestimmungen bilden nicht nur die spekulativ-logische Konsequenz aus den „vorangehenden", sondern zugleich deren höheren Grund (vgl. I B 57 f./TW5, 70 f.; III 249/ TW6, 567; III 251/ TW6, 570; vgl. auch Guzzoni 1982). Hegels Logik stellt somit eine idealistisch-spekulative Letztbegründung reiner Gedankenbestimmungen dar, als deren Vollendung die Idee ihren systematisch-methodischen Ort hat.

Die Methode, mit der sich dieser letztbegründende Übergang von einer logischen Denkbestimmung zur nächsten vollzieht, ist die dialektische Methode. Wie noch zu sehen sein wird, ist die absolute Idee selbst die dialektische Methode; so zeigt sich auch hierin das Motiv der Letztbegründung, denn die dialektische Methode als Vermittlungs- und Bewegungsmotor der Logik wird in ihrem Geltungsanspruch selbst auch gerechtfertigt, nämlich als letzte, höchste und umfassendste logische Denkbestimmung, als „absolute Idee". Dabei ist es wichtig festzuhalten, daß nach Hegel die dialektische Methode nicht äußerlich zu den Denkbestimmungen hinzutritt, sondern sich immanent aus diesen selbst entwickelt.

Der spezifische systematisch-methodische Ort der Idee im Rahmen der „Lehre vom Begriff" besteht darin, daß die Idee Subjekt-Objekt-Einheit ist. Dies bedeutet: Die beiden der Idee vorangehenden Klassen von Denkbestimmungen – „Die Subjektivität" und „Die Objektivität" – werden von der Idee einheitlich umfaßt. Aus diesem Umfassen ergeben sich die grundlegenden und wichtigsten Bestimmungen der Idee bei Hegel (vgl. zum Thema der Entwicklungsgeschichte der Idee: Rameil 1993, 165–191).

Das Thema des ersten Teils der „Lehre vom Begriff", also der „Subjektivität" im engeren Sinne, ist die Struktur der noetischen Produktivität des Begriffs, wohingegen im zweiten Teil, in der „Objektivität", das noematische Produkt des Begriffs thematisch ist. Im dritten, abschließenden Teil der „Lehre vom Begriff", in der Ideenlehre, wird die Einheit der noetischen Produktivität und des noematischen Produkts des Begriffs thematisiert: „Die Idee hat sich nun gezeigt, als der wieder von der Unmittelbarkeit, in die er im Objecte versenkt ist, zu seiner Subjectivität befreyte Begriff, welcher sich von seiner Objectivität unterscheidet, die aber eben so sehr von ihm bestimmt und ihre Substantialität nur in jenem Begriffe hat. Diese Identität ist daher mit Recht als das *Subject-Object* bestimmt worden" (III 176/ TW6, 466). Mit dem letzten Satz bezieht sich Hegel wohl insbesondere auf Fichte, der das absolute Ich als Subjekt-Objekt bezeichnet.

2. Die Grundbestimmungen der Idee

Nach Hegel bilden Grundbestimmungen der Idee: daß sie Subjekt-Objekt-Einheit ist, bzw. genauer, die Idee ist die reine, tätige absolute Subjektivität und selbstbezügliche Prozessualität, die ihre eigene Objektivität setzt. Weiterhin ist die Idee das eigentlich Seiende, die Wahrheit und das vernünftig Unbedingte, d. h., der Idee kommt Freiheit in logischer Hinsicht zu (vgl. III 173–178/ TW6, 462–469; vgl. auch Enz I §§ 213–215, mit Hegels Anmerkungen; vgl. zur Idee bei Hegel auch: Verra 1990, 393–410). Diese Grundmerkmale der Idee sind im folgenden zu besprechen:

Die Idee als Subjekt-Objekt-Einheit bildet nach Hegel die grundlegende Struktur, aufgrund deren sich die Subjektivität überhaupt auf die Objektivität beziehen kann. Objektivität und Subjektivität sind nur zwei verschiedene einander wechselseitig erfordernde Momente der sich einheitlich vollziehenden absoluten Subjektivität, bei der das Denkende, die Subjektivität, sich im Gedachten, in der Objektivität, selbst erkennt. Der Gedankeninhalt ist nicht vom Denkenden zu trennen. Daher ist die absolute Subjektivität im Anderen ihrer selbst, im Gedachten, bei sich selbst, als dem Denkenden, denn im Gedachten ist die Struktur des Denkaktes und damit die ursprüngliche Tätigkeit des Denkenden zu erkennen (vgl. hierzu Düsing 1995, 289–346). Dies vollzieht sich in höchster Form in der „absoluten Idee". Hier wird die reine Struktur der dialektischen Methode vollzogen, d. h., die Dialektik ist der inhaltliche Gedanke, in dem die spekulativ-metaphysische Subjektivität als das Denkende sich in der Erkenntnis ihrer eigenen Denktätigkeit und Denkmethode erkennt. Das Denkende, die Subjektivität, verbleibt also nach Hegels Konzeption nicht unerkannt und anonym hinter dem Gedankeninhalt und dem Denkakt in einem opaken Jenseits, sondern das Denkende ist sich selbst im Denkakt und im Gedankeninhalt, der dialektischen Methode präsent.

Die Idee als Subjekt-Objekt-Einheit besteht darin, daß die Objektivität als von der Subjektivität selbst gesetzte und hervorgebrachte begrifflich erkannt wird. Daran zeigt sich, daß die Idee nicht bloß eine statisch vorliegende Einheit von Subjekt und Objekt ist, sondern eine sich selbst wissende Einheit von Subjekt und Objekt bildet, die sich über verschiedene Realisationsstufen zu immer höheren Graden der Selbstsetzung und der Selbsterkenntnis vervollkommnet. Die Subjekt-Objekt-Einheit wird also von der sich wissenden absoluten Subjektivität nochmals umfaßt (vgl. besonders Enz I § 215 mit Hegels Anmerkung). Das Absolute liegt nicht starr vor, sondern gestaltet sich über eine differenzierende und sich selbst bestimmende Stufenfolge verschiedener, hierarchisch angeordneter Ideen, die jeweils Spezifikationen der Subjekt-Objekt-Einheit darstellen. Die untergeordneteren Stufen der Realisation der Idee bestehen in den Ideen des Lebens und des Erkennens; das Sichwissen der absoluten Subjektivität vollendet sich in der absoluten Idee.

Alle Ideen vollziehen sich nach Hegel in verschiedenen Schlußfiguren (vgl. III 182 ff., 199 f., 202, 209, 232 ff., 238 f., 246), weil sich Subjekt und Objekt vermittels verschiedener Begriffsbestimmungen – diese sind Allgemeinheit, Besonderheit und Einzelheit – zusammenschließen und miteinander vermitteln. Dieses Vermittlungsgeschehen besteht jedoch nicht darin, daß Subjekt und Objekt zwei Entitäten sind, die bereits existent sind, bevor die Vermittlung zwischen ihnen vollzogen wird. Vielmehr bilden sich Subjektivität und Objektivität im Rahmen der Vermittlungsbewegung der Idee allererst in ihren jeweiligen spezifischen und ideenhaften Bedeutungen heraus, so daß die dialektische Vermittlung die beiden Momente in ihrer Bestimmtheit allererst hervorbringt. Die Momente der Idee sind jeweils eine konkrete Totalität, d. h., jedes einzelne Moment ist in sich selbst das Ganze, allerdings jeweils mit einer Prävalenz von einer Bestimmtheit, wodurch die Momente sich voneinander unterscheiden. Die Ideen haben daher eine syllogistische Form und vollziehen sich jeweils als Schluß, der Subjektivität und Objektivität miteinander zusammenschließt. Die Idee konstituiert somit die Intentionalitätsbeziehung von Subjektivität und Objektivität, die überhaupt allererst jede Form von Erkenntnis ermöglicht – unangesehen dessen, ob es sich um endliche oder spekulativ-metaphysische Erkenntnis handelt.

Mit einem Anklang an Platons Ideenlehre bezeichnet Hegel die Idee als das wahrhafte Sein und als das eigentlich Seiende (vgl. III 176/ TW6, 466; III 236/ TW6, 549; zu Hegels Verhältnis zum Platonismus vgl. Halfwassen 1999). Wahrhaftes Sein ist die Idee nach Hegel, weil sie ihre Objektivität, das Sein, selbst hervorbringt. Dieses Sein der Idee ist reine tätige Selbstbezüglichkeit der absoluten Subjektivität, und diese reine Tätigkeit besteht im Denken des Denkens. Hegel wendet sich gegen eine Konzeption der Idee, wie Kant und Fichte sie vertreten. Nach Hegel bildet die Idee keine unendliche Aufgabe mit bloß regulativer Funktion; die Idee kann nach Kant und Fichte prinzipiell von uns als endlichen Wesen nicht realisiert werden, sie bildet vielmehr für uns eine beständige Herausforderung und impliziert die Forderung der annähernden, aber unabschließbaren Verwirklichung. Da nach Hegel die Idee das eigentlich Wirkliche ist, das nicht allererst realisiert werden müßte, bildet die Idee kein „*Jenseits*" (III 174/ TW6, 464). Sie erweist sich vielmehr als das, was in aller Realität immer schon vorausgesetzt ist.

Unter Wahrheit versteht Hegel die Übereinstimmung von Subjekt und Objekt (vgl. III 173, 175, 199, 236, 246; vgl. auch Enz I § 213). Er vertritt also in gewissem Sinne eine Adäquationstheorie der Wahrheit. Diese Adäquation wird allerdings spekulativ begründet. Die Idee als sich wissende Subjekt-Objekt-Einheit konstituiert nämlich die Möglichkeit der Übereinstimmung der Subjektivität mit der Objektivität. Hegel deutet die Übereinstimmung von Subjekt und Objekt als deren Identität. Wahrheit ist daher die spekulative Identität von Subjekt und Objekt. Die Hervorbringung der Objektivität durch die absolute Subjektivität vermittels des dialektischen Denkens in der Idee ist die Voraussetzung dafür, daß sich die Wahrheit als Übereinstimmung einstellen kann. Diese Übereinstimmung wird in der Hervorbringung der Objektivität begründet, also darin, daß die absolute Subjektivität sich selbst denkt. Daher ist Wahrheit nach Hegel die Selbstübereinstimmung, die tätige Selbstsetzung und Selbstidentität der absoluten Subjektivität. Die Methode der absoluten Subjektivität im Denken ihrer selbst ist die Dialektik. Daher konstituiert sich in der Dialektik die Wahrheit. Die Dialektik ist also nicht bloß die reine Struktur der absoluten Subjektivität, sondern auch die Konstitutionsbedingung für die Wahrheit.

Da sich die Idee selbst setzt, ist sie nicht auf etwas ihr gegenüber Transzendentes angewiesen, dem sie ihr Sein verdankt; die Idee ist vielmehr reine Selbstsetzung und daher das Unbedingte. Die Idee ist unbedingt, da es keine ihr gegenüber transzendente Instanz gibt, durch die sie bedingt wäre; sie bedingt sich vielmehr selbst, und was sich selbst bedingt, ist unbedingt. Die Unbedingtheit ist auch der Grund, weshalb Hegel die Idee als das schlechthin „*Vernünftige*" (III 173/ TW6, 463) bezeichnet. Die Idee als das Unbedingte ist zugleich frei: Freiheit bedeutet in logischer Hinsicht Selbstgesetzgebung mit rein begrifflicher Bestimmtheit und Selbstsetzung; die Selbstsetzung bedeutet, daß die Idee independent und nicht kontingent ist (vgl. III 246/ TW6, 563). Die Idee hängt nur von sich selbst und von ihrem selbstgesetzten, gesetzmäßigen, d. h. methodisch-dialektischen Vollzug ab. In diesem Sinne ist die Idee autonom. Damit verortet Hegel in der Logik eine spezifische Form rein begrifflicher Freiheit.

3. Die rudimentären Ideen

Rudimentäre Ideen sind einerseits „Das Leben" (III 179–191/ TW6, 469–487) und andererseits „Die Idee des Erkennens" (III 192–235/ TW6, 487–548). Das Leben untergliedert sich in: „A. Das lebendige Individuum",

„B. Der Lebensprocess" und „C. Die Gattung". Das Erkennen untergliedert sich in: „A. Die Idee des Wahren" und „B. Die Idee des Guten"; die Idee des Wahren differenziert sich weiter in: „a. Das analytische Erkennen" und „b. Das synthetische Erkennen"; letzteres vollzieht sich vermittels der verschiedenen Erkenntnismethoden: „1. Die Definition", „2. Die Eintheilung" und „3. Der Lehrsatz".

Das Leben ist die Idee in ihrer bloß unmittelbaren und anfänglichen Form. Das Leben bildet die unmittelbare Subjekt-Objekt-Einheit, in der sich beide Momente zunächst unvermittelt wechselseitig durchdringen und ineinander sind. Das Erkennen stellt dagegen die Idee im Stadium der Entzweiung dar. Subjekt und Objekt sind hier zwar wechselseitig aufeinander bezogen, aber zwischen beiden wird vom endlichen Erkennen eine radikale Trennung gesetzt.

Diese Trennung ist in der absoluten Idee überwunden. Die beiden rudimentären Ideen – Leben und Erkennen – sind hier in ihren grundlegenden Strukturen zu skizzieren.

3.1 Die Idee des Lebens

In der traditionellen, formalen Logik hat die Bestimmung des Lebens nichts zu suchen. Das Leben ist ein konkretes, empirisches Phänomen, das nicht in die abstrakten Begriffsanalysen der Logik gehört. Anders verhält es sich in Hegels spekulativ-metaphysischer Logik. Hegel versucht, die begrifflichen Bestimmungen und die rein gedanklichen Momente des Lebens darzustellen. Das Leben ist nach Hegel die unmittelbare Idee, d. h., es bildet eine unmittelbare Subjekt-Objekt-Einheit (vgl. III 182/ TW6, 474; vgl. zur Idee des Lebens auch Düsing 1986a, 276–289). Zunächst sind im Leben die Subjektivität und die Objektivität in einer unmittelbaren Einheit, d. h., in jedem einzelnen Lebewesen ist das Leben als Ganzes anwesend: In der Mannigfaltigkeit der vielen lebendigen Individuen ist das Leben als solches unmittelbar präsent (vgl. III 180 f./ TW6, 471 f.).

Diese unmittelbare Einheit bestimmt jedoch nicht das Leben; das Leben besteht vielmehr darin, daß sich Individuen vom allgemeinen Leben unterscheiden. Begrifflich grundlegend ist am Leben daher, daß sich eine subjektive Einzelheit, ein Individuum der allgemeinen Objektivität, d. h. dem allgemeinen Leben entgegensetzt. Damit beginnt die differenzierende und bestimmende Prozessualität der Idee, sich durch die Entgegensetzung und Beziehung von Subjektivität und Objektivität zu realisieren.

Das einzelne Individuum bestimmt sich zunächst dadurch, daß es auf sich gerichtet ist und alles andere von sich ausschließt, denn es sieht dieses andere als gleichgültig für sein eigenes Dasein an. Damit vollzieht die subjektive Einzelheit eine tätige Selbstbestimmung, denn das allgemeine Leben, die Objektivität, wird aktiv als für das Individuum gleichgültig gesetzt. Aufgrund dieser Setzung wird das allgemeine Leben, begrifflich gesehen, zu etwas Besonderem; das Leben ist in dieser Hinsicht nicht mehr eine undifferenzierte Einheit, die allgemein jedes Leben in gleicher Weise in sich enthält, sondern nun finden sich im allgemeinen Leben Abgrenzungen und Unterscheidungen. Daher ist die anfängliche, alles umfassende Einheit des allgemeinen Lebens zu etwas Besonderem geworden, denn das Besondere ist diejenige Begriffsbestimmung, die die Bestimmtheit, d. h. die abgrenzende Negation in sich enthält und nicht mehr undifferenziert alles in sich enthält, wie die anfängliche Allgemeinheit. Mit der Besonderung des allgemeinen Lebens meint Hegel wohl die Perspektivierung und Spezifizierung, die das allgemeine Leben dadurch erfährt, daß es immer nur Leben an einem Einzelnen ist, welches einer bestimmten Art zugehört.

Die Objektivität, das Leben, ist vom Subjekt, der individuellen Einzelheit, gesetzt. Hier zeigt sich die allgemeine Struktur der Idee als Subjekt-Objekt-Einheit, denn die Objektivität ist ein Moment der Subjektivität. Konkret bedeutet dies: Das Subjekt hat eine Seele, denn es ist lebendig-individuelle Einzelheit, die das allgemeine Leben von sich ausschließt und sich gegen dieses abgrenzt. Die Seele im lebendigen Subjekt ist einerseits das sich gegen das allgemeine Leben Abgrenzende; zugleich ist die Seele andererseits, aufgrund der Abgrenzung gegen anderes, das Sich-auf-sich-Beziehende. Der Subjektivität kommt somit eine Seele zu. Die Seele – die Hegel wohl mit Anspielung auf Platon als das „sich selbst bewegende *Princip*" (III 183/ TW6, 475) bezeichnet – ist vermittels des Leibes mit dem allgemeinen, objektivierten Leben verbunden. Die Seele bedarf zum Leben des Leibes, denn der Leib vermittelt und verbindet die Seele als subjektive Einzelheit mit dem allgemeinen, naturhaften Leben. Der Leib ist Organismus und als solcher eine innere Zweckmäßigkeit – damit schließt sich Hegel der Bestimmung Kants in der *Kritik der Urteilskraft* § 65 an, nach der ein Organismus als innere Zweckmäßigkeit beurteilt wird. Der Leib bildet nach Hegel also nicht ein kausal-mechanisches Ding, weil sich im Leib einerseits die einzeln-bewegte Seele und andererseits das allgemeine Leben zu einer Einheit gestalten. Das Individuum ist lebendig-beseelte Einheit, die zum Zweck ihrer Selbsterhaltung die Objektwelt gebraucht (vgl. III 187/ TW6, 480). Damit wird eine Entzweiung von Subjekt und Objekt gesetzt, die sich in der „Idee des Erkennens" weiter zuspitzt.

3.2 Die Idee des Erkennens

Formal gesehen bildet nach Hegel die Idee des Erkennens einen Syllogismus, der diese Idee strukturiert: Das analytische Erkennen ist die erste Prämisse, das synthetische Erkennen ist die zweite Prämisse, und die Idee des Guten bildet die Konklusion. Dabei bleibt allerdings die spezifische Figur und das Verhältnis der Begriffsbestimmungen – Allgemeinheit, Besonderheit und Einzelheit –, die dieser Syllogismus nach Hegel aufweisen soll, dunkel (vgl. III 202/ TW6, 501; III 209/ TW6, 511). Hegels Gedanken rekonstruierend kann aber wohl gesagt werden, daß die Begriffsbestimmung der Allgemeinheit das analytische Erkennen dominiert, die Besonderheit das synthetische Erkennen und die Einzelheit die Idee des Guten.

Inhaltlich gesehen stellt das Erkennen die „Urtheilung" (vgl. III 192/ TW6, 487) der Idee dar, d. h., hier teilt sich die Idee in zwei scheinbar selbständig Bestehende, die nur äußerlich miteinander verbunden sind. Die beiden selbständigen Momente sind einerseits die begrifflich erkennende Subjektivität und andererseits die objektive Welt; beide werden miteinander durch das Erkennen verbunden. Hier zeigt sich also auch auf inhaltlicher Ebene, daß die Ideen nach Hegel jeweils syllogistisch strukturiert und organisiert sind: Die endliche Subjektivität und die objektive Welt bilden Ober- und Unterbegriff – bzw. wie Hegel sagt, sie bilden die „beyden Extreme" –, und das Erkennen bildet im Schluß des Erkennens den Mittelbegriff (vgl. III 199 ff./ TW6, 497; III 238 f./ TW6, 552 f.; zur Idee des Erkennens vgl. Düsing 1995, 295–304).

Der Gegenstand erscheint der Subjektivität als das bloß Gegebene, und die Gegenstände zusammengenommen bilden die vorliegende, äußerlich vorhandene und transzendente Objektwelt. Die Subjektivität deutet noch nicht ihre Vorstellung oder ihren gesetzmäßigen Vollzug als den Erkenntnisgegenstand, sondern der Gegenstand ist bloß eine Gegebenheit, d. h., wird als subjektunabhängige Entität verselbständigt und somit vom Erkennen als ein Ding an sich konzipiert. Der Gegenstand als bloße Gegebenheit setzt ein Ding an sich voraus, das den subjektabhängigen Erkenntnisakt zu transzendieren scheint. Die gegenständliche Gegebenheit ist für das subjektive Erkennen noch keine begriffliche Bestimmtheit im eigentlichen Sinne, sie erscheint als das Unbegriffliche. Allerdings hat die Subjektivität mit ihrer Methode der Erkenntnis nun die Aufgabe, sich den Gegenstand gemäß zu machen, d. h., die Subjektivität versucht, die Gegebenheit und die Objektwelt in begrifflichen, erkenntnismäßigen Verhältnissen darzustellen und abzubilden. Das Gegebene wird mittels der begrifflichen Erkenntnis des Subjekts geformt. Die Begriffsbestimmungen, deren sich das endliche Erkenntnissubjekt bedient, um den Gegenstand zu bestimmen, sind Allgemeinheit und Besonderheit; dem gegenständlich Gegebenen schreibt die endliche Subjektivität dagegen die Einzelheit zu. Darin liegt die eigentliche Aufgabe des endlichen Erkennens: Der vereinzelte Inhalt bildet den Gegenstand der Erkenntnis und wird in eine Begriffsbestimmung „verwandelt"; die begriffliche Erkenntnis mit Allgemeinheit und Besonderheit ist dagegen rein formal und bedarf daher des gegenständlich gegebenen und vereinzelten Inhalts, denn den Inhalt der Erkenntnis kann das subjektive Erkennen nicht selbst produzieren (vgl. III 199/ TW6, 497).

Hierbei gehen analytisches und synthetisches Erkennen auf verschiedene Weise vor. Das analytische Erkennen setzt einerseits den konkreten, vereinzelten Gegenstand voraus und hebt nun – in traditioneller Terminologie – allgemeine Merkmale am Gegenstand hervor. Diese Hervorhebung wird vom endlichen analytischen Erkennen entweder als „Herausnehmen" oder als „Hineinlegen" des Allgemeinbegriffs in den einzelnen Gegenstand interpretiert (vgl. III 203/ TW6, 503). Der Realismus – gemeint ist wohl insbesondere Locke – deutet dies so, daß die Begriffe nur aus dem Gegenstand selbst herausgenommen sind; der subjektive Idealismus – gemeint ist wohl insbesondere Kant – deutet es dagegen so, daß die Allgemeinbegriffe eine aktive Setzung des Subjekts am Gegenstand sind, sie werden also in ihn hineingelegt.

Anders geht dagegen das synthetische Erkennen vor. Das synthetische Erkennen nimmt nicht einfach einen existierenden Gegenstand an, von dem Merkmalsallgemeinheiten prädiziert werden, sondern das synthetische Erkennen will begreifen „was ist", d. h., es versucht, die Mannigfaltigkeit und Vielheit der Bestimmungen in der Objektwelt auf Begriffe zu bringen und sie damit zu vereinheitlichen. Die vielen Verschiedenheiten und Besonderheiten der Realität sollen zu einer einfachen Einheit zusammengedacht werden (vgl. III 209/ TW6, 511). Das synthetische Erkennen vollzieht die Vereinheitlichung des Mannigfaltigen der Objektwelt zur Gesetzmäßigkeit mit Hilfe der Methoden: Definition, Einteilung und Lehrsatz (Axiomatik). Allerdings muß die endliche Subjektivität auch im synthetischen Erkennen den Gegenstand noch immer als transzendent existierend voraussetzen. Das heißt, die Konkretheit der Einzelheit erreicht auch das synthetische Erkennen nicht. Es verbleibt letzten Endes in den Begriffsbestimmungen Allgemeinheit und Besonderheit und kann die Objektwelt in ihrer Einzelheit und Vereinzelung nicht wirklich erfassen; daher bleibt auch das synthetische Erkennen unzureichend (vgl. III 230/ TW6, 540 f.).

Hier zeigt sich nach Hegel das bloß indirekte und nicht originäre Selbstverhältnis der endlichen Subjektivität: Der Gegenstand als das bloß Gegebene wird von der endlichen Subjektivität als unbegrifflich gedeutet und allererst das Erkennen formt das Gegebene vermittels seines begriffstheoretischen Apparats zum Erkenntnisgegenstand. Das Selbstverhältnis endlicher Subjektivität besteht nun darin, daß die endliche Subjektivität sich ihrer eigenen Tätigkeit vermittels der begrifflichen Bestimmung des Gegenstandes bewußt wird. Aus der Sicht der endlichen Subjektivität muß sie die begriffliche Erkenntnistätigkeit sich selbst zuschreiben, da der Gegenstand das bloß unbegrifflich Gegebene ist. Eigentlich kann die endliche Subjektivität daher die Bestimmtheit des Gegenstandes nicht dem Gegenstand selbst zuschreiben, sondern muß diese Bestimmtheit sich zuschreiben.

Wie bereits geschildert, besteht für Hegel die spekulative Bedeutung von Wahrheit in der Übereinstimmung von Subjekt und Objekt, genauer: in der Selbstübereinstimmung der absoluten Subjektivität mit sich in der objektivierenden Selbstsetzung. Dieser spekulative Sinn von Wahrheit liegt auch der Wahrheit im Erkenntnisakt der endlichen Subjektivität zugrunde. Die Wahrheit besteht auch bei der endlichen Subjektivität nicht einfach darin, daß ihre subjektiven Begriffsbestimmungen mit der objektiven Außenwelt übereinstimmen, denn die objektive Außenwelt wird ja gerade als unbegrifflich angesehen. Die Wahrheit besteht für die endliche Subjektivität – analog zur absoluten Subjektivität – darin, daß sie ihre eigene, selbstgesetzte Realität im Objekt erkennt und sich dadurch mit sich selbst in Übereinstimmung setzt. Also auch bei der endlichen Erkenntnis und bei der endlichen Subjektivität folgt die Wahrheit für Hegel nicht aus der bloßen Übereinstimmung der beiden einander äußerlichen Entitäten Subjekt und Objekt, sondern die Wahrheit folgt aus dem – wenn auch hier endlichen – Selbstverhältnis der Subjektivität: „[…] es ist der Begriff, der im Gegenstand sich bethätigt, darin sich auf sich bezieht, und dadurch daß er sich an dem Objecte seine Realität gibt, *Wahrheit* findet" (III 199/ TW6, 497; vgl. III 200/ TW6, 498 f.). Wenngleich nur in derivativer Form, so wird doch auch beim endlichen Erkennen die Wahrheit durch das Selbstverhältnis der Subjektivität allererst konstituiert. Das Selbstverhältnis der Subjektivität ist also nach Hegel Möglichkeitsbedingung der Wahrheit, sowohl spekulativ-metaphysischer als auch endlicher Wahrheit, wobei letztere in der spekulativen fundiert ist. Angesichts der spekulativen Wahrheit bildet die endliche Wahrheit eigentlich bloß ein blindes Suchen, dem Hegel daher mitunter sogar alle Wahrheit abspricht (vgl. III 230/ TW6, 540 f.). Die endliche Subjektivität bedarf des Gegebenen, um überhaupt ihren begrifflichen Erkenntnisapparat in Anwendung bringen zu können – denn sonst hätte der formale Erkenntnisprozeß keinen Inhalt. Daher erscheint der endlichen Subjektivität die Wahrheit zunächst als eine bloß gefundene, d. h. als eine passiv aufzunehmende.

Dabei ist zu berücksichtigen, daß erkennende Subjektivität und objektive Welt eigentlich bereits Ideen sind, d. h., eigentlich sind beide bereits Subjekt-Objekt-Einheiten. Allerdings – und dies macht die Vorläufigkeit der Idee des Erkennens aus – ist in der erkennenden Subjektivität die Idee bloß im Stadium des Fürsichseins realisiert, und in der objektiven Welt ist die Idee bloß im Modus des Ansichseins vorhanden (vgl. III 199/ TW6, 497 f.; III 201/ TW6, 499 f.). Der Subjektivität kommt nämlich nur eine einseitige Realität zu, denn sie unterscheidet von ihrer eigenen Realität, die sie sich durch tätige Begriffsbestimmung selbst gibt, noch die Realität der objektiven Welt, die sie sich entgegensetzt und die sich ihr als vorfindliche präsentiert. Die einseitige Realität der endlich-erkennenden Subjektivität bildet jedoch nur eine subjektive Überzeugtheit und eine bloß relative Gewißheit des endlichen Selbstbewußtseins – diese bloß subjektive Gewißheit meint Hegel hier mit dem Fürsichsein der Idee – und noch nicht die vollständige Identität von Objektivität und Subjektivität. Auf der Seite der objektiven Welt ist zwar auch schon die Idee realisiert, aber hier ist die Idee bloß an sich vorhanden. Das heißt, aus der Perspektive der objektiven Welt ist die begriffliche Erkenntnisbestimmtheit nur äußerlich, aber noch nicht aktualiter thematisch in ihr selbst vollzogen. Die objektive Welt ist zwar statisch vorhanden, aber noch nicht selbst als tätiges Moment der Subjektivität gesetzt; diese bloß statische Vorhandenheit bildet das bloße Ansichsein der Idee in der objektiven Welt. Die objektive Welt ist bloß statisch vorhanden, weil sie dem endlichen Subjekt gegenüber als transzendent gesetzt ist.

Diese Transzendenz wird allererst durch die „Idee des Guten" überwunden; denn in der Idee des Guten erhält die objektive Welt die Funktion, als Mittel für die Realisation der Willenszwecke zu dienen, die sich die Subjektivität entwirft. Damit wird die objektive Welt zu einer Welt, in der sich die Subjektivität realisieren kann. Die objektive Welt ist dann nicht mehr nur ein transzendentes Gegenüber, wie dies noch in der theoretischen Idee des Wahren der Fall ist. Die objektive Welt selbst als Realisierung der Subjektivität zu setzen, erfüllt sich nach Hegels Konzeption also durch die „Idee des Guten" (vgl. hierzu auch Hogemann 1994, 79–102).

Für die „Idee des Wahren" ist entscheidend, daß die Subjektivität die Objektivität bestimmt, und in dem Akt des Bestimmens bestimmt die Subjektivität sich selbst; die Objektwelt erscheint hierbei allerdings als eine gegebene und als passiv Vorauszusetzendes. Von der Objektwelt erwartet die theoretische Subjektivität ihre Erfüllung. Für die „Idee des Guten" ist dagegen entscheidend, daß die Subjektivität alle Bestimmtheit in sich selbst findet; die Subjektivität erwartet nun die Erfüllung nicht mehr von der äußerlichen Objektwelt, sondern von sich selbst. Wie sich zeigte, konnte sich die Subjektivität im theoretischen Selbstverhältnis nicht erfüllen, da die eigentliche Objektivität ihr als Einzelheit immer transzendent blieb und sie daher eigentlich auch keine Wahrheit erkennen konnte. Die Idee des Guten stellt das praktische Selbst- und Weltverhältnis der endlichen Subjektivität dar. Durch das praktische Selbstverhältnis erfüllt die endliche Subjektivität sich selbst. Die Erfüllung der Subjektivität soll also nicht mehr durch eine transzendente Objektwelt geschehen. Dies bildet in logischer Hinsicht nach Hegel den Übergang vom theoretischen Erkenntnissubjekt zum praktischen Handlungssubjekt.

Das praktische Selbstverhältnis führt die endliche Subjektivität zu einer Sphäre der Immanenz: Die immanent entworfenen Zweckbegriffe sind der praktischen Subjektivität wesentlich und nicht mehr eine äußerliche Gegebenheit. Da die Objektwelt ein Mittel für die Realisierung der Zwecke bildet, die die Subjektivität sich entwirft, wird auch die Objektwelt zu einem Moment der Subjektivität. Die transzendente Objektwelt, wie sie dem theoretischen Erkennen gegenübersteht, wird dagegen für das endliche Subjekt irrelevant. In der praktischen Idee des Guten versucht die Subjektivität, die transzendente objektive Welt aufzuheben, um sich selbst realisieren zu können. In der Idee des Wahren gilt es, die objektive Welt nachzuvollziehen; in der Idee des Guten gilt es dagegen, sie im Sinne des Subjekts zu verändern.

Wir haben daher drei verschiedene Formen von Wirklichkeit oder Realität im Rahmen der Idee des Guten zu unterscheiden: a) Die Wirklichkeit des theoretischen Erkennens. Diese Form der Wirklichkeit wird in der Idee des Guten als eine transzendente, äußere Welt irrelevant, denn die praktische Subjektivität ist darauf ausgerichtet, sich selbst zu verwirklichen und die äußerliche Objektwelt den eigenen Zwecken gemäß zu gestalten. Daher ist die transzendente Wirklichkeitswelt etwas Nichtiges. b) Hiervon unterschieden ist ein zweiter Wirklichkeitstypus, nämlich die Wirklichkeit, die sich die praktische Subjektivität selbst gibt. Die praktische Subjektivität setzt sich selbst als die eigentliche Realität, als dasjenige, worumwillen die von ihr selbst gesetzten Zwecke letzten Endes gesetzt werden. Damit hat die endliche Subjektivität die Realität eines Selbstzweckes. c) Eine dritte Form der Wirklichkeit besteht darin, daß den entworfenen Zwecken der praktischen Subjektivität immer noch eine Wirklichkeit gegenübersteht, die es zu überwinden gilt. Daher ist das Gute ein Gesolltes. Dies zeigt auch der Entwurfcharakter des Guten. Das Gute ist dasjenige, welches noch nicht durch seinen Entwurf als Zweck schon selbst verwirklicht ist. In dieser Bedeutung ist die Wirklichkeit eine Schranke für das Subjekt mit seinen entworfenen Zwecken. Das Spezifikum des Guten ist es jedoch, daß es die Forderung seiner Verwirklichung in sich selbst enthält. Ein Gutes, das nicht verwirklicht werden soll, ist ein bloßes Glasperlenspiel. Daher ist für das Gute definitiv, daß es zwar noch nicht die Wirklichkeit in sich selbst ist, aber doch die Forderung der Verwirklichung notwendigerweise in sich enthält. Diese Forderung nach Verwirklichung macht das Gute zu einem Gesollten und zeigt zugleich auf, daß es sich bei dem Guten noch um eine endliche Bestimmung handelt, denn die Objektivität ist hier noch nicht durch die Subjektivität selbst gesetzt.

Diese Endlichkeit des Guten wird nach Hegel überwunden, indem die Idee des Guten mit der Idee des Wahren kombiniert wird. Also durch die Vereinigung von theoretischer und praktischer Idee soll das „wahre Sein", die gewußte Subjekt-Objekt-Einheit und damit der Übergang zur „absoluten Idee" erreicht werden (vgl. III 233/TW6, 545; III 235/TW6, 547 f.).

Hiergegen ist jedoch kritisch einzuwenden, daß gerade in der einseitig subjektiven Idee des Wahren die Objektivität nicht das „wahre Sein" ist, sondern eine dem Subjekt transzendente Objektwelt, die zudem im Rahmen der Idee des Guten als nichtig erkannt wurde. Die eigentliche Objektivität besteht in der Idee des Wahren in der Einzelheit; der Einzelheit bleiben jedoch nach Hegels eigenen Ausführungen die theoretischen Begriffsbestimmungen der endlichen Subjektivität – Allgemeinheit und Besonderheit – immer äußerlich, dies macht die Transzendenz der Objektwelt aus. Wie nun gerade durch diese Objektivität der theoretischen Idee die praktische Idee des Guten mit einem „wahrhaften Sein" erfüllt werden soll, bleibt in Hegels Ausführungen unverständlich. Allerdings wäre dies von zentraler Bedeutung für Hegels Konzeption der prozeßhaften Vollendung der untergeordneten Ideen – Leben und Erkennen – durch die absolute Idee. Darüber hinaus impliziert Hegels Konzeption des Übergangs von der theoretischen zur praktischen Subjektivität und die Vollendung der praktischen Subjektivität durch die theoretische eine logisch deduzierbare Kontinuität zwischen beiden Instanzen. Eine derartige kontinuierliche Entwicklung des einen Vermögens zum anderen ist zumindest begründungsbedürftig. Nach Kant z. B. bildet die praktische Vernunft und der Wille ein eigenständiges und ursprüngliches Vermögen, das nicht aus der theoretischen Vernunft abzuleiten ist. Eine solche Begründung für einen kontinuierlichen Übergang liefert Hegel im Rahmen der Logik allerdings nicht.

Nach Hegel erhält die äußere Wirklichkeit, die eigentlich eine Nichtigkeit darstellt, die Dignität des „wahren Seins", indem die Subjektivität ihre Zwecke in ihr realisiert. Die Objektwelt wird zu dem Realisierungsforum der Subjektivität. Damit wird nicht nur die Transzendenz der Welt aufgehoben, sondern auch die Verwirklichung der Subjektivität in der Objektivität gesetzt; die Subjektivität entwirft mit ihren Zwecken nicht nur das Gute als ein Gesolltes, sondern in der wirklichen Welt kann sich die Subjektivität zugleich theoretisch-objektivierend erkennen, indem sie die Wirklichkeit als Manifestation des Gesollten erkennt. Daher ist nach Hegel die gewußte Subjekt-Objekt-Einheit erreicht.

4. Die absolute Idee als dialektische Methode

In der absoluten Idee wird die reine Form dargestellt, mittels deren sich die absolute Subjektivität selbst setzt und sich selbst Objektivität und Geltung gibt. Diese Setzung der Objektivität durch die absolute Subjektivität besteht darin, daß sie Gedankenbestimmungen methodisch geregelt hervorbringt. Dieser methodisch geregelte Selbstvollzug der absoluten Subjektivität ist die Dialektik. Die Selbstbezüglichkeit der absoluten Subjektivität besteht in der begrifflichen Selbsterkenntnis der eigenen dialektischen Vollzugsmethode. Die absolute Idee stellt damit die reine Form – die Methode – dar, vermittels deren sich alle Kategorien und Denkbestimmungen in der Logik vollziehen.

Die dialektische Methode ist in diesem Sinne das eigentliche Ziel und Telos der gesamten Logik. Alle Gedankenbestimmungen der Logik treten in dialektischer Form auf, d. h., sie sind Denkbestimmungen, die in sich selbst eine dialektische Begriffsbewegung vollziehen. Die dialektische Begriffsbewegung besteht – verkürzt gesagt – darin, daß eine anfängliche, allgemeinere begriffliche Bedeutungseinheit zunächst gesetzt wird, diese sich dann selbst in zwei einander entgegengesetzte besondere Bedeutungskomponenten aufspaltet und sich in einem dritten Schritt auf höherer Ebene die entgegengesetzten begrifflichen Bedeutungsmomente wieder in einer einzelnen Bestimmung vereinen. Eine solche begriffliche Bestimmungsbewegung vollziehen alle Kategorien und Denkbestimmungen in der Logik. Daher kann gesagt werden, daß die Dialektik in der Logik omnipräsent ist. Allerdings ist die Dialektik in den Kategorien der Logik nur am Rande mitpräsent und bildet noch nicht das eigentliche Thema der Logik, sondern die gedanklichen Inhalte, die sich dialektisch verändern und bestimmen, werden thematisch erfaßt. Die Dialektik selbst wird allererst am Ende der Logik, in der absoluten Idee, zu einem eigenständigen Gedankeninhalt.

Die absolute Idee, bzw. die Dialektik, untergliedert Hegel sowohl in der *Wissenschaft der Logik* als auch in allen drei Auflagen der *Enzyklopädie* in: „Anfang", „Fortgang" und „Ende" (vgl. III 239, 242/ TW6, 553–556; Enz I §§ 238–242). Da auch die absolute Idee, wie alle Ideen, ein Schluß ist, kann bereits hier zu Recht vermutet werden, daß der „Anfang" die erste Prämisse bildet, der „Fortgang" die zweite Prämisse und das „Ende" die Konklusion. Weil die Dialektik am Ende der Logik eine rein begriffliche Bestimmtheit bildet, muß sich die absolute Idee im Medium der Begriffsbestimmungen: Allgemeinheit, Besonderheit und Einzelheit vollziehen. Die Dialektik als ein begrifflich vollzogener Syllogismus hat die folgende Figur: Allgemeines – Besonderes, Besonderes – Einzelnes, Einzelnes – Allgemeines (vgl. III 246 ff./ TW6, 563 ff.; vgl. zur absoluten Idee auch Guzzoni 1982, 30–51; Kimmerle 1979, 184–209; Fulda 1989, 124–174; zur syllogistischen Figur der Dialektik besonders Düsing 1986b, 15–38).

4.1 Der Anfang

Der Anfang einer jeweiligen logisch dialektischen Entwicklung muß unmittelbar, voraussetzungslos, unbestimmt, einfach und sich selbst gleich sein (vgl. III 239 ff./ TW6, 553 ff.). Der Anfang muß unmittelbar sein, weil er nichts voraussetzen darf. Der Anfang wäre nicht Anfang, wenn ihm Vermittlungen und Voraussetzungen vorangingen; gingen dem Anfang noch vermittelnde Voraussetzungen voran, dann würden diese Voraussetzungen den Anfang bilden. Der Anfang selbst muß also unmittelbar sein. – Aus dieser Unmittelbarkeit und Voraussetzungslosigkeit folgt die Unbestimmtheit des Anfangs einer methodisch-dialektischen Begriffsentwicklung: Bestimmtheit setzt Abgrenzung, Negationsverhältnisse und die Relation von verschiedenen Momenten zueinander voraus. Derartiges kann aber am Anfang als solchem noch gar nicht vorhanden sein; am Anfang als solchem ist zunächst nur die Unmittelbarkeit vorhanden, damit aber auch noch keine Differenzierung und Abgrenzung von Bedeutungsgehalten. Der Anfang hat auch noch keine Momente, die so in ihm enthalten wären, daß sie sich gegeneinander abgrenzen könnten. Daraus folgt, daß der Anfang undifferenziert ist, d. h., der Anfang ist unbestimmt. – Aus dieser inneren Undifferenziertheit folgt die Einfachheit des Anfangs. Da der Anfang noch keine in sich differenzierten Momente enthält, die sich gegeneinander abgrenzen, ist er einfach. – Diesem einfachen Anfang kommt

Sichselbstgleichheit zu. Es gibt am Anfang noch nichts anderes, wogegen er sich abgrenzen könnte, daher steht der Anfang nur zu sich selbst, aber noch nicht zu anderem in Relation. Das, was nur zu sich selbst in unveränderter Relation steht, ist unmittelbar sich selbst gleich. – Daraus folgt: Der Anfang ist eine undifferenzierte, einheitliche, sich selbst gleiche Ganzheit, die lediglich die Möglichkeit für eine Vielheit von Bestimmungen bildet, diese Vielheit aber noch nicht verwirklicht in sich enthält.

Einer solchen anfänglichen Einheit, die in sich unbestimmt Vieles umfassen kann, das jedoch bloß undifferenziert und bloß potentiellerweise vorhanden ist, ordnet Hegel die Begriffsbestimmung Allgemeinheit zu (vgl. III 239 f./ TW6, 553 f.). Aus begriffslogischer Sicht bildet also die Allgemeinheit den Anfang einer jeweiligen dialektischen Entwicklung, weil diese eine Vielheit unbestimmt in sich enthält bzw. noch undifferenziert umfaßt.

Die Unmittelbarkeit, Undifferenziertheit, Unbestimmtheit und Einfachheit ist allerdings ein Mangel, weshalb Hegel den Anfang auch als abstrakte Allgemeinheit bezeichnet. Diese Mangelhaftigkeit ist dem Anfang allerdings nicht äußerlich, sondern der Anfang ist wesentlich durch diese Mangelhaftigkeit gekennzeichnet (vgl. III 240/ TW6, 554 f.; vgl. hierzu auch Guzzoni 1982, 38 und Fulda 1989, 139). Dem Anfang kommt aufgrund seiner Mangelhaftigkeit selbst der „*Trieb*" (III 240/ TW6, 555) zu, sich zu vervollständigen. Somit ist im Anfang selbst der Fortgang zu einer weiteren Begriffsbestimmung enthalten. Der Fortgang ist keine äußerliche Zutat, sondern das eigenste Charakteristikum des Anfangs.

Daran wird deutlich, daß bereits der Anfang der Dialektik bei Hegel nur subjektivitätstheoretisch zu begreifen ist: Die Aktuosität, über die unbestimmte, unmittelbare Allgemeinheit hinauszugehen, kommt dem Anfang selbst zu, nämlich als tätiger Subjektivität (vgl. Düsing 1995, 313–327). Die Allgemeinheit des Anfangs ist nämlich nur scheinbar unbestimmt. Die Unbestimmtheit ist selbst bereits eine Form der Bestimmtheit, was über den Anfang als solchen hinaustreibt. Nun findet also ein Hinausgehen über den ersten, unmittelbaren Anfang statt: Die Unbestimmtheit grenzt die Bestimmtheit von sich aus. Dasjenige, welches Bestimmtheit von sich ausschließt, ist nämlich gegen dieses etwas Abgegrenztes, also etwas Bestimmtes. Die unbestimmte Allgemeinheit des Anfangs besondert sich hiermit. Denn wenn die Allgemeinheit im unmittelbaren Anfang nur unbestimmt ist, so hat sich nun gezeigt, daß die Unbestimmtheit gegen die Bestimmtheit bestimmt ist, und damit wird die Allgemeinheit zu einer Besonderheit. Die Begriffsbestimmung der Besonderheit ist nämlich dadurch zu charakterisieren, daß sie Negationsverhältnisse enthält: Dasjenige ist etwas Besonderes, welches anderes nicht ist, d. h., das Besondere schließt anderes von sich aus. Damit ist der Anfang als erste Prämisse des dialektisch-methodischen Schlusses beschrieben: Allgemeines ist Besonderes. Der unmittelbare Anfang mit dem Allgemeinen als solchem ist damit bereits überschritten.

4.2 Der Fortgang

Das Besondere als solches stellt gegenüber dem anfänglichen Allgemeinen eine Negation, d. h. eine inhaltliche Verneinung und begrenzende Bestimmung dar. Einerseits wird das anfängliche Allgemeine durch das Besondere begrenzt und bestimmt; andererseits wird aber auch das Besondere durch das Allgemeine begrenzt und bestimmt. Daher sind nun eigentlich zwei Besondere vorhanden, nämlich zwei gegeneinander abgegrenzte Bestimmungen, die beide nicht undifferenziert alles in sich befassen. – Als Beispiel kann hier aus der „Lehre vom Sein" angeführt werden, wie das „endliche Dasein" die spezifischeren Bestimmungen „Etwas" und „Anderes" in sich enthält. In der „Lehre vom Sein" wird von der umfassenderen, in diesem Sinne allgemeineren Bestimmung „endliches Dasein" ausgegangen, und diese spezifiziert sich dann zunächst zum „Etwas", das eine besondere Bedeutung gegenüber dem „Dasein" hat, denn diesem „Etwas" steht wiederum als eine ebenfalls besondere Bestimmung das „Andere" gegenüber. – Mit der bisherigen Bestimmungsbewegung sind also zwei aufeinander wechselseitig bezogene und zugleich einander wechselseitig ausschließende Bestimmungen vorhanden.

Dabei ist jedoch wichtig zu sehen, daß die Allgemeinheit diese Differenzierungsstruktur sich selbst gegeben hat. Die Allgemeinheit selbst hat sich zu den voneinander unterschiedenen Besonderen entwickelt. Darin zeigt sich, daß die Allgemeinheit sich einerseits verändert hat, denn sie ist zu etwas anderem, der Besonderheit geworden. Andererseits ist es aber auch die Allgemeinheit selbst, die sich diese Veränderung gibt, d. h., die Allgemeinheit hat in dieser Veränderung gerade ihre Identität. Die Dialektik ist daher zugleich eine analytische und eine synthetische Methode: Analytisch ist die gleichbleibende Identität der Allgemeinheit und synthetisch ist die Veränderung der Allgemeinheit zu einer neuartigen Bestimmtheit. Das Spezifikum der Dialektik besteht darin, in der Veränderung zugleich die Identität zu erkennen (vgl. III 242/TW6, 557).

Zunächst sind allerdings besonderes Allgemeines und Besonderes selbst nur gegeneinander verschieden, d. h., das eine ist bloß dasjenige, was das andere nicht ist (vgl. III 241/ TW6, 556). Diese Verschiedenheit entfaltet sich aber zum Gegensatz und zum Widerspruch, wenn die Negationsstruktur, die zwischen beiden besteht, in all ihren Konsequenzen und Implikationen thematisch deutlich wird. Durch diese Zuspitzung der bloßen Verschiedenheit, in der sich die beiden Relata noch gleichgültig gegenüberstehen, hin zum Widerspruch, in dem sich die beiden Relata aktiv aus- und einschließen, wird die nächste Begriffsbestimmung, die Einzelheit, gesetzt. Die zweite Prämisse des dialektisch-methodischen Syllogismus lautet daher: Besonderes ist Einzelnes (vgl. III 246/ TW6, 563).

Wie das Besondere die erste Negation darstellt – nämlich die erste inhaltliche Verneinung zum Allgemeinen –, so bildet nun die Einzelheit die zweite Negation, oder, wie Hegel auch sagt, die Negation der Negation. Das Einzelne negiert nämlich wiederum das Besondere (vgl. zur Negation Henrich 1976, 208–230 und ders. 1989, 245–256). Auch hier wird wiederum deutlich, daß die Dialektik die Struktur der absoluten Subjektivität ist. Denn die Negation der Negation ist eine selbstbezügliche Tätigkeit der Subjektivität (vgl. III 246/ TW6, 563).

Nun ist näher zu untersuchen, worin die Zuspitzung der bloßen Verschiedenheit von Allgemeinheit und Besonderheit zum Widerspruch begründet ist. Dieses Denken des Widerspruchs ist der eigentliche Nerv der Dialektik. Sehr prägnant formuliert Hegel in der *Enzyklopädie (1830)* betreffs der Entfaltung des dialektischen Widerspruchs aus der bloßen Verschiedenheit bzw. Unterschiedenheit der beiden Relata in der zweiten Prämisse: „Die Entwicklung dieser Sphäre wird Rückgang in die erste, wie die der ersten ein Uebergang in die zweite ist; nur durch diese gedoppelte Bewegung erhält der Unterschied sein Recht, indem jedes der beiden Unterschiedenen sich an ihm selbst betrachtet zur Totalität vollendet und darin sich zur Einheit mit dem andern bethätigt. Nur das Sich-Aufheben der Einseitigkeit beider an ihnen selbst läßt die Einheit nicht einseitig werden." (Enz I § 241)

Die Entfaltung des dialektischen Widerspruchs besteht darin, daß die beiden einander aus- und einschließenden Momente sich jeweils zum Ganzen des Unterschieds entwickeln. Als bloß Unterschiedene sind Allgemeinheit und Besonderheit jeweils bloß dasjenige, was das andere nicht ist. Nun entwickeln sich die beiden aber zum Gegensatz und zum Widerspruch. Aus der Perspektive des Allgemeinen gilt: Einerseits ist das Allgemeine das Besondere, denn das Besondere ist aus dem Allgemeinen hervorgegangen (analytisches Moment der Dialektik). Andererseits ist das Allgemeine nicht das Besondere, denn das Besondere ist eine andersartige, neuartige Bestimmung gegenüber dem Allgemeinen (synthetisches Moment der Dialektik).

Aus der Perspektive des Besonderen gilt: Einerseits ist das Besondere das Allgemeine, denn es ist eine Differenzierung, die im Allgemeinen selbst gesetzt ist. Andererseits ist das Besondere nicht das Allgemeine, denn es ist eine höhere Bestimmung, die sich gegen das Allgemeine selbstbezüglich abgrenzt. Daran wird deutlich, daß die beiden Relata Allgemeines und Besonderes nach Hegel in einer wechselseitigen Relation zueinander stehen, in welcher in jedem der beiden Momente thematisch das Ganze gesetzt wird. In der selben Hinsicht besteht nach Hegel zwischen Allgemeinheit und Besonderheit sowohl ein Inklusions- als auch ein Exklusionsverhältnis. Was sich in der selben Hinsicht ein- und ausschließt, das widerspricht sich. Jedes einzelne Moment umfaßt das Ganze, und die konkrete Totalität ist nun zunächst als Einzelheit in der zweiten Prämisse gesetzt. Denn es ist *eine* Begriffsbestimmung gesetzt, die in derselben Hinsicht allgemein und besonders ist; nämlich die Einzelheit. Die Einzelheit ist die Begriffsbestimmung, in der die Besonderheit, d. h. die differenzierende Negation, als Allgemeines, d. h. als Umfassendes gesetzt ist. Indem die Besonderheit die Allgemeinheit umfaßt und in sich aufhebend enthält, ist die Negation der Negation vollzogen. Wie die Besonderheit eine Negation zur Allgemeinheit bildet, so ist nun die Besonderheit selbst negiert, indem sie selbst wiederum zur Allgemeinheit wird. Die Besonderheit negiert sich selbst; dies ist die selbstbezügliche Tätigkeit der absoluten Subjektivität, die Negation der Negation. Beide Momente werden im dialektischen Widerspruch zum Ganzen: Das Allgemeine ist es selbst und sein anderes, das Besondere, und das Besondere ist ebenso es selbst und sein anderes, das Allgemeine. Die beiden Bestimmungen bilden eine selbstbezügliche Einheit, welche begriffslogisch die Einzelheit ist.

4.3 Das Ende

Das Einzelne setzt nicht nur den Widerspruch, sondern es hebt ihn zugleich auf und transformiert sich in dieser Aufhebung zum Allgemeinen. Die neue Allgemeinheit ist das positive Resultat des Widerspruchs. In dieser Allgemeinheit sind die sich widersprechenden Momente einerseits enthalten, weil die neue Allgemeinheit aus ihnen folgt, und andererseits sind sie verneint, weil sich zeigt, daß die Momente etwas anderes als ihren Grund zur Voraussetzung haben. Der „Schlußsatz" (III 248/ TW6, 566) des methodisch-dialektischen Schlusses der absoluten Idee stellt die Aufhebung des Widerspruchs dar. „In diesem Wendepunkt der Methode kehrt der Verlauf des Erkennens zugleich in sich selbst zurück. Diese Negativität, ist als der sich aufhebende Widerspruch die *Herstellung* der *ersten Unmittelbarkeit*, der einfachen Allgemeinheit; denn unmittelbar ist das Andre des Andern, das Negative des Negativen, das *Positive, Identische, Allgemeine*. Diß *zweyte* Unmittelbare ist im ganzen Verlauffe, wenn man überhaupt *zählen* will, das *Dritte*, zum ersten Unmittelbaren und Vermittelten." (III 247/ TW6, 564) Die Konklusion lautet daher: Das Einzelne ist Allgemeines.

Die Setzung und Aufhebung des Widerspruchs in der Einzelheit stellt insofern einen „Wendepunkt" des dialektischen Erkenntnisprozesses dar, als in der Setzung des Widerspruchs eine Totalisierung der Momente stattfindet. In dieser Totalisierung zeigt sich bereits, daß die trennende Teilung des Fortgangs sich selbst aufgehoben hat und eine neue Ganzheit hergestellt wird. Diese Ganzheit bedeutet eine Rückkehr zur anfänglichen Einheit, die zuvor durch den Fortgang aufgehoben wurde. Die Totalisierung der Momente, die im gesetzten Widerspruch erzeugt wird, führt sich in der Aufhebung des Widerspruchs weiter, die Momente zeigen sich als Eines. Damit findet eine gegenwendige Bewegung zum bisherigen Fortgang statt. Stand am Anfang der dialektischen Bewegung die Einheit und bestand der Fortgang darin, diese Einheit zu trennen, so vollzieht sich nun eine Rückführung der entstandenen Vielheit zur Einheit, die das Ende des dialektischen Erkenntnisprozesses bedeutet.

Nach Hegel ist die Einzelheit Einheit der Entgegengesetzten. Als eine solche Einheit ist sie zugleich dasjenige, was den Entgegengesetzten gemeinsam ist und ihnen substantiell zukommt. Daher ist die Einzelheit Allgemeinheit, denn sie enthält in sich eine Mehrheit von Bestimmungen. Somit ist die Allgemeinheit des Anfangs restituiert. Es handelt sich allerdings um eine Allgemeinheit, die in sich nicht mehr ein bloßes Absehen von dem Besonderen ist, sondern nun ist eine Allgemeinheit erreicht, die sich aus der Besonderheit und der Einzelheit entwickelt hat. Die Aufhebung zu einer zweiten Unmittelbarkeit bedeutet eine Intensivierung des Selbstverhältnisses der Subjektivität. Diese ist nicht mehr bloß sich selbst gleich, wie am Anfang die erste Unmittelbarkeit, sondern sie hat sich aktiv mit sich selbst vermittelt. Die Subjektivität hat in ihrer Selbstvermittlung die eigene Tätigkeit entfaltet (vgl. III 248/ TW6, 565 f.).

Aufgrund ihrer Herstellung aus der Teilung und Trennung im Fortgang ist die erreichte zweite Unmittelbarkeit nicht mehr die erste Unmittelbarkeit, mit welcher der Prozeß anfing. Wenn dem so wäre, dann könnte mit der dialektischen Methode kein wirklicher Erkenntnisfortschritt erreicht werden, denn man befände sich in einem tautologischen Zirkel (vgl. III 248 f./ TW6, 566 f.).

Hiermit verändert sich aber auch der Status der zweiten Unmittelbarkeit gegenüber dem der Unmittelbarkeit erster Stufe. Bestimmte die Unmittelbarkeit am Anfang des dialektischen Denkprozesses nicht nur die Form, sondern auch den Inhalt einer logischen Kategorie, so hat die Unmittelbarkeit am Ende nur noch formale Bedeutung. Der Inhalt des dialektischen Denkens ist durch den bisherigen Prozeß vermittelt und logisch abgeleitet. Daher ist die zweite Unmittelbarkeit nicht mehr inhaltlich, sondern formal zu verstehen (vgl. III 249/ TW6, 567; vgl. hierzu auch Guzzoni 1982, 47). Mit der Veränderung der Unmittelbarkeit zu einer bloß noch formalen, zeigt es sich, daß Hegel mit dem Erreichen einer neuen Unmittelbarkeit nicht jeweils wieder vom ersten Anfang ausgehen muß, denn der Inhalt ist vermittelt und kann für die Entfaltung der nächst höheren dialektischen Bewegung als bewiesen vorausgesetzt und daher in die nächste dialektische Bestimmungsebene konstitutiv aufgenommen werden. Mit diesem Ende schließt sich nach Hegel der Kreis des dialektischen Denkens in einen neuen Anfang.

Abschließend sei noch auf einige problematische Aspekte hingewiesen, die in Hegels Konzeption der absoluten Idee als dialektischer Methode enthalten sind: Die absolute Idee geht von der Subjektivität aus, bzw. dem Begriff als konkreter Allgemeinheit. Das heißt, die Allgemeinheit enthält die einander widersprechenden Besonderen *in* sich. Eine derartige Begriffskonzeption läßt sich jedoch nicht mit den Gesetzen der traditionellen formalen Logik vereinbaren. Nach dieser ist das Besondere *unter* das Allgemeine zu subsumieren und nicht *in* ihm enthalten, da sonst der Allgemeinbegriff in sich widersprüchliche Merkmale enthielte. Daher sind nach traditioneller Logik Allgemeinbegriffe inhaltsleerer und abstrakter als spezifischere Begriffe, weil in ihnen von den besonderen Merkmalen abgesehen wird. Ein weiterer Unterschied zur traditionellen formalen Logik besteht darin, daß Hegel den logischen Widerspruch für sinnvoll denkbar hält. Nach der traditionellen Logik ist ein in sich widersprüchlicher Begriff jedoch nicht sinnvoll zu denken. Es handelt sich dann um einen leeren oder unmöglichen Begriff. Der Widerspruch von Allgemeinheit und Besonderheit, der nach Hegel in der Einzelheit als Begriffsbestimmung gesetzt wird, würde nach traditioneller formaler Logik bedeuten, daß man ein Besonderes denken soll, das nicht Besonderes ist, und ebenso ein Allgemeines, das nicht Allgemeines ist. Dies sind jedoch nach der traditionellen Logik sinnlose bzw. leere Begriffe. Hierin liegen Schwierigkeiten, die von Hegel im Rahmen der Ideenlehre nicht gelöst werden. Vielmehr setzt er voraus, daß einerseits die konkrete Allgemeinheit ein sinnvolles Begriffskonzept ist – Hegel nimmt in Anspruch, dies in der Lehre von Begriff, Urteil und Schluß gezeigt zu haben – und daß andererseits der logische Widerspruch sinnvoll zu denken ist – dies ist nach Hegels Anspruch im Rahmen der Reflexionsbestimmungen Identität, Unterschied und Widerspruch aus der „Lehre vom Wesen" geschehen. Es bleibt weiterhin eine Herausforderung für die Forschung, diese Schwierigkeiten zu lösen.

Literatur

Düsing, Klaus 1986a: Die Idee des Lebens in Hegels Logik. In: R.-P. Horstmann und M. J. Petry (Hg.): Hegels Philosophie der Natur. Stuttgart, 276–289.

Düsing, Klaus 1986b: Syllogistik und Dialektik in Hegels spekulativer Logik. In: D. Henrich (Hg.): Hegels Wissenschaft der Logik: Formation und Rekonstruktion. Stuttgart, 15–38.

Düsing, Klaus ³1995: Das Problem der Subjektivität in Hegels Logik. Systematische und entwicklungsgeschichtliche Untersuchungen zum Prinzip des Idealismus und zur Dialektik. Bonn.

Fulda, Hans Friedrich ²1989: Hegels Dialektik als Begriffsbewegung und Darstellungsweise. In: R.-P. Horstmann (Hg.): Seminar: Dialektik in der Philosophie Hegels. Frankfurt a. M., 124–174.

Guzzoni, Ute ³1982: Werden zu sich. Eine Untersuchung zu Hegels „Wissenschaft der Logik". Freiburg/München.

Halfwassen, Jens 1999: Hegel und der spätantike Neuplatonismus. Untersuchungen zur Metaphysik des Einen und des Nous in Hegels spekulativer und geschichtlicher Deutung. Bonn.

Henrich, Dieter 1976: Hegels Grundoperation. In: U. Guzzoni/B. Rang/L. Siep (Hg.): Der Idealismus und seine Gegenwart. Festschrift für Werner Marx, Hamburg, 208–230.

Henrich, Dieter ²1989: Formen der Negation in Hegels Logik. In: R.-P. Horstmann (Hg.): Seminar: Dialektik in der Philosophie Hegels. Frankfurt a. M., 213–229; zuerst abgedruckt in: Hegel-Jahrbuch 1974, 245–256.

Hogemann, Friedrich 1994: Die „Idee des Guten" in Hegels „Wissenschaft der Logik". In: Hegel-Studien 29, 79–102.

Kimmerle, Heinz 1979: Die allgemeine Struktur der dialektischen Methode. In: Zeitschrift für philosophische Forschung 33, 184–209.

Rameil, Udo 1993: Der teleologische Übergang zur Ideenlehre und die Entstehung des Kapitels „Objektivität" in Hegels propädeutischer Logik. In: Hegel-Studien 28, 165–191.

Verra, Valerio 1990: ‚Idee' nel sistema hegeliano. In: Idea. Atti del VI Colloquio internazionale del Lessico Intellettuale Europeo. Roma 1989. A cura di M. Fattori e M. L. Bianchi. Roma, 393–410.

Auswahlbibliographie

A. Textausgaben der *Wissenschaft der Logik*

1812: Wissenschaft der Logik. Erster Band. Die objective Logik. Erstes Buch. Das Seyn. Nürnberg. (Nachdruck 1966. Besorgt von W. Wieland. Göttingen).
1813: Wissenschaft der Logik. Erster Band. Die objective Logik. Zweites Buch. Die Lehre vom Wesen. Nürnberg.
1816: Wissenschaft der Logik. Zweiter Band. Die subjective Logik oder Lehre vom Begriff. Nürnberg.
1832: Wissenschaft der Logik. Erster Theil die objective Logik. Erster Band die Lehre vom Seyn. Stuttgart und Tübingen.

Gawoll, Hans-Jürgen (Hg.) ²1999: G. W. F. Hegel: Wissenschaft der Logik. 1. Erster Band. Die objektive Logik. Erstes Buch. Das Sein (1812). 2. Erster Band. Die objektive Logik. Zweites Buch. Die Lehre vom Wesen (1813). 3. Zweiter Band. Die subjektive Logik. Die Lehre vom Begriff (1816). 4. Erster Teil. Die objektive Logik. Erster Band. Die Lehre vom Sein (1832). Hamburg. Diese Ausgabe beruht auf dem Text der kritischen Edition G. W. F. Hegel, Gesammelte Werke, hg. v. Friedrich Hogemann und Walter Jaeschke.
Glockner, Hermann (Hg.) ⁴1965: G. W. F. Hegel, Wissenschaft der Logik. Erster Teil. Die objektive Logik. Zweiter Teil. Die subjektive Logik oder Lehre vom Begriff. Bde. 4 und 5 von: G. W. F. Hegel, Sämtliche Werke. Jubiläumsausgabe in zwanzig Bänden, plus Hegel-Monographie und Hegel-Lexikon, Stuttgart 1927–1940.
Henning, Leopold von (Hg.) 1833/34: G. W. F. Hegel, Wissenschaft der Logik. Erster Theil. Die objective Logik. Erste Abtheilung. Die Lehre vom Seyn. Berlin 1833. Zweite Abtheilung. Die Lehre vom Wesen. Berlin 1834. Zweiter Theil. Die subjektive Logik, oder: Die Lehre vom Begriff. Berlin 1834. Bde. 3–5 von: G. W. F. Hegel's Werke. Vollständige Ausgabe durch einen Verein von Freunden des Verewigten. Berlin 1832–1845.
Hogemann, Friedrich/Jaeschke, Walter (Hg.): G. W. F. Hegel: Wissenschaft der Logik. Erster Band. Die Objektive Logik (1812/13). Hamburg 1978. Zweiter Band. Die Subjektive Logik (1816). Hamburg 1981. Erster Teil. Die Objektive Logik. Erster Band. Die Lehre vom Sein (1832). Hamburg 1985. Bde. 11, 12 und 21 von: G. W. F. Hegel, Gesammelte Werke. In Verbindung mit der Deutschen Forschungsgemeinschaft hg. v. d. Rheinisch-Westfälischen Akademie der Wissenschaften.
Lasson, Georg (Hg.) 1923: G. W. F. Hegel, Wissenschaft der Logik. Bde. 3 und 4 von: G. W. F. Hegel, Sämtliche Werke. Leipzig.
Moldenhauer, Eva/Michel, Karl Markus (Redaktion) 1969: G. W. F. Hegel, Wissenschaft der Logik I und II. Frankfurt a. M. Bde. 5 und 6 von: G. W. F. Hegel, Werke in zwanzig Bänden. Auf der Grundlage der Werke von 1832–1845 neu ediert (Theorie Werkausgabe).

B. Allgemeine Literatur zu Hegel

Adorno, Theodor W. 1963: Drei Studien zu Hegel. Frankfurt a. M.
Beiser, F. C. (Hg.) 1993: The Cambridge Companion to Hegel. Cambridge.

Bloch, Ernst ²1962: Subjekt-Objekt. Erläuterungen zu Hegel. Frankfurt a. M.
Engelhardt, Tristram Jr./Pinkard, Terry (Hg.) 1994: Hegel Reconsidered. Beyond Metaphysics and the Authoritarian State. Dordrecht u. a.
Findlay, John N. 1958: Hegel. A Re-examination. London.
Fulda, Hans Friedrich/Horstmann, Rolf-Peter (Hg.) 1996: Skeptizismus und spekulatives Denken in der Philosophie Hegels (Veröffentlichungen der Internationalen Hegel-Vereinigung Bd. 21). Stuttgart.
Gadamer, Hans Georg 1971: Hegels Dialektik. Fünf hermeneutische Studien. Tübingen.
Haym, Rudolf 1857: Hegel und seine Zeit. Vorlesungen über Entstehung und Entwickelung, Wesen und Werth der Hegel'schen Philosophie. Berlin. Nachdruck Hildesheim 1962.
Henrich, Dieter 1967: Hegel im Kontext. Frankfurt a. M.
Henrich, Dieter 1983 (Hg.): Kant oder Hegel? Formen der Begründung in der Philosophie (Stuttgarter Hegel-Kongreß 1981. Veröffentlichungen der Internationalen Hegel-Vereinigung Bd. 12). Stuttgart.
Henrich, Dieter/Horstmann, Rolf-Peter (Hg.) 1988: Metaphysik nach Kant (Stuttgarter Hegel-Kongreß 1987. Veröffentlichungen der Internationalen Hegel-Vereinigung Bd. 17). Stuttgart.
Hösle, Vittorio 1987 u. ö.: Hegels System. Der Idealismus der Subjektivität und das Problem der Intersubjektivität. 2 Bde. Hamburg. 2., erweiterte Auflage, Studienausgabe 1998.
Horstmann, Rolf-Peter (Hg.) 1989: Seminar: Dialektik in der Philosophie Hegels. Frankfurt a. M.
Horstmann, Rolf-Peter 1990: Wahrheit aus dem Begriff. Eine Einführung in Hegel. Frankfurt a. M.
Inwood, Michael 1983: Hegel. London.
Litt, Theodor 1953: Hegel. Versuch einer kritischen Erneuerung. Heidelberg.
Marcuse, Herbert ²1968: Hegels Ontologie und die Theorie der Geschichtlichkeit. Frankfurt a. M.
McIntyre, Alasdair (Hg.) 1972: Hegel. A Collection of Critical Essays. Garden City/New York.
Pinkard, Terry 2000: Hegel. A Biography. Cambridge.
Pippin, Robert B. 1989: Hegel's Idealism. The Satisfactions of Self-Consciousness. Cambridge.
Pöggeler, Otto (Hg.) 1977: Hegel. Einführung in seine Philosophie. Freiburg/München.
Priest, Stephen (Hg.) 1987: Hegel's Critique of Kant. Oxford.
Rosenkranz, Karl 1840: Kritische Erläuterungen des Hegel'schen Systems. Königsberg. Nachdruck Hildesheim 1963.
Stepelevich, Lawrence (Hg.) 1994: Selected Essays on G. W. F. Hegel. Atlantic Highlands.
Stern, Robert (Hg.) 1993: G. W. F. Hegel. Critical Assessments. 4 Bde. London/New York.
Taylor, Charles 1983: Hegel. Üb. v. G. Fehn. Frankfurt a. M.

C. Informationen zur Literatur und andere Hilfsmittel

Hasselberg, Erwin/Radtke, Frank (Hg.) 1993: Hegels „Wissenschaft der Logik". Eine internationale Bibliographie ihrer Rezeption im 20. Jahrhundert. 3 Bde. Wien.
Hegel-Jahrbuch (ab 1961). Begründet v. W. R. Beyer. Hg. v. A. Arndt, K. Bal, H. Ottmann.
Hegel-Studien (ab 1961). Gegenwärtig in Verbindung mit der Hegel-Kommission der Nordrhein-Westfälischen Akademie der Wissenschaften hg. v. F. Nicolin und O. Pöggeler.
Inwood, Michael 1992: A Hegel Dictionary. Oxford.

Steinhauer, Kurt/Hausen, Gitta 1980: Hegel-Bibliographie: Materialien zur Geschichte der internationalen Hegel-Rezeption und zur Philosophie-Geschichte. Teil 1 (bis 1975) München u. a.
Steinhauer, Kurt/Schlüter, Hans-Dieter/Sergl, Anton 1998: Hegel-Bibliographie: Materialien zur Geschichte der internationalen Hegel-Rezeption und zur Philosophie-Geschichte. Teil 2 (1976–91). München u. a.

D. Kommentare, Sammelbände und Monographien zur *Wissenschaft der Logik* insgesamt

Brauch, Rüdiger 1986: Hegels „Wissenschaft der Logik". Untersuchungen zum Verhältnis von Logik und Ontologie. Tübingen.
Bubner, Rüdiger 1980: Zur Sache der Dialektik, Stuttgart.
Burbidge, John W. 1981: On Hegel's „Logic": Fragments of a Commentary. Atlantic Highlands.
Burkhardt, B. 1993: Hegels „Wissenschaft der Logik" im Spannungsfeld der Kritik. Historische und systematische Untersuchungen zur Diskussion um Funktion und Leistungsfähigkeit von Hegels „Wissenschaft der Logik" bis 1831 (= Studien und Materialien zur Geschichte der Philosophie Bd. 18). Hg. v. G. Funke und R. Malter. Hildesheim u. a.
Butler, Clark 1996: Hegel's Logic. Between Dialectic and History. Evanston (Illinois).
Comoth, Katharina 1986: Die Idee als Ideal: Trias und Triplizität bei Hegel. Heidelberg.
Demmerling, Christian/Kambartel, Friedrich (Hg.) 1992: Vernunftkritik nach Hegel. Analytisch-kritische Interpretation zur Dialektik. Frankfurt a. M.
Di Giovanni, George 1990 (Hg.): Essays on Hegel's Logic. Albany.
Doz, André 1987: La logique de Hegel et les problèmes traditionnels de l'ontologie. Paris.
Düsing, Klaus 1976 (^{3}1995): Das Problem der Subjektivität in Hegels Logik. Systematische und entwicklungsgeschichtliche Untersuchungen zum Prinzip des Idealismus und zur Dialektik (= Hegel-Studien Beiheft 15). Bonn.
Elder, Crawford 1980: Appropriating Hegel. Hg. v. A. Brennan. Aberdeen.
Eley, Lothar 1976: Hegels Wissenschaft der Logik. Leitfaden und Kommentar. München.
Falk, Hans-Peter 1983: Das Wissen in Hegels „Wissenschaft der Logik". Freiburg/München.
Fricke, Christel/König, Peter/Petersen, Thomas (Hg.) 1995: Das Recht der Vernunft. Kant und Hegel über Denken, Erkennen und Handeln. Hans Friedrich Fulda zum 65. Geburtstag. Stuttgart-Bad Cannstatt.
Fulda, Hans Friedrich 1965: Das Problem einer Einleitung in Hegels Wissenschaft der Logik. Frankfurt a. M.
Fulda, Hans Friedrich/Horstmann, Rolf-Peter/Theunissen, Michael 1980: Kritische Darstellung der Metaphysik: Eine Diskussion über Hegels „Logik". Frankfurt a. M.
Grau, Alexander 2001: Ein Kreis von Kreisen. Hegels postanalytische Erkenntnistheorie. Paderborn.
Guzzoni, Ute ^{3}1982: Werden zu sich. Eine Untersuchung zu Hegels „Wissenschaft der Logik". Freiburg/München.
Hackenesch, Christa 1987: Die Logik der Andersheit. Eine Untersuchung zu Hegels Begriff der Reflexion. Frankfurt a. M.
Hansen, Frank-Peter 1997: G. W. F. Hegel: „Wissenschaft der Logik". Ein Kommentar. Würzburg.
Harris, Errol E. 1983: An Interpretation of the Logic of Hegel. London.

Hartmann, Eduard v. 1868: Über die dialektische Methode. Berlin.
Hartmann, Klaus 1999: Hegels Logik. Hg. v. O. Müller. Vorwort K. Brinkmann. Berlin/ New York.
Hartnack, Justus 1995: Hegels Logik. Eine Einführung (= Hegeliana. Studien und Quellen zu Hegel und zum Hegelianismus Bd. 5). Hg. v. H. Schneider. Frankfurt a. M. u. a.
Henrich, Dieter 1976: Hegels Grundoperation. Eine Einleitung in die „Wissenschaft der Logik". In: U. Guzzoni u. a. (Hg.): Der Idealismus und seine Gegenwart. Festschrift für Werner Marx zum 65. Geburtstag. Hamburg, 208–230.
Henrich, Dieter (Hg.) 1986: Hegels Wissenschaft der Logik: Formation und Rekonstruktion (= Veröffentlichungen der Internationalen Hegel-Vereinigung Bd. 16). Stuttgart.
Henrich, Dieter/ Nicolin, Friedhelm/ Pöggeler, Otto (Hg.) 1978: Die Wissenschaft der Logik und die Logik der Reflexion. (Hegel-Tage Chantilly 1971. Hegel-Studien Beiheft 18). Bonn.
Horstmann, Rolf-Peter 1984: Ontologie und Relationen. Hegel, Bradley, Russell und die Kontroverse über interne und externe Beziehungen. Königstein im Taunus.
Iber, Christian 1999: Subjektivität, Vernunft und ihre Kritik. Prager Vorlesungen über den Deutschen Idealismus. Frankfurt a. M.
Jarczyk, Gwendoline 1980: Système et liberté dans la logique de Hegel. Paris.
Johnson, Paul Owen 1988: The Critique of Thought: A Re-examination of Hegel's Science of Logic. Aldershot.
Kemper, P. 1980: Dialektik und Darstellung. Eine Untersuchung zur spekulativen Methode in Hegels „Wissenschaft der Logik". Frankfurt a. M.
Kesselring, Thomas 1981: Dialektik und Widerspruch. Ein Vergleich zwischen Piagets genetischer Erkenntnistheorie und Hegels Dialektik. Frankfurt a. M.
Kesselring, Thomas 1984: Die Produktivität der Antinomie. Hegels Dialektik im Lichte der genetischen Erkenntnistheorie und der formalen Logik. Frankfurt a. M.
Knahl, Andreas/Müller, Jan/Städtler, Michael (Hg.) 2000: Mit und gegen Hegel. Von der Gegenstandslosigkeit der absoluten Reflexion zur Begriffslosigkeit der Gegenwart. Lüneburg.
Koch, Anton Friedrich 1999: Die Selbstbeziehung der Negation in Hegels Logik. In: Zeitschrift für philosophische Forschung 53, 1–29.
Lakebrink, Bernhard 1979/1985: Kommentar zu Hegels „Logik" in seiner „Enzyklopädie" von 1830. Bd. 1: Sein und Wesen. Bd. 2: Begriff. Freiburg/München.
Léonard, André 1974: Commentaire littéral de la Logique de Hegel. Paris.
Liebrucks, Bruno 1974: Der menschliche Begriff. Sprachliche Genesis der Logik, logische Genesis der Sprache (= Bde. 6.1, 6.2, 6.3 von: Liebrucks, Bruno: Sprache und Bewußtsein). Frankfurt a. M./Bern.
Lucas, Hans-Christian/Planty-Bonjour, Guy (Hg.) 1989: Logik und Geschichte in Hegels System. Stuttgart.
Lugarini, Leo (Hg.) 1983: Hegel fra logica ed etica. Roma.
Majetschak, Stefan 1992: Die Logik des Absoluten. Spekulation und Zeitlichkeit in der Philosophie Hegels. Berlin.
Marx, Wolfgang 1972: Hegels Theorie logischer Vermittlung. Kritik der dialektischen Begriffskonstruktionen in der „Wissenschaft der Logik". Stuttgart-Bad Cannstatt.
McTaggart, John 1964: A Commentary on Hegel's Logic (1910). New York.
Movia, Giancarlo (Hg.) 1996: La logica di Hegel e la storia della filosofia. Cagliari.
Mure, Geoffrey R. G. 1950: A Study of Hegel's Logic. Oxford.
Nikolaus, Wolfgang 1985: Begriff und absolute Methode. Zur Methodologie in Hegels Denken. Bonn.

Opiela, Stanislas 1983: Le Réel dans la logique de Hegel. Développement et autodétermination. Paris.
Paetzold, Detlev/Vanderjagt, Arjo (Hg.) 1991: Hegels Transformation der Metaphysik (= dialectica minora 2). Köln.
Petry, Michael John (Hg.) 1993: Hegel and Newtonianism. Dordrecht.
Pinkard, Terry B. 1988: Hegel's Dialectic. The Explanation of Possibility. Philadelphia.
Puntel, Leo Bruno 1973: Darstellung, Methode und Struktur. Untersuchungen zur Einheit der Systematischen Philosophie G. W. F. Hegels (= Hegel-Studien Beiheft 10). Bonn.
Rademaker, Hans ²1979: Hegels Wissenschaft der Logik: Eine darstellende und erläuternde Einführung. Wiesbaden.
Rinaldi, Giacomo 1992: A History and Interpretation of the Logic of Hegel. Studies in the History of Philosophy Vol. 26. Lewiston/Queenston/Lampeter.
Rockmore, Tom 1996: On Hegel's Epistemology and Contemporary Philosophy. Atlantic Highlands.
Rosen, Michael 1982: Hegel's Dialectic and its Criticism. Cambridge.
Rosen, Stanley 1974: G. W. F. Hegel. An Introduction to the Science of Wisdom. New Haven.
Sarlemjin, Andries 1971: Hegelsche Dialektik. Berlin/New York.
Schäfer, Alfred 1992: Der Nihilismus in Hegels Logik. Kommentar und Kritik zu Hegels Wissenschaft der Logik. Berlin.
Schmidt, Josef 1977: Hegels Wissenschaft der Logik und ihre Kritik durch Adolf Trendelenburg. München.
Schmitz, Hermann 1992: Hegels Logik. Bonn.
Schubert, Alexander 1985: Der Strukturgedanke in Hegels „Wissenschaft der Logik". Königstein (Taunus).
Steinkraus, Warren E./ Schmitz, Kenneth L. (Hg.) 1980: Art and Logic in Hegel's Philosophy. Papers delivered at the 4th meeting of the Hegel Society of America. Atlantic Highlands.
Stekeler-Weithofer, Pirmin 1992: Hegels Analytische Philosophie: Die Wissenschaft der Logik als kritische Theorie der Bedeutung. Paderborn u. a.
Stern, Robert 1990: Hegel, Kant and the Structure of the Object. London.
Theunissen, Michael 1978: Sein und Schein. Die kritische Funktion der Hegelschen Logik. Frankfurt a. M.
Topp, Christian 1982: Philosophie als Wissenschaft: Status und Makrologik wissenschaftlichen Philosophierens bei Hegel. Berlin/New York.
Trendelenburg, Adolf 1840: Logische Untersuchungen. 2 Bde. Berlin.
Utz, Konrad 2001: Die Notwendigkeit des Zufalls. Hegels spekulative Dialektik in der „Wissenschaft der Logik". Paderborn u. a.
Wandschneider, Dieter 1995: Grundzüge einer Theorie der Dialektik. Rekonstruktion und Revision dialektischer Kategorienentwicklung in Hegels „Wissenschaft der Logik". Stuttgart.
Wandschneider, Dieter (Hg.) 1997: Das Problem der Dialektik (= Studien zum System der Philosophie Bd. 3). Bonn.
Wende, Michael 1987: Das Werden der „Wissenschaft der Logik", die Genesis des Problems der Logik bei Hegel, der Begriff der Logik und das Problem der Dialektik. Berlin.
Wetzel, Manfred 1971: Reflexion und Bestimmtheit in Hegels Wissenschaft der Logik. Hamburg.
White, Alan 1983: Absolute Knowledge: Hegel and the Problem of Metaphysics. Athens, Ohio/London.
Wohlfart, Günter 1981: Der spekulative Satz. Bemerkungen zum Begriff der Spekulation bei Hegel. Berlin/New York.

Wolff, Michael 1981: Der Begriff des Widerspruchs. Eine Studie zur Dialektik Kants und Hegels. Königstein (Taunus).

E. Sammelbände, Monographien und Aufsätze zur *Lehre vom Sein*

Alexandrowicz, Dariuz 1985: Das Problem des Anfangs bei Hegel. In: Philosophisches Jahrbuch 92, 225–238.
Arndt, Andreas/Iber, Christian (Hg.) 2000: Hegels Seinslogik. Interpretationen und Perspektiven. Berlin.
Biard, Joel/Buvat, D./Kervegan, J.-F./Kling, J.-F. 1981: Introduction à la lecture de la „Science de la logique" de Hegel. Bd. 1: L'être. Paris.
Brenner, Xaver 1987: Die Kategorie des Werdens in der Hegelschen Logik des Seins: Strukturuntersuchung über Hegels Wissenschaft der Logik. München.
Ferrini, Cinzia 1988: On the Relation between "Mode" and "Measure" in Hegel's "Science of Logic". Some Introductory Remarks. In: Owl of Minerva 20, 21–49.
Ferrini, Cinzia 1991/92: Logica e filosofia della natura nella dottrina dell'essere hegeliana (I und II). In: Rivista di storia di filosofia 46, 701–733 und 47, 103–124.
Graeser, Andreas 1985: Bemerkungen zur Beschreibung des Anfangenden in Hegels Logik. In: Freiburger Zeitschrift für Philosophie und Theologie 32, 439–454.
Harris, Errol E. 1994: Being-for-Self in the Greater Logic. In: Owl of Minerva 25, 155–162.
Henrich, Dieter 1964: Anfang und Methode der Logik. In: Hegel-Studien Beiheft 1 (Heidelberger Hegel-Tage 1962), 19–35.
Holz, Harald 1974: Anfang, Identität und Widerspruch. In: Tijdschrift voor Filosofie 36, 707–761.
Kesselring, Thomas 1981: Voraussetzungen und dialektische Struktur des Anfangs der Hegelschen Logik. In: Zeitschrift für philosophische Forschung 35, 563–584.
Lacroix, Alain 1986: La science la plus difficile de toutes: Matière et mesure dans la critique hégélienne de Newton. In: Philosophie 13, 15–37.
Marx, Wolfgang 1967: Spekulative Wissenschaft und geschichtliche Kontinuität. Überlegungen zum Anfang der Hegelschen Logik. In: Kant-Studien 58, 63–74.
Moretto, Antonio 1984: Hegel e la „Matematica" dell'infinito. Trento.
Moretto, Antonio 1988: Questioni di filosofia della matematica nella „Scienza della Logica" di Hegel. Die Lehre vom Sein 1831. Trento.
Movia, Giancarlo 1986/87: Essere, nulla, divenire. Sulle prime categorie della „Logica" di Hegel. In: Rivista di filosofia neo-scolastica 78, 513–544 und 79, 3–32.
Movia, Giancarlo 1994: Finito e infinito e l'idealismo della filosofia: La logica hegeliana dell' essere determinato: Parte prima. In: Rivista di filosofia neo-scolastica 86, 110–133.
Nedel, Arkadij J. 1991: Die Fürsichsein-Kategorie in Hegels „Lehre vom Sein". Struktur und Strukturelles, Reflexion und reflexive Bewegung. In: Hegel-Jahrbuch 1991, 253–261.
Parasporo, Leone 1983/84: Sulla storia della „Logica" di Hegel. Saggio di confronto tra le due redazioni della „Dottrina dell'Essere". In: Ann. dell'ist. ital. per gli studi storici 8, 175–218.
Paterson, Alan 2000: The Successor Function and Induction Principle in a Hegelian Philosophy of Mathematics. In: Idealistic Studies 30, 25–49.
Pechmann, Alexander von 1980: Die Kategorie des Maßes in Hegels „Wissenschaft der Logik". Einführung und Kommentar. Köln.
Richli, Urs 1980: Die Betrachtung der Kategorien an ihnen selbst. In: Hegel-Jahrbuch 1979, 274–278.

Römpp, Georg 1989: Sein als Genesis von Bedeutung: Ein Versuch über die Entwicklung des Anfangs in Hegels „Wissenschaft der Logik". In: Zeitschrift für philosophische Forschung 43, 58–80.
Ruschig, Ulrich 1989: Randglossen zur „Knotenlinie von Maaßverhältnissen". In: Hegel-Jahrbuch 1989, 365–371.
Römpp, Georg 1997: Hegels Logik und die Chemie. Fortlaufender Kommentar zum „realen Maaß" (= Hegel-Studien Beiheft 37). Bonn.
Scheiber, Wolfgang 1985: „Habitus" als Schlüssel zu Hegels Daseinslogik. In: Hegel-Studien 20, 125–144.
Wagner, Hans 1969: Hegels Lehre vom Anfang der Wissenschaft. In: Zeitschrift für philosophische Forschung 23, 339–348.
Wahsner, Renate 1995: Newtonsche Vernunft und ihre Hegelsche Kritik. In: Deutsche Zeitschrift für Philosophie 43, 789–800.
Werner, Jürgen 1986: Darstellung als Kritik. Hegels Frage nach dem Anfang der Wissenschaft. Bonn.
Wieland, Wolfgang 1973: Bemerkungen zum Anfang von Hegels Logik. In: H. Fahrenbach (Hg.): Wirklichkeit und Reflexion. Walter Schulz zum 60. Geburtstag. Pfullingen, 395–412.

F. Sammelbände, Monographien und Aufsätze zur *Lehre vom Wesen*

Baptist, Gabriella 1993: Il Problema della Modalità nelle Logiche di Hegel. Genova.
Belaval, Yvon 1972/74: La doctrine de l'essence chez Hegel et chez Leibniz (I–III). In: Archives de Philosophie 33, 547–578. Kant-Studien 63, 436–462. Studi Internazionali di Filosofia 1974, 115–138.
Berti, Enrico 1981: Ist Hegels Kritik am Satz vom Widerspruch gegen Aristoteles gerichtet? In: Philosophisches Jahrbuch 88, 371–377.
Biard, Joel/Buvat, D./Kervegan, J.-F./Kling, J.-F. 1983: Introduction à la lecture de la „Science de la logique" de Hegel. Bd. 2: La doctrine de l'essence. Paris.
Chiereghin, Franco 1981: Incontraddittorietà e contraddizione in Hegel. In: Verifiche 10, 258–270.
Di Giovanni, George 1973: Reflection and Contradiction: A Commentary on Some Passages of Hegel's Science of Logic. In: Hegel Studien 8, 131–161.
Ellrich, Lutz 1990: Schein und Depotenzierung: Zur Interpretation des Anfangs der „Wesenslogik". In: Hegel-Studien 25, 65–84.
Emerson, Michael 1987: Hegel on the Inner and the Outer. In: Idealistic Studies 17, 133–147.
Hansen, Frank-Peter 1991: Ontologie und Geschichtsphilosophie in Hegels „Lehre vom Wesen" der „Wissenschaft der Logik". München.
Hegel-Jahrbuch 1980/1981: Identität – Unterschied – Widerspruch. Referate des XIII. Internationalen Hegel-Kongresses Belgrad 1979.
Henrich, Dieter 1978: Hegels Logik der Reflexion. Neue Fassung. In: Hegel-Studien Beiheft 18. Bonn, 203–324.
Huan, Lee Chang 1990: Rückkehr in sich: Eine Studie zum Begriff des Scheins und der Reflexion in Hegels „Wissenschaft der Logik". Bielefeld.
Iber, Christian 1990: Metaphysik absoluter Relationalität. Eine Studie zu den beiden ersten Kapiteln von Hegels Wesenslogik. Berlin/New York.
Ilting, Karl-Heinz 1982: Ontologie, Metaphysik und Logik in Hegels Erörterung der Reflexionsbestimmungen. In: Revue internationale de philosophie 36, 95–110.

Kang, Soon-Jeon 1999: Reflexion und Widerspruch. Eine entwicklungsgeschichtliche und systematische Untersuchung des Hegelschen Begriffs des Widerspruchs (= Hegel-Studien Beiheft 41). Bonn.

Kondhai, Mohammed Béchir 1981: Logique et dialectique. Essai sur l'identité et la contradiction chez Leibniz et Hegel. Paris.

Kosian, Józef 1992: Der Begriff der Möglichkeit bei Hegel und Bloch. In: Hegel-Jahrbuch 1992, 221–227.

Longato, Fulvio 1981: Essenza e contraddizione in Hegel. In: Verifiche 10, 271–289.

Longuenesse, Béatrice 1981: Hegel et la critique de la métaphysique. Etude sur la doctrine de l'essence, Paris.

Longuenesse, Béatrice 1982: L'effectivité dans la Logique de Hegel. In: Revue de métaphysique et de morale 87, 495–503.

Lucas, Hans-Christian 1974: Wirklichkeit und Methode in der Philosophie Hegels. Untersuchungen zur Logik. Der Einfluß Spinozas. Köln.

Pippin, Robert B. 1978: Hegel's Metaphysics and the Problem of Contradiction. In: Journal of the History of Philosophy 16, 301–312.

Richli, Urs 1974: Wesen und Existenz in Hegels „Wissenschaft der Logik". In: Zeitschrift für philosophische Forschung 28, 214–227.

Richli, Urs 1982: Form und Inhalt in G.W.F. Hegels „Wissenschaft der Logik". Wien/München.

Rohs, Peter 1969: Form und Grund. Interpretation eines Kapitels der Hegelschen Wissenschaft der Logik (= Hegel-Studien Beiheft 6). Bonn.

Schaefer, Alfred 1975: Setzen und Voraussetzen in der Wesenslogik Hegels, in: Zeitschrift für philosophische Forschung 29, 572–583.

Schmidt, Klaus-Jürgen 1997: G. W. F. Hegel: „Wissenschaft der Logik – Die Lehre vom Wesen." Ein einführender Kommentar. Paderborn.

Siemens, Reynold L. 1988: Hegel and the Law of Identity. In: Review of Metaphysics 41, 103–127.

Wölfle, Gerhard M. 1994: Die Wesenslogik in Hegels „Wissenschaft der Logik". Versuch einer Rekonstruktion und Kritik unter besonderer Berücksichtigung der philosophischen Tradition. Stuttgart-Bad Cannstatt.

G. Sammelbände, Monographien und Aufsätze zur *Lehre vom Begriff*

Abdilin, Sh. M. 1976: Hegel über die Konkretheit des Begriffs. In: Hegel-Jahrbuch 1975, 494–500.

Biard, Joel/Buvat, D./Kervegan, J.-F./Kling, J.-F. 1987: Introduction à la lecture de la „Science de la logique" de Hegel. Bd. 3: La doctrine du concept. Paris.

Bucher, Theodor G. 1983: Zur formallogischen Identität im Urteil von Hegel. In: Philosophia Naturalis 20, 453–473.

Chiereghin, Franco 1990: Finalità e idea della vita: La recezione hegeliana della teleologia di Kant. In: Verifiche 19, 127–228.

De Vos, Ludovicus 1983: Hegels Wissenschaft der Logik: Die absolute Idee. Einleitung und Kommentar. Bonn.

De Vries, Willem 1991: The Dialectic of Teleology. In: Philosophical Topics 19, 51–70.

Düffel, Gudrun von 2000: Die Methode Hegels als Darstellungsform der christlichen Idee Gottes. Würzburg.

Düsing, Klaus 1986: Die Idee des Lebens in Hegels Logik. In: R.-P. Horstmann/M. J. Petry (Hg.): Hegels Philosophie der Natur. Beziehungen zwischen empirischer und spekulativer Naturerkenntnis (= Veröffentlichungen der Internationalen Hegel-Vereinigung Bd. 15). Stuttgart, 276–289.

Giacché, Vladimiro 1990: Finalità e soggettività. Forme del finalismo nella Logica di Hegel. Genova.

Groll, Meshulam 1974: Der Hegelsche Begriff und das Problem der intellektuellen Anschauung im deutschen Idealismus. In: Hegel-Jahrbuch 1973, 206–240.

Kolar, Heinz 1976: Einige Bestimmungen der dialektischen Methode in der Begriffslogik. In: Hegel-Jahrbuch 1975, 488–493.

Krohn, Wolfgang 1983: Die formale Logik in Hegels „Wissenschaft der Logik". Untersuchungen zur Schlußlehre. München.

Lambrecht, Rainer 1981: „Die Idee des Wahren" und „die Idee des Guten" in Hegels „Wissenschaft der Logik". Überlegungen zum Begriff ihrer Einheit. In: Hegel-Jahrbuch 1980, 154–176.

Marx, Wolfgang 1976: Die Logik des Freiheitsbegriffs. In: Hegel-Studien 11, 125–147.

Menegoni, Francesca 1989: La recezione della „Critica del Giudizio" nella logica hegeliana: finalità esterna e interna. In: Verifiche 18, 443–458.

Netopilik, Jakub 1988: Zur Rolle der Idee. In: H. Holz/J. Manninen (Hg.): Vom Werden des Wissens. Philosophie, Wissenschaft, Dialektik. Köln, 13–22.

Nuzzo, Angelica 1995: Idee bei Kant und Hegel. In: Ch. Fricke/P. König/T. Petersen (Hg.): Das Recht der Vernunft: Kant und Hegel über Denken, Erkennen und Handeln. Stuttgart, 81–120.

Nuzzo, Angelica 1996: Absolute Methode und Erkenntnis der Wirklichkeit in der Philosophie Hegels. In: Deutsche Zeitschrift für Philosophie 44, 475–490.

Perez, Ubaldo R. 1977: Hegels Lehre vom Schluß. Braunschweig.

Peters, Klaus 1986: „Der Begriff ist das Freie". In: Annalen der internationalen Gesellschaft für dialektische Philosophie. Societas Hegeliana 3, 244–252.

Salomon, Werner 1982: Urteil und Selbstverhältnis. Kommentierende Untersuchung zur Lehre vom Urteil in Hegels „Wissenschaft der Logik". Frankfurt a. M.

Stern, Robert 1995: Transcendental Apperception and Subjective Logic: Kant and Hegel on the Role of the Subject. In: A. B. Collins (Hg.): Hegel on the Modern World. Albany.

Westphal, Merold 1980: Hegel's Theory of the Concept. In: W. Steinkraus/K. Schmitz (Hg.): Art and Logic in Hegel's Philosophy. Atlantic Highlands, 103–119.

Wohlfart, Günter 1985: Das unendliche Urteil. Zur Interpretation eines Kapitels aus Hegels „Wissenschaft der Logik". In: Zeitschrift für philosophische Forschung 39, 85–100.

Personenregister

(Die Seitenzahlen der in Fußnoten genannten Namen wurden kursiv gesetzt.)

Abbri, F.   86
Adorno, T. W.   11, 188
Aristoteles   28, 57, 58, 72, 92, 93, *94*, 194, *222*, *240*
Augustinus   *146*, 148

Baumé, A.   *86*
Baumgarten, A. G.   77
Bergmann, T.   86
Bernoulli, J.   82
Berthollet, C. L.   86, 87, *88*
Berti, E.   13, 15, 16, 18, 20, 23, 25, 92
Berzelius, J. J.   87
Biard, J.   17, 20, 22
Boole, G.   *195*
Borges, J. L.   150
Bourgeois, B.   21
Braitling, P.   185, 197
Burbidge, J.   210, *227*, 229, *230*
Butler, C.   2, 219

Cantor, G.   70
Carnap, R.   55, 59
Cassirer, E.   *195*
Cauchy, A.-L.   70
Cavarero, A.   14, 17, 19, 21, 22
Chiereghin, F.   14, 17, 19, 21, 25
Clagett, M.   82

Dedekind, R.   70
Descartes, R.   16, 37, 39, 44, 70, 79, 80, 95
Diels, H.   76
Düsing, K.   *225*, *245*, *248*, *250*, *257*, *258*
Duque, F.   142

Eudoxos   77
Euklid   77, 228
Euler, L.   90, *195*

Falk, H. P.   170
Feuerbach, L.   13, 160

Fichte, J. G.   2, 158, 160, 167, 179, 185, 244, 246
Fink-Eitel, H.   113, 183, *189*
Fischer, E. G.   87, *88*
Flay, J. C.   *147*
Fleischmann, E.   17
Frege, G.   57, 59, 70, *195*
Fulda, H. F.   2, 257, 258

Galilei, G.   82
Geoffroy, E. F.   86
Goethe, J. W. v.   *86*
Graeser, A.   204
Guyton de Morveau, L. B.   86, 87, *88*
Guzzoni, U.   244, 257, 258, 263

Hackenesch, Ch.   *100*
Halfwassen, J.   246
Halper, E.   228
Hamann, J. G.   198
Hartmann, E.   196
Hartmann, N.   18, 21
Hartmann, K.   141, 204, *222*
Heidegger, M.   159
Henning, L. v.   143
Henrich, D.   6, 12, 16, 18, *99*, *100*, 260
Heraklit   21
Herder, J. G.   142, 158
Hilbert, D.   70
Hösle, V.   13, 187, 197, 200, *225*
Hogemann, F.   *87*, *253*
Homberg, W.   86
Horstmann, R. P.   2, 182
Hume, D.   28, 55, 145

Iber, Ch.   113, 203

Jacobi, F. H.   148
Jaeschke, W.   *87*
Jarczyk, G.   20

Kant, I.   1, 2, 7, 16, 58, 79, 81, 83, *90*, 95, 100, 142, 145, 146, 148, *149*, 151, 154, 160, 165, 166, 168, 174, 178, 179, 185–188, *195*, *222*, 228, *240*, 246, 249, 251, 255

Kepler, J. 82
Kesselring, T. 15, 17
Kierkegaard, S. 13
Kimmerle, H. 257
Kirwan, Ch. 86
Koch, A. F. *1*
Krohn, W. *222*
Kruck, G. 122
Krug, W. T. *149*

Labarrière, P.-J. 20, 21
Lagrange, J. L. 70, 84
Lambert, J. H. 78, *195*
Landucci, S. 13, 18, 21
Lavoisier, A. L. *86*
Leibniz, G. W. 65, 66, 77, 82, 90, 122, 145, *146*, 147, 148, 154, 155, 157, *195*
Leicester, H. M. 86
Léonard, A. 17, 19–23
Lewis, D. 27
Lindemann, F. v. 70
Locke, J. 55, 58, 195, 199, 251
Lugarini, L. 11, 13, 14

MacLaurin, C. *82*, 84
Macquer, P. J. *86*
Maier, A. 82
Mangiagalli, M. 17
Marx, K. *188*
McTaggart, J. *116*
Molinu, N. C. 14
Moretto, A. 21, 78, *79*, 82–84
Morgan, A. de *195*
Movia, G. 24
Mure, G. 20

Neuser, W. *94*
Newton, I. 70, 145, 158
Nietzsche, F. 150–152
Nohl, H. 156

Pätzold, D. 2
Parmenides 19, 21, 48, 51, 52, *76*
Peperzak, A. *24*
Platon 28, 48, 145, *146*, *147*, 148, 246, 249
Ploucquet, W. G. *195*
Priest, S. *6*
Pythagoras 228

Quine, W. V. O. 62

Rameil, U. 244
Richter, J. B. 87, 88, 228
Rinaldi, G. 2, 18, 20
Ritter, J. W. *87*, 88
Robinson, A. *70*
Rostagni, A. *82*
Ruggiu, L. 24
Ruschig, U. *87*
Russell, B. 55, 70, *195*, 204

Schelling, F. W. J. 2, 13, 145, 147, 148, 160, 228
Schick, F. 47, 122, 192, *195*, 197
Schmidt, J. 16, 19, 105
Schmidt, K. *100*, *105*
Schmitz, H. 11, 20, 22, 23
Schubert, A. 112
Solov'ev, J. I. 86
Spinoza, B. 33, 80, 81, 95, 155, 160, 165–167, *183*
Steffens, H. *147*
Stekeler-Weithofer, P. 70
Strawson, P. F. 163, 178

Taylor, Ch. *82*, 84
Theunissen, M. 2, 16, *112*, 190, *198*
Tomasello, M. 56
Trendelenburg, F. A. 13, 20, 24, 141

Vanderjagt, A. 2
Verra, V. 245

Wagner, J. *147*
Wandschneider, D. 228
Weierstrass, K. 70
Wenzel, C. F. *86*
Whitehead, A. N. *195*
Wieland, W. 11
Winfield, R. 228
Winterl, J. J. *147*
Wölfle, G. 100, *116*
Wolff, Ch. 77, 82, 83, 95
Wolff, M. 114

Zeno 72

Hinweise zu den Autoren

John W. Burbidge FRSC, Professor Emeritus der Philosophie an der Trent University, Peterborough, Kanada. *Veröffentlichungen (Auswahl)*: On Hegel's Logic: Fragments of a Commentary (1981), Hegel on Logic and Religion (1992), Real Process: How Logic and Chemistry combine in Hegel's Philosophy of Nature (1996), Historical Dictionary of Hegelian Philosophy (2001).

Félix Duque, Professor für Moderne Philosophie an der Universität Autonoma Madrid. *Veröffentlichungen*: Hegel. Especulación de la indigencia (1990), Il fiore nero (1995), Genî Dee e Guardini (1996), La estrella errante. Estudios sobre la apoteosis romántica de la historia (1997), Historia de la filosofia moderna. La era de la crítica (1998), La Restauración. – La Escuela hegeliana y sus adversarios (1999). Zahlreiche Aufsätze zum Deutschen Idealismus, zur Hermeneutik und zur Philosophie der Technik.

Hans-Peter Falk, Privatdozent für Philosophie an der Universität München. *Veröffentlichungen*: Das Wissen in Hegels „Wissenschaft der Logik" (1983), Wahrheit und Subjektivität (im Erscheinen). Aufsätze zur Subjektivitätstheorie und zum Deutschen Idealismus.

Christian Iber, Privatdozent am Institut für Philosophie der FU Berlin. Gastprofessuren in Prag, Jena und Berlin. *Wichtigste Veröffentlichungen*: Metaphysik absoluter Relationalität. Eine Studie zu den beiden ersten Kapiteln von Hegels Wesenslogik (1990), Das Andere der Vernunft als ihr Prinzip. Grundzüge der philosophischen Entwicklung Schellings mit einem Ausblick auf die nachidealistischen Philosophiekonzeptionen Heideggers und Adornos (1994), Subjektivität, Vernunft und ihre Kritik. Prager Vorlesungen über den Deutschen Idealismus (1999). Aufsätze zum Deutschen Idealismus, zur Frühromantik, antiken Philosophie, modernen Existenzphilosophie und Kritischen Theorie.

Anton Friedrich Koch, Professor für Philosophie an der Universität Tübingen. *Veröffentlichungen*: Subjektivität in Raum und Zeit (1990). Aufsätze zu Hegels Wissenschaft der Logik und verwandten Themen.

Günter Kruck, Lehrbeauftragter für Philosophie an der Katholischen Fachhochschule Mainz und Lehrer. *Veröffentlichungen*: Hegels Religionsphilosophie der absoluten Subjektivität und die Grundzüge des spekulativen Theismus Christian Hermann Weißes (1994). Aufsätze zur Religionsphilosophie des deutschen Idealismus, zu Hegels Wissenschaft der Logik und zu philosophischen Grundfragen der Theologie.

Giancarlo Movia, ord. Professor für Geschichte der antiken Philosophie an der Universität Cagliari. *Wichtigste Veröffentlichungen*: Anima e intelletto. Ricerche sulla psicologia peripatetica da Teofrasto a Cratippo (1968), Alessandro di Afrodisia tra naturalismo e misticismo (1970), Aristotele, L'anima, trad., introd. e commento (1980, ²1992), Apparenze, essere e verità. Commentario storico-filosofico al Sofista di Platone (1991, ²1994). Herausgeber: La logica di Hegel e la storia della filosofia (1996), Hegel e Aristotele (1997), Hegel e la filosofia ellenistica (1998), Hegel e il neoplatonismo (1999), Hegel e i Preplatonici (2000), Hegel e Platone (2002).

Antonio Moretto, Professor für Philosophie (Filosofia della Scienza) an der Università degli Studi di Verona. *Veröffentlichungen zu Hegel (Auswahl)*: Hegel e la „Matematica" dell'infinito (1984), Questioni di filosofia della matematica nella „Scienza della Logica" di Hegel: Die Lehre vom Sein 1831 (1988). Aufsätze: Matematica e contraddizione nella „Logica di Jena" 1804–1805 di Hegel, in: Verifiche 10 (1981), L'influence de la „Mathematique de l'infini" dans la formation de la Dialectique Hegelienne, in: Horstmann/Petry (Hg.): Hegels Philosophie der Natur (1986), Das Maß: Die Problematik des Übergangs vom Sein zum Wesen, in: Knahl/Müller/Städtler (Hg.): Mit und gegen Hegel (2000).

Rainer Schäfer, seit 2000 wissenschaftlicher Assistent am Philosophischen Seminar der Universität Heidelberg. *Buchveröffentlichung*: Die Dialektik und ihre besonderen Formen in Hegels Logik (erscheint demnächst als Hegel-Studien Beiheft 45).

Friedrike Schick, Assistentin am Philosophischen Seminar der Universität Tübingen. *Veröffentlichungen*: Hegels Wissenschaft der Logik – metaphysische Letztbegründung oder Theorie logischer Formen? (1994). Aufsätze zu Hegels Logik und Rechtsphilosophie.

Thomas M. Schmidt, Promotion (1995) und Habilitation (2000) im Fach Philosophie an der Universität Frankfurt; Assistant Professor an der California State University, Long Beach, USA. *Wichtige Veröffentlichungen*: Anerkennung und absolute Religion. Formierung der Gesellschaftstheorie und Genese der spekulativen Religionsphilosophie in Hegels Frühschriften (1997), Religionsphilosophie – Historische Positionen und systematische Reflexionen (2000, gem. mit Matthias Jung und Michael Moxter). Aufsätze zur Religionsphilosophie, politischen Philosophie und Philosophie des deutschen Idealismus.

Pirmin Stekeler-Weithofer, Professor für Philosophie an der Universität Leipzig. *Veröffentlichungen (Auswahl)*: Grundprobleme der Logik. Elemente einer Kritik der formalen Vernunft (1986), Hegels Analytische Philosophie. Die Wissenschaft der Logik als kritische Theorie der Bedeutung (1992), Sinn-Kriterien. Die logischen Grundlagen kritischer Philosophie von Plato bis Wittgenstein (1995). Herausgeber der Zeitschrift „Dialektik". Aufsätze u. a. zur Bedeutungstheorie, Erkenntnistheorie, Philosophie der Mathematik, Philosophie des Geistes.